世界税関紀行

御厨邦雄［著］
Kunio Mikuriya

日本関税協会

Borders Divide, Customs Connects

国と国を分けるのは国境

国と国をつなぐのは税関

（WCOのビジョン）

はしがき

税関の歴史は古い。経済学の父と呼ばれるアダム・スミスは『国富論』（1776年）の中で、国境で物の動きに課税する関税について「我々の記憶以前の太古から徴収されており、習慣的な支払いであることを示すために、習慣（Customs）と呼ばれるようだ」（第5篇第2章第2部「租税」）と書き、英語の税関（Customs）の語源を示した。現存する最古の関税率表は2世紀のローマ帝国下のパルミラ（現イラク）のもの（ロシアのエルミタージュ美術館所蔵）とされているが、エジプト税関はそれよりも何世紀も遡る象形文字で税関を記述したコピーをWCOに寄贈した。国家が成立すれば、財源が不可欠だが、複雑な徴税制度が必要な内国税に比べ、簡易な関税は歴史的に大きな役割を果たしてきた。近代でも、例えば米国の連邦政府は1776年の独立以来、財政赤字続きだったが、1789年に関税法を議会で採択し、執行機関として税関を設立し、ようやく経済的に自立した。第1次世界大戦時に所得税を導入するまで、関税は連邦政府の主要財源であり、米国の都市で古くて重厚な建物の多くは旧税関庁舎だ。また英仏といった植民地勢力は植民地で経済的利益を確保するために関税収入を重視し、税関を統治の要として使った。現在でも途上国や市場経済移行国の多くは国家歳入の相当な部分を関税収入に頼っている。

税関は貿易のインフラであり、その効率性は一国の経済競争力に大きな影響を及ぼす。1930年代の保護主義や経済

紀元前650年から630年の間エジプトがギリシャに唯一開港していた都市ナウクラティスで見つかった税関の記述。

のブロック化が第2次世界大戦の一つの要因になったことへの反省から、20世紀後半にＧＡＴＴ（世界貿易機関〈ＷＴＯ〉の前身）の下で関税引下げが行われ、税関がその実施を担ってきた。加えて、国際運送のコンテナ化と情報通信技術（ＩＴ）の技術革新に支えられて、貿易量は格段に増加し、税関もＩＴを導入して、リスク管理による徴税や貨物検査の効率化を図った。他方、生産面の技術革新で工業完成品を構成する多くの部品や組立ての生産工程が細分化され、それぞれの作業を効率的に行う国に生産工程を外部委託する投資が進んだ。その結果、部品の越境取引が貿易量の半分を占めるようになり、グローバル化に対応した効率的な国境手続きが海外からの直接投資を惹きつける要因になった。関税率はすでに低下しているので、途上国や市場経済移行国の税関手続きにコストがかかることが貿易障壁になるとして、その効率化が課題になった。ＷＴＯ貿易円滑化協定はそうした要請に応えるものであり、その実施のためにＷＣＯの改正京都規約や関連するスタンダードが国境での連結性を確保し、サプライチェーン管理に関わる税関の経済競争力への貢献の上で重視されるようになった。

税関は国境で薬物や武器のような禁制品の流入を防ぎ、社会を守ることに貢献する。国境は言語、政治体制、法制、行政の効率性や企業や人々の法令遵守（コンプライアンス）文化などの違いで国家間を分断するが、組織犯罪やテロリストはそうした国境の分断を悪用する動きを強めている。彼らは国民の健康、安全やセキュリティ面でリスクがある規制物資の密輸や違法取引に手を出して社会を不安定化したり、犯罪収益を得ようとする。非政府組織によるテロ活動が活発化すると、コンテナが大量破壊兵器の運搬に使われるリスクが増大し、サプライチェーンの効率性だけではなく、安全確保も大きな課題となった。最近では絶滅する恐れのある野生動植物、有害な廃棄物や地球温暖化に関連するガスといった環境保護の貿易面での取組みや文化財の国外流出防止への関心も高まっている。また国際的な紛争に伴う貿易制裁も税関が実施の役割を担う。税関は国境を通過する全てのモノを監視する権限があるので、実効的な国境取締りのために規制及び法執行を担当する国内関係官庁や各国税関との連携強化を図っている。したがってＷＣＯの枠組みを使った税関間の情報交換やその他官庁との連携の枠組みの重要性が増している。

税関は国境での適切な政策実施のために、世界の政治経済の動きに敏感に対応する必要がある。最近ではコロナ禍に対して正規の医療品の円滑な国際物流への貢献で注目された。また経済のデジタル化が進み、電子商取引による国際小包が急増したが、迅速通関を図りつつ、小包内に隠匿された薬物などを検知して消費者保護を図ることが急務になった。各国税関はＡＩを含めたテクノロジーの活用や民間関係業界との信頼関係強化による対応を進めている。税関が集めたデータを個人情報保護に留意しながら、どのようにエビデンスに基づく政策立案に活用するかも大きな課題だ。さらに各地域で経済連携協定を使った地域統合が進んでいるが、中心となる域内国への協定に基づく優遇税率の供与は税関が実施するので、ＷＣＯの品目分類や原産地規則に関するスタンダードの実施が重要性を増している。また地球温暖化対策のための脱炭素化に官民での貿易面での対応も求められており、税関がどう貢献するのかも検討されている。

ＷＣＯ加盟の１８６メンバーにとって、税関の機能は技術的には共通であり、各国は発展段階や地政学的な立ち位置の違いを乗り越えて、実務面で協力している。私は２００９年初から２０２３年末まで15年間にわたってＷＣＯ事務総局長として国際協力を推進して、国と国を繋ぐことに務めた。それ以前の２００２年初から２００８年末までの事務局次長時代を含めると、22年間の勤務となった。任期中に１６８メンバーを訪問し、日本関税協会のご協力を得て、月刊誌『貿易と関税』に紀行を連載し、見聞した各国税関のさまざまな側面を紹介した。しばしば歴史・文化的な側面に触れたのは、それが各国税関の置かれた状況の理解に欠かせないと考えたからだ。紙幅の影響で全ての国を取り上げられなかったのは残念だった。

本書の出版にあたって、連載時の原稿に適宜手を入れたが、日本関税協会とＷＣＯ日本人職員のご助力、また財務省で一緒に働いた絵師一彦こと石原一彦氏は、関税局勤務ならではの知見をもとに分かりやすいイラストを描いて下さった。ここに記してお礼を申し上げたい。なお本文中にわたる部分は私見であることをお断りする。

目次

はしがき……3
◆序編……13
鶴の羽ばたき、世界への貢献……14
聖マタイと税関……16
世界で活躍する女性たち……18
新型コロナウィルス日記……20
新型コロナウィルス日記 続編……26
◆欧州……35
旧ソ連諸国……37
ウクライナの税関改革……38
モスクワの税関記念日……42
アゼルバイジャンの発展とナゴルノ・カラバフの武力紛争……46
アルメニアとアララト山……50
ジョージアのワイン……54
ウズベキスタンとシルクロード……58
トルクメニスタンと馬の文化……62
発展を続けるカザフスタン……66
キルギスの大自然……70
タジキスタンの橋……74
西バルカン諸国……79
セルビア訪問……80
コソボ訪問……84
ボスニア・ヘルツェゴヴィナの冬景色……88
国名を変えた「北マケドニア共和国」……92
南欧アルバニアの発展……96
EU・周辺諸国……101
フランスの大学都市 クレルモン・フェラン……102
イタリア・マフィアと闘ったシチリアの人々……108
英国ロンドン税関庁舎の転変……112
ドイツの地方分権……118
ポルトガルのポルトの税関の盛衰……120
ピレネーの山岳国家 アンドラ……124

フィンランドでの戦略的フォーサイト……128
ポーランドの交易路……132
ハンガリー訪問……134
スロバキアの首都ブラチスラバの賑わい……138
ラトビアの首都リガの街並み……140
地中海中心部の島国 マルタ……142
キプロスの文化財……146
◆アフリカ……151
東アフリカ……153
タンザニアの新首都……154
東アフリカの玄関 ケニア……158
ウガンダと貿易円滑化……160
安定した高原の国 ルワンダ……162
政治安定を図るブルンジ……164
南アフリカ……167
レソトの毛布……168
国名を変えたエスワティニ……170
ボツワナと牛……172
若い国家 ナミビア……174
西・中部アフリカ……181
ナイジェリアの幸運と忍耐……182
ガーナとアフリカ大陸自由貿易圏……184
西アフリカの河川国家 ガンビア……186
アフリカ最西端の民主主義国家 セネガル……190
ギニア共和国 世界有数のボーキサイト埋蔵国……192
ニジェールの国境地帯……194
コンゴ川沿いの首都ブラザビル……198
コンゴ・キンシャサとベルギー……200
アフリカのポルトガル語圏……203
モザンビーク―内陸国を結ぶ回廊開発……204
アンゴラの考える人……206
ギニアビサウとポルトガルの縁……208
アフリカ島嶼部……213
モーリシャスの多元文化……214
コモロの発展……218
税関200周年のマダガスカル……220

北アフリカ……225
チュニジアとアラブの春……226
エジプト・ルクソールの魅力……228
◆中東……231
湾岸諸国……233
変貌するサウジアラビア……234
バーレーンの誇り高き人々……238
カタールとワールドカップ……242
オマーンは船乗りシンドバッドの生誕地?……246
クウェートの金市場……248
その他のアラブ諸国……251
イラクの文化遺産……252
ヨルダンの雪……254
レバノンの復興……256
非アラブ語諸国……261
イランの豊かな文化……262
アフガニスタンの交易路……264
トルコ・アナトリアの鉄器文明……268
◆米州……271
北米と南米……273
ワシントンの魚市場……274
メキシコの芸術……276
ブラジルのお城……278
パラグアイの日系社会……280
チリと火山……282
貿易自由化を進めるペルー……284
コロンビアの高原都市……286
カリブ海地域……289
ドミニカ共和国とハイチ……290
キューバとジャマイカ……292
南米大陸の英語圏 ガイアナとカリブ共同体……294
カリブ海の産油国トリニダード・トバゴと
アンティグア・バーブーダ……296
東カリブ海の要衝 セントルシア……298
キュラソーとカリブ海のオランダ……300
バルバドスとカリブ海の情報交換……302

◆アジア大洋州……305

東南アジア……307
タイの思い出……308
マレーシアのランカウイ島の観光振興……312
ASEANの大国 インドネシア……314
レトロなベトナムの避暑地……316
ラオス・ビエンチャンの月……318
シンガポールのマリーナベイ……320
ブルネイ……324
東南アジアの若い国 東ティモール……326
東アジア……329
中国の新シルクロードと兵馬俑……330
香港とマカオを繋ぐ橋……332
南アジア……335
インドの目覚ましい発展……336
リキシャが溢れるバングラデシュの首都ダッカ……338
パキスタンのトラック・アート……340
大洋州……343
豪メルボルンの税関……344
フィジーとサモアに吹く南太平洋の新しい風……346
歴史と自然の豊かなトンガ王国……348
南太平洋のバヌアツ……350

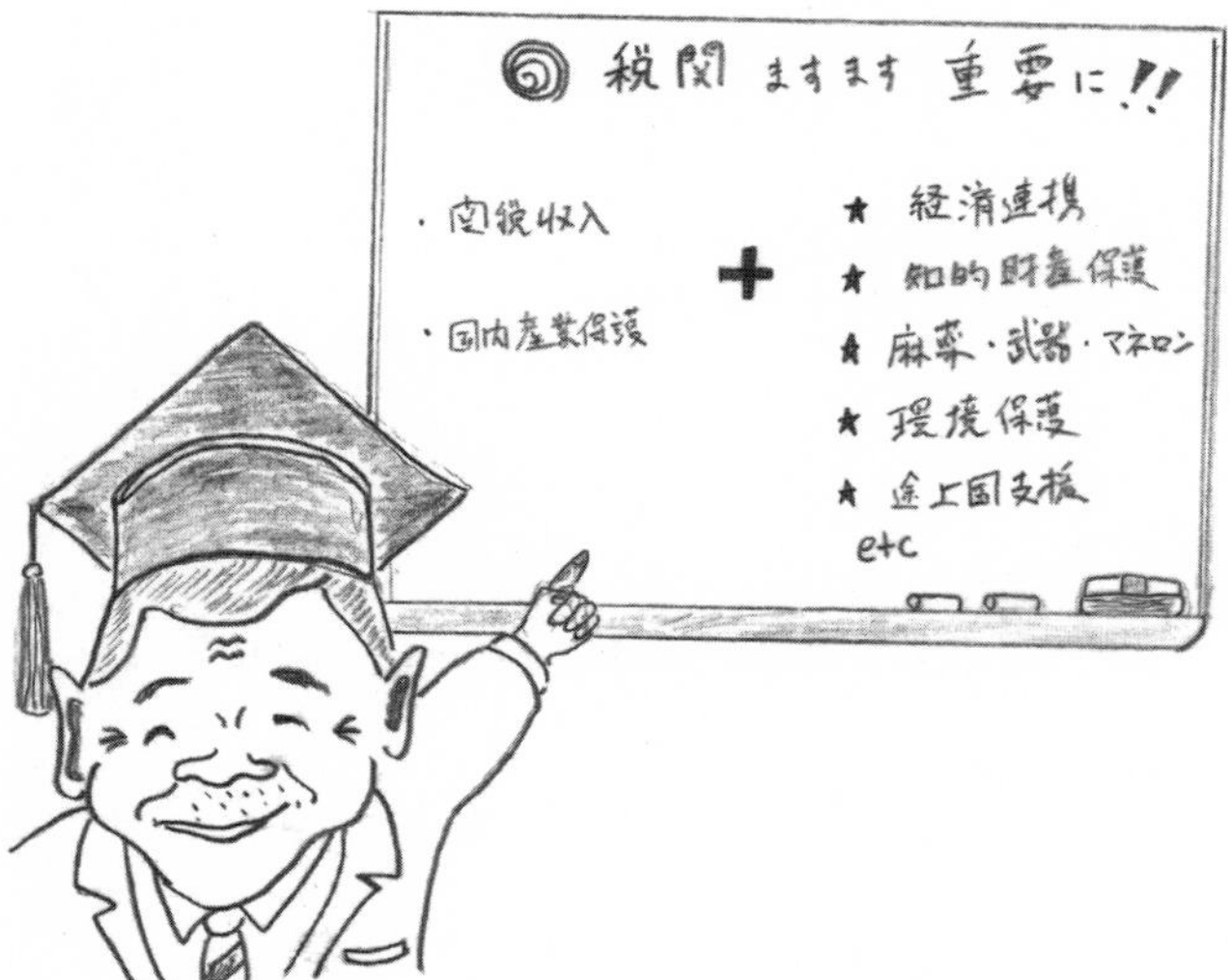
◎ 税関 ますます 重要に!!
・関税収入
・国内産業保護
+
★ 経済連携
★ 知的財産保護
★ 麻薬・武器・マネロン
★ 環境保護
★ 途上国支援
etc

Open! or Die…
Care for your family
DRUG
VS
CUSTOMS
NO!!
退職後
報復を逃れて
海外移住…
ラ米
某
国
使命感に感服!
Good Job!!

WCO
日本税関での研修仲間も各国で頑張ってる
税関
ABC… マスタートレイナープログラム
WCO（世界税関機構）の下に世界各国の税関は強く結束してマス！
条約違反？
STOP!
バーゼル条約違反ゴミ？
STOP!
有害ゴミ？
STOP!
EU
USA
プラ プラ ゴミ コンテナ船
税関うるせーし…
プラゴミ
条約違反の有害ゴミを捨てる場所ないカナ〜？
税関一家《いっか》
!
地球環境保護に各国税関は団結して活躍してマス。
Good Job!!
※ バーゼル条約で有害ゴミの海外輸出は禁止されてマス。
⇩
プラスチックゴミにも適用され、相手国の同意なしの輸出は禁止です。

序　編

WCO本部（ベルギー・ブリュッセル）

年次総会場（京都ホール）

安倍総理（当時）がWCO訪問

鶴の羽ばたき、世界への貢献

（『貿易と関税』２０１４年8月号収録）

本連載が始まった２０１４年を振り返ると、ちょうど50年前の１９６４年に東京オリンピック大会が開催され、多くの国民がこのイベントで日本の先進国入りを実感した。国際経済面で見ても、同じ年に円が交換可能な通貨になり、日本は本格的な開放経済体制に移行し、先進国クラブといわれたＯＥＣＤ加盟も果たした。あまり知られていないが、税関の手続き調和化や国際協力を通じて貿易の発展に貢献することを目的として、ベルギーの首都ブリュッセルに本部のあるＷＣＯに加入したのも１９６４年だ。その後、日本は関税分類の制度作りをはじめとして、ＷＣＯの発展に主導的な役割を果たしてきており、国際貿易のインフラである国境手続き改善に寄与してきた。このように２０１４年は日本のＷＣＯ加入50周年という記念すべき年に当たるので、私が世界の税関の現場で見聞きしたことをお伝えするエッセーを書かせていただくこととなった。これを通じてＷＣＯをより身近に感じていただければ幸いである。

ＷＣＯは毎年６月最終週にブリュッセルの本部で年次総会を開催し、全加盟国の関税局長が世界中から集まってくる。地下にある大会議室には４５０名ほどの収容能力があるが、総会中は各国代表団に加え、関係する国際機関や民間団体のオブザーバーが詰めかけて会議室はいっぱいになる。この大会議室は京都ホールと命名されているが、これはＷＣＯが１９９８年に現在の建物に移転して最初の総会で採択された改正京都規約にちなんでいる。京都規約は１９７３年に京都で開催されたＷＣＯ総会で採択された税関手続きの簡素化・調和化に関する国際規約で、その後の税関手続きの電算化やリスク管理技術の進展に合わせて１９９９年に改訂版がブリュッセルの本部で完成したのを記念したものだ。国際機関の大会議室が京都ホールと命名されると聞いて、京都市が地元画家による、優美な２羽の鶴の絵を寄贈してくれた。当時大蔵省関税局で担当課長をしていた私も画伯とともに贈呈式に出席し、「鶴は千年の寿命があるといわれており、２羽で合わせて二千年、西暦２０００年を迎えるのに相応しい画題だ」との紹介を行った。京都ホールは普段はパーティションで区切られて、京都Ａ及び京都Ｂの２つの会議場になっており、毎週のように開かれる各種の技術委員会で両方ともフルに使われている。

世界中の税関にとって改正京都規約は税関近代化の基礎を提供するバイブルのような存在であり、税関職員にとってはＷＣＯ本部の京都ホールと鶴の絵は特別の意味と重みをもつ。また貿易交渉の世界でも、２０１３年12月にインドネシアのバリ島で採択されたＷＴＯ貿易円滑化協定は税関関係の規定が多く、そのため改正京都規約の基本的な内容を取り込んでいる。２０１４年の総会では、その京都ホールにアゼベドＷＴＯ事務局長を招待して、税関が改正京都規約をはじめとするツールを使って、貿易円滑化協定実施に向けて貢献する姿勢をアピールした。もちろんＷＴＯトップから各国の貿易大臣や貿易交渉官に税関の関与の必要性やＷＣＯの実施プログラムを周知してもらうのが目的だった。途上国では、貿易省や貿易交渉官がＷＴＯでの交渉を主導して本国向けに得点稼ぎをするが、本国の現場で実施に当たる税関との協力を疎かにするケースが垣間見られるからだ。

２０１４年のＧ７首脳会議は６月初めにブリュッセルで開催されたが、もちろんＧ７首脳はそれぞれ自国での貿易を通じた経済成長に大きな関心がある。ＷＣＯ加入50周年の節目に当たることもあり、Ｇ７首脳会議に参加された安倍総理が会場から空港への帰途にＷＣＯ本部に立ち寄り、国際機関で活躍する日本人職員を激励して下さった。その際、京都ホールにもご案内し、世界中の関税局長が一堂に会して、税関の国際スタンダードを策定する場を見ていただいた。この訪問は貿易の最前線で日々、経済成長への貢献と社会悪からの市民の保護に当たっている世界中の税関職員にとっても大きな励みとなった。

京都ホール前の鶴の絵

聖マタイと税関

（『貿易と関税』２０１４年９月号収録）

9月21日は税関の守護聖人である聖マタイの祝日である。カトリック教会や東方正教会（ギリシャ正教）では特定の職業や国、地域等をゆかりのある聖人や天使が守っていると考えられている。例えばブリュッセル市の守護聖人は大天使ミカエル（ミシェル）であり、市の中心部の広場グランプラスでは、15世紀に建てられたゴチック様式の市庁舎が観光の目玉だが、その尖塔の頂上には竜を打ち倒す聖ミカエル像が立っている。各守護聖人には祝日が割り振られており、聖マタイはカトリック教会では9月21日（東方正教会では11月16日）だ。この日には幾つかの国では税関を祝うミサが捧げられる。私が事務総局長に就任した２００９年の9月21日にポーランドの首都ワルシャワに招かれ、聖母教会での税関のためのミサに参加した。財務大臣も出席しての荘厳なミサで、外では税関機器の展示や麻薬探知犬のデモンストレーションが行われ、税関の広報を兼ねた行事が行われていた。

聖マタイはイエスに付き従った十二使徒の一人であり、税関の守護聖人となった背景は、カラバッジオの傑作『聖マタイの召命』が飾られているローマのサン・ルイジ・デイ・フランチェージ教会の展示資料で見たことがある。『聖マタイの召命』はイエスが収税所の前を通りかかり、そこで働いていた収税吏マタイに声をかけたところ、マタイはその呼びかけに目覚めて応じ、弟子となって布教についていく場面を光と影のコントラストの中で劇的に描いた名画である。教会内には１６００年完成のこの絵がカラバッジオにとって出世作であることと、聖マタイを税関の守護聖人とするようフランスの枢機卿からの働きかけで、教皇が認可したことが説明されていた。イエスの時代の収税対象は多くが税関収入だったから、収税吏を税関職員の先輩と解釈したのだろう。ちなみに聖マタイはマタイ福音書の著者ともいわれており、税関の世界では、税関吏だったマタイは読み書きができたので、そのおかげでキリスト教が後世に伝わったのだと冗談まじりに話す向きも多い。他方、マタイ福音書を読むと、収税吏や罪人でも悔い改めれば天国に行けると記述されており、収税吏は罪深い存在として描かれている。

聖マタイの祝日はポーランドのみならず、例えばベルギーとフランスの国境でも両国の税関職員が集まってミサ及び祝宴を執り行っている。やはりカトリック教会が盛んなブラジルに行った時に、税関から大学に移って研究を続けた方から著作を贈呈されたが、カバー表紙は件のカラバッジオの絵になっていた。さらに東方正教会が盛んなウクライナに行った時に、税関から聖マタイのイコン像を収集した本を贈られたこともある。私たち日本人はあまり気が付かないが、このように聖マタイを通じた欧州の税関同士の結びつきは結構強い。北マケドニア共和国で開催された欧州関税局長会議に出席した際、地元の美術館見学のハイライトは聖マタイの画像だった。

ワルシャワでのミサの時には、隣国からウクライナとベラルーシ共和国の関税局長も招かれていた。その機会に3か国の関税局長の間で協力協定の署名が行われた。その後、東方の国境に向かい、ヘリコプターで3人で一緒に3か国の国境地帯を空から視察した。これも聖マタイのおかげかと密かに感謝したものだ。そこからベラルーシ税関のヘリコプターに乗り換え、首都ミンスクまで飛行したが、しばらくは眼下は一面の森で、その中をゆったりと河が蛇行していた美しい光景を記憶している。当時はＥＵがポーランド等の主導で東方隣国政策を進めており、ＥＵの東方に接するウクライナ等に対して貿易関税面からの結びつき強化を進める過程にあった。その後のウクライナを巡る欧州情勢の激変を考えると、感慨を禁じ得ない。

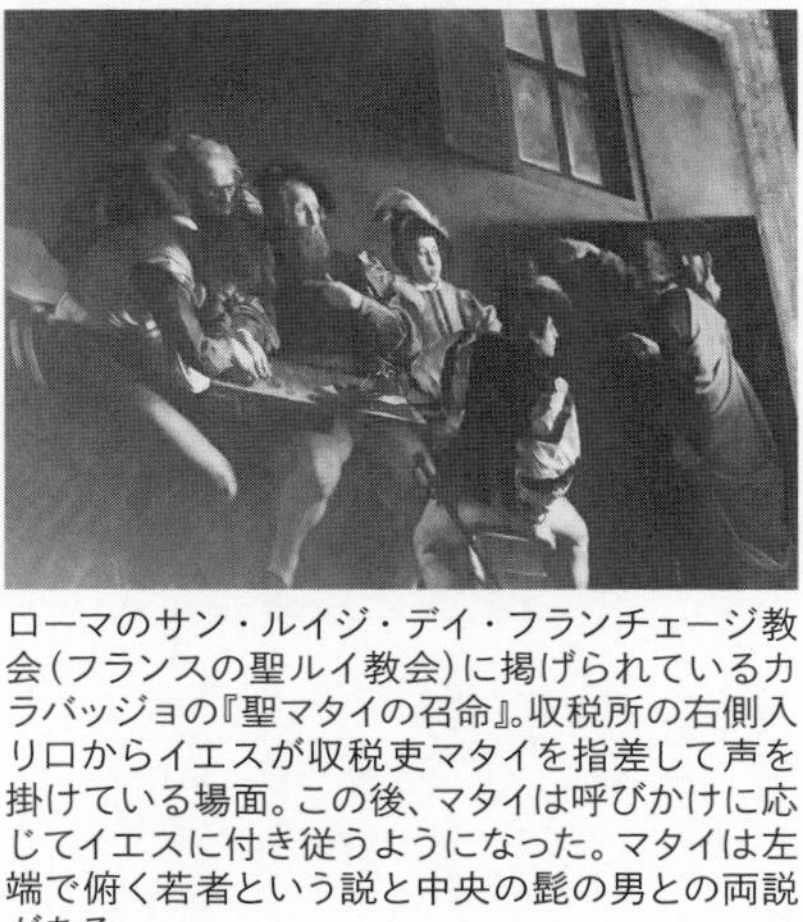

ローマのサン・ルイジ・デイ・フランチェージ教会（フランスの聖ルイ教会）に掲げられているカラバッジョの『聖マタイの召命』。収税所の右側入り口からイエスが収税吏マタイを指差して声を掛けている場面。この後、マタイは呼びかけに応じてイエスに付き従うようになった。マタイは左端で俯く若者という説と中央の髭の男との両説がある。

世界で活躍する女性たち

（『貿易と関税』2014年10月号収録）

女性参画が日本経済再生の処方箋として議論されているが、世界の税関も同じ課題を抱えている。2013年7月にWCO本部で「税関における女性リーダーシップ」会議を開催したところ好評で、その成果を踏まえて税関向けに女性活用の進展を計測するツールを策定した。

こうした取組みを考えるきっかけになったのは、その前の年にエチオピアの首都アジスアベバの会議に出張した際の見聞だ。同地は標高2400メートルの山麓にあるが、車でユーカリの林を通って標高3200メートルの山頂に案内してもらった。そこで見たのは、若い娘たちが山中のユーカリの落枝を燃料用に拾って背中に横向きに束ね、腰を折り曲げて下山する姿だった。重労働で徒歩で下山するのは娘ばかりで、男の姿はない。私に随行していたWCO職員はアンゴラ税関出身だったが、普段は温和な彼女が「女性に教育を受けさせなければ子育てに問題が生じ、社会の健全な発展が阻害される」と珍しく顔を曇らせていた。

もっともエチオピア税関を視察すると、近代化のために古参職員を退職させて若返りを進めており、10年前には皆無に近かった女性が職員レベルでは40％位まで上昇してきており、日本の税関よりも高い比率だった。若手女性の登用を進める税関を支援し、他方、先進国等の税関にも女性活用の見直しの機会を提供しようと取組みを始めた。

同年に「税関における女性リーダーシップ」の地域会合をアフリカで開催したところ、東・南アフリカ地域代表を務めていたマラウィの前関税局長が女性登用は職員規律やガバナンスの観点からも重要だ、男が汚職をするのは愛人に贈り物をする金を稼ぐためで、女性にはそうした問題はないと発言した。戦前の日本で妾宅を構える風習があったことを考えると、彼女の発言を笑って済ますことはできない。また、社会に進出する女性を理解する夫の役割も重要だ。西・中央アフリカ地域代表を務めるカメルーンの関税局長は職員規律を強め、歳入を向上させたことで有名だが、夫は教会の牧師で彼女を物心両面から支えていた。

世界の関税局長の女性は2014年時点で25人、179

か国・地域のＷＣＯメンバーの14％で、まだまだ改善の余地はある。しかし地域や国によってばらつきがある。アジアではエリート層を見ると、例えばインドの関税消費税庁の７人のボードメンバーは２０１３年時点では全員女性だった。また中国税関でも女性活用が進んでおり、若い女性課長に子育てはどうしているのかと聞くと、当時は西部から幾らでも低賃金でお手伝いさんを調達できるとの回答だった。シンガポールでは近隣国から来る家事労働者に子育てを頼っていた。一般的な女性進出のモデルとしては、スウェーデンでは保育施設は充実しており、老人も自宅で自力での生活を支え、家族の介護に頼らなくても済むようなシステムがあった。先般同地に出張した時の訪問先の関税局長や貿易大臣や貿易局長以下幹部は全員女性だった。ＷＣＯでも当時の総会議長はアイルランドの歳入庁長官だったが、彼女は評判が良かった。事務局でも女性採用を進めている。

　それでも女性登用は一直線に進んでいるわけではない。家庭や社会が無理解で、家庭内暴力も珍しくはない環境での男女平等推進には無理がある、ＷＣＯとしてもっと強いメッセージを出してくれとの声も出ていた。そこで２０２０年の総会で、税関における男女平等と多様性を推進する決議を行い、まず事務局内での改善計画を作った。コロナ禍で在宅勤務が導入された時で、各国の税関でも災厄を家庭内の男女間の役割見直しの機会に転換できるのではないかと考えた。税関の仕事もコンテナ検査の力仕事よりも民間との協調やリスク分析といった知的な仕事の比重が高まっており、女性の活躍の場が拡がっている。

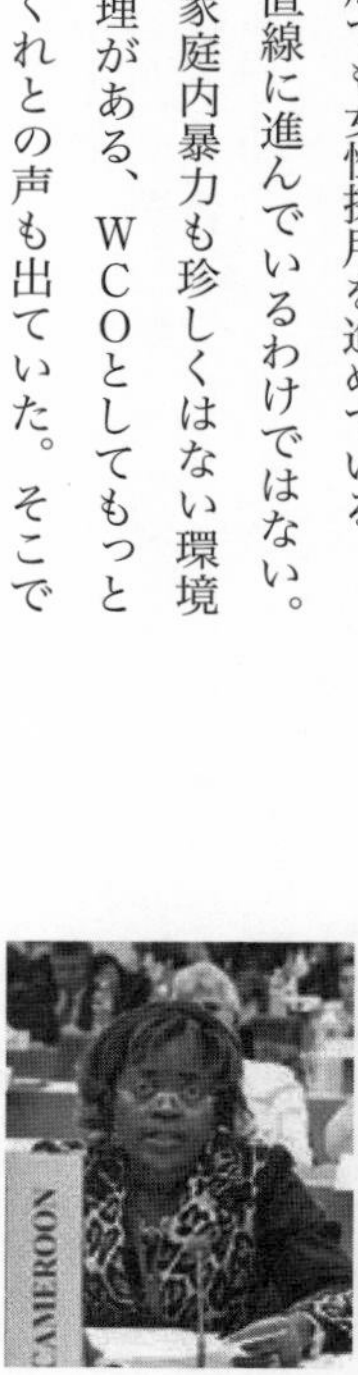

カメルーン関税局長

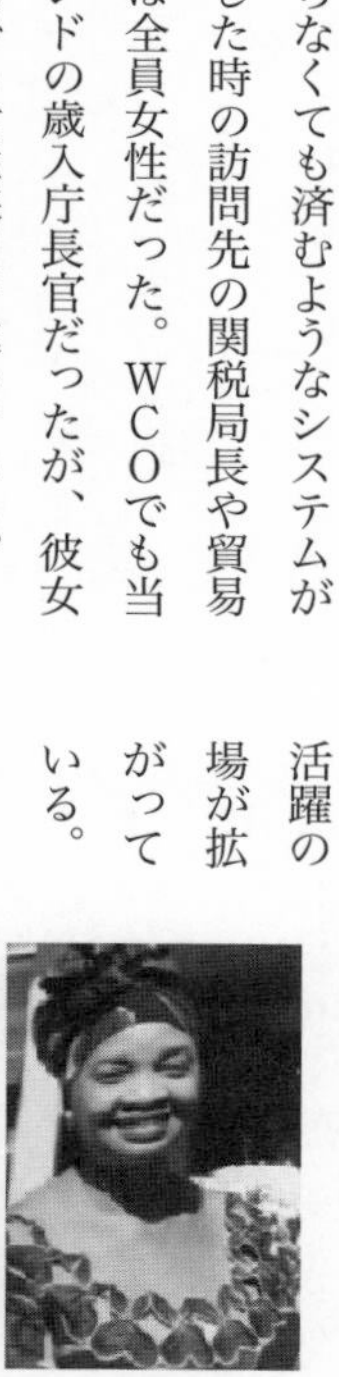
マラウィ前関税局長

スウェーデン関税局長（左端）、同次長（右端）

アイルランド歳入庁長官

新型コロナウィルス日記

（『貿易と関税』２０２０年7月号収録）

〈1月〉

２０２０年の幕開けは米中包括的貿易合意の第1弾が1月15日に署名されたこともあり、ホッとした雰囲気で始まった。1月下旬にダボスで開催された世界経済フォーラム（ＷＥＦ）でも、参加者は焦点を国際貿易紛争から環境問題に転換しようとの姿勢だった。2年ぶりに顔を見せたトランプ大統領でさえ、環境面で植林への資金協力を表明した。しかし会期中の23日には、世界保健機関（ＷＨＯ）から中国での疫病を巡る報道が飛び込んできた。ＷＣＯでは即座に中国行き出張を停止し、経費節約のために購入していた安い航空券をすべて払戻し可能な航空券に切り替えた。

ＷＥＦで過去に疫病を地球規模のリスクとして取り上げたことはある。パンデミック宣言が出された２００９年型新型インフルエンザについて、流行が一段落した２０１１年のダボスで取り上げられた。国際機関の長が招待された非公式会合で、ＷＥＦ事務局から疫病への国際的な対応のための新たな国際機関設立の提案が出された。数多い国際機関に屋上屋を重ねるとの批判もあり、私も問題が発生するごとに速やかに協調体制を組む方が良いと答えた。その際、当時のＷＨＯ事務局長がパンデミック宣言の発出のタイミングは難しいと話していたが、確かに２００９年のＷＨＯの宣言は不要だったとの批判が多かった。それに懲りたのか、２０１４年に西アフリカでエボラ出血熱が流行した際には、ＷＨＯの緊急事態の宣言に時間がかかったとから、別方向からの厳しい批判がＷＨＯに浴びせられた。

２０１４年のエボラ熱の際には、オランダ政府の財政支援を受けて、ＷＣＯは西アフリカ諸国の税関職員が国境でどう対応すべきか、具体的には医療物資の迅速通関や職員の健康保護といった内容の技術支援を行って評価された。今回は日本政府が早々と3月補正で国境税関での新型コロナ対策の財政支援をＷＣＯに拠出してくれたのは有り難かった。おかげで5月には関連する国際オペレーションを実施でき、ドナーの素早い対応として評価された。

〈2月〉

1月30日にはWHOから緊急事態宣言が出されたが、各国の対応には地域差があった。2月初にケニア及びタンザニアに出張したが、ナイロビの空港に到着すると、税関職員はすでに体温計、マスク、ゴム手袋などで重装備の対応だった。まだ欧州の空港や街中ではマスクをした者はほとんど見かけなかった時期だったが、アフリカでは疫病が現実的な問題なので、他地域に比べて普段から準備が整っていたようだ。そのせいか、アフリカでの新型コロナの流行は欧米に比べると、少なくとも初期は遅いスピードだった。

2月が進むと、次第に新型コロナの脅威が認識されるようになり、各国での国際会議開催や研修の見直しが始まり、出張のキャンセルが始まった。他方、国際機関によってはOECDのように中国及び日本を含む周辺国からの出張者お断りの対応も出て来た。科学的根拠に基づかない措置は取りたくないが、会議出席者の不安への対応も必要で、難しいかじ取りを迫られる事態になってきた。興味深いことに国連系機関はWHOの勧告を基に統一的な対応を取ろうとしていたせいか、他の国際機関に比べると、会議の出席制限措置や延期の決断が遅いように感じた。

〈3月〉

3月1日に中東・北アフリカ関税局長会合でエジプトの首都カイロに出張した。地域代表のバハレーンの関税局長は会議を予定通り開催するかどうか迷ったが、やるなら今しかないと決断したとのこと。彼の決断は正しくて、これが私にとってこの年前半最後の出張になった。観光客の数は少なく、会議場となったホテルに隣接するエジプト考古学博物館は、新しい建物への引っ越し準備中のせいもあってか、いつもの賑わいが嘘のように空いていた。当時はイランでの疫病流行が日増しに悪化する状況で、エジプトからの帰国も認められなくなるとの観測が出て、初日のWCO会合が終わると、翌日からのアラブ連盟関税局長会合を欠席して帰国する局長たちが相次いだ。彼らからは帰国するや否や自宅隔離を求められたとの後日譚を聞いた。

カイロからブリュッセルに戻ると、欧州委員会事務局が原則ビデオ会議に切り替えるとの情報が入ってきたこともあり、5日に各局長を呼び込んで所管する委員会の必要性を検討した上で、3月中のWCO本部での会議及び職員の出張もすべて中止を決定した。結果的に特定国を狙い撃ちにしての閉鎖措置を避けることができてホッとした。また翌週にはWCOの技術部門に作業を急いでもらい、パソコンを自宅に持っている職員全員がテレワーク体制に移れるような措置を導入することができた。WHOが11日に発出したパンデミック宣言を受け、ベルギー政府が非常事態を宣言したのに合わせて、WCOでも全職員が在宅勤務に移行した。活動の焦点を税関へのガイダンス、税関から集めた対策集、そして国際機関との連携に絞ることにした。またWCOのホームページに新型コロナ関係の情報を集めた特設コーナーを設けた。

各地域代表を務める関税局長たちに電話してみると、国境でヒトの動きは止められているが、モノの動きはそうなっていない、特に医療品の迅速な通関が要請されているとのことだった。どういう物資が医療品に当たるのか、税関は分類番号で判断する。そこで考えられる医療品についてHS番号のリストをホームページに載せると、これはタイムリーな措置だったようで、貿易業者からも随分感謝された。また各国の輸入制限措置や輸出制限措置を各国当局の公開情報をまとめて一覧にし、さらに各国税関から新型コロナ禍の通関手続きを集めて公開したところ、これも役に立つとの評判を得られたのは幸いだった。もう一つの大きな課題は現場で必要物資の通関に奮闘する税関職員の保護だ。税関当局が自国政府にこうした安全措置を要求できるように、各国の具体策を集めるとともに、税関職員に十分な防護装備が与えられるよう政府への要望を出した。

市民生活に目を向けると、ベルギー政府は原則として市民の外出禁止措置を取る一方で、唯一食料品店だけ店舗を開けておくことを認め、市民に対しても食料品店での買い物及び健康維持のための散歩は構わないとの例外規定を設けた。もっとも、一緒に連れ立って歩けるのは同居する家族又は友人と2人までに限る規則で、街頭でヒトが3人以上いる場合にはただちに高額の罰金を科するとして、規則を強力に執行する構えを見せた。そのせいもあって、たまに買い物に外出してみると、通りに人影はなく、仮に反対方向から歩行者が近寄って来ると、お互いに大きく迂回してすれ違いを避けていた。それでも公園に行くと、結構な人出で、特に在宅勤務となった若い親が小さい子供を連れている例が多かった。当局もこれを問題視し、公園に行っても立ち止まらないように指導し、実効性を担保するために公園のベンチをすべて座れないよう閉鎖してしまった。

緊急時のベルギー政府の対応は注目に値した。そもそもベルギーは国内がフラマン語圏（オランダ語系）とフランス語圏に大きく分かれ（ごく少数ながらドイツ語圏もある）、その関係を巡って政党が対立し、2019年5月の連邦議会選挙後も多数派連立工作が不調で、10月にソフィー・ウィルメス氏がベルギー初の女性の首相に指名されて暫定内閣を率いていた。それが新型コロナの緊急時となると、3月に急遽連邦政府が正式に成立し、しかも6か月間議会の了解なしに新型コロナ対策を打ち出す権限が与えられた。ベルギーではこうした緊急時対応法制が整備されており、日本政府のように法律上の権限の弱さが問題視されることはなかった。ウィルメス首相は定期的に各言語圏や各地方政府代表とともに記者会見に臨んで国家安全保障会議で決定した措置を国民に向かって直接説明していた。

〈4月〉

3月下旬以来、試行錯誤で導入したビデオ会議は慣れると便利な面もあった。事務局の局次長以上で構成される幹部会13名は、従来は月1回集まって重要事項を検討していた。そうはいっても、具体的な案件は担当する局長、局次長を個別に呼んで指示すれば足りることが多かったのが実情だ。今回、新型コロナで在宅勤務に移って以来、すべてビデオ会議対応になったが、非常時の意思疎通を円滑化するために、月1回の幹部会に加えて、幹部会メンバーによる非公式意見交換を毎週開催することにした。その結果、部内コミュニケーションの中身及び表現能力が格段に向上した。

表現能力でいえば、通常のテーブルを囲んだ会議では、私からは対面に座る局長たちしかよく見えなかった。その点、ビデオ会議では全員の顔がコンピュータ上の分割画面に現れるので、各人の表情が手に取るように分かる。そして何よりも自分も画面に出てくるので、自分を客観視できる。最初は、自分はこんなに眉間にしわを寄せて、前のめりになって喋っていたのかと驚いたものだ。姿勢を正して、ゆったりと構え、険しい表情をしないようにする、それだけで会議の雰囲気が改善したように感じた。中身でいえば、案件をすべて幹部会に上げて議論するので、風通しがよくなった。個別案件は多くの場合は他部局にも関連するので、組織として整合的な判断ができるようになった。

ビデオ会議の成果としては、各国の新型コロナ対策の収集については、部局を越えて協力しながら各国に要請することができたことが第1に挙げられる。第2に国際機関との協力についても、幹部会で議論した結果、4月から5月にかけて、保健面ではWHO、貿易面ではWTO、国際輸送面では海運、航空、道路運送、鉄道、郵便といった国際機関と共同声明や共同書簡を作成するといった普段は見られないような他機関との協調を行うことで、国際協力の重要性を再認識することができた。そして第3に技術支援の面でも、各局にまたがるビデオを使ったオンライン方式の導入が始まったことが挙げられる。

新型コロナの影響でビデオ会議は3月から4月にかけて急速に普及し、部外との会議でも使われるようになった。特に代表的な民間貿易団体や民間企業から構成されるWCOの民間部門諮問グループとは毎週ビデオ会議を開き、民間から国境の実情や要望を吸い上げて、対応策を検討した。どこの民間団体・企業も在宅勤務モードだが、世界各地の民間部門と時差も乗り越えての官民対話がこれだけ効率的に行われたことは前例のないことだった。税関職員及び民間業者の安全確保のために、通関でのソーシャル・ディスタンスを守ってほしいとの要望が出されたが、これは通関手続きの電子化、対面からオンライン手続きへの移行、リスクマネジメントを徹底した検査対象の絞り込みといった、税関改革の方向性と一致するものが多かった。

この間、ベルギーは人口当たり死者数が世界最多との記録が出た。しかし実情は各国の数字の取り方が異なり、例えば他国が病院での死者を算入しているのに対し、ベルギーでは老人ホームの死者も必ずしも検査を経ずに算入していることが明らかになった。そうした意味では最も実態に近い数字だったのかもしれない。交差点で警官が一斉に通行する車を止めて、外出理由を聞いている現場も目撃したが、厳格な規制が続いていた。他方、夜8時になると、通りの住民が外に向かって拍手し、医療関係者への感謝を表していたが、これは同時に自宅への隔離状態になった住民同士の連帯感の表明を行っているようにも思われた。

〈5月〉

5月の声を聞く頃には、緊急事態措置の徹底で、ベルギーでも新型コロナも収束し始めると同時に、経済的にみても厳格な体制を続けるのが難しくなってきた。5月前半にはマスク着用の義務化に伴い、街中で人々がマスクをつけて歩くようになったが、後半になって新型コロナ感染数の低下のニュースが聞こえてくると、マスク着用はあまり見られなくなり、外出禁止も限界に来ていた。ベルギー政府もようやく規制緩和を始め、11日には店舗の再開を認め、18日には学校を段階的に再開することが決まった。もっともレストランの再開は6月以降段階的にとされ、大規模イベントは夏の終わりまで引き続き禁止されていた。

国際航空網の再開にはまだ時間がかかりそうなので、WCO本部での会議開催や職員の海外出張はまだ様子見の段階だった。そこでメールのやり取りやビデオ会議を使っての各種委員会の再開の試行錯誤が始まった。他方、必要な業務は続ける必要があり、特に新型コロナに乗じた、規格に合わない又は効力のない医薬品といった分野での密輸取締りでは、オンラインでも税関現場への助言ができる。そうした活動を通じて税関で密輸品を差し押さえる例が出てきた。また日本の資金を使って、医薬品に特化した国際オペレーションも開始したが、これにはWHOやインターポールも協力してくれ、成果をあげた。

過去の大型パンデミックの歴史をみると、14世紀の黒死病（ペスト）をはじめとして、その後の社会に大きな影響を与えた例が多い。今回の新型コロナ禍では非常に多くの犠牲者を出し、今後も新型コロナ禍は形を変えながら再来するとの予測もある。また経済的な悪影響はまだ継続するとの声もある。こうした負の側面を見据えつつも、在宅勤務といった新しい働き方、生活の仕方も定着するのではないかといわれており、これは社会の良い方向への変革に繋がることが期待される。いずれにせよ在宅勤務をすることができない現場の税関職員が危険に晒されることなく、必要物資の供給網維持に努めつつ、リスク管理を通じて国民の安全・安心に資することができるようWCOとしても頑張る決意を新たにした。

新型コロナウィルス日記 続編

（『貿易と関税』2021年2月号収録）

〈6月〉

感染症の拡がりが一段落した5月以降、政府は段階的に規制解除を進め、まず一般店舗を再開した後、学校を徐々に再開し、6月にはレストラン・喫茶店の再開を認めた。こうした措置が取られるたびに首相による記者会見が行われ、その後、首相府のインターネットに発表文が掲載される。WCOも記者会見と首相府発表をフォローしながら対応を検討した。その際、在ベルギー日本大使館から在住日本人向けに随時送られてくるメールがタイムリーで内容が詳しく、大変参考になった。

WCOも3月以降、在宅勤務を導入し、物理的な会議を延期したが、ベルギー政府が国内向けの緩和措置を取る中で、6月末の年次総会の扱いをどうするかの検討を迫られた。総会は全加盟国の関税局長が集まって、3日間の会期で活動報告を聞いた上で新たな政策決定や予算承認を行うが、各国の関税局長の間のネットワーキングの場としても重要だ。ベルギーの感染状況は改善傾向にあるとはいえ、まだ多くの国で渡航制限がかかっており、物理的に集まることを想定するのは時期尚早と思えた。他方、WCO設立協定では年次総会は毎年開催されることになっており、少なくとも年次予算の承認が必要だった。そこでビデオ会議による対応を検討したが、4月時点では、参加人数の多さ（インターネットのキャパシティ）、セキュリティの確保、公用語である英仏両か国語同時通訳の確保、時差への対応（北米と東アジアで13時間前後の差）といった技術的な課題が多かった。しかし5月に入ると、WCOの技術チームが頑張って、テクノロジー会社と一緒に試行錯誤を繰り返して、課題を次々とクリアーし、ビデオ会議が可能になったとの報告が入ってきた。そこで6月にビデオで1日だけの総会を短時間開催し、予算案の承認を求めることにした。その他の政策、人事案件は先送りして、12月に感染症が落ち着いた段階で、臨時総会を開いて対応することとした。時差への対応のために、米大陸と東アジアの中間にあるブリュッセル時間13時の総会開始としたが、これは米国では

7時、豪州では22時の始まりとなった。ビデオ総会の時間はこうした時差対策からも、3時間に限らざるを得なかった。

WCO予算は人件費が大数を占めるので、毎年ベルギーのインフレ率上昇に沿って、加盟国の拠出金を1～2％ずつ増額して、歳出増に充ててきた。しかし各国がコロナ対策で財政的に苦しい状況に陥ることが想定されたので、苦肉の策として今年度は、当初用意していた拠出金2％増要求を減額修正して、増額要求ゼロの予算案に作り直した。また都合で辞任した総会議長に代わって、6人いる各地域代表の副議長の中で、副議長を最も長く務めていた中東・北アフリカ地域代表のバーレーン関税局長に当面の総会議長代行を務めてもらうことにした。

2020年6月総会で事務局のみの会議場でカメラに向かって活動報告を行う筆者（写真右端）

かなり綱渡りの準備で迎えた2020年6月の総会が始まると、各国代表のビデオ誤作動で音声が聞こえなかったり、画面から消えたりといった事態が発生した。その度にWCOの技術チームがメールで各国と連絡を取ってアドバイスを与え、一つ一つ課題を解決していった。総会ではビデオ会議による総会開催、選挙を経ない議長代行の就任、予算案審議に一部から疑義が出されたが、議長代行が反対の国はチャットでその旨表明をするよう促すと、反対国は4、5か国に留まった。このようなオンラインの総会運営方式は既存のルールブックに書かれてはいないが、WCO設立協定や総会議事規則を状況に合わせて、柔軟に解釈した結果といえる。他方、議長代行はバーレーンから議事進行をしており、事前に事務局と周到な準備を行ったとはいえ、通常の総会のように隣席にいる私に議事運営を相談することは難しく、局面ごとに議長代行の胆力で対応するしかない。幸いにして、彼は気配りも十分で、日本がいち早く今年度補正予算でコロナ対策のためにWCOに任意拠出金を出したことに対して、総会冒頭で総会を代表して日本に対して感謝を表明してくれた。

〈7月〉

欧州各国では国内規制の緩和に加えて、渡航制限の緩和が検討された。夏のバカンス・シーズンが近づいているとともあり、7月1日にはEUの統一基準として、EU域内及び安全と考えられた日本を含む14か国に対する渡航規制緩和措置を各国が実施できるようになった。他方、WCO職員の出張先は技術支援のためのEU域外の途上国が多く、これらの国々では一般的な渡航制限が続いていた。その結果、職員が従来の発想を転換し、インターネットを使った支援の工夫が必要になった。

例えば、国連薬物犯罪事務所(UNODC)と共同で55か国で展開しているコンテナー取締プロジェクトでは、職員派遣が難しくなったので、いち早くオンライン会議のソフトウエアを購入して、インターネットでの技術指導に切り替えた。ノルウェーの資金による税関汚職対策は、参加層を拡大したウェビナー(インターネット上のセミナー)・シリーズを企画した。またJICAと共同のアフリカ税関の人材育成では、従来は職員を月1回程度送って技術支援に当たっていたが、オンラインで毎週のようにアフリカ向け研修を行うようになり、しかも日本の税関職員に広くオンラインで参加してもらうことによって、彼らにも国際的な仕事を見聞する機会を提供することができた。

こうした努力の結果、7月から11月までの間に200以上のオンライン技術指導のセッションが組織された。オンラインによる研修は現地出張による研修を完全に代替するわけではないが、補完的な役割を果たせる。将来的には、ウェブ上で基礎的な研修を行うとともに、対象国の情報を集め、実際に現地出張した際には、より高度できめ細かい指導を行う、テクノロジーと組み合わせた技術支援に向けた改革にも通じる。併せて、既存のオンライン教材も見直して改善した。また忙しい時には手つかずになりがちなWCOホームページの見直しにも着手することができた。

〈8月〉

バカンス・シーズンがやってきたが、WCO職員からは有給休暇申請が今年はほとんど出てこなかった。コロナ禍が一段落する時期まで様子見の姿勢かもしれなかった。それでは出身国から離れての在宅勤務で職員が心理的に疲れてしまうし、予期せぬ時期に休暇が集中するのは業務管理の面でも得策ではない。そこで他の国際機関の例も斟酌して、臨時措置として自国に帰って、そこから在宅勤務をすることも可能とする制度を導入した。まず模範例を示そうと、私が一部休暇を組み合わせて日本に戻った。もっともブリュッセル時間の夕方、したがって日本時間の深夜過ぎに仕事のメールが届いて返事に追われ、就寝が遅くなり、しかも夏の朝は自然と早く目が覚めるので、結構大変なことが分かった。ビデオを通じた国際会議にも頻繁に参加したが、特に米国で開催される会議は時差の関係で真夜中になり、覚悟していたとはいえ、眠気と戦うことになった。

それでも自国からの在宅勤務制度を利用する者が少なかったのは、一部の途上国で帰国便の確保が難しかったせいもある。例えば、日本の支援でWCO事務局に10か月間勤務研修に来ている途上国職員は、例年9月から勤務を始め、翌年7月に帰国するのが通例だ。ところが多くの途上国は自国民であっても海外からの入国を受け入れず、また旅客減に伴い、帰国便の確保が難しかった。帰国の目途がつくまでブリュッセルで在宅勤務を続けてもらったが、最終的に全ての研修職員が帰国できたのは12月だった。ブリュッセルから東京への直行便は3月以来運休が続いたが、他の欧州大都市経由で東京は繋がっており、海外からの自国民を受入れる国内体制があった日本の有難さを感じた。

欧州の感染状況の改善は7月中旬以降は捗々しくなく、8月中旬に感染者が増えたが、後半にはやや落ち着きを見せた。休校に伴う児童や学生への悪影響が問題視されていたこともあり、休み明けの9月からの学校再開が急務とされた。人々も再びマスクを着用するようになった。

〈9月〉

ベルギー政府が経済活動の正常化を急ぐ中で、WCOの各種委員会もフルに活動を再開したが、年内は物理的な会合は避け、オンラインの議論フォーラム（メールも活用）とビデオ会合によることにした。9月初に全職員とビデオ会合を開いて在宅勤務が続くことを説明し、頑張ろうと呼びかけた。またブリュッセルの各国大使館に勤務する加盟国の税関アタッシェともビデオ会合を開き、加盟国の駐在代表としてWCOの会議に毎週のように顔を出していた彼らにも、WCO本部への立入りは引き続き規制される旨を説明した。彼らは所属する大使館への立入りも規制され、自宅で孤立状態の者も多く気の毒だが、ＷＣＯ本部で感染症のクラスターを発生させるわけにはいかなかった。

もっともビデオ機能は参加者が集中できる時間や時差の関係もあって、最大限でも1日3時間程度の使用が限度だ。しかも会議の休憩時間に代表団同士で集まって、お茶を飲みながら非公式に合意を探るといった最も効果的な調整手段無しで会議を管理しなければならない。このような制約下では、事前に事務局が発表した会議文書について、ＷＣＯのオンライン議論フォーラムを使って各国と文書で意見調整を行い、意見対立が残った案件についてビデオ会議で解決策を探る形になる。事前調整の重要性が増すので、事務局の負担は増えていった。特に関税分類(ＨＳ)は5年ごとに各国間の交渉を経て更改されるが、こうした状況下での改訂交渉は難しいので、最終的には改訂作業を1年間遅らせることにした。

9月末には3月以来コロナ感染対策に専念していたウィルメス首相の少数内閣が終わり、新たな連立政権が財務大臣を務めていたアレクサンダー・デクロー新首相の下で成立した。新旧首相ともに40代半ばの若い指導者だ。もっとも感染が9月を通じて悪化しつつあることへの懸念は高まっていった。夏のバカンス帰りの客がウィルスを持ち帰り、9月から再開された学校で子供を通じて感染症が広まったのではないかとの声が聞こえた。

〈10月〉

10月に入ると、ブリュッセルの感染症の状況はいちだんと悪化した。首相の座を降りたウィルメス前首相はデクロー内閣で副総理兼外務大臣に就任したが、10月中旬に新型コロナに感染し、入院の上、集中治療室入りした。月末には退院したが、感染源は家族と報じられた。40代の彼女には学校に通う子供がいた。フランスを始めとする周辺国の状況も悪く、コロナ第2波と認識されて、欧州各国が再度のロックダウンを発表する事態になった。

ベルギーでも警戒レベルが最上位に引き上げられるとともに、集会の制限、レストランおよび喫茶店の閉鎖、さらにはヒトに接触する理美容院を含む必要不可欠でない店舗の閉鎖、学校の臨時休校、夜間外出禁止といった新たな規制が順次課されていった。理美容院の休業が実施される直前の土曜日に行きつけの床屋に駆け付けたが、店の外には行列が出来ており、店主は翌日の日曜日も例外的に開店すると話していた。

WCO事務局では、オンライン会合で夏の間を通じて消耗し、かつ在宅勤務で同僚との接触が少なくなった職員を慰労するために、20人程度の小グループに分けて事務局に招き、懇談会を開こうと予定していた。週に1、2回こうした会合を開催すれば年内に全員と会うことができる。そのために地下1階の会議場外に、職員間の立ち位置が必要な距離を確保できるよう、1・5メートルずつの印を床に付けてもらうといった準備を進めていた。しかし感染症の悪化に伴い、懇談会も延期することにした。夏休み明けの9月に職場復帰措置を取り始めた一般企業も、再び在宅勤務措置を強化するようになった。

他方、月末に近くなるとワクチンの開発が進んできて、国際運送業界からはWCOにワクチンの通関円滑化措置を導入してほしいとの要望が強まった。関係する国際機関及び業界との調整を進め、12月総会で決議を行って、税関のワクチンの円滑な輸送・配布への貢献を示すことにした。円滑な通関と偽造薬品・ワクチンの取締とは表裏一体だ。年明けには日本の支援を得て、円滑化と国民の安全確保の両面に配慮したオペレーションを行う計画作りも進めた。

〈11月〉

厳しいロックダウン措置や人々の行動パターンの変化もあって、11月に入ると新規感染者数は減少に向かい、10月末がコロナ第2波のピークであったといわれるようになった。他方、隣国のドイツやオランダでは感染症が悪化しており、ベルギー首相府は引き続き警戒を呼び掛け、ロックダウン措置を続けていた。米国ではコロナ対策が後手に回った印象を与えたが、それが大統領選挙にも響いたといわれ、基本的には好景気なのに現職大統領が敗北する現象が起きた。経済活動と感染症対策の両立は実に難しい。

WCOでは毎年テクノロジーやリサーチといったテーマで、ホストする加盟国と共催で、税関及び民間・学界向け会合を開催してきた。今年はインドネシア・バリ島でテクノロジー会合、ジャマイカでリサーチ会合を開くことになっていたので、3月以降、開催の可能性を探っていた。しかし新型コロナはなかなか収束する様子をみせないので、物理的な会合は来年に延ばすことを決め、11月にWCO主催のウェビナーの形で開催することにした。幸いにして税関のみならず、民間企業や学界から大きな関心が寄せられ、テクノロジー会合に1300人、リサーチ会合に500人と例年の物理的な会合を上回る参加者が得られた。また毎年夏にWCO事務局で各国税関職員と民間貿易業者向けの税関知識アカデミーを催してきたが、今年は9月にウェビナーの形で開いた。こちらも記録となる960人の参加が得られた。物理的にWCO本部でこれだけの人数を受け入れることは不可能なので、オンラインの威力を垣間見る思いだった。参加者からみれば、わざわざ移動する手間や登録経費の支払いが省けるので、人気が出たと思われる。

財政委員会は通常は年1回、春に予算案を審議して、6月の総会に諮るのが通例だ。今年は予算執行が心配なので秋にも開催したいと加盟国から要求が出た。旅費の執行は困難なので、使い残しが出ることは免れない。予算減額でも提案されるのかと思ったが、加盟国は建設的で、使い残しの旅費をテクノロジー投資に充当せよとのアドバイスだった。ウェビナーやビデオ会合への参加を通じて、加盟国自身がその必要性を理解したようで、有難い助言だった。

〈12月〉

12月初から一般店舗の再開が始まったが、マスクをした顧客は店の外に行列を作って入店を待っており、規則を守っている様子がうかがえた。レストランや喫茶店は閉まったままであり、家庭での来客パーティーも控えられていた。他方、ワクチンの接種対象についての議論が始まり、人々は将来への希望を見出し始めているようだった。それでも12月末時点で人口100万人当たりの死者数を比べると、ベルギーは1867人に上り、米国の1044人をはるかに上回って世界一であり、日本の26人の70倍だった。大きな犠牲を払ったといえる。

12月の臨時に開かれた総会の議題は、昨年からの積み残し分も加え、盛り沢山になった。もちろん新型コロナ対策がメインであり、ワクチンの通関について決議の採択を行う一方、冒頭の事務総局長の報告の中で、電子化に遅れている原産地証明書といった税関手続きのペーパレス化や他省庁手続との連携のためのシングル・ウィンドウの推進を訴えた。この他にも税関における男女平等と多様性を推進する決議など、多くの案件が総会で採択されたが、日本関連で

3点挙げておきたい。第1にクルーズ船旅客の事前情報の活用に向けた取り組みが同意されたが、これは将来の安心できる外国人観光客の受け入れに裨益する。第2にフリーゾーン（関税免除の自由貿易地域）での税関による取締強化策も承認されたが、フリーゾーン経由の模造品に苦しむ日本の産業界にとって重要だ。ちなみに総会直後にWCOの新たなフリーゾーンのガイダンスを広く解説するためにウェビナーを組織したが、日本の産業界が参加して、諸外国のフリーゾーンが密輸に使われる手口と税関による差押の事例を挙げながら、各国税関によるいっそうの取締強化を訴えていたのが印象的だった。第3に島嶼国対策も打ち出されたが、これは太平洋島嶼国と日本との間のJICA等を通じた協力に繋がる。

12月臨時総会のもう一つの大きな課題は選挙だった。6月総会で予定されていた関税・貿易局長選挙は12月に延期されていたが、物理的に投票ができない状況下でどのように公正に選挙を行うかは微妙な問題だった。通常は事務局が会場で投票用紙の配布及び収集を行い、開票には地域代表の副議長が立ち会う。しかしオンラインでは副議長の開票立ち会いは困難だし、各国の電子投票の秘密をどう確保するかの問題も出てくる。事務局の法律部門も交えていろいろ検討したが、結局WCOの監査法人に投票から開票までの過程をすべて外部委託して行うことにした。監査法人と綿密な制度設計を行い、電子投票の実験を繰り返した。さらにオンラインでの投票数が総会参加国の過半数に達するのか心配して、総会中に何度も投票を呼びかけた。蓋を開けてみると投票総数は全体の7割を超え、また加盟国が投票の公正さに信頼を示す中で、新局長を選出することができたので、胸をなでおろした。

毎年WCOのテーマを設定しているが、2021年には、人々の立ち直る力を意味するResilienceをぜひ入れたいと考えた。そこで関係者との協力により回復を目指すRecovery、テクノロジーの活用による刷新を目指すRenewalの3つのRを併せて、税関が持続可能なサプライチェーンの構築に努めることに決めた。2021年はこのテーマを中心に、税関の役割の強化や広報に努めたいと考えた。

2006年事務局次長選挙（2期目）風景。WCOでの演説　右から筆者、竹内関税局長、内藤在ベルギー日本大使、近田二等書記官。

2018年事務局総局長選挙でキャンペーンーWCO会議場の外で、飯塚関税局長と筆者の家族。

2001年事務局次長選挙終了後の打ち上げ。左から3番目が筆者、4番目が寺澤関税局長。

2008年選挙で投票結果がアナウンスされた直後に各国代表から祝福を受ける筆者。隣は青山関税局長、坂口審議官。

2023年6月岸田総理を目時UPU事務局長と表敬訪問。日本郵政が前年に発行した日本税関150周年記念切手を総理にご説明。

欧州

第２次世界大戦後の復興を目指す西欧諸国がＷＣＯ設立の中心になり、税関手続きの調和化を通じた貿易振興や関税同盟設立を図った。次第に欧州域外の国も加盟し、ＷＣＯは世界規模の組織になったが、暫く西欧諸国の影響が残った。冷戦の終結とともに旧東欧圏を中心に２００４年以降13か国がＥＵに加盟し、ＥＵ加盟国数は27か国となった。現在では27加盟国の利益を代弁する欧州委員会がＷＣＯの政策決定に影響力を及ぼしている。１９９１年にソ連が崩壊して15の構成共和国に分かれ、旧ユーゴスラビア連邦の解体が始まって７か国が独立すると、欧州の国の数は52か国へと一気に増え、ＷＣＯ最大の地域グループになった。他方、それぞれの中心だったロシアとセルビアとの関係を巡って、ウクライナやコソボのような紛争が起き、ＷＣＯでも難しい対応を迫られる地域だ。

「スコッチ」ウヰスキー
MIKURI
YA
「シャンパン」
「モーゼル」ワイン
「マイセン」磁器
「ボルドー」
ワイン
「ボヘミアン」グラス
ブランドバッグ
「パルマ」ハム
「イベリコ豚」
生ハム
各国の税関がニセモノを取締り、
生産者も消費者も守られて居ます
Good Job!!

＜欧州＞

旧ソ連諸国

フィンランド
エストニア
ラトビア
リトアニア
ベラルーシ
ポーランド
スロバキア
ウクライナ
モルドバ
ハンガリー
ルーマニア
ブルガリア
ギリシャ
トルコ
シリア
イラク
イラン
ロシア
カザフスタン
ウズベキスタン
ジョージア
アルメニア
アゼルバイジャン
トルクメニスタン
キルギス
タジキスタン
アフガニスタン
中国

ウクライナの税関改革

（『貿易と関税』2017年6月号、2021年11月号、2023年3月号収録）

ウクライナに最初に出張したのは2010年9月、同国有数の工業都市ドニプロにあるウクライナ税関アカデミーがWCO地域研修所に指定された記念式典の時だった。ロシアに発して、ベラルーシ、ウクライナを縦断して黒海に流れ込むドニプロ川に沿った都市で、上流の首都キーウ（キエフ）から400キロ南東に位置する。旧共産圏では税関職員は専門の大学で4年間研修した後に採用されてきた。アカデミー入学式に集まった大勢の若い男女学生を前に講演したが、今でも彼らの熱心な様子が思い浮かぶ。またそこで名誉博士号も頂いた。当時の関税局長はドニプロ川の上に浮かぶ船の上から1990年代まで外国人には閉鎖されていた軍事工業都市の様子を説明してくれた。この時議論した方針に従い、ウクライナは翌2011年にはWCOの改正京都規約を批准し、2012年には改正京都規約に合う形で税法改正を行った。

ウクライナはソ連崩壊以降、国家近代化による欧州への接近を目指してきており、税関改革もその一環との位置づけだ。その当時のEUは、1991年にソ連が崩壊して15か国が独立したのを受けて、バルト3国（エストニア、ラトビア、リトアニア）をEUに加盟国として迎え入れ、さらに東方でEUと国境を接することになった旧ソ連6か国（アゼルバイジャン、アルメニア、ジョージア、ベラルーシ、ウクライナ、モルドバ）の取り込みに熱心だった。2012年10月上旬にEUはキーウでこれら旧ソ連6か国との税関手続き調和化の会合を開催した際に、私も招待された。もっとも、同じ月の下旬にはモスクワで税関記念日20周年式典があり、こちらにも旧ソ連圏諸国の税関及び私が招待された。当時のロシアのメドベージェフ首相も顔を見せ、ロシアを中心とするユーラシア経済連合（当時はロシア、カザフスタン、ベラルーシ、2015年にアルメニアとキルギスが加盟）の推進に力が入っていた。地域統合では関税制度が鍵になる。WCOは技術的に各国税関を支える立場にあり、政治的に中立だが、旧ソ連圏諸国を巡るロシアとEU

との綱引きは、どちらの関税制度を採用するかを旧ソ連諸国に迫る形になっており、容易ではないなと肌で感じた。

もっとも、ウクライナの欧州接近は一直線には進まず、2013年11月に当時のヤヌコビッチ大統領がロシアの圧力で、調印間近だったEUとの連合協定を棚上げにした。それに対して市民がキーウの独立広場に集まっての抗議が暴動化し、翌2014年2月に大統領国外亡命の政変に至った。その後成立したウクライナとロシアとの対立が決定的になり、ロシアはクリミア半島に侵攻して併合を宣言した。

2017年1月にスイスのダボスで開催された世界経済フォーラムでウクライナのポロシェンコ大統領（当時）にお会いする機会があったが、税関改革をよろしく頼むとの要請だった。ダボスではポロシェンコ大統領はウクライナはもともと欧州の一員と力説されていたが、参加したセッションでは、ロシアとの間合いを図るEU側の反応は慎重なのが印象的だった。

その後、2019年にゼレンスキー大統領が選出されると、2021年7月に大統領の要請でウクライナを再訪した。今回の出張では最初に同国最大の貿易港であるオデーサ（オデッサ）を訪問した。18世紀に近代化したロシア帝国は不凍港を求めて南下政策を推進し、トルコとの戦争でクリミア半島と黒海北岸を手に入れると、1794年にオデーサ港を建設した。黒海北岸はもともと肥沃な土地だったので農業開拓が進められ、オデーサは穀物積出港として栄えた。1917年のロシア革命を経て、黒海北岸はソ連邦構成国家のウクライナ共和国に組み入れられ、1954年にはクリミア半島もウクライナ領に編入されたが、ソ連崩壊に伴って、ウクライナは1991年に独立した。

オデーサの街には19世紀の穀物取引所に使われた重厚な建物を初めとして海運貿易を通じた富の集積の跡が残っていた。世界各地の24港湾都市と姉妹都市となっており、横浜も入っていたのは嬉しかった。オデーサ港へは街の中心部から港湾入口まで立派な階段で降りるようになっており、この階段は映画『戦艦ポチョムキン』の舞台にもなったことでも有名だ。視察があいにく日曜日に重なってしまったが、それにも関わらず出勤して通関やコンテナ検査の様子を見せてくれた税関職員には恐縮した。ウクライナ税関では給料の極端な低さが人材の流出と贈収賄に繋がっており、税関改革にとって悪循環になっている。日本の公務員給与は民間準拠で毎年人事院が勧告するると説明をすると、そうした制度的な保証がないウクライナ税関の幹部にため息をつかれてしまった。

その後、500キロ北にあるキーウに飛行機で移動し、大統領官邸に向かった。官邸の前にYouとウクライナを掛けた「YOUkraïne」の掲示があり、意味を尋ねると、「〈Kraïne〉にはウクライナ語で国家の意味があり、〈You〉と併せて、あなた方一人一人が国を構成するのです」との解説だった。ウクライナ語話者が多数を占めるキーウでは、ロシア語ではなくウクライナ語の掛詞を使うことで、国民意識の向上にも役立たせているのかもしれない。大統領は歳入強化と税関の評判向上にご関心があったので、改革を進めるための方策として、関税局長の頻繁な交代を避けるよう申し上げた。過去2年間に4人の関税局長が任命されたが、これでは組織・マネジメントの安定を図ることが困難だ。また民間の法令遵守を奨励するとともに脱税に対する罰則を儲け、税関の監視取締機能を強化すること、さらに勤務条件の向上といった汚職対策についてお話しした。

キーウは歴史的には9世紀から11世紀にかけて、北欧のバルト海と東ローマ帝国の黒海とを繋ぐ重要な貿易ルートであったドニプロ川の戦略的な中継地だった。東ローマ帝国としてはキーウ周辺のスラブ系のルーシ族を取り込む必要があったので、異教徒であった彼らをキリスト教（東方正教会）に改宗させる作戦を取った。文字を持たなかった彼らに聖書を読ませるためにキリル文字の開発を支援し、コンスタンティノープルの壮麗なアヤソフィア寺院に感心した彼らのために、キーウにビザ

ゼレンスキー大統領と筆者。

ンチン様式の華麗な教会群を建てるのを手伝った。その結果、キーウはスラブ民族の巡礼の対象として宗教的影響を残すことになった。

ソ連からの独立後もロシアとの繋がりが強かったウクライナは、次第にＥＵとの結びつきを強めており、特にＥＵとの連携協定が２０１７年に発効して以来、ＥＵとの貿易量が顕著に拡大してきた。国家歳入の45％が税関収入という現状は、税関に大きなプレッシャーとなっている。キーウやオデーサは現在は工業化が進んだ都市だが、もともと貿易拠点として出発した歴史がある。経済発展の振興のためにも、貿易を支える税関の改革に加えて、内国税徴収や歳出面でも経済財政改革を進めていくことが、投資環境を整える上でも急務となっている。

その後、事態は思いもよらない方向に展開し、２０２２年2月にロシアがウクライナに侵攻し、安全保障、経済面で世界を揺るがせることになった。欧州の人々が受けたショックは大きく、ＷＣＯ本部の所在するベルギーはウクライナとは陸続きで２０００キロしか離れていないので、心理的に戦争を身近に感じる位置にある。ブリュッセルの街角でもウクライナのナンバー・プレートを付けた難民の車を見る機会も増えた。ＥＵ加盟国はロシアとの税関協力の継続を嫌がったが、ＷＣＯは技術的な組織であり、政治的な議論は国連に委ねて避ける努力が総会議長を中心に行われた、２０２２年のＷＣＯ総会では、ロシア非難を目論んだウクライナ支持勢力及びロシアを交えての集中的な協議が行われた。結果的には特定国に対する非難を避け、国境の重要なインフラである税関への攻撃は避けるとの総会合意ができた。他方、ＷＣＯ本来の使命として、紛争下にある国の税関に対する助言や支援を強化することにした。さらに戦争は不幸だが、ある意味で国内改革を進める絶好の機会とも考えられるので、２０２１年7月に大統領と議論した税関改革について、戦後復興も見据えて、ウクライナ税関が検討するのをＷＣＯとして手伝っている。

ウクライナ戦争の帰趨についてはまだまだ先行きが見通し難い状況が続いている。ＷＣＯとしても紛争下での税関のあり方、そして紛争後の復興支援に貢献していきたいと考えている。

モスクワの税関記念日

（『貿易と関税』２０１７年５月号収録）

ロシアでは10月25日は税関労働者の日と決められており、税関職員にとってのお祭り及び休日だ。１９９１年のロシア税関発足にちなんだ記念日で、国家貿易から通常の貿易に変わり、税関の役割が重要になったことが背景にある。２０１７年当時でも税関収入が国家歳入の40％を占めていた。加えて歴史を遡れば、１６５３年に最初の関税法が制定された日にもあたると説明されている。税関記念日には国内外の税関代表の参加を得て、モスクワで盛大に税関の祭典が開催される。

私は事務総局長に就任した２００９年の記念日に招待され、まずロシア税関本部に案内され、幹部と面談した。その後、建物の地下にある射撃場に案内され、銃を渡されて、遠く離れた標的を狙うようにと言われた。幸いにしてロシアの元オリンピックのメダリストが付いていてくれて、彼の指導で無事標的に当てることができた。旧ソ連の法執行機関では射撃が仲間意識を醸成する文化的背景がある。前月にミンスクにあるベラルーシ税関本部を訪れた時も、同様の造りの本部地下室にある射撃場に案内された。旧ソ連諸国の税関トップの集まりでは、親善のために射撃による狩猟を行うとも聞いた。ともかくロシア税関本部での射撃を無事終えてから、税関記念日の式典に出席したが、当時のロシアは２０１０年に発足することになっていたユーラシア関税同盟（原加盟国ロシア、カザフスタン、ベラルーシ）の準備に忙しく、式典の間に関税同盟を準備する事務局幹部と面会した。当方としては、新しい関税同盟の税関手続きのＷＣＯの改正京都規約との整合性を確保するのが重要だった。ＥＵ加盟国はＷＣＯ改正京都規約の批准が義務となっているが、ユーラシア関税同盟にもそうした扱いが必要と考えていたからだ。そうなれば、ＥＵとユーラシア経済圏の国境での絆の基礎が確保できると説明して、関税同盟の手続きを見直してもらい、関税同盟参加の３か国には２０１１年までに改正京都規約を批准してもらった。

２回目にロシアの記念日に参加したのは、２０１２年だった。その時はロシアの対内投資促進のために偽造品・

模造品対策をテーマにしたハイレベル・パネルで話した。最初のパネリストはメドヴェージェフ首相で、大統領の座を前任大統領だったプーチン首相に譲り、入れ替わりで首相の座に就いたばかりだった。ｉＰａｄをもって壇上に登場したが、40代の溌溂とした感じの政治家で、ｉＰａｄで数字を確認しながらロシアの投資環境の整備を話していた。次のパネリストは私で、「国境は分断し、税関は繋ぐ」の標語を用いながら税関の知的財産権保護の重要性を説明すると、隣席のメドヴェージェフ首相は微笑を浮かべ、ｉＰａｄに私の発言を打ち込んでいた。有能な行政官という評判通りの人物だなと感心していると、彼は翌日の記念日本体のスピーチでは、私の発言を引用しながら、ＷＣＯを通じた税関近代化、国際協力の重要性を説いていた。

その晩に「ロシア・トゥデイ（ＲＴ）」ＴＶのライブ放送に招かれて、ロシア税関の汚職対策についてプレゼンターと議論した。この時はロシアはまだＧ８の一員であり（２０１４年に追放されてＧ８は元のＧ７に戻った）、西側諸国との協調関係はまだ崩れておらず、外部からの意見にも耳を傾ける余裕が残っていたのだろう。もっとも、ＥＵと国境を接する旧ソ連諸国を巡るロシアとＥＵとの勢力圏を巡る綱引きはすでに始まっていた。

２０１２年はウクライナを始めとする旧ソ連圏諸国にとって、ＥＵとの貿易協定に参加するのか、ロシア主導のユーラシア関税同盟（現在は経済連合）に加盟するのかの選択を迫られた年だった。ウクライナにとっては難しい判断だったのだろうが、ウクライナの関税局長はその年のモスクワでの記念日に姿を見せ、ロシアの関税局長は大喜びだった。その時はウクライナはユーラシア連合のオブザーバーになるという話だった。ところが翌２０１３年に当時のウクライナ大統領がＥＵとの貿易協定締結に背を向けて親ロシア政策を明らかにしたところ、国民が反発して革命になって大統領はロシアに亡命を余儀なくされた。それが２０１４年のロシアによるクリミア半島併合を含む両国間の紛争に発展したことは周知の通りだ。結果としてウクライナだけではなく、ＥＵ加盟国もそれ以来しばらくロシア税関記念日への参加を控えていた。

２０１６年の税関記念日は、ロシア税関の25周年にあたるし、関税局長が10年ぶりに交代したところなので、招待を受けることにした。クリミア侵攻から2年経って、欧州側も緊張緩和を試みていたようで、欧州委員会や一部のＥＵ諸国も出席していた。ロシアは毎年この日に併せて税関テクノロジーの展示会も組織している。今回の展示会ではロシア税関の情報技術の進展の陳列に加えて、旧ソ連圏各国の出展も目を引いた。常連の中央アジアに加えて、今ではＥＵに加盟するバルト3国も初めての試みとして共同出展していた。展示会に来た市民も国際政治の風向きの変化を感じたはずだ。

２０１6年も記念日のハイライトは税関職員による芸能大会で、６万人のロシア税関職員から厳選された職員によるパフォーマンスの披露が行われた。冒頭はメドベージェフ首相による祝辞で、その後を数えてみると、歌や踊りの32の演目があった。とても素人芸とは思われない素晴らしい出来栄えだ。彼らは日頃から訓練を受け、地方大会から勝ち上がってきたとのことだった。面白かったのはパフォーマンスの背景として上映される映像で、ロシア各地の風景が取り上げられていたが、加えて第2次世界大戦中ではないかと思われる戦闘シーンが多かったことだ。伝わるメッセージは広大な領土、祖国愛、犠牲だなと感じた。芸術と政治とは決して無縁ではない。

翌日の晩は参加した各国の関税局長たちとともにボリショイ劇場でのバレエ公演に招待された。劇場は２０１１年に全面改築され、内装からソ連時代の共産色を落として、ロマノフ帝政時代の絢爛豪華な輝きを復活させたとのことで、現在のロシアの動向を反映している。行事の合間にトレチャコフ美術館に案内され、プーチン大統領が最近寄付したギャラリーに行ってみた。寄贈品はロシア正教関係の美術品で、現在のロシ

2016年のモスクワでの税関記念日にて。右からロシア財務大臣、ロシア関税局長、筆者。

アでは帝政の記憶とロシア正教が大きな心の支えなのかもしれない。翌年の2017年はロシア革命100周年に当たるので、プーチン大統領がロシア革命をどう位置づけるのか注目されていたが、その当時の大統領演説では、歴史の節目だとの言及に留まっていた。

ロシアはクリミア半島侵攻以来、経済制裁の対象になったこともあって、国際社会での地位向上に熱心だった。欧州も2022年のウクライナ侵攻時に比べると融和的だった。現にロシアは2016年の7月のWCO総会でEUの支持を得て、総会議長のポストを手に入れ、12月の政策委員会をモスクワでホストした。会議の合間に各国の政策委員会参加者を雪景色がきれいな赤の広場のクリスマス市に案内して、もてなした。会議終了後に、私はテレビ記者会見に重なり、行きそびれたが、他の政策委員会参加者はクレムリン内部の宝物館見学ツアーに出かけ、大統領宮殿も外部から見たと喜んでいた。もっとも、気温がマイナス18度まで下がったのには震え上がっていた。

その後コソボのWCO加盟を巡って反対の急先鋒だったロシアと調整する必要もあり、2017年に加えて、2021年10月の30周年税関記念日に再び参加した。非公式会合でコソボ問題の鎮静化を図ることを一応合意した。2021年はコロナ禍の最中にもかかわらず、それなりの数の外国からの参加者を集めていた。ウクライナ侵攻の直前だったが、その時に個別に面会したロシアの財務大臣や税関幹部からは、戦争間近との印象は全く受けなかった。式典ではハイレベル・パネルに参加して、ロシアの財務大臣、経済界トップや欧州の物流企業の代表たちと一緒に、シベリア鉄道によるアジアと欧州との間の流通円滑化に向けた税関手続の改善を話し合っていたくらいだ。その1年後には、この時同じパネルで議論したロシア経済界トップが欧米の制裁の対象となり、所有する大型ヨットが欧米諸国の差し押さえを逃れて、世界各地の港を転々とする様子が報道されることになるとは想像できなかった。

2014年のクリミア半島侵攻の際には、比較的早く国際社会への復帰を果たしたロシアだが、2022年のウクライナ本土への侵攻の後、どのように国際社会に復帰できるのか、予断を許さない状況だ。

アゼルバイジャンの発展とナゴルノ・カラバフの武力紛争

（『貿易と関税』2015年4月号、2021年3月号収録）

アゼルバイジャンはアルメニア、ジョージアとともにソ連崩壊後の1991年に独立した国だ。この3か国はコーカサス諸国と呼ばれ、黒海とカスピ海に挟まれ、南にはトルコとイラン、そして北ではロシアに囲まれている。歴史的にイラン（ペルシャ帝国）、トルコ（オスマン帝国）、ロシア（ソ連時代を含むロシア帝国）の勢力争いの場だった。イランの支配下だった18世紀以来、ロシアが軍事勢力を南下させ、19世紀には正式にロシア帝国に組み込まれ、20世紀初頭にはソ連の一部となった。そうした背景もあって、いろいろな民族が入り組んで居住しているので、紛争も起きやすい。帝政ロシア末期のバクーを舞台に、アゼルバイジャン、ジョージア、アルメニア人の青年貴族男女が民族や宗教によって引き裂かれる様子を描写した小説『アリとニーノ』（1937年）は国際的にも評価が高いが、そこで描写された民族間の文化的差異や対立感情は今でも十分に通じる内容だ。

ロシアとの関係は3国さまざまで、ジョージアはロシアと戦争をし、アルメニアはロシアと同盟関係にあるのに対して、アゼルバイジャンは豊富な石油資源を背景に、ロシアに対して相対的に自主性を保っている。旧ソ連5か国から構成されるユーラシア経済連合への加盟には消極的だ。アゼルバイジャン人は民族的には隣国のトルコ人と同じく、中央アジアから移動して来たチュルク系民族が土着のイラン人と混血した結果といわれている。彼らの言語はトルコ語に近く、トルコとは兄弟国といわれる。もっとも、アゼルバイジャン人はイランにも多く住んでおり、本国人口1000万人に対して、在イラン人口は推定1500〜2000万人前後といわれる。絨毯の生産でも有名なイラン北部の主要都市タブリーズを2017年に訪問する機会があったが、所在する州の名前が東アゼルバイジャン州であることに気が付いた。16世紀のペルシャ帝国サファーヴィ朝はシーア派イスラム教を国教とした。その支配下にあったアゼルバイジャンではシーア派が大多数となり、スン二派が多いトルコ人とは異なる。ただイスラム教徒といっても戒律は緩やかで、飲酒や女性の服装も自由だ。

アゼルバイジャンの首都バクーを最初に訪ねたのは2000年のWCO政策委員会出席のためで、空港からの移動中に地中から漏えいした原油が自然に燃えているのが見えた。20世紀初頭には世界の半分以上の原油を産出していた歴史があり、今でも有数の原油産出国だ。ただ2000年当時はバクーの街全体が煤けたようで、カスピ海沿岸で稼働中のオイルリグを見たせいもあって、原油生産基地の街という印象だった。商店街も古めかしくて、ソ連時代から続く国営百貨店グムが中心だった。旧ソ連時代には原油収入はほとんどモスクワに持って行かれ、街並みへの投資ができなかったとの説明を聞いた。

アゼルバイジャンは国際的な地位向上を狙ったイベントをホストしてきた。例えば2000年の訪問時は国内のイスラム教、ユダヤ教、ロシア正教会の指導者を招いて、税関が国境で国外流出を阻止した宗教文化財の各宗派への返還式が行われた。これは各宗派が平和裏に共存する世俗国家体制であることを示している。また2004年にはアリエフ大統領がWCOを訪問して、アゼルバイジャン詩人の石像を寄贈し、今でも玄関の前庭に飾られている。コーカサスから中央アジアに広がるトルコ系文化の国々の連帯を図る意味もあったようだ。その後、同行訪問の際や国際会議の機会にアリエフ大統領にお会いする機会があり、私個人としてもコーカサスへの関心が深まった。

バクーを再訪したのは2011年で、有名な建築家による高層ビルが競争のように立ち並び、高級ブランドでいっぱいのショッピングモールが目に付く現代的な都市に一変していた。原油価格の高騰と石油資源収入を独自に使えるようになったからで、湾岸諸国の街並みがこの10数年の間に見違えるように整備されたのと軌を一にしているように思えた。そもそもバクーには古い歴史があり、11世紀の塔や15世紀のイスラム王朝時代の宮殿が残る旧市街がある一方で、20世紀初頭の石油ブーム時代に建てられた荘重な建物も残っている。それらの歴史的建造物にも保存の手が入れられ、コーカサス地方随一の観光地に変身した。

アゼルバイジャンは豊富な資金力で翌年の2012年にWCOの欧州地域会合を開催してくれた。街中には前年に比べてもさらに新しい豪華な国際ホテルチェーンが開業しており、大規模な再開発事業がカスピ海沿いに展開していた。特産のワインは国内でも人気があり、民族ダンスはクイック・テンポで明るい。その後もＷＣＯの会議をホストすることに熱心で、何度か訪れた。そうしたバクー会合への参加者は洗練された現代的な高層建物群とオスマン文化を静かに伝える旧市街の対照に喜んでくれた。

もっとも、明るい話ばかりではなく、欧州のメディアからは強権的な政治と人権抑圧を非難されることもある。欧州地域会合の機会にアリエフ大統領に面会したが、彼はそうした批判を承知の上で次のように説明して下さった。「バクーはカスピ海に突き出した半島上にあって風が強く、語源はペルシャ語の〈風が吹き付けた〉である。しかしながら周囲を難しい国に囲まれて、吹き付ける風は熾烈だ。そうした吹き溜まりの中では強い政権でなければ周辺国から国民を守れない」。地続きの近隣国との関係が難しいので、国境を守る税関は重要だとして、麻薬や文化財の保護といった非合法貿易取締りのためにも税関の機能強化を図りたいと、ＷＣＯへの期待を述べられた。

コーカサス地域の風圧は引き続き高いし、その風もあちこちから吹いてくる。その一つがアゼルバイジャン領土内にありながらアルメニア人住民が多数を占めるナゴルノ・カラバフ州の帰属をめぐる紛争だ。山がちの地域であり、両国とも民族としての歴史文化面の価値に重きを置く紛争ともいえる。ソ連の下では領域内の民族間の紛争は抑えられていたが、ソ連末期にはしだいに各地で民族意識が先鋭化していった。特にナゴルノ・カラバフ州で多数派を占めるアルメニア人が１９８０年代後半から同州のアルメニアへの編入を求める運動を始め、州内のアゼルバイジャン人との間で武力衝突も起きて

アゼルバイジャンのアリエフ大統領との会談

いた。ソ連崩壊に伴い1991年にアルメニア、アゼルバイジャン両国は独立したが、その際、ナゴルノ・カラバフ州は多数派のアルメニア人がアゼルバイジャンからの独立を宣言するに至った。国際社会からの独立承認は得られなかったが、武力衝突が激化して、双方で多くの犠牲者を出した。ロシアのアルメニアに対する軍事支援もあって、アルメニアに有利な形で1994年に停戦となった。その結果、アルメニアが同州及び緩衝地帯としての周辺地域を含む13%程度のアゼルバイジャンの領土を実効支配することになり、また多くのアゼルバイジャン人が難民として同州を去ることになった。

アゼルバイジャンは国際イベントをホストする度に1990年代のアルメニアとの紛争の犠牲者慰霊施設への訪問がプログラムに入っていた。カスピ海を見渡せる一等地にあるので、観光名所でもある。国際的にナゴルノ・カラバフ紛争での被害を訴えるとともに、国民の間の領土回復への意識の醸成も狙っていたようだ。

この間、ナゴルノ・カラバフでの小規模な武力衝突は続いていた。アゼルバイジャンは豊富な石油ガス資源を使って、国際面での地位向上とともに、軍事力の整備を図ってきた。満を持した形で、トルコの軍事支援を頼んで、2020年9月にアルメニアを攻撃して、アゼルバイジャンが優勢なうちに停戦となり、ナゴルノ・カラバフ州の領土のかなりの部分の実効支配を回復する結果となった。今回はロシアは軍事同盟があるのにアルメニアを支援しなかった。それでも停戦はロシアが仲介した形となり、両国の停戦ラインにロシア軍が配備された。ロシアの影響力低下がささやかれる一方、トルコの影響力増大が指摘された。停戦協定にはアルメニア領内を通って、トルコとアゼルバイジャンを繋げる貿易回廊の設置も盛り込まれた。トルコにとってはコーカサス地方や中央アジアへの経済進出の足掛かりになるとの見方も出ている。

さらに2023年9月の軍事行動でアゼルバイジャンは領土全てを奪還した形となり、残っていたアルメニア系住民はナゴルノ・カラバフ州からアルメニアに難民として国外に脱出した。領土問題を軍事的に解決したアゼルバイジャンが、アルメニアと平和で繁栄を共有できるような関係を築いていけるのか、国際社会の関心は高い。

アルメニアとアララト山

（『貿易と関税』2015年3月号、2021年4月号収録）

コーカサス地方の内陸国、アルメニアは独自の言語、宗教、文化を誇っている。キリスト教を301年に受け入れ、世界最古のキリスト教を国教化した国となった。2009年に総本山のエチミアジン大聖堂に案内された際には、アルメニア教会総主教のガレギン2世から税関への祝福を頂いた。アルメニア人は周囲の民族との対立関係から民族移動を繰り返してきたので、商才と工芸の才能を頼りに世界各地で活躍する人材も多い。アルメニア300万人の人口に対して国外に700万人以上のアルメニア系がいるといわれ、ソ連の作曲家ハチャトリアンやフランスのシャンソン歌手アズナブールのように日本でも知られた有名人も多い。ロシア、米国、フランスに多くが住んでおり、彼らの各国での政治力や本国への送金は重要だ。

ただ隣国との関係には厳しいものがある。アゼルバイジャンとのナゴルノ・カラバフ地方を巡る領土紛争では、2020年以降の反撃を受けて係争中の領土を失ったが、両国間の国境はいまだに閉鎖されている。さらにアゼルバイジャンと友邦関係にあるトルコも、第1次世界大戦中のアルメニア系住人迫害問題を抱えており、アルメニアとの国境を閉鎖している。したがって内陸国アルメニアは黒海に面したジョージアと細い回廊でつながったイランしか海港への道がなく、幅広い相手との国際貿易は容易ではない。

2009年に初めてアルメニアを訪れた時には、大統領官邸でも首相官邸でもアララト山の絵が掲げられていた。旧約聖書に出てくるノアの箱舟が大洪水の後、流れ着いたのがアララト山といわれている。アララト山自体は今はトルコ領になっているが、アルメニアは地理的にその麓に続く高原地帯にあり、歴史的な経緯から民族の心の拠り所になっている。2009年に訪問した時には近々トルコとの国境が開かれるとの報道があり、大統領も首相もWCOが訪問してくれると、トルコとの国境開放の真実味が増すと喜んで下さった。最終的にはトルコは兄弟国のアゼルバイジャンに慮って、国交回復の動きを止めてしまった。

2014年11月に同国を再訪し、サルキシャン大統領と再会して、過去5年間の税関近代化への歩みについて、WCO改正京都規約の批准を含む法制改革、電算化、人事管理等の各面で前向きな評価を行うことができた。実際に税関改革の功績もあって歳入庁長官は財務大臣に昇格しており、支援してきたWCOとしても心強かった。他方、大統領とはEU及びロシアとの関係を巡る動きの結果生じている課題についても議論した。EUの協力協定とロシアのユーラシア連合の間の綱引きは税関の世界にも及んでいた。EUは長らく旧ソ連諸国との協力協定を交渉してきたが、署名予定を2013年11月に設定した。そのため。旧ソ連圏への影響力確保を狙うロシアとの緊張関係が悪化した。ロシアの説得を受けて直前の9月にアルメニアが突然方針転換して、EUとの協力協定ではなく、ロシアのユーラシア経済連合に入ることを表明した。結局はジョージアとモルドバがEUとの協定に署名したが、ウクライナは11月にEUとの協定署名を見送ったため、不満な国民が暴動を起こし、今に至るウクライナを巡る紛争のきっかけとなった。

アルメニアの方向転換について、お会いした大統領の説明は、経済面でEUとの結びつきを強化したいが、そもそも農産品の主要輸出市場はロシアだし、エネルギー価格その他の経済面を考えると、ユーラシア経済連合加盟しか選択肢がなかったというものだった。経済連合とはいっても、ロシアや他の連合構成国とは国境を接しておらず、その利点を活かすのは容易ではない。ロシアとの連携は国防上の理由があると見られてきたが、2020年以降のアゼルバイジャンとの紛争では、ロシアの軍事支援は受けられなかったので、欧米に接近を試みるのではないかとの観測がある。

アルメニアは食事のおもてなしで有名であり、自慢の国産コニャックでの乾杯は、テーブルに座った一人ずつが音頭を取って飲み続けるが、一回り終わると、皆でテーブルの周りを手をつないで輪になって踊り出す。これは多くのレストランでも見られた光景だ。彼らだってEU、ユーラシア連合双方と手を繋ぎたいはずだ。

サルキシャン大統領は2008年から2018年まで2期10年にわたって大統領の職にあった。任期末期に議院内閣制が導入されると、与党の支持を得て首相に就任した。

これが大統領の2期任期制限を実質的にすり抜けて長期政権を目指す動きとの批判を受けた。ジャーナリスト出身のパシニャン野党議員が地方都市から出発する全国デモを組織して、首都エレバンでは大規模な抗議集会を開催した。その結果、議会では少数派の党首ながら、デモの先頭に立ったパシニャン議員が首相に就任するという結末で、振り返ってみると無血で平和な政権交代だった。新政権はロシアとの関係は維持しつつ、EUとの良好な関係も維持するという前政権の路線を歩むことを明確にした。両勢力の間で均衡を取りながら発展を図りたいのが本音だと思われる。

アルメニアのパシニャン首相との会談

そのアルメニアから貿易のデジタル化の国際会議を開催するのでぜひ出席いただきたいとの招待を受けて、2019年11月に首都エレバンを再訪する機会を得た。会議で冒頭挨拶に立った副首相は30歳の若さで、デジタル技術の専門家出身だった。会議の実質的な主催者であるアルメニア税関の局長は30代の女性であり、新政権の下で若手登用が進んでいる印象だった。会議を資金支援したのはEUで、EU大使に聞くと、「2013年にとん挫したアルメニアとの連合協定は、自由貿易協定の部分を除いて、包括的拡大パートナー協定に改編した上で2017年に締結した」と説明してくれた。また海港へのアクセスを確保するために、今回の会議の開会式ではジョージア、イランそれぞれの税関代表とアルメニア税関との間で協力の覚書が締結され、WCOを代表して私が立会人となった。

パシニャン首相は市民革命の先頭に立つ闘士とのイメージだったが、実際にお会いすると、静かにこちらの話をじっと聞いて下さった。貿易促進のために新たな税関施設を建

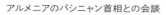

造しているとのお話だったので、明日視察することになっていると答えると、笑顔を見せてくれた。翌日は早起きして、アルメニア第2の都市ギュムリに向かった。エレバンの北西90キロにあり、ジョージアに続く街道沿いにある都市で、その郊外に税関施設があった。敷地内にはコンクリート打ちっぱなしの箱型の建物があり、そこが前日オープンしたばかりの税関施設だった。案内に立った関税局長は採用にも気を配って、全体の7割は女性にしたと誇らしげで、彼女たちと記念撮影をした。建物の外に出ると、検疫等の国境施設予定庁舎が建設中で、雪が降り出す前に完成したいと関係者は心配そうだった。

ギュムリの街中に戻り、古い街並みを歩いてみた。1988年のアルメニア地震では壊滅的な打撃を受け、30年以上経ってもまだ完全には修復されていない建物もあり、人口も大きく減少したと聞いた。コーカサス山脈には火山はごく限られているが、大陸プレートの移動の影響を受けて、この地域には地震が多いことを思い知らされた。

ギュムリからエレバンへの帰路では東に小コーカサス山脈が連なり、最高峰である標高4090メートルのアラガツ山の冠雪した頂上を見ることができた。アルメニアの国土のほとんどは標高1000メートルを超える高地にあり、3000メートル級の山も珍しくない。美しい山並みで、同行した若い税関職員は夏に登頂することを目指して週末は登山訓練に励んでいると言っていた。ここから南の方角にある国境となっているアレス川の対岸には標高5165メートルのアララト山が佇立するが、現在はトルコ領だ。言い伝えではアララト山とアラガツ山とは仲の良い姉妹だったが、ある時喧嘩して別れたという。今では両者はトルコとアルメニアと所属する国も別々になってしまった。

2020年からのナゴルノ・カラバフを巡る武力紛争はアルメニア及びパシニャン首相にとっては不本意な結果に終わった。もっとも、厳しい環境の中でもアルメニア人は粘り強い。逆境での強みを生かして今後の貿易・経済発展を目指している様子には心強いものがある。

ジョージアのワイン

（『貿易と関税』2015年2月号収録）

コーカサス諸国の一つであるジョージアは、日本の五分の一の面積の国土に400万人が居住している。隣国のアルメニアと同様、独自の言語、宗教（キリスト教正教会）、文化を誇る。特に世界最古ともいわれるワイン生産で有名だ。国土は西で黒海に面する一方、北では主峰が標高5000メートルを超えるコーカサス山脈で仕切られており、それが国境となってロシアと接する形になっている。国土は黒海沿岸を除くと、ほとんどが山岳地帯だ。コーカサス山脈は北からの冷気を防ぎ、温暖な気候をもたらしてくれるが、さまざまな民族が入り組んだ地形に住んで、多民族国家を形成することになった。

少数民族の分離独立運動はすでにソ連崩壊前から始まっており、現在では少数民族が住む南オセチアやアブハジアのように中央政府のコントロールが効かない地域を抱えている。こうした内紛はコーカサス山脈の北側のロシアの介入を招くことになった、2008年8月にはジョージアが実効支配回復のために南オセチアを攻撃したところ、ロシア軍がコーカサス山を貫くトンネルから侵攻して、短期間でジョージア軍を破った。ロシアは南オセチアとアブハジアの独立を認めたが、大多数の国は独立を承認せず、これらの地域はジョージア領と認めている。そのため、ジョージアでは反ロシア感情がいちだんと高まって、ロシアとは外交関係を断絶した。さらに、海外での国名について、それまで使われていたグルジアはロシア語表記であり、英語表記のジョージアに変更してほしいと各国に要請した。日本は2015年にジョージアへと国名表記を変更した。

独立時に話を戻すと、1991年のソ連崩壊に伴いジョージアは独立したが、国内の分離独立運動を抱える一方で、汚職が蔓延しているとの国民の不満が高まった。2003年の議会選挙に不正があったとする国民の抗議行動に押されて、再選挙の結果、サアカシュヴィリ大統領が2004年に就任した。彼は2012年までの任期中に、新自由主義に基づいて、市場重視の経済改革に着手した。2006年の関税法改正では、16種類の関税率を0、5、

12％の3税率に集約した上で、8割のタリフラインをゼロ税率として、自由貿易の流れを作った。また税関手続きを電算化して簡素化し、投資環境を改善した。さらに汚職対策として、給与条件を大幅に改善して、賄賂に頼らない体制とする一方で、若手の登用を進めた。

改革結果を見てほしいと要請を受け、２０１０年にジョージアを訪問した。当時の政権には多数の若手が入っており、財務大臣は32歳、関税局長は28歳だった。腐敗撲滅の旗印の下で、ほとんどのベテラン税関職員が解雇されて若手に置き換えられ、30歳前後の幹部たちが外国の徴税組織の教科書を参考に次々と改革を推し進めていた。結果として旧ソ連での悪弊だった汚職が大幅に減少したとして、国際的に高く評価されていた。もっとも、職員の若手への置き換えといった急進的な改革が他の旧ソ連諸国で実施可能かについては、解雇されたベテラン職員の処遇を含め、検討すべき課題は多い。その時に会った財務大臣は黒海に面した港を使って国際回廊になることで経済を活性化すると意気込んでいた。

ソ連崩壊後のジョージアは経済的には親欧米路線を歩んできており、一定の経済発展は記録したが、自国産品の主要な輸出市場だったロシア市場を失い、その面では社会全体の貧困削減は停滞気味といわれる。対応策として、財務大臣が目指したような貿易自由化による国際流通面で地域ハブ化の政策を実施している。その例として、中古自動車を輸入して、隣国に売却する大きな自動車市場に案内された。またアゼルバイジャンとの国境税関を視察したが、日曜日だったこともあり、アゼルバイジャンからの買い出し客が自国に戻る車の長い列が出来ていた。

２０１４年のＷＣＯ欧州会合はジョージアの首都トビリシで3月に開催された。トビリシは三方を山や小高い丘に囲まれたクラ川沿いの渓谷に広がった古都だ。5世紀以来の歴史があり、周囲の丘の上には古い様式の教会や砦が残されており、夜景が印象的だった。２００８年にロシアとの間で領土問題を巡る戦争が起こったことから、ロシアが出席するかどうか危ぶまれた。両国間の外交関係はそれ以来中断されている。もっとも、２０１２年10月の選挙でロシアとの関係修復を訴える野党が勝利して以来、両国関係は安定化に向かったようだ。２０１３年9月にロシアのサンクト・ペテルブルグに出張した際、昼食時に街中のレストランに行くと、若干甘口のジョージア産ワインがメニューにあるのを見つけた。2006年以来ロシアではジョージアの主要輸出品のワインが検疫上の理由との説明で輸入禁止になっていたが、関係改善の兆しを受け、ワインの禁輸措置が一部解かれたとのことだった。この貿易再開の実態を見て、ロシアのトビリシ会合参加を確信したものだ。実際にロシアは代表団を送ってくれ、ジョージア政府もホッとしたようだった。

ロシアの内外でも人気のジョージア産ワインは、世界最古の、少なくとも5千年の歴史を持つといわれる。発酵したブドウのジュースを土器の甕に入れ、地中で熟成させてワインを製造する伝統的な方法は、2013年12月に日本の和食とともに、ユネスコの世界無形文化遺産に登録された。ちなみにロシアによる禁輸の間はジョージアのワイン業者はドイツや日本等の市場開拓に努めたが、ロシアへの輸出が再開されると、利鞘の大きいロシア向け輸出に主力が戻ってしまい、せっかく開拓した新市場では品薄状態になってしまったと聞いた。

WCO欧州地域関税局長会合にて。左より総会議長、副議長(欧州地域代表)、筆者、ジョージア首相、同財務大臣、首相顧問、同関税局長。

またジョージア料理はハーブを多用し、アジアと欧州の文化を融合した美味として有名だ。ソ連で30年間最高指導者を務めたスターリンがジョージア出身であったこともあり、モスクワでもジョージア料理店の人気が高い。食卓でのおもてなし文化も良く知られており、地域会合の夕食時には民族舞踊を見せてもらったが、剣舞を始めとする勇壮な男性に比べて人形のように優雅な女性の振り付けの対比が面白かった。

2014年の地域会合では欧州参加者はほとんどがジョージアを訪問するのは初めてだった。欧州とアジアといった時に、境界線としてロシアのウラル山脈とコーカサス山脈が挙げられることが多い。したがってコーカサス山脈の向こう側は普通の欧州の人から見ると遠い存在だ。もちろん欧州とは地理的のみならず、歴史的・文化的概念でもある。最近ではコーカサス諸国は西アジアよりは欧州と見る向きが多い。ジョージアはさらに対外発信の重要性を認識したようで、２０１７年に欧州域外の税関も参加するＷＣＯテクノロジー会合もホストしてくれた。

２０２２年のウクライナ戦争は、ジョージア経済にも影響を及ぼしている。ロシアから兵役を逃れるために若者の国外流出が多いが、ジョージアが最大の避難民受入れ先となっている。もっとも、ロシアとの関係には気を使っている。また欧州諸国がロシアからの原油・ガスの輸入に制限を設けたので、代替輸入先として、アゼルバイジャン産の原油とガスが注目されたが、その場合、パイプラインがジョージアを経由する。そのためジョージア国内のパイプラインの能力増強と安全確保が重要な課題になる。他方、アジアと欧州の間のモノの貿易は、ロシア領内通過を避けて、中央アジア、カスピ海、アゼルバイジャン経由でジョージアの黒海沿岸に到達する、ジョージアのバツミ港からの貨物船での積出しルートに焦点が当たっている。そのためバツミ港のインフラ拡大が課題になっている。

このように地域間貿易の先行きを見通すのは容易ではないが、モスクワでもブリュッセルでも、そして東京でもジョージアのワインを気兼ねなく楽しめる日が早く来ることを祈りたい。

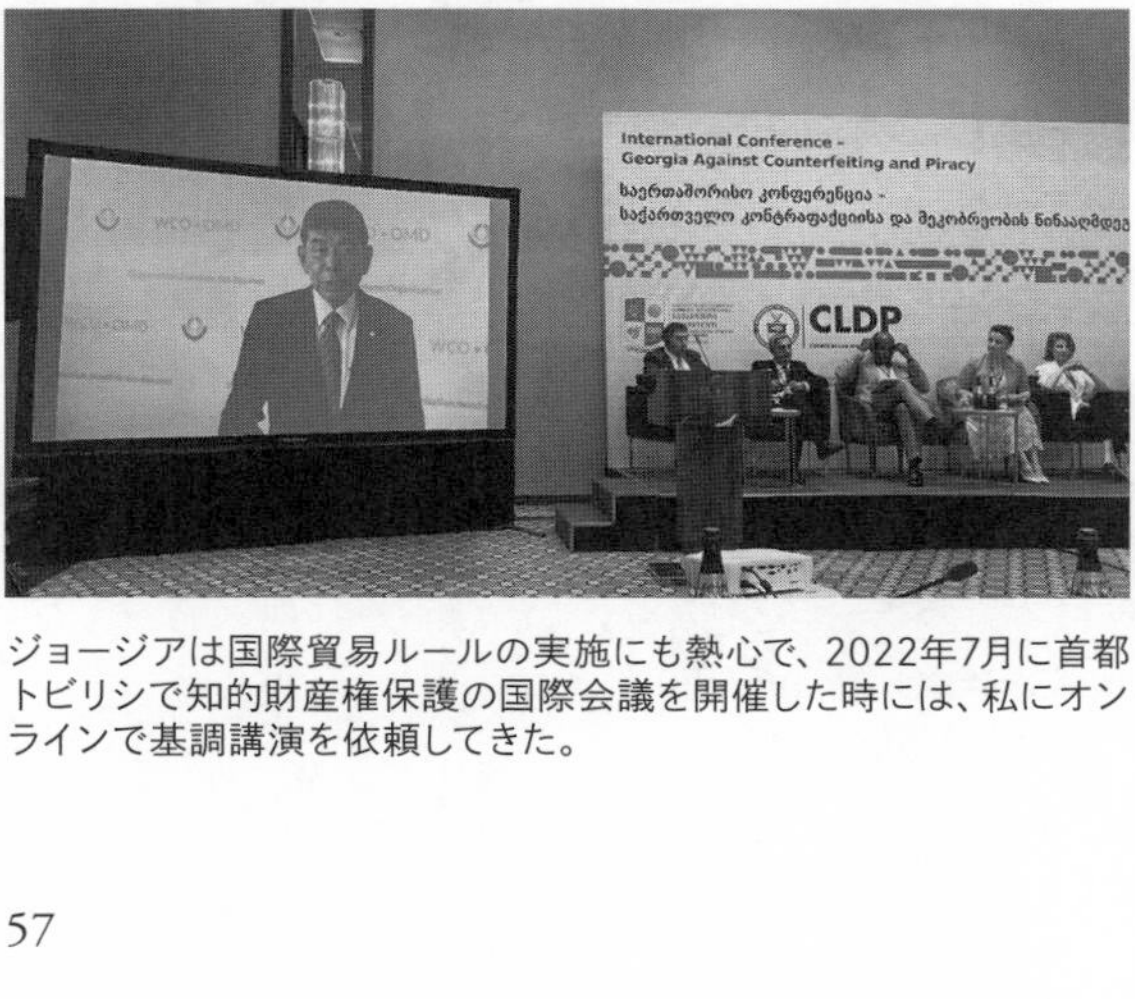

ジョージアは国際貿易ルールの実施にも熱心で、2022年7月に首都トビリシで知的財産権保護の国際会議を開催した時には、私にオンラインで基調講演を依頼してきた。

ウズベキスタンとシルクロード

（『貿易と関税』2020年4月号収録）

ウズベキスタンは中央アジアの中心にある国で、取り巻く国々がすべて海に接しない内陸国だ。そのため海に到達するまでには最低でも2つの国を越えなければならない珍しい二重内陸国となっている。１９９１年のソ連崩壊後に独立し、初代のカリモフ大統領は25年間にわたって国を指導したが、その間、外交、経済両面での自立を目指してロシアや近隣諸国から距離を取った外交を展開した。そのため閉鎖的との批判も招いたが、中央アジア最多の人口3千万人の安定した国造りを主導した。２０１６年に彼が逝去した後は、当時のミルジョーエフ首相が混乱なく後継大統領に選出された。かつて東西交易路であるシルクロードが通っていた地政学的な重要性に加えて、鉱物資源にも恵まれているため、その動向が注目されていたが、新大統領は徐々に改革開放路線に舵を切るようになった。

２０１９年3月に同国の首都タシケントを訪問し、首相を始めとする関係閣僚と税関改革について協議した。ウズベキスタンは親日的な国として知られている。街を行く人々の顔も心なしか日本人に似ていて親しみやすい。第2次世界大戦後にソ連によってウズベキスタンに強制労働のために2万人を超える旧日本人兵士が送り込まれた。タシケントの人々は子供の頃、街を歩いていると、母親から、「あの人たちを見てごらん。監督もいないのに怠けずに働いている。日本人の捕虜だよ」と諭されたことが語り伝えられているとミルジョーエフ大統領から伺った。公営墓地の一角に案内され、ウズベキスタンで亡くなった日本人抑留者を葬る共同墓地にお参りすることができた。

同年11月になって、今度はアジア開発銀行

ウズベキスタンのミルジョーエフ大統領との会談

（ＡＤＢ）が主催する中央アジア経済協力（ＣＡＲＥＣ）の第17回閣僚会合をタシケントでホストするので、開会式でスピーチをしてほしいとウズベキスタン政府から要請があった。２００２年の第1回ＣＡＲＥＣ閣僚会合がＡＤＢ本部のあるマニラで開催された時には、ＷＣＯ事務局次長に就任して3か月目の私が参加してスピーチをした。ＷＣＯでの初めての大きな国際会議への登板だったので、このフォーラムには思い入れがある。当時のＡＤＢ総裁の千野忠男さんは、かつて私が大蔵省に就職して最初に配属された主計局総務課で総括補佐を務められていた。私の若い頃をよく知る千野さんは私が出張して来たのを見てとても喜んで下さった。この会議はＡＤＢと協力してＷＣＯによる中央アジア支援を確立するきっかけとなった。その後、協力関係を強化するために覚書を締結することになり、２０１０年にタシケントでＡＤＢ総会が開催された際に招待されて、当時の黒田ＡＤＢ総裁と覚書にサインした。それから9年後に同じタシケントでのＣＡＲＥＣ会合で中尾総裁と一緒に働けることも楽しみだった。

ＡＤＢでのスピーチ後にお会いしたミルジョーエフ大統領は、私の3月の訪問以来、ＷＣＯが支援を本格化させていることへの謝意を述べられ、改革のための工程表を作ってほしいとのことだった。また首都だけではなく、地方の実情も見てほしいとのお話だった。翌朝、大統領のお勧めに従って、かつての中央アジアの政治・経済の中心だったサマルカンド及びブハラの両都市に移動するためにタシケント鉄道駅に到着した。同行したウズベキスタンの関税局長と鉄道旅行中に工程表を議論し、とても効率的な出張となった。

タシケントから３４０キロ、特急列車で2時間の距離にある古都サマルカンドは、中国と地中海世界との間の歴史的な交易路であるシルクロードの中継地点として有名だ。この地に居住していたソグド人が東西交易の仲介で大きな役割を果たしたといわれている。彼らはイラン（ペルシア）系のオアシス定住民で、シルクロード沿いのオアシス都市に拠点を設けつつ、中国から東ローマ帝国に至るまでの広範な交易ネットワークを形成した。唐の長安にもソクド人集落の拠点を作って、仏教を始めとするさまざまな文明を中国に伝えることに貢献したといわれている。この時期は日本が遣唐使を通じて中国の文化を積極的に取り入れた8世紀の天平時代と重なる。その交流の歴史は奈良の正倉院に残されている。当時ペルシア人が来日したとの記録があり、これはソグド人ではないかと推測されている。ソグド人は次第に周辺民族に同化し、かつての領域だった地域は現在ではチュルク語系のウズベキスタンとペルシア語系のタジキスタンに分かれている。

今日のサマルカンドにかつてシルクロードを支配したソグド人の面影を求めるのは難しい。13世紀にチンギス・ハンが率いるモンゴル軍によって徹底的に破壊されたからだ。それでも1965年の道路工事の際に発見された壁画が復元展示されており、7世紀のソグド人の宮殿や各国使節の様子が描かれていた。シルクロード時代のサマルカンドの栄華とソグド人の偉業を偲ばせる数少ない遺構だ。

サマルカンドがモンゴル軍に破壊された後、14世紀になってティムール帝国が首都をサマルカンドに移し、広大な帝国の首都としての大規模建設を行った。モンゴル帝国は中央アジアを征服した後、チュルク系民族の言語を取り入れ、宗教的にもイスラム化していったが、内紛で弱体化していった。そうした中で武将ティムールが、モンゴル帝国の末裔を立てながら勢力を増して帝国を作り上げ、かつてのモンゴル帝国の西半分を統一する大帝国を実現した。彼及びその子孫はサマルカンドに壮麗なモスクや神学校マドラサを数多く建設するとともに、バザールや隊商の宿キャラバンサライを築いて交易を保護した。特に3つの壮麗なマドラサが面するレギスタン広場はサマルカンドの象徴になっている。

ティムール帝国は統治のために、人々が帰依するイスラム教の教団を保護した。そのせいかサマルカンドではコーランの詠唱をよく聞いた。ティムールを始めとする重要な霊廟を訪問するたびに霊廟付きの詠唱者がコーランの一節を読誦してくれた。他方、15世紀半ばのティムールの孫ウルグベクの治世では、数学や天文学といった学問が盛んになり、ウルグベクが建設した天文台での観測は当時世界最高峰の水準だったといわれる。その後、ティムール帝国は内紛で分裂して弱まったが、世界史的に見ると、オアシスを通る陸のシルクロード自体が15世紀の大航海時代の幕開けとともに、海沿いの通商路に取って代わられ、かつての重要性を失っていったことも中央アジアのその後の歴史に影響した。

ティムール帝国は16世紀にはウズベク族に滅ぼされ、首都はサマルカンドからブハラに移った。ブハラには13世紀のモンゴル軍の破壊から逃れた建物も残っており、中央アジアの歴史・文化の宝庫となっている。サマルカンドから特急列車に乗って1時間半でブハラ駅に到着した。旧市街に入ると、12世紀に建てられた高さ48メートルのカラーン・ミナレットがさまざまな装飾とともに目立ち、ブハラの象徴的な存在だ。

ブハラの中心部にあるアルク城は、中世から20世紀まで続いたウズベク領主国の居城であり、宮廷では主としてペルシャ語系文化が繁栄した。ブハラには今でもペルシャ語系のタジク語を話す住民も多く、ウズベク人とタジク人の複雑な民族構成になっている。さらに城外の街中にはドーム付きのバザールが幾つか残っており、今では特産の工芸品や絨毯の店が並んでいて、かつての交易の中心としての賑わいの片りんを見せてくれていた。フランスの映画俳優ジェラール・ドパルデューに出会ったので声を掛けると、今ではホットな観光地になったブハラの紹介映画を製作中とのことだった。その後、ブハラ州知事に会うと、日本人観光客をもっと誘致したいとの話があった。

サマルカンドとブハラを始めとする歴史的な街並みは、政府の努力もあって、多くの観光客を惹きつけるようになってきている。また、ウズベキスタンの門戸開放・近隣諸国との友好政策は、周辺国も刺激して中央アジアの貿易の活性化に向けての動きを後押ししている。その後、２０２１年にタシケントを再訪し、ミルジョーエフ大統領に再会して、税関改革の進捗状況及び今後の計画をお話しする機会を得た。ウズベキスタンは、人材育成を始めとする今後の税関近代化を進めていけば、中央アジアの経済全体に好影響を与えることが期待され、発展が楽しみな国だ。

トルクメニスタンと馬の文化

（『貿易と関税』２０２０年5月号収録）

中央アジアの南西にあるトルクメニスタンはチュルク系遊牧民がカスピ海東岸に移住したのが始まりといわれている。カスピ海を挟んで向かい合うアゼルバイジャンやその先のトルコと言語面でも近く、お互いに自国語を喋っていても、おおむね内容は理解できるといわれる。日本の１・３倍の国土面積だが、９割は砂漠地帯で、人口も６００万人と面積の割には少ない。多くの国民はカスピ海沿岸と南のイランとの国境沿いに集中して住んでいる。ソ連からの独立後は永世中立国宣言をして１９９５年に国連でもそれが認められ、各国との等距離外交に務め、ロシアや周辺国とも距離を置いた外交姿勢を保ってきた。また出入国管理が厳しいので、閉鎖的な政治経済体制との批判も受けた。

経済の中心は豊富な天然ガス資源をどう活用するかにある。市況の影響を受けるのと、地理的に輸出先が限られるのが弱点だ。輸出先はもともとはロシアだったが、価格で折り合いがつかなくなった。そこで中国向けパイプラインを敷設し、中国向け輸出が大数を占めるようになったが、パイプライン敷設の債務負担が重く、差し引きでみると、決して豊かな収入があるとはいえない。過度のロシアと中国頼みを改めるために、アフガニスタンを通ってパキスタン、インドを目指すパイプラインや、カスピ海を渡ってアゼルバイジャン経由で欧州に輸出するといった案が検討されたが、どちらも実現は先の話だ。最近では原油ガス価格の低迷を受けて、独立以来の人気取り政策で無償だった電気水道ガスといった公共サービスが２０１９年から有償化されている。資源が豊富なのに国民の貧困層が多い現状を改善するためには、産業を興し、資源輸出以外のモノの貿易で経済活性化を図る必要がある。

こうした背景の下で、２０１９年1月に首都アシガバットを訪問し、当時のベルディムハメドフ大統領と面会する機会を得た。トルクメニスタンは外に対してガードが堅く、内情が分かりにくいとの評判がある。ロシア税関からも、自分たちも同国へのアクセスに苦労している、実態を教えてほしいと非公式な問い合わせがあったほどだ。

アシガバットはイラン北部との国境に近く、名前もペルシャ語に由来する。紀元前3世紀から500年間イランを支配したアルサケス朝パルティア王国の発祥地ニサの遺跡が近傍にあり、アシガバットはアルサケスの都市という意味だと考えられている。もっとも、現代ペルシア語では「愛の町」という意味になるそうだ。滞在中に歴史博物館に案内されたが、パルティア時代の発掘品にパルティア文字で書かれた商品の記録が展示されていた。残された資料が少ないので、パルティアの歴史には謎の部分も多く、確かなことは言えないが、古代の交易や徴税（税関）に関する資料ではないかと思われた。パルティア王国が滅びた後も、シルクロード沿いにあったので交易で栄えたが、13世紀のモンゴル来襲によって破壊されて、小村落となった。1881年に現在のトルクメニスタンにあたる地方がペルシアからロシアに割譲されると、ロシア領土の南端の戦略的な都市として発展し、ソ連時代にはトルクメン・ソビエト社会主義共和国の、そしてソ連からの独立とともにトルクメニスタンの首都となった。

独立以来、天然ガスの収入を使って、時に奇抜とさえいえるデザインの現代的な政府の施設やアパート群が首都に建てられた。多くは白亜の大理石が使われ、世界一大理石建造物が多いことでギネスに認定されている。ホテルの目の前にはニヤゾフ初代大統領の金色に輝く立像があり、その後を継いだ当時の第2代大統領が白馬にまたがった絵も街中や公共建物の内部で見られた。遊牧民族の伝統を受け継いで、乗馬姿の指導者が国家統合の象徴になっているようだった。ちなみに周辺の中央アジアの国では馬肉を食べる習慣があるが、この国では馬は人間の仲間と見られており、馬肉は論外だ。興味深いので、大統領の乗馬像を写真に撮ろうとしたらば、どこからともなくガードマンが現れて、写真撮影は禁止ですと言われた。こうした状況が個人崇拝や富のエリート層集中といった批判を招いているのかなと感じた。

大統領との面会当日にホテルのロビーで待っていると、大統領府の儀典長がやって来て、「大統領との面会は20分、道路インフラ整備といった最近の業績に言及されると喜ばれますよ」と説明してくれ、「大統領の言葉を記録するメモ帳は持っていますか」と聞かれたので、持ってないと答えると胸ポケットに入るメモ帳を渡してくれた。政府首脳との面会に際して、これだけ親切な事前レクに接したことはなかったので驚いたが、メモ帳はその後も便利に使わせていただいている。大統領にお目にかかると、貿易活性化のための物流整備に関心を示されたので、インフラ整備と税関近代化の必要性を説明した。今回の出張ではアゼルバイジャン経由だったこともあり、同国の首都バクーで見聞した税関改革の様子を説明した。すると同じ文化・言語でカスピ海を挟む両国の物流強化には関心があるとの反応だった。さらに中央アジアやアフガニスタンとの貿易促進と話が弾み、メモを取る余裕もなく、会談は予定時間を超えて1時間以上になったが、大統領の門戸開放への熱意はよく伝わってきた。

ベルディムハメドフ大統領(写真左)とは話が弾み、1時間以上の面会となった。

その後、メレドフ外務大臣と税関改革やWCO協定への加盟に向けた支援の具体的な道筋の相談ができたので、短期間ながら充実した出張となった。メレドフ外務大臣は副首相も兼任しており(首相は大統領の兼任)、実質的に政権ナンバー2だが、一昨年にはWCO事務局に私を訪ね、周到にWCOとの協力関係強化を準備している様子がうかがえた。今回の出張中には外交研修所での講演や税関視察も行い、各方面で税関近代化の必要性と方向性を話すことができた。この出張のあと、WCOの主催する会議でトルクメニスタン代表も見かけるようになった。またWCO改正京都規約も国内手続きを経て、2021年に批准され、法制面では順調に進んだ。

他方、この国は国土の大半を占める砂漠からの砂嵐に襲われがちという厳しい自然条件下にある。今回の出張でも大規模な砂嵐が発生の知らせを受けて、日程を短縮して帰国した。砂塵がごうごうと飛翔する空を見上げて、自然の脅威を思い知らされた。

その後、2022年に大統領選挙が行われ、3期15年務めて退任したベルディムハメドフ大統領の後任には、40歳の息子が第3代目の大統領に選出された。父子間の権力継承は中央アジアでは初めてのケースであり、他の旧ソ連諸国もその成否を注目しているようだ。一族での権力継承は国内の政治的安定が優先されたためとの見方が多かった。

２０２３年9月の独立記念日に招待されてトルクメニスタンを再訪したが、新大統領はメレドフ副首相を始めとする父親時代の体制と政策を受け継いで、権力移行期間中の安全運転を心がけているように感じた。再会したメレドフ副首相には改正期京都規約に加盟した後には、何を次の一手と考えればよいのかと聞かれ、国際条約への加盟は一歩前進だが、その実施が重要であり、ＷＣＯとしてさらに支援を続けたいと答えた。そのためには人材育成が鍵となるので、引き続き若手税関職員に海外経験の機会を与えてほしいとお願いした。資源国では汚職が問題になりがちで、新しい関税局長は汚職対策庁トップからの横滑りだった。

独立記念日の祝典は、慰霊碑への献花に始まり、続く軍事パレードには制服姿の税関職員もその一角を占めていた。その後は各省や団体による大きな山車の行列で、意匠を凝らした山車の上では歌や踊りが繰り広げられていた。それぞれの山車が大統領貴賓席の前まで進むと、大統領の名前の歓呼が繰り返されていた。翌日の競馬大会に招かれたので、待ち時間に在任期間が長い大使数人に話を聞いた。彼らは公表される情報量が圧倒的に少なく、政府当局に説明を求めても分からないことが多いので、大使同士での情報交換が極めて重要とのことだった。大統領臨席の競馬は独立記念日に欠かせない行事で、前大統領が自ら馬に乗って出場したことでも知られる。実際にレースが始まると、風に乗って人々の歓声が聞こえ、馬への特別な思いが伝わってくるように感じた。

2023年にトルクメニスタン税関で税関改革の進展を議論。奥には新大統領の大きな写真が掲げられていた。

発展を続けるカザフスタン

（『貿易と関税』２０１６年11月号、２０２２年１月号収録）

カザフスタンは欧州ではロシアに次ぐ広大な面積を持つ国で、豊富なエネルギー資源で所得水準の高い国だ。１９９１年のソ連崩壊後に独立したが、地域でリーダーシップを発揮しており、旧ソ連の国々を経済的に結び付けてマーケットを再興するユーラシア連合の提唱者だ。ＥＵをモデルに２０１０年設立の関税同盟から２０１５年には経済連合へと急ピッチに制度作りを進めてきたが、最近のウクライナ戦争で陰りが生じている。

国連の第１回内陸国閣僚会議が２００３年５月にカザフスタンで開催された。会議では、内陸国経済は他国の領土から貨物を運ぶトランジット制度が鍵であり、それは税関手続きなのだからＷＣＯが貢献できると主張した。それ以来内陸国閣僚会議への貢献を続けている。開発の観点からいえば、確かにアフリカの最貧国には内陸国が多いが、他方、スイスのように内陸国でも欧州の南北の交通路の要衝として繁栄している国もある。カザフスタンも同様にＥＵへと続く欧州の交易路を抑えて経済発展に繋げることを狙っている。

２００３年の国連会議は中国国境に近い天山山脈の麓にあるアルマティで開催された。歴史的にはシルクロードの天山北路のオアシスであり、現在は風光明媚な大都会で、１９９８年までカザフスタンの首都だった。その後２００７年12月にＷＣＯの政策委員会がアルマティで開催された時には、街からアクセスできるスキー場や広大なスケートリンクに案内された。

国の中央部の草原にあるアスタナへの遷都が決定されると、１９９８年に日本の建築家黒川紀章の都市計画案が採用された。冬は平均最低気温が零下15～16度で、零下30度まで下がることもあると聞いた。そのアスタナで欧州地域52か国のＷＣＯ地域会合が２０１６年５月に開催された。威容を誇る大統領宮殿から一直線に延びる街路の周辺に未来志向のビルが建ち並ぶ現代都市だった。その中間に１００メートル超の高い塔があり、頂上には金色の卵が載っている。生命の樹の上に幸福の鳥が卵を産んだ民話に基づくものだそうで、真っ平らな市街地を眺望する展望台として人気がある。街路の終点には大きな天幕状の建造物があり、中は大ショッピングセンターで、欧米の有名ブランドが並んでいた。

カザフスタンは人口が1900万人と国土の割に少ないので、人材育成に熱心で、WCO地域研修所も中央アジア地域ではアスタナに最初に設置されている。首相にお会いしたが、2010年に設立されたナザルバエフ大学の学長は日本人の元世銀副総裁の勝茂夫氏であり、人づくりを重視する日本の例に倣いたいとのことだった。他方、独立後に人口比で増大したカザフ族を中心とする国民意識の高揚も課題のようだ。2年前に開かれた国立博物館は、遊牧民族としての文化遺産を伝えていた。

カザフスタンでは、中国の習近平総書記が2013年にシルクロード経済ベルト構想を提案し、翌年の北京でのAPEC首脳会議で「一帯一路」構想として提唱した。同構想具体化の中核ともいえるのが中国とドイツを繋ぐコンテナ列車だ。中国とカザフスタン(旧ソ連)の鉄道の線路幅の違いを調整するために、国境で列車貨物の積替えが行われる基地がホルゴスにある。2019年3月にホルゴスの税関施設を見学したが、国境向こうの中国側では、国境貿易のために大きな都市が出来ているのが遠望された。

カザフスタンは中央アジアの地域連携強化にも熱心なので、2021年10月に同国南部のテュルキスタン州の中央アジアとの交流の様子を視察した。新設のテュルキスタン空港に降り立つと、近くのかつて炭鉱で栄えたケンタウ市にある鉱夫記念公園に案内された。炭鉱で強制労働させられた日本人捕虜のための大きな慰霊碑が建てられていた。第2次世界大戦後、シベリア抑留の対象になった日本兵らは60万人、そのうち6万人が遠くカザフスタンに送られ、各地の炭鉱等で働かせられたといわれており、市民の参列も得て、慰霊碑へ献花することができた。ソ連兵の厳しい警戒下で強制労働に動員された日本人捕虜に同情した住民が硬く固められたチーズ、クルトを収容所に投げ入れて厳しい冬に備える支援をした逸話が残っている。同席した市長は日本人捕虜が築いた施設は今でもしっかりしており、ケンタウ市の発展の基礎を築いてくれたと語っていた。公園は緑が濃くきれいに維持されており、日本人捕虜が尊敬されていたことが伝わってくる、両国間の貴重な記憶の遺産といえよう。

ケンタウ市の慰霊碑から古都テュルキスタン市に移動したが、同市はシベリア、中央アジア、トルコに拡がるテュルク族と縁が深く、テュルク族の精神的中心地といわれる。これはテュルク族へのイスラム教布教に大きな役割を果たしたアフマド・ヤサヴィーが12世紀半ばに当地で活動したことに因んでいる。彼の遺骸を祀る聖廟はテュルク族の巡礼地となり、テュルク族の間では東の第二のメッカと呼ばれるようになった。ヤサヴィー聖廟は14世紀に帝国を築いたティムールが、ヤサヴィー教団の教えを守る当地の住民の支持を得るために建造したものだ。今では周囲にトルコ資本を得て、歴史展示施設や商店街など一大観光施設が整備されていた。

戦後、炭鉱で強制労働させられた日本人捕虜のための慰霊碑。

宗教が弾圧されていたソ連時代にはモスクでの礼拝自体が抑圧されていたが、ソ連崩壊後は特にトルコの支援で多くのモスクやイスラム系の学校が建設された。住民のイスラム回帰がみられ、若い世代でも金曜日にモスクに集まる人口が増えているとの説明だった。もっとも、政府からみれば、カザフスタン南部はアフガニスタンと地理的に近く、国境は接してはいないものの、過激な宗教指導者の影響で若者が国内外の聖戦(ジハド)に加わることが大きな懸念材料だ。そのため、モスクやイスラム系学校への国の関与は強化され、管理は教団から国に移管されている。

聖廟から南下して、ウズベキスタンとの国境税関に案内され、トラックを通関する様子を見た。トラックは遠くベルギーから化学品を運んで来ており、ロシア向けの通過貨物であり、ここが国際貿易の十字路の一部であることを象徴するような光景だった。カザフスタン南部は国土の中央にある首都アスタナに比べて気候温暖で、人々も親切で、住みやすい土地柄といわれる。他方、伝統的な家族観が強いように見受けられた。子供の出生率も高く、例えば同行してくれた通訳の女性は子供が5人いるが、夫の両親と一緒に住んでおり、姑が子供たちの面倒を見てくれると言っていた。政府も出産を奨励しており、4人目の子供を産むと、4部屋のある広いアパートに入れるのだそうだ。世銀の統計によれば、2021年の女性1人当たりの平均出産はカザフスタン3・2人と、日本の1・3人に比べてかなり多い。広大な国土で人口発展の余地があるのだろう。

カザフスタン南部から首都アスタナに飛行機で移動すると、2年前に比べても、新しい建物が目立った。若者が集まっており、市の人口も120万人に迫っている。会談したトカエフ大統領は国連勤務の経験もおありなので、WCOはハイレベルの政策を述べるだけといった他の国際機関にありがちな存在ではなく、実際にアクションを起こして、結果を重視する組織だと評価して下さったのは嬉しかった。また当方が中央アジアに目を向けた活動をしていることへの感謝を述べられた。少しでもこの国の人材育成に貢献できればと考え、会談後は歳入庁で若手職員との懇談会に臨み、世界的に税関が直面する問題を討議した。

ブリュッセルへの帰途、空港に向かう途中に時間があったので、政治弾圧記念館に案内してもらった。ナゼルバエフ初代大統領の強い意向で作られた同館は1930年代に起きたスターリンの反革命分子の大粛清に巻き込まれた人々の悲劇を後世に伝えるものだ。冬には氷点下30度以下に下がる当地を含む、厳しい条件の土地を選ぶようにして、政治犯用の強制収容所がソ連各地に作られた様子を示す地図は、忘れてはいけない過去に向き合わされたように感じた。ケンタウの日本人捕虜収容所慰霊碑も合わせると、こうした記憶を大切にするカザフスタンとの友好関係は重要だ。

トカエフ大統領との会談

キルギスの大自然

（『貿易と関税』２０１６年６月号、２０２０年６月号、２０２２年２月号収録）

キルギスは１９９１年に旧ソ連から独立した内陸の山国だが、金鉱山や農畜産業を除くと国内にめぼしい産業が少ない。労働人口の３分の１がロシアを中心とする国外への出稼ぎに出ており、国内ＧＤＰの３割相当が仕送りによるといわれる。政権は選挙による民主主義が原則だが選挙によらない政変も繰り返され、堅固な指導者を抱える他の中央アジア諸国に比べると、政治が不安定ともいえる。キルギスは出稼ぎや中継ぎ貿易を通じてロシア経済への依存が強く、２０１５年にはユーラシア連合に加盟して、ロシア主導の地域統合を支持している。国民の対ロシア感情は良いとされ、多くの旧ソ連構成国でロシア語が公用語のステータスを失う中で、キルギスではロシア語は公用語とされ、実際に広範に使われている。首都ビシュケクの街を歩いてみると、ソ連時代はロシア人の住民が大多数であり、ソビエト風のがっしりとした建物が大通りに整然と立ち並んでいた。今ではビシュケクはキルギス人が大多数となったが、それでもロシア語話者が多いと聞いた。

キルギス人は親日的といわれる。２０２１年11月に同国で開かれたＥＵ-中央アジア経済フォーラムに招待された機会に、首相府にアキルベク・ジャパロフ首相を表敬した。首相は日本人とキルギス人の祖先は兄弟だったとの伝説を披露して下さった。シベリア地方モンゴル北部のエニセイ川周辺に住んでいた兄弟のうち、魚が好きな方が東に向かって海に着いて日本人の祖先となり、肉が好きな方が西に向かって山に着いてキルギス人の祖先になったというものだ。確かにキルギス人はシャイなところを含め、外見も日本人によく似ている。私も一人で立っていると、突然ロシア語で話しかけられることが何度かあったが、キルギス人に間違われたのかなと思った。首相からはＷＣＯの改正京都規約の批准議定書の写しを頂いた。これで中央アジア５か国がすべて改正京都規約締結国となるので、ＷＣＯの活動もやりやすくなる。

その後、サディール・ジャパロフ大統領を公邸に表敬した。元議員として金鉱山の国有化を巡る政争で収監されていたが、2020年10月の議会選挙の結果に不満を抱いて暴徒化した国民によって解放され、その後2021年1月の選挙で大統領に就任したという起伏に富んだ経歴だ。2020年の暴動が起きた一因は当時の税関ナンバー2の汚職疑惑だったとも報道されており、税関手続きの近代化による汚職対策やその前提となる人材育成が喫緊の課題となっている。この国の平均年齢25歳（日本47歳）と若い人口構成なので、将来の人材が潜在的な強みでもある。

サディール・ジャパロフ大統領との会談

　キルギスの自然に初めて触れたのは、2015年7月に首都ビシュケクで開催されたテュルク諸語を公用語とする国の関税局長会議に招待されたときだった。トルコから中央アジアにかけての言語には共通性があり、テュルク諸語と呼ばれている。トルコ人の祖先は6世紀の中央アジア遊牧国家である突厥（とっけつ）から移住して来たといわれ、突厥自体がテュルクの音を漢字で表記したものともいわれている。キルギスはその一員で、トルコ語とは遠くなっているが、近隣のカザフスタンの人々とはかなり言葉が通じる。言葉は国の誇りやアイデンティティの観点から重要だ。

　会議終了後に郊外のアラアルチャ国立公園に案内してもらった。キルギスの国土の80％以上は天山山脈に覆われ、急峻な山や川にも恵まれ、自然の美しさが売り物だ。この公園は4000メートル級の高峰に囲まれ、ビャクシンの森の中の山道は気持ちが良い。氷河から流れ出る川の水は澄んで、結構な急流だが、隣国の関税局長は一緒に泳ごうと言って下着一枚になって川底の小石の上を足の指先で探りながら次第に深みに入っていった。さすがに遠慮したが、今度は野イチゴを見つけて味わえと言って差し出された。遊牧民族の伝統なのか、国の幹部としてのサバイバルの訓練が行き届いているのか、だんだんアドヴェンチャー精神が湧いてきた。

ビシュケクの街中で案内されたレストランでは民族音楽や建国の英雄マナスの叙事詩の詠唱を聞いた。マナスが統合した40の部族の40の数字がテュルク語でキルギスで国名の語源なのだそうだ。レストランの裏庭では歩けるようになった子供の成長を祝って家族が集まっており、親たち成人が駆けっこをしていた。大きな木のブランコがあるので聞いてみると、若者が娘を載せて結婚の了承を得るまで高く漕ぎ続けて娘を降ろさなかったとのこと。どことなく純朴な遊牧民族の魂が残っているように感じた。

キルギスは東は中国新疆ウイグル自治区、北はカザフスタンと国境を接しているが、これらの国境は標高４０００メートル級の峰が並ぶ天山山脈で覆われている。天山山脈は古代に中国と地中海世界を繋ぐシルクロードの隊商にとっては難所だった。『西遊記』の三蔵法師のモデルになった玄奘三蔵は7世紀の唐時代に仏典研究のために中国からインドに旅行した。中国西端の敦煌から西域の砂漠地帯をオアシス沿いに進み、『大唐西域記』によれば、天山山脈を越えて現在のキルギスに入った。標高４２８２メートルのベデル峠を越えてイシクル湖に到達するコースを辿ったと記録されている。玄奘三蔵はその後、現在のアフガニスタンがあるヒンドゥークシュ山脈を越えてインドに到達している。

彼がキルギスに入ったベデル峠は現在では閉鎖されており、その西１６０キロにあるトルガルト峠が中国からキルギスタンに行く道になっている。それでも標高３５５０メートルと富士山並みの高さだ。トルガルト峠では1年のうち9か月は冬が続き、氷点下40度を記録する厳しい環境だが、国境である以上、そこにはキルギス税関がある。ＷＣＯでは毎年6月の総会に合わせて、各国税関の写真コンテストを行っているが、２０１７年の優勝作品は、トルガルト峠で貨物トラックの通関書類を確認するキルギス税関職員の写真だった。写真は5月撮影のものだが、それでも気温は氷点下だったそうで、雪山を背景に厳しい執務環境がひしひしと伝わってくる。ちなみに中国側税関は峠から１１０キロ南に降下した地点にある。もっとも、最近では、中国が山岳地帯に鉄道を建設しており、環境への影響を心配する声もある。

氷雪の天山山脈越えを行った玄奘三蔵は高原を徐々に降下し、標高１６００メートルで冬でも凍結しないイシクル湖に到達し、琵琶湖の9倍という大きさと暖かい水温からイシクル湖のことを熱海（ねっかい）と書き残した。キルギスのWCO地域研修所開所式のために２０１９年4月に出張した際、首都ビシュケクからヘリコプターで天山山脈沿いに東にイシクル湖に飛び、かつてのシルクロードの一部を空から見せてもらった。緑の山麓には放牧された馬や牛が自由

2017年のWCO写真コンテスト優勝作品。雪山のトルガルト峠で貨物トラックの通関書類を確認するキルギス税関職員。

に駆け回っており、さすがは遊牧民の出自を誇る民族だなと感じ入った。10万年前から存在する古代湖で、透明な湖水が美しく、また雪を被る天山山脈に囲まれた絶景だ。かつてソ連時代に保養地だった湖畔には温泉が湧いており、プールで楽しむ人々を見た。湖畔の民族博物館には近くから出土した4千年前の岩絵が展示されており、古くからの湖と人間の営みとの結びつきを示していた。キルギス民族の系譜の展示の前では、同行した税関職員は皆自分がどこから枝分かれした分家と、出自を言えると説明してくれた。7代前まで祖先を遡って言えるので、共通の祖先を持った者同士の近親結婚を防げるとのことだった。いとこ同士の結婚が可能な日本から見ると、結婚相手の選択肢が狭まってしまうと心配したが、一族で移動することの多かった遊牧民族ならではの知恵なのかもしれない。中央アジアでは儀礼として弓矢を渡され、腕前披露となることがあるが、今回は的に当たってホッとした。湖畔には桃の花が多く咲いていて春が巡り来ていることを示していた。

タジキスタンの橋

（『貿易と関税』2015年7月号、2020年6月号収録）

キルギスの南には天山山脈に連なる標高5000メートルのパミール高原が広がっており、そこには国土の過半が3000メートル以上の山岳国家タジキスタンがある。チュルク系が多い中央アジアの中ではペルシャ系のタジク人が中心の国だ。南部でアフガニスタンと接する内陸国で、旧ソ連から1991年に独立した。隣国のアフガニスタンは人口の3割弱がタジク人といわれ、結びつきが強い。またタジク語はペルシャ語に近く、イランとも結びつきがあるが、宗教的には穏健なスンニ派イスラム教でレストランでの飲酒も見られ、戒律の厳しいシーア派のイランとは異なる。経済的には山岳国家という国土の制約もあって、ロシアへの出稼ぎ労働者からの海外送金に頼っているのが実情だ。人口増加率は高く、2021年1人当たり出生率は3・2人と日本の1・3人の倍以上あり、平均年齢も26歳と若い国だ。

2014年10月に初めて出張した際、領内に飛行機が入ると重畳と連なる山脈に視界を圧倒された。標高7000メートル超の高峰を含むパミール高原で、山地が国土の90％以上を占めている。首都ドゥシャンベの上空に達すると、突然緑の多い高原に大通り沿いのがっしりとしたソビエト風のビルと平屋の民家が入り混じっている様子が見えてきて、ああ中央アジアの街に来たのだなと思った。晴天が続き、空はこんなに広かったのかと感心した。

パミール高原はペルシャ語で「世界の屋根」を意味し、シルクロードとの連想からロマンを誘うが、他方、アフガニスタンやパキスタン、それに中国新疆ウイグル自治区にも広がっており、セキュリティの観点からはホットな高原でもある。タジキスタンはソ連崩壊に伴う中国と旧ソ連諸国間の国境協力を目的として2001年に発足した上海協力機構（中国、ロシア、カザフスタン、キルギス、タジキスタン、ウズベキスタン、2017年にインド、パキスタン、2023年にイランが参加）の創設メンバーとして、テロ対策、少数民族などによる国土の分離運動阻止、宗教の過激化防止の3つの面で国際協力を強化している。

私の出張の前月には上海協力機構の首脳会議がドゥシャンベで開催され、中国のプレゼンス向上や軍事面の協力が話題になっていた。他方、２００１年の米国テロ事件以降、やはり国際テロ対策のために欧米諸国も同国との関係強化を図ってきた。冷戦緩和期に東西の対話を推進した欧州安全保障協力機構もドゥシャンベに地域研修施設を設け、当時はアフガニスタン政府関係者を研修のために受け入れていた。治安当局は国内に目を光らせ、また国境管理を通じて過激派の進出を防いでいる。もちろん強権批判がないではないが、地域安定への貢献は無視できない。

タジキスタンの税関は重要視されており、２０１４年の訪問時には、税関のトップは１９９４年以来大統領を務めるエモマリ・ラフモン氏の長男エモマリ・ルスタン氏が務めていた(その後汚職対策庁長官に就任)。当時はまだ20代半ばの若さだったが、税関が税収の38%を稼いでいたし、経済活動や国境管理の観点からも重要と認識されていたことの表れだ。

その時は街中を歩く余裕がなかったので、車窓から見た印象だが、街を歩く女性の服装が色彩豊かな民族服が多く、子供から娘さん、そして高齢女性に至るまで皆目を楽しませてくれた。さすがは綿花生産地だけあって、涼しげなファッション感覚が優れていると感想を言うと、いや女性自身も美しいのだと現地税関幹部が答えた。ペルシャの影響を受けていることもあり、中央アジア特有の日本人に似た面影がありながら、よりくっきりとした顔立ちで特に女性はきびきびと働いているように見受けられた。

関心があったので、ドゥシャンベから車を南に2時間強飛ばして、アフガニスタンとの国境現場を見学した。往路は主要産品の綿花畑が続き、沿道の村ではウリ、スイカ、ブドウが山のように積み上げられて買い物客を待っていた。牛馬や羊が家族と一緒に歩いていて、懐かしい気持になった。国境はパンジ川にかかる橋で、対岸のアフガニスタンには貿易用の倉庫が見えたが、静かだった。日中はあまりに暑いので、重量トラックの通行が舗装を溶かしてしまうのを防ぐためトラック通行を許可していないとの説明だった。待っていると、午後5時になって続々と大型トラックが橋を渡ってアフガニスタン側からやって来た。実際に夏には50度にまで気温が上がるし、冬は寒風に晒されると聞かされた。ここの税関施設および橋は米軍が建てたものだ。橋の建設にあたった米国工兵の住居が残されており、そこに入居した税関職員がおかげでエアコン付きだと喜んでいた。税関検査では、アフガニスタンからのアヘンおよびタバコの流入、タジキスタンからはアルコール類の密輸出に気を付けているとの説明だった。

２０１９年９月に首都ドゥシャンベを５年ぶりに再訪した。空港に早朝に着いて、ホテルで一息入れると、早速タジク国立大学で学生を前に講演した。質問は講義内容の貿易や税関に加えて、国外で勉強する機会についてが多く、外向き志向が強く感じられた。その後、大統領官邸にラフモン大統領を表敬訪問した時に、中央アジアには貿易を通じた国境開放の風が吹いているように見受けられますと申し上げたところ、頷いておられた。もっとも、南にはアフガニスタンとの広大な国境があり、テロ対策や麻薬流入防止の観点からも簡単に国境開放とはいかない状況だった。特にタジキスタンは中央アジア諸国の中で独立する際に唯一国内対立による内戦を経験し、武力衝突は地域対立、部族対立により５年間も続いた。その際、タジク人が多く住む隣国アフガニスタン北部も戦闘に影響を及ぼした。

５年前に開催された上海協力機構首脳会議をホストするために建設されたナブルーズ宮殿は普段はレンタル施設として開放されているので、内部を見学させてもらった。木工の職人芸が細部にまで示されており、その贅を尽くした造りに感心した。上海協力機構加盟国の国旗が壁に精巧な木彫りで彫りこまれており、中国やロシアへの期待が安全保障面のみならず経済面でも大きいのかなと感じた。２０１５年に安倍総理がタジキスタンを訪問した時もここが使われましたと案内の税関職員は誇らしげだった。ボーリング場や映画館も併設され

ラフモン大統領との会談

おり、子供たちも見学に来ており、外の庭園を見ると、婚礼衣装姿の若いカップルが写真を撮っていた。

日暮れが近くなってきたので、公園の多い近代的なドゥシャンベの街中を散歩した。山岳地が見渡せる位置にあり、市内を流れるバルゾブ川の上流は渓谷美で有名だ。山岳地域に位置する水資源が豊富であり、中央アジア水源の60%を占めるといわれる。渓谷には水力発電施設もあって、市内にエネルギーを提供している。しかしながら、折悪しく南西の風に乗って砂塵が到着し、視界が悪化してしまった。昨日まで晴天だったのにと税関職員は嘆いていたが、これは中央アジア共通の問題だ。土地や水利の管理がうまくいっておらず、土壌が劣化して砂塵が発生し、広域にわたって被害を及ぼす機会が増えている。気候変動の影響もいわれている。

翌日はドゥシャンベの通関センターを見たり、財務大臣と税関改革の具体策を議論した後、車でウズベキスタンとの国境にあるトゥルソンゾダ市に移動した。綿花畑や果物栽培地が広がる中、国境に着くと、市長や住民たちが出迎えてくれ、通関施設の開設がいかに重要かが伝わってきた。地元の買い物客風の人々も往来しており、国境で分けられた親戚との交流も楽になったようだ。周囲にはブドウ畑もあり、案内された頭上の高い棚から大粒のブドウがたくさんぶら下がっていた。農家の主人は通関が改善したのでもっと国外に輸出できると喜んでいた。

２０２１年にアフガニスタンでターリバーンが実権を握ると、アフガニスタン北部のタジク人が政権から追われ、タジキスタン政府は難しい舵取りを迫られている。チュルク系とペルシャ系の違いはあっても、他の中央アジア諸国と共同して、中央アジア全体の地域統合を進め、欧州及び南アジアとの結びつきを強められるのか、この地域の動向についての興味は尽きない。

ドゥシャンベのナブルーズ宮殿で出会った子供達と。

<欧州>

西バルカン諸国

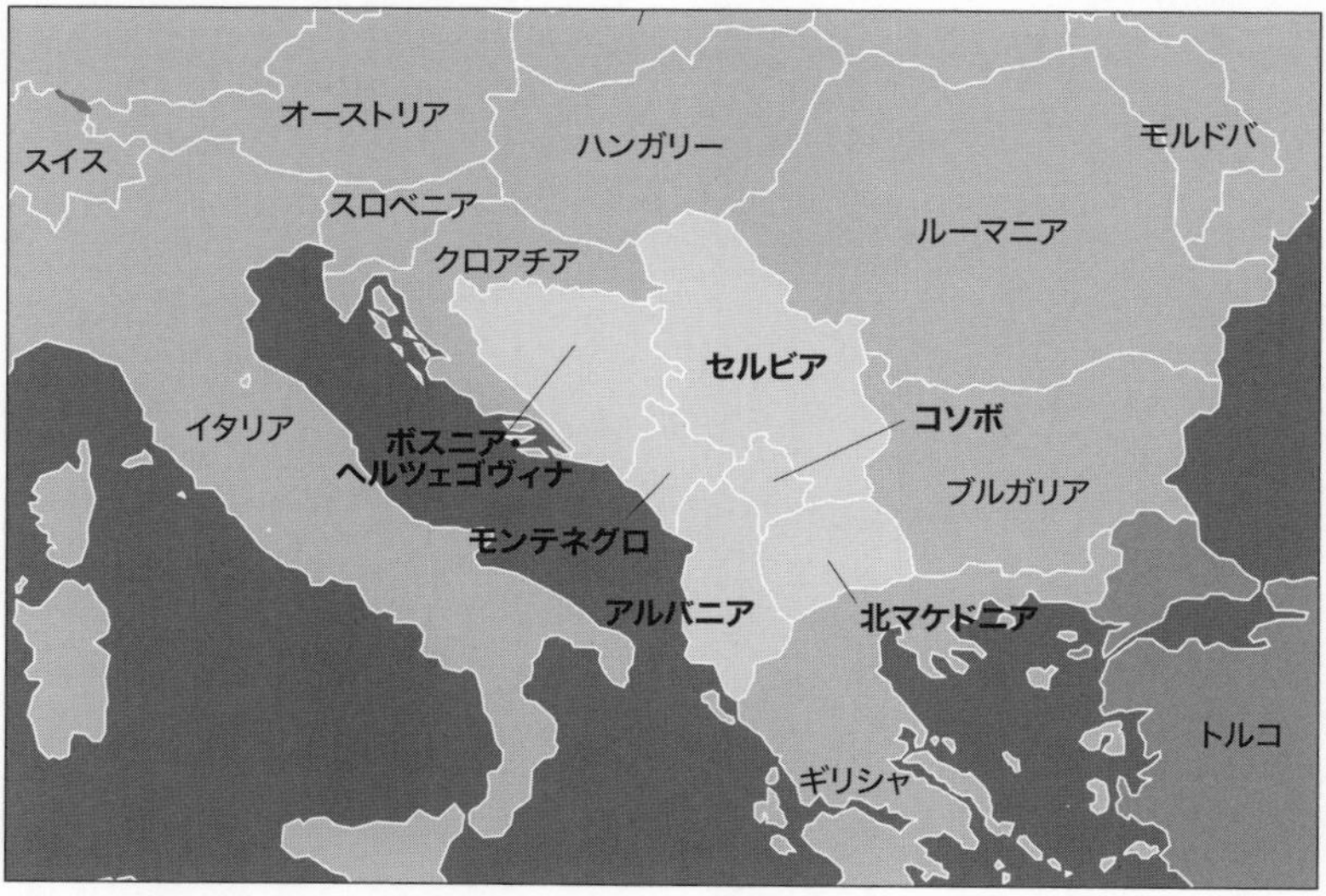
オーストリア
スイス
ハンガリー
モルドバ
スロベニア
ルーマニア
クロアチア
セルビア
イタリア
ボスニア・
ヘルツェゴヴィナ
コソボ
ブルガリア
モンテネグロ
アルバニア
北マケドニア
トルコ
ギリシャ

セルビア訪問

（『貿易と関税』2023年8月号収録）

セルビアはバルカン半島のスラブ民族を中心とする旧ユーゴスラビア（南スラブ人の国という意味）連邦の盟主だった。1990年代の東欧の共産主義崩壊と民族主義の高まりを受け、連邦を構成する共和国や自治州は、連邦制の維持を図るセルビアとの武力紛争や話し合いを経て、7つの独立国に分かれた。現在でもセルビアはコソボの独立を認めておらず、またボスニア・ヘルツェゴヴィナでは国内でセルビア人が中心のスプルスカ共和国が広範な自治権を保持し、ボスニアの国としての統合を困難にしている。

2014年のロシアのクリミア半島併合の後は、大半の欧州諸国は、力でウクライナとの国境を変更したロシアに距離を取る姿勢を示しているが、セルビアは親ロシアの立場だ。それに応えるかのように、ロシアは2017年にセルビアが自国の自治領と見るコソボがWCOに加盟すると、セルビア以上に強硬な反対態度を取り、WCO総会はかなり混乱した。親ロシアの立場が自国の領土を主張する上で有利と計算してのことだろうが、セルビア人はギリシャ正教とスラブ民族というロシア人と共通の文化に加え、第1次世界大戦勃発の経緯や第2次大戦後にソ連軍によって解放された歴史も影響している。

オスマン帝国の領域だったセルビアは19世紀に反乱を起こして自治権を獲得し、さらにロシアの後ろ盾を得て、オスマン帝国の宗主権を脱し、完全に独立した。1882年に成立したセルビア王国が弱体化したオスマン帝国のバルカン半島の領土を獲得していくと、北隣のオーストリア・ハンガリーを領有するハプスブルグ帝国と対立するようになった。セルビアは、それまでオスマン帝国への対抗からハプスブルグ帝国との友好に配慮していたが、親ロシア政策へと転換していった。これに対し、ハプスブルグ側は1906年にセルビアの主要輸出品である豚肉を国境で止め、豚戦争と呼ばれる貿易紛争になった。この措置はかえって輸出先市場の多様化により、セルビア経済の自立を促す結果となった。豚肉に関する国境措置はセルビア人の反ハプスブルグ感情を煽って、バルカン半島のスラブ民族の統一（汎スラブ主義）、ないしセルビア人の統合（大セルビア主義）を目指す運動が活発化した。これが1914年のサラエボ事件でのオーストリア皇太子夫妻暗殺を招き、第1次世界大戦の勃発の直接のきっかけとなった。

第1次世界大戦で戦勝国となったセルビアは、バルカン半島に多民族国家のユーゴスラビア連邦設立を主導し、連邦は各民族ごとに6構成共和国に編成された。1990年代に連邦解体が始まると、スロベニア、クロアチア、ボスニアの各共和国がセルビア人中心の連邦軍と戦いながら独立する一方、北マケドニア、モンテネグロの各共和国も独立を遂げた。こうして各共和国を失った連邦を解散して、2006年にセルビア共和国が成立した。セルビアの統一保持をめぐる争いは、アルバニア人が多数民族であるセルビア国内の自治州コソボでも激化し、1998年のコソボ紛争を招いた。国際社会のセルビア非難の高まりを受けて、翌99年の米主導のNATO軍によるセルビアへの空爆が行われ、国連安保理の決議に基づき、セルビア軍の撤退とNATO主導の平和維持軍が派遣されて武力紛争は終結となった。コソボは2008年に独立を宣言したが、北部にセルビア人少数民族を抱えていることもあり、セルビアとの国境での緊張はいまだに続いている。

セルビアの首都ベオグラードには2010年に初めて訪問した。その時はコソボ紛争に介入したNATOによる空爆の傷跡が建物に残っており、街並みも古びて見えた。また関税局長は軍事産業出身者だったのも当時の政府内の優先順位を示唆しているように思われた。他方、街中には日本の支援と表示されたバスが走っているのが目立っており、政府関係者から感謝されたのが記憶に残っている。また将来のEU加盟を目指しており、税関改革が急務だった。私の助言に熱心に耳を傾けてくれた当時の財務大臣は女性で、彼女に限らず、税関を含め、女性が活躍している社会との印象を得た。

前回から13年経った2023年4月にWCOでのコソボ問題の沈静化も狙って、再訪問した。爆撃の跡は象徴的に残されていたが、街並みにはきれいに整備されていた。これまで旧ユーゴスラビア連邦に所属した6つの共和国の首都は全て訪れたが、さすがに旧連邦の首都だったこともあり、人口120万人のベオグラードの街並みは立派だった。セルビアは実効支配をしている国土は7・7万平方キロメートル（コソボを除く）と、北海道を少し下回る広さだが、人口は660万人と、北海道より多い。国土の北半分はハンガリーから続く平原であり、南半分がバルカン半島特有の山がちな地形となっている。ベオグラードはオーストリア、ハンガリーから南下してくるドナウ川と西隣のクロアチアとボスニア・ヘルツェゴビナの国境から流れて来るサヴァ川の合流地点にある。セルビア防御の上で戦略的な位置であり、地元勢力、オスマン帝国、ハプスブルグ帝国といった様々な勢力の間で陣取り合戦が続いた要衝の地だ。合流地点は小高い丘になっていて、城砦があり、両川を見下ろせる見晴らしの良い公園になっていた。

市街地は城砦からサヴァ川右岸沿いに延びており、城砦の近くは洒落た歩行者天国街になっていて、散策やウインドウショッピングを楽しむ若者たちで夜遅くまで賑わっていた。夜間に女性だけでも安全に歩けるようで、本屋が遅くまで開いていて、大学も多いのだろうなと感じた。その近くのホテルに宿泊したが、1908年に革命前のロシア資本で建設、開業された由緒あるホテルなので、開業時期はセルビア王国が親ハプスブルグから親ロシアへと方針転換した時期に当たる。セルビアを含むバルカン半島は第2次世界大戦中にドイツに占領されたが、ソ連軍によって解放されたこともあり、ロシアとの関係は独特なものだ。

高台にある街並みからサヴァ川沿いまで降りると、港湾労働者の彫像が建つ横に地中海のマルタ船籍の船が停泊していた。黒海を経由して、ルーマニア、ブルガリア、そしてセルビアへとドナウ川を遡上してきたのだろうか。ドナウ川との合流地点まで川沿いを散歩すると、丘の上の城砦の麓を回りこむように遊歩道が出来ており、飲食を提供する船も停泊していて、週末は賑わうと聞いた。スポーツが盛んなようで、テニスで有名なジョコヴィッチ選手のテニスコートといった運動施設もあった。

サヴァ川左岸は1960年代に開けた新市街で、ここに行政府も集まっていた。官邸に首相を表敬すると、彼女はWCOの技術支援に感謝してくださり、暖かく前向きな雰囲気だった。閣議室での会談だったが、セルビア国旗に加え、EUの旗が飾られており、親ロシアと言われる政権も自分たちの将来をEUへの統合に見ているると示しているかのようだった。首相は自国の貿易相手もEUの比重が高く、税関手続きもWCOスタンダードを通じてEU法制に合わせていきたいと話してくださった。もっとも官邸の建物を一歩外に出ると、道路の向こう側の空爆の痕が残る旧陸軍本部の建物に横断幕が貼ってあり、「コソボのないセルビアは心臓のない人体と同様だ」「NATOは介入するな」などと英語で大きく書かれており、民族意識の高揚と国際協調の両立は容易ではないなと思った。

Ana Brnabićセルビア首相を表敬する筆者。首相は、WCOの技術支援に感謝していると述べた。

　滞在中に車で北部に移動して、ハンガリーとの国境の街スボチカを訪問した。ベオグラードからハンガリー国境までは平原が続くが、これは地理的にはハンガリーのカルパチア平原の一部だ。第1次世界大戦後の終戦処理でセルビアに割譲されるまでは、ベオグラードがセルビアの北限で、それより北部地域はハンガリー領だった。伝統的な家屋もハンガリー様式であり、ハンガリー系住民が重要な少数民族の地位を占めていたと聞き、欧州東南部の複雑な民族配分を垣間見る思いだった。スボチカではハンガリーとの国境施設を見せてもらった。貿易取引量が最も多い国境施設で、ここで貨物の動きが停滞すると、経済活動に大きな影響が出ると政府及び商工会議所の双方からの説明だった。確かにアドリア海に面しているモンテネグロが住民投票の結果、2006年に分離独立してからは、セルビアは内陸国になってしまい、EUと繋がるハンガリー国境の重要性が増した。国境にはEUの資金援助で新たな施設が作られていたが、EU側のハンガリーにはもっと物流の円滑化を図ってほしいとの要望をセルビアの官民双方から聞いた。豚の輸出を巡って国境が閉鎖されたのは20世紀初頭の話だが、EU国境手続きの一層の効率化を求める声はEUの域外国ではよく聞く話だ。セルビアがコソボと和解して、EU加盟を果たす日々はいつになるのだろうか。

コソボ訪問

（『貿易と関税』2023年9月号収録）

コソボはバルカン半島にある内陸国であり、北及び東でセルビアと接している。人口の大多数はアルバニア人であり、南西で国境を接するアルバニアとの民族的、文化的、歴史的なつながりが強い。2008年にセルビア人を中心とするセルビア共和国から独立を宣言したが、セルビアは独立を認めず、自国の自治州との立場を崩していない。そのため国連加盟国のうちコソボを承認しているのは日本や米国それに大多数のEU加盟国を含む100か国前後にとどまっており、国連には加盟できていない。また国際機関でコソボが加盟した例はIMFや世銀などに限られている。WCOには2017年にWCO加盟議定書の寄託先であるベルギー政府が受け入れて、法律的には加盟した状態となったが、内政外交面でコソボを承認したくない国々の反対運動を招き、WCO総会が混乱した。その時から6年経過し、コロナ禍やロシアのウクライナ侵攻の影響もあって、事態が落ち着いてきたので、2023年4月にセルビア、コソボ両国を訪問した。

コソボ側は私の出張を重要視していたようで、ブリュッセル駐在のコソボ大使および税関アタッシェが同行してくれた。首都プリスチーナで案内されたホテルは中心街のマザー・テレサ広場の端に建っていた。ノーベル平和賞を受賞し、カトリック教会の聖人となっているマザー・テレサは、インドのカルカッタで貧しい人々のための活動で有名になった修道女だ。彼女自身はスコピエ（現在の北マケドニア共和国の首都）で生まれたが、両親がコソボ出身のアルバニア人カトリック教徒だった。イスラム教徒が多数派のコソボの人々にとっても誇りで、広場には彼女の彫像があり、近くに彼女の名前を冠したカトリック教会もあった。コソボは宗教に寛容な国のようだった。

翌日、近くの政府が入る高層ビルに財務大臣を訪ねると、35歳の大臣が、眺めの良い部屋でしょうと笑顔で迎えてくれた。その後表敬訪問した大統領も40歳と若く、彼女は他の国際機関への加盟も進めたいと熱心に語ってくれた。大統領も財務大臣も米国の大学で勉強しており、それぞれエコノミスト、法律家として活躍してきた。面会した政治家の若さを見て、人口の半分は25歳以下、平均年齢30歳（日本は48歳）と若い人口の国と実感した。

　プリスチーナ大学で世界の貿易情勢と税関の役割について講演したが、学生は熱心に聞いてくれ、質問も的を射た内容で英語レベルも高かった。「この国は人口が若いだけではなく、質も高いですね」と経済学部長さんに感想を述べると、「そうした若者をどう国内に引き留めるかが課題です」との答えだった。これは他のバルカン諸国でも聞いた懸念で、近くのドイツを中心とするＥＵ高所得国が若いタレントを惹きつけるので、当然の心配の種だろう。大学からの帰り道に市内で一番大きな本屋に案内された。英語や外国の書籍が充実しており、日本の漫画も英訳されて並んでいた。店から英語版のコソボの歴史の本をもらったが、ＮＡＴＯ指揮下のコソボ治安維持部隊に配属された外国人兵士が地元の情勢を勉強するために読む本だそうだ。空港で旅客を見ていると、コソボには軍事支援のためと思われる米国人の姿も見られたので、こうした本の需要があるのだろう。

オスマニサドリウ大統領を表敬訪問。

　プリスチーナは独立以来、急速に発展した街だが、周囲は緑の深い丘や遠くには冠雪した高い山脈も見え、バルカン半島の中の山岳地帯にある国だなと実感した。街の近くには渓谷沿いに美しい公園があり、市民がスポーツや散策を楽しんでいた。こうした新しい国なので、歴史や文化財保存を大事にしているようで、モスクやセルビア正教会の建物も大切に保存されていた。

　現代の歴史という意味では、コソボ紛争の一つの発端となった農村に案内された。１９９０年代にセルビア側の圧政が高まる中で、一部のアルバニア系コソボ人は過激化してコソボ解放軍を組織してゲリラ戦に踏み切った。解放軍の司令官だったのがアデム・ジャシャリで、テロリストとして指名手配されていたが、業を煮やしたセルビア側は1998年3月に彼が拠点とする農家を襲撃し、女性や子供を含む一族60人を殺してしまった。この事件は国際的な非難を巻き起こす一方で、国内のアルバニア系住民の抗議が高まり、1998～99年のコソボ紛争へと拡大した。1999年のNATO軍によるセルビア側施設の爆撃によって終結したが、国際的な緊張は残っている。襲撃現場の農家はそのままの形で残され、見学者が多く訪れていた。渓谷沿いの農家で、アデムの父親は元教員なので、ここで一族の子供たち向けに私塾の形で学校が開かれていたと説明された。随行してくれたコソボ税関の職員は1990年代にアルバニア語で教える学校が閉鎖された際には、追放された教員が開いた私塾に自分も7年間通ったと話してくれた。空港に着いた時に豊かなひげを蓄えた革命家風の男性と若い女性の写真が飾ってあったが、42歳で殺されたアデムと38歳で就任した現大統領の写真だった。ちなみにアデムの家の周りにはアルバニアの国旗が多く掲揚されていた。これはコソボとアルバニアの国民が民族的には同一であることを示すが、両国はそれぞれ別の国との回答が返ってきた。アルバニアがWCOでも最も声高にコソボ支持の発言をしていたのは、こうした背景がある。

セルビアとの国境、セルビアから見れば自治州との境界にある施設を見学した。EUの仲介および資金援助で両国間の統合国境施設設置が合意されたが、実施のスピードは遅いようだ。セルビアとコソボの税関の間では公式なコミュニケーションはまだないものの、ワーキングレベルでは非公式な情報交換が行われているとの話だった。他方、アルバニアとの国境に案内されると、アルバニア関税局長以下の幹部が首都ティラナから車で2時間強の道のりを駆けつけて、待っていてくれた。2015年に開設された近代的な国境施設では、1回限りの手続きで両国の貨物通過手続きが完了するワンストップ・サービスが実施されていた。また国境ではドイツの資金支援でケニア税関に対する麻薬犬の研修が行われていた。ケニアの税関職員は当初は日本税関の支援で麻薬犬を導入したが、現在はドイツの技術支援を受けていると説明してくれた。ケニアはコソボを承認していないが、研修を通じてコソボが承認獲得を目指して外交努力をしている様子がうかがわれた。独立宣言から15年のコソボは国家建設中といえよう。またドイツがＥＵの中心になってバルカン半島諸国の協力関係強化を目指して活躍している様子が見て取れた。

国境で落ち合った後、アルバニア、コソボ双方の税関幹部に案内されて、コソボの古都プリズレンに向かった。東ローマ帝国時代からバルカン半島の交易の中心として栄え、由緒あるセルビア正教会やモスクの建物が散在し、街中を流れる川沿いに気持ちの良い古い町並みが広がっていた。もともとはセルビア人王国の政治的宗教的な中心地だったのが、16世紀にオスマン帝国の版図に入ると、住民はイスラム教徒のアルバニア人に置き換えられ、アルバニア人の政治的文化的な中心地といわれるようになった。もっとも、プリズレンを巡っては、セルビア人とアルバニア人の取り合いの歴史でもあった。オスマン帝国が１８７８年にロシアとの戦争に敗れ、バルカン半島への影響力を失うと、列強はベルリン会議でバルカン半島の分割を図った。オスマン帝国内のアルバニア人はオスマン帝国内での自治権獲得とセルビアやブルガリアといった周辺のスラブ人国家への統合を防ぐために、プリズレン連盟を形成して、アルバニア人勢力の結集を目指した。アルバニアは最終的には１９１３年に独立が認められるが、アルバニア人が多く住むコソボはプリズレンも含めて、セルビアに割譲されてしまい、それがコソボ紛争の遠因になった。複雑な歴史経緯をごく単純化して書いたが、再建されたプリズレン連盟の建物や美しい街並みを見ながら、民族というのは人々の誇りの基であるとともに、複雑な紛争を生むことを改めて認識した。

コソボとアルバニアの国境にて両国の関税局長と視察

ボスニア・ヘルツェゴヴィナの冬景色

（『貿易と関税』2018年8月号、2022年4月号収録）

旧ユーゴスラビア連邦が1990年代に解体する過程で、各共和国を構成する民族間の凄惨な内戦が世界中の関心を集めた。中でも民族の混在が進んでいたボスニア・ヘルツェゴヴィナ共和国では、独立賛成派のボシュニャク系（人口の40％、イスラム教徒）及びクロアチア系（同14％、カトリック教会）住民と独立反対派のセルビア系（同37％、東方正教会）住民の間での三つ巴の紛争となった。紛争の発端は1992年に行われた独立の賛否を問う住民投票であり、数で劣るセルビア系がボイコットしたので、圧倒的多数で独立が宣言されたことによる。対抗してセルビア系は北部でスルプスカ共和国の独立を宣言したが、ボスニア・ヘルツェゴヴィナ政府はこれを認めなかった。その結果として生じた武力衝突は、民族浄化を含む民族間の内戦へと発展し、1995年のデイトン合意による停戦まで3年以上続いた。同合意では、領土をほぼ半分の面積に分け、独立性の高い国家構成体として、ボシュニャク系及びクロアチア系のボスニア・ヘルツェゴヴィナ連邦（首都：サラエボ）と、セルビア系のスルプスカ共和国（事実上の首都：バニャルカ）――スルプスカは「セルビア（人）の」の意――がそれぞれ形成され、両者を統合する連合国家がボスニア・ヘルツェゴヴィナ（首都サラエボ）となった。

もっとも、民族間の差異は宗教と歴史的経緯によるもので、言語や文化面ではそれほど大きな違いはないといわれる。クロアチア系とセルビア系が、それぞれ隣国のクロアチア共和国及びセルビア共和国で多数を占めるのに対し、ボスニア内部で多数派となっているボシュニャク系は15世紀にオスマン帝国がバルカン半島を支配するようになった時にイスラム教に改宗したスラブ族の子孫だ。地主富農層の改宗も多く、20世紀初頭までは、イスラム教徒の地主がクロアチア・セルビア系の小作農を使役する構図になっていた。

統合国家の政府組織はサラエボにあるが、一部の執行機関はバニャルカにあり、税関が入る間接税庁もその一つだ。サラエボから車で4時間、クロアチア共和国の首都ザグレブからは車で2時間半の距離なので、2018年3月に出張した際にはザグレブ空港で間接税庁の出迎えを受けて、雪景色の中の車での国境越えとなった。バニャルカはボスニア・ヘルツェゴビナ第2の都市であり、同国を覆うディナル・アルプス山脈の間を流れる川の渓谷沿いに開かれた市街地だ。川沿いの高台にある城砦はローマ時代以来といわれるが、16世紀にオスマン帝国が領有して商業の中心地として発展した。19世紀後半になるとオーストリア・ハンガリー帝国の版図に入って、同帝国の建築様式を取り入れた近代的な都市に生まれ変わった。

バニャルカは人口20万人の小都市であり、スルプスカ共和国の事実上の首都なので、同共和国の旗を掲げた公共建物が多い。住民の大多数はセルビア系で、ボシュニャク系、クロアチア系の間接税庁職員は週末にはそれぞれの家族が住む出身地に帰るのだそうだ。かつて民族間対立のあおりで破壊された東方正教会の聖堂やイスラムのモスクが再建され、街の景色からも異なる民族遺産が共存している様子を垣間見ることができた。統合国家の歳入のほとんどは関税、個別物品税、付加価値税であり、税関の国家歳入に占める役割は大きい。間接税庁を訪問すると、長官はクロアチア人であったが、その前任者はボシュニャク人、税関担当副長官はセルビア人と、ここでも民族間のバランスを取っている様子が見て取れた。また失業率が公式で20％、非公式にはその倍との推計もあり、ドイツへの出稼ぎ者や国外に住むボスニア人による送金が経済を支えている形だ。

4年後の２０２２年2月にバニャルカを再訪し、そこからサラエボまで4時間、かなりカーブの多い山道に入った。窓外が暗くなっていくのを見ながら、第2次世界大戦中の枢軸国からの解放戦線であるパルチザンやボスニア紛争はこのようなところで戦われたのだろうかと想像した。山道を降りるとサラエボで、バニャルカと同様、ディナル・アルプス山脈の間を流れるボスナ川(ボスニアの名前の起源)及びその支流のミリャッカ川沿いに開けた市街地だ。丘陵と5つの山に囲まれている。このうち4つの山が１９８４年の冬季オリンピックに使われた。

サラエボでのホテルはかつての「ホリデイ・イン」で、冬季オリンピックの事務局として、また96年までほぼ4年間続いたサラエボ包囲では国際ジャーナリストの取材基地になったことで有名だ。市内には狙撃兵が入り込み、ホリデイ・インも多くの銃撃を受けた歴史的な現場だ。今ではホテルの周囲はきらびやかなショッピング・モールが多い。

　紛争前のサラエボは多民族都市で、ボシュニャク人の比率は50％弱だったが、2013年の統計では80％と増えている。セルビア人が流出したためだが、他方、サラエボの一部はイストチノ（東の意味）・サラエボとしてスプルスカ共和国に編入され、同国の名目上の首都になっていた。

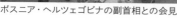

　翌朝、連邦政府を訪ねて、税関を管轄するセルビア系貿易大臣及びボシュニャク系副首相兼外務大臣に面会したが、WCO規約の批准について中身に問題はないが、民族間のバランスを取る観点から政治的なプロセスは時間がかかるとの説明だった。もっとも、地域統合の動きについてWCOがどのような枠組みを支援すべきかについて、ボシュニア系副首相はEU（ドイツ）主導の枠組みを挙げたのに対し、セルビア系大臣はセルビア主導の枠組みを挙げた。両者の異なる見方は、貿易外交政策を政府として一本化することの困難さを示しているように思えた。

ボスニア・ヘルツェゴビナの副首相との会見

　サラエボ空港税関を視察すると、旅客部門に掲示されていた旅客向け注意書きはボスニア語、クロアチア語、セルビア語で書かれてあった。内容は分からないながらも、前2者はほぼ全くラテン文字の配列であり、セルビア語はキリル文字で書かれているので外観は異なるが、読み上げればほとんど同じ音読になるとの説明だった。1945年の建国から1980年の死去まで旧ユーゴスラビアを社会主義で指導したチトー大統領は、民族主義を徹底的に抑え込んだが、こうした強力な指導者がいないと多民族国家の維持は難しいのかもしれない。
　サラエボにはボスニア紛争中の民族浄化に関する展示館もあった。スルプスカ共和国軍がボスニア東部の多数派だったボシュニャク人を追放する過程で、国連保護軍の眼前でボシュニャク人を攻撃し、８千人余りの犠牲者を出したとされるスレブレニツァ虐殺の展示だ。当時は国連の平和維持活動の限界に対して大きな批判が起きたことを思い出した。国連の調査で事実関係が明らかになると、スプルスカ共和国側は非を認めて謝罪している。

さらに進むと、オスマン帝国時代の旧市街が現れ、細い道沿いにモスクや神学校（マドラサ）、バザールがあって、土産物屋や地元料理を出すレストランで賑わうマーケットになっていた。オーストリア・ハンガリー帝国とオスマン帝国の建築が上手に共存しており、魅力ある街並みになっている。旧市街のすぐ横をミリャッカ川が流れ、そこから丘陵地帯にかけて坂道に家並みが続くのが見え、盆地にあるサラエボの地理状況がよく分かった。

ミリャッカ川にはいくつか橋が架けられており、オスマン時代のラテン橋は一見すると、普通の石橋だつた。しかし、その脇で１９１４年にオーストリア皇太子夫妻がセルビア人青年によって暗殺され、第１次世界大戦の直接のきっかけとなった。暗殺の背景は、バルカン半島進出に意欲のあったオーストリア・ハンガリー帝国が機会を捉えて１９０８年にボスニア・ヘルツェゴビナの併合を決めたのに対し、セルビア王国やバルカン域内のセルビア人が強く反発し、セルビア系ボスニア人の青年が皇太子暗殺に走ったものだ。

ボスニア・ヘルツェゴビナを含むバルカン諸国はＥＵ加盟を目指しているが、ＥＵ側ではＥＵ拡大への熱意は必ずしも高くはない。そのため、他の地域統合の動きが出てきているが、ＷＣＯとしては、どのような枠組みになるにせよ、税関間協力を通じて地域の安定に貢献したいと考えている。

1914年にオーストリア皇太子夫妻がセルビア人生年によって暗殺されたサラエボの橋の袂

国名を変えた「北マケドニア共和国」

（『貿易と関税』２０２０年８月号収録）

国際機関では加盟国の名称はしばしば外交問題を引き起こす。領土や歴史問題が背景にあるからだ。２０１９年に解決するまでは、ギリシャがユーゴスラビア連邦の解体に伴って独立した北隣の「マケドニア共和国」の名称を認めずに国際的な対立を引き起こした。古代マケドニア王国はアレキサンダー大王（紀元前4世紀）出身の故地として有名だ。他方、現在マケドニアと呼ばれる地域は、オスマン帝国の領土となったが、１９１２～13年のバルカン戦争でオスマン帝国が敗れた結果、南部5割はギリシャ、北部４割はセルビア、１割はブルガリアに分割された。セルビア領マケドニアは第2次世界大戦後にユーゴスラビア連邦を構成するマケドニア社会主義共和国として発足し、１９９１年の独立に際して、「マケドニア共和国」の名前を採用しようとした。

これに対して、ギリシャは古代マケドニア王国の歴史的な中心はギリシャであり、マケドニアの名前を冠した国内の地方行政区画もあるとして、新独立国が何の地理的限定もつけずにマケドニアの名称を使用することに反対した。「マケドニア共和国」は領土的野心は再三否定したものの、ギリシャは同国の国連、北大西洋条約機構ＮＡＴＯ、欧州連合ＥＵといった国際機関への加盟をブロックした。そこでギリシャの反対を避けるため妥協案として、１９９３年に「マケドニア旧ユーゴスラビア共和国」という暫定的な名前で国連への加盟が認められた。英語ではFormer Yugoslav Republic of Macedoniaという長い名前だが、ＷＣＯの会議でも同国をMacedoniaと呼ぶと、直ちにギリシャから抗議されたので、長い名前をすらりと言えるように何度も練習してから会議に臨んだものだった。

国際社会からの早期解決に向けた圧力もあって、２０１８年に「マケドニア共和国」は「北マケドニア共和国」と名前を変えて、ギリシャもこれを受け入れるとの合意ができた。両国の国内手続きを経て、２０１９年2月に独立以来28年ぶりに名称問題は決着し、北マケドニアのＮＡＴＯ加盟も決まった。その北マケドニアからＷＣＯの国際会議の誘致を要望されたので、税関データ分析のリサーチ・コンフェランスを2019年10月に同国首都のスコピエでホストしてもらうことにした。

スコピエには聖キュリロス・メトディオス大学があり、その経済学部にWCO地域研修所が置かれている。ちょうど10年前の2009年10月に開所式のために訪問したが、その時に比べると街並みは格段に整備されてきれいになっていた。大学の名前になっている聖キュリロスと聖メトディオスは兄弟で、9世紀に東ローマ帝国からスラブ人へのキリスト教宣教のために派遣された学者だ。彼らは布教のためにスラブ語を表記する文字を考案し、聖書と典礼書の翻訳を行った。それがキュリロスの名前を取ったキリル文字、即ち今日のロシア語、ブルガリア語、セルビア語といったスラブ語圏の表記に使われる文字に発展した。キュリロスとメトディオスの弟子たちが当時のブルガリア帝国の首都オフリドに移って文字の開発を続け、900年前後にギリシャ文字に近い形でキリル文字を完成したといわれている。キリル文字が東方正教会の発展やスラブ民族の覚醒に果たした役割は大きい。ちなみにオフリドは現在では北マケドニア第2の都市であり、マケドニア正教会の首座が置かれ、大きな湖に面した風光明媚で、文化遺産に富む古都だ。2010年3月にWCOの欧州地域会合がオフリドで開催されたのに出席したのは思い出深い。

スコピエの中心部の景観の美化が進んだのは2010年に発表された街並み再開発プロジェクトに負うところが大きい。ヴァルダル川沿いに新古典様式の外装に改築された建物が並び、多くの新しい橋が建造された。また街中にはモニュメントが多く設置され、特に目立ったのは広場の中心にあるアレキサンダー大王とみられる騎馬像及び石橋の向こうに建つピリッポス2世(アレキサンダー大王の父)とみられる立像だった。双方とも巨大なブロンズ製のモニュメントで、当時の中道右派政権が自国と古代のマケドニア王国とを結びつけて国民意識の高揚を意図したものといわれている。もっとも、発表当初からプロジェクトには巨額の費用が掛かるとの批判があり、2016年の選挙でギリシャとの和解を狙う中道左派が勝利し、モニュメントの呼び名も「騎馬の戦士像」及び「戦士像」が定着した。

北マケドニアはアレキサンダー大王に象徴されるギリ

シャ文化への結び付きを強調するが、実際にはその後流入したスラブ系民族が多数派で、東方キリスト教徒が多い。また、石橋を渡って旧市街地に入ると、入り組んだ路地に小さな商店がぎっしりと並んでおり、オスマン帝国時代の面影も強く残っていた。北マケドニアの人口200万人は65%がマケドニア人で東方キリスト教会系、25%がイスラム系のアルバニア人で、両者を代表する政党が連立を組んで、共存を図っているとの説明だった。バルカン半島は多民族国家が多く、北マケドニアの北部に接してイスラム系のアルバニア人が多く住むコソボがある。北マケドニアはユーゴスラビア連邦からの独立を無血で達成し、セルビアとは良好な関係を維持している。他方、コソボが独立を宣言すると、いち早く承認し、こちらとも友好関係にあり、バランスの取れた内政・外交政策を展開している。

ギリシャとの和解が進み、2019年には翌年のNATO加盟への道も開けた北マケドニアだったが、WCOのリサーチ会合が開催される前週のEU首脳会議でフランスが北マケドニアのEU加盟交渉入りをブロックするという思わぬ事態が生じた。フランスのマクロン大統領がEU改革が進まないことを理由にしたが、当時のユンカーEU委員長はバルカン半島情勢を不安定化させかねない歴史的な間違いだと嘆いた。WCO会合の開会式にはギリシャとの和解のために国名、国旗を変えるといった大英断を下したゾラン・ザエフ首相をお招きしていたので、どうなることかと心配したが、40代半ばの首相の挨拶は国家近代化と国際社会へのいっそうの関与の推進を宣言する力強い内容だった。開会式の後に彼と対談しても前向きのエネルギーを感じた。開会式翌日には経済特区へのドイツ企業の投資を促進する式典があり、頼まれて出席したが、そ

北マケドニア首相と会談

こでも首相はＷＣＯ事務総局長もサポートに駆け付けてくれたと演説し、国際機関との協調を印象付けていた。やはり来賓の駐マケドニアのドイツ大使が先週のＥＵ首脳会議は予期せぬ結果になってお気の毒だが、ぜひ経済の開放路線を続けてほしいと挨拶していた。

現在の北マケドニアの政治や行政の指導者には若い人物が抜擢されているようで、財務大臣も電子商取引の会社を興した活き活きとした31歳の女性実業家出身だった。関税局長も若い実業家出身で、首相に頼まれて決心したとのことで、改革の意気に燃えている。３人で一緒に財務省の中庭に植樹をしたが、この国が安定と繁栄に向けて伸びていく潜在的な力を感じた。

気候的にワインの生産にも適しているとしてワイナリーに案内されたが、そこの地下貯蔵庫に降りると、一つの樽にＮＡＴＯ事務総長のサインがあった。数か月前にＮＡＴＯ加盟への道筋がついたことを祝ったもので、これを見学させてもらうのが主目的だった。ＷＣＯはＮＡＴＯのような政治的な存在ではないが、せっかくなのでその隣の樽にサインさせてもらった。その後、北マケドニアは２０２０年3月には30番目の加盟国としてＮＡＴＯ正式加盟を果たした。ちなみに日本はＮＡＴＯとの関係を緊密化させており、ＮＡＴＯのあるブリュッセルの在日本大使館に２０１８年10月にＮＡＴＯ日本政府代表部を開設している。ＮＡＴＯ加盟の動きを待っていたかのように、4月初にはフランスも留保を撤回し、北マケドニアのＥＵ加盟交渉開始が決まった。４月14日の北マケドニア税関記念日には大臣や関税局長と一緒に記念植樹した樹木が成長していることを知らせるビデオがＷＣＯにも送られてきた。

アンジェロスカ財務大臣(写真中央)、タナソスキ関税局長(写真左)、筆者(写真右)の3人で、同国財務省の中庭に植樹を行う様子。

南欧アルバニアの発展

（『貿易と関税』2022年8月号収録）

アルバニアはバルカン半島の南西部にあり、アドリア海に面した一部の平野部を除くと、山岳地帯の多い国だ。イタリアとギリシャに近い南欧の国であり、1990年代にそれまでの一党独裁の共産主義閉鎖経済を改めて、民主化、市場経済化に乗り出した国として知られている。私は2011年4月に同国の首都ティラナを訪門したが、議会選挙の結果を巡って国内の安定に取り組んでいた当時のベリシャ首相との会談は生産的で、対外経済開放と貿易振興を求める国としての熱意が伝わってきた。結果的に同国のWCO協定への加入が進み、HS協定（2012年）や改正京都規約の批准が実現した。11年後の今回の2022年3月の出張では、ティラナは治安面も含めて一段と落ち着き、夜でも女性だけでの外出を多く見かけた。街並みの整備も進んでいて、見違えるように感じた。

アルバニアは15世紀から1912年の独立まで、500年近くに亘ってオスマン帝国の勢力下にあったので、キリスト教徒に対する重税などの不利益を避けるためにイスラム教への改宗者が多かった。しかし戒律は緩く、飲酒に制限はなく、最近では無宗教に近い人々が多いといわれている。アルバニア人はバルカン半島の先住民族イリュリア人の子孫といわれ、6世紀以降に南下してきた南スラブ民族が後世になって旧ユーゴスラビアを構成したのに対し、スラブ系に同化することはなく、民族の独自性を保った。アルバニア語も独特の言語体系で、古代バルカン地方の話し言葉を伝えているのではないかともいわれる。国土の南北で言語や風習が異なるといわれ、南部はギリシャに近く交易で栄え、オスマン帝国の統治も受け入れたのに対し、北部の山岳地域では伝統的な家父長制が強いとされ、オスマン帝国の統治もあまり及んでいなかった。数年前にWCOに来たアルバニア研修生にアルバニア文学を代表する小説家であるイスマイル・カダレの『砕かれた4月』のフランス語版を贈られたことがある。20世紀初頭の孤立した北部山間部での家の名誉をかけた血で血を争う復讐といった古来からの掟に縛られた人々の生き様を描いた小説で、その単純な話法による不条理な物語と強烈なイメージに圧倒された。

　アルバニア人はバルカン半島におよそ500万人いるとされるが、半分強がアルバニアに在住するほか、コソボに180万人、北マケドニアに40万人といわれている。今回の出張中に税関近代化の今後を議論するために、副首相にお会いすると、先方は冒頭に居住まいを正して、海外出張中の首相に代わって、コソボのWCO加盟の際にお世話になったことのお礼を申し上げたいとのことだった。こちらとしてはWCOの設立協定に従って、その政治化を避けるために努力したものだが、先方は同じアルバニア系のコソボに強い連帯を表明したものともいえる。アルバニアはオスマン帝国がほとんどの欧州の領土を失ったバルカン戦争の最中の1912年に独立した。その時には国力が弱く、大国の介入の結果、アルバニア民族の分布とは必ずしも関係なく国境が策定されたといわれている。バルカン半島の微妙な民族問題の一部となっている。

　独立後もアルバニア国内の政情は不安定で、第2次世界大戦中はアドリア海の対岸にあるイタリア、後にはドイツに占領された。国内抵抗勢力のパルチザンとソ連軍によって1944年にドイツの占領から解放され、共産主義政権が誕生した。アルバニアの指導者となったホッジャ労働党第1書記は個人崇拝や秘密警察による恐怖・独裁政治で知られるスターリンの体制をモデルにした政治を行い、国際的孤立を深めた。また、外敵侵入に備えて、国中に数万単位のコンクリート製のトーチカを配備したため、資源配分面で大きな経済的損失を招いた。幾つかのトーチカは今でも街中に保存、展示されていた。ホッジャ第1書記の独裁は彼が死ぬ1985年まで40年間続いた。各国からの支援

市内に残されたトーチカ。現在は、地下展示場の入り口になっている。

の道を断たれたアルバニアは、1990年代の経済開放まではEU長らく欧州最貧国といわれていた。

ティラナの中心部では共産主義政権下の1991年まで秘密警察・諜報活動を統括していた国家保安局の旧本部が博物館として公開されていた。諜報や防諜といった職務遂行のために個人の信書を開披して検閲する装置も展示されていた。海外との通信や交易は危険視されていた時代で、税関もそうした監視網に組み込まれていた。監視や盗聴のために当時の最先端機器が大量に日本やドイツから購入され、今から見れば古びた機器が展示されていた。これら外国製品購入のために貴重な外貨が浪費されたとの解説が付いていた。

もっとも、こうした体制の変更に伴う経済の改善は一本調子には進まなかった。アルバニアは地震頻発地帯にあり、特に2019年に強烈な地震に見舞わたが、その災害復旧は容易ではない。実際にその時は地震が起きて3年後だったが税関本部の再建は完成していなかった。また地震に追い打ちを掛けるように、コロナ禍で観光産業が大きな打撃を受けた。それでもEU加盟国候補であり、イタリアとギリシャに挟まれた戦略的な位置、割安な労賃、鉱物資源の存在といった利点があるので、潜在的には有望な市場と見られている。

税関近代化の面では、貿易体制の整備のためのWCOスタンダード導入や通関手続きの電算化も進んだので、いよいよ人材育成が重要な局面になっている。関税局長は2011年にWCOのフェローシップ・プログラムでブリュッセルのWCO本部及び日本税関での研修を経験しており、税関近代化に熱心だ。彼は女性登用にも意欲的で、幹部は過半数が外部登用の若手女性で、伝統的なベテランの税関職員の中に新風を吹き込もうとしている様子が見て取れた。

その後、首都圏と観光地の多い南部とを結ぶインフラをお見せしたいとして、アドリア海沿岸にある都市ヴロラに案内された。この港町はイタリア南端の港湾都市ブリンディジと最短距離でアルバニアとを結んでいる。近くにある古代遺跡アポロニアはアドリア海から10キロほど内陸だが、かつては川で海と繋がっており、古代ギリシャ・ローマの重要港湾として栄えた。古代ローマ時代に建設されたイタリア半島を縦断するアッピア街道の終点がブリンディジであり、アポロニアはブリンディジとバルカン半島とを繋ぐ重要港だった。ここからギリシャの沿岸を通って東ローマ帝国の首都コンスタンチノープルまで繋がっていたので、まさに古代のローマ帝国とビザンツ帝国とを繋ぐサプライチェーンの結節点だったといえる。

アポロニアでは遺跡の発掘が進んでおり、当時の会議場や店舗街の遺跡に加えて、小劇場や図書館とされる建物の礎石が出土していた。ローマ帝国の初代皇帝となるアウグストゥスは18歳の時にここでギリシャ哲学や軍事学を学んだといわれている。陽光の下で葉が銀色にきらめくオリーブの木が続く丘陵地帯にはまだ地中に埋まっている遺跡も多く、旅人を魅了する余地は大いにあるなと感じた。ちなみにアポロニアは3世紀の地震で港湾が使えなくなり、やがてアドリア海沿岸のヴロラが代わりの港湾都市として興隆した。ヴロラを始めとする南部の海岸地帯にはホテルやビーチの施設が立ち並び、観光産業の発展への期待の大きさがうかがえた。

閉鎖経済時代が長かったとはいえ、南欧的な晴天が多い気候に恵まれており、人々は素朴だ。ティラナが首都になったのは独立後の1920年だが、東ローマ帝国やオスマン帝国以来の城跡を示す城壁が中心部に残っている。城壁の内部は近年再開発が進んでいて、郷土料理のレストランや伝統的な工芸品の店が整備され、海外観光客にとっても魅力的な場所になっていた。城壁の内部や周りではカフェでお茶を飲む人々の姿が目立ったが、人口当たりの喫茶店数が多いことで知られていると誇らしげに(?)説明され、のんびりとした感じが漂ってきた。このようにティラナ市内は都市開発が進む一方、開発余力の残る山岳地帯や海岸部を抱え、今後の成長が期待されている。

アルバニア税関幹部と。半分は女性。

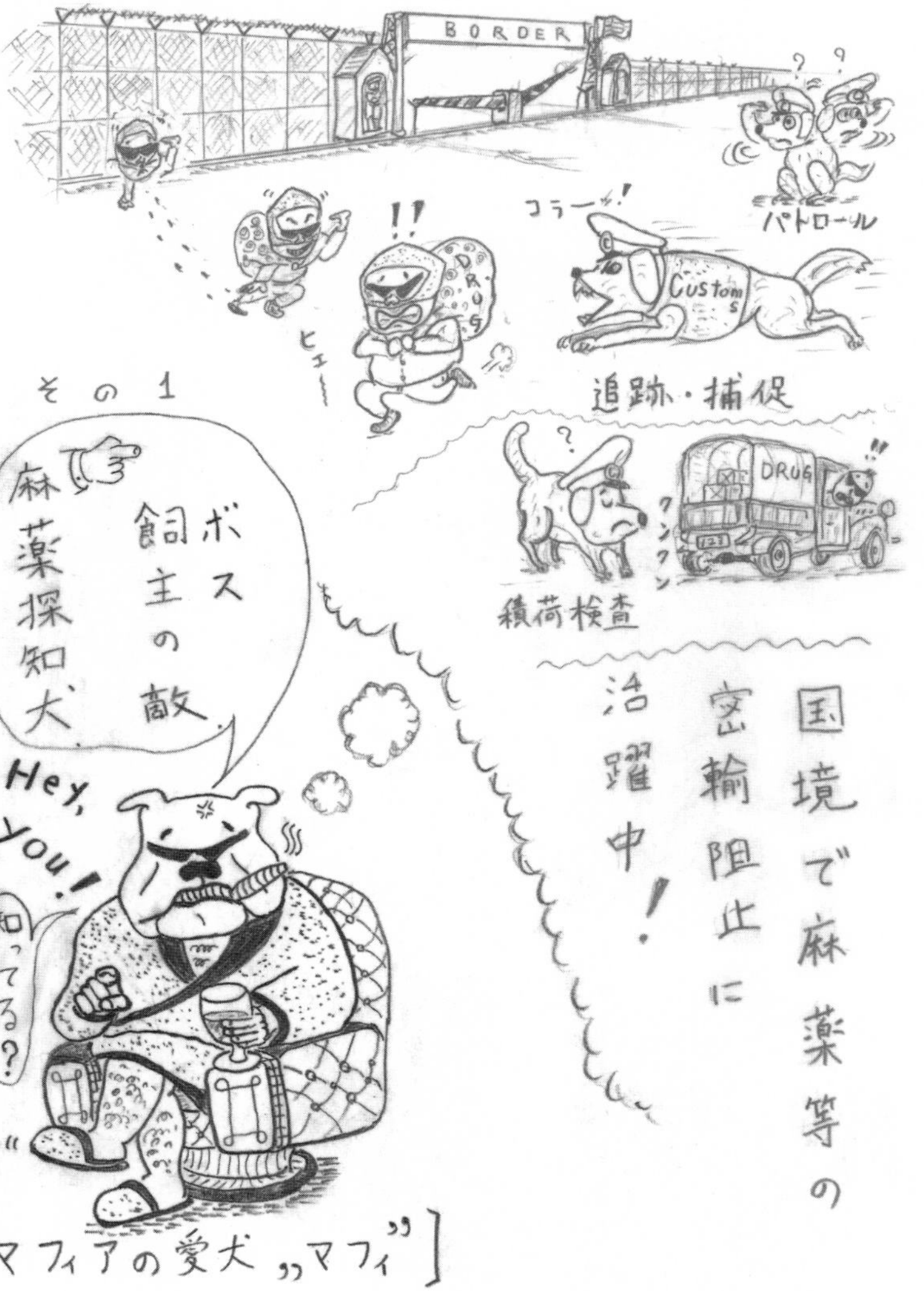
BORDER
パトロール
コラー!
Customs
DRUGS
ヒエー
追跡・捕捉
DRUG
クンクン
積荷検査
国境で麻薬等の
密輸阻止に
活躍中!
その1
ボス
飼主の敵
麻薬探知犬
Hey, you!
知ってる?
[マフィアの愛犬"マフィ"]

＜欧州＞

EU・周辺諸国

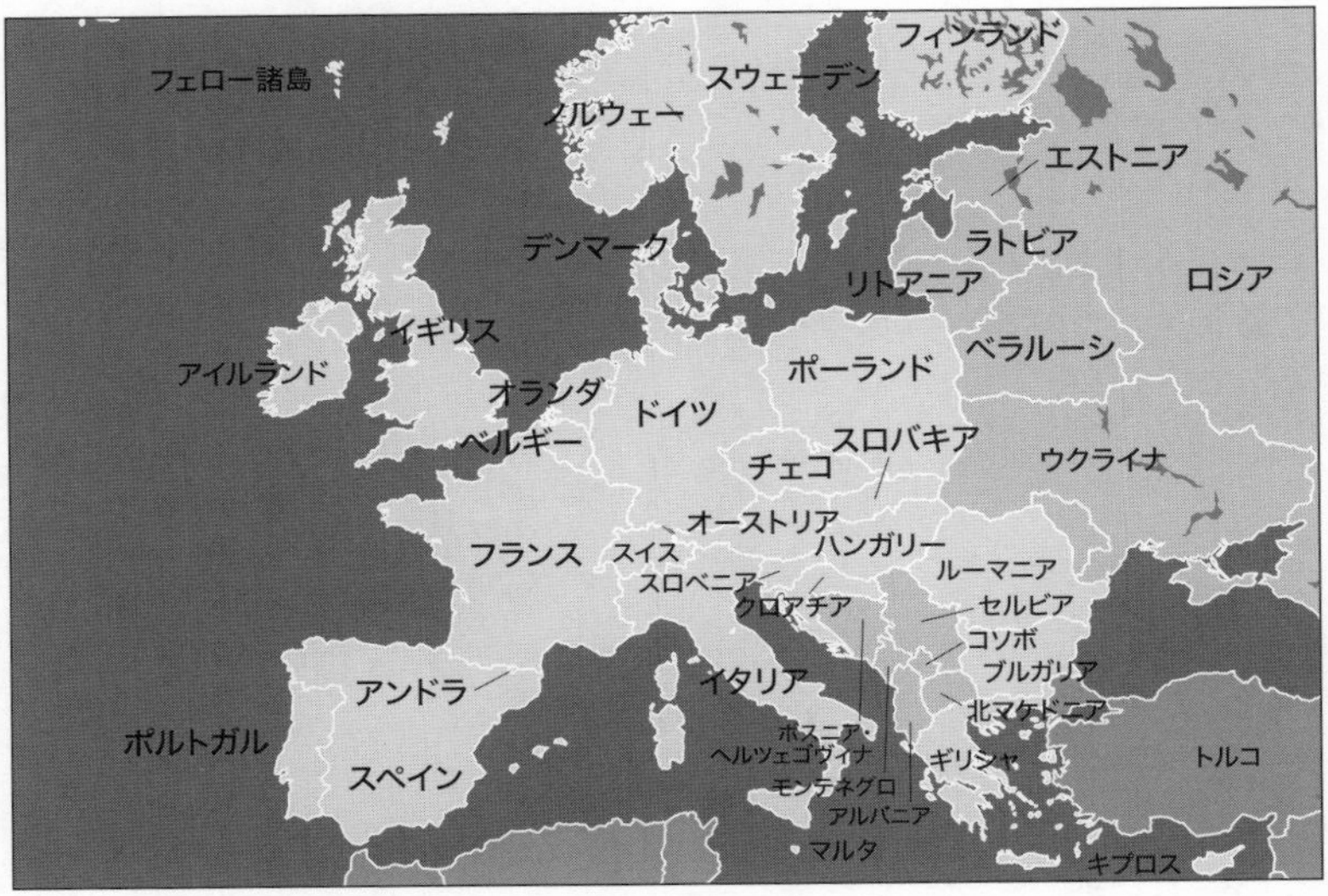

フェロー諸島
フィンランド
スウェーデン
ノルウェー
エストニア
ラトビア
デンマーク
リトアニア
ロシア
イギリス
アイルランド
ベラルーシ
ポーランド
オランダ
ドイツ
ベルギー
スロバキア
チェコ
ウクライナ
オーストリア
ハンガリー
フランス
スイス
ルーマニア
スロベニア
クロアチア
セルビア
コソボ
ブルガリア
アンドラ
イタリア
北マケドニア
ポルトガル
ボスニア・ヘルツェゴヴィナ
ギリシャ
トルコ
スペイン
モンテネグロ
アルバニア
マルタ
キプロス

フランスの大学都市 クレルモン・フェラン

（『貿易と関税』2023年3月号収録）

フランス中央高地を占めるオーヴェルニュ地方の中心、クレルモン・フェランの大学都市で2022年11月に開催された「租税政策と持続的成長」のコンフェランスに出張する機会を得た。中央高地はそれほど標高の高くない山地や台地から構成されているが、休火山が点在しており、風光明媚な土地だ。クレルモン・フェランは人口14万人、面積40平方キロメートルの町だが、市全体が火山性岩石の丘となっていて、丘の頂上にある大聖堂から麓に広がる建物群を見下ろす高低差は大きい。さらに市の西方には、欧州最大級の火山帯が広がっており、その象徴となっている休火山ピュイ・ド・ドーム（標高1465メートル）の特徴のある山容を眺めることができる。

周辺のオーヴェルニュ地方はチーズの生産で知られている。青カビの生えたブルー・ドーヴェルニュやフルム・ダンベール、柔らかなサン・ネクテール、より引き締まったカンタルといったチーズの名前は世界的に有名だ。オーヴェルニュ地方は山間の貧しい農村地帯で、細々としたチーズ生産はあったが、近世には農民の出稼ぎで生計を立てていた。そこに目を付けたのは17世紀後半にルイ14世の下で財務総監として実権を握っていたコルベール（1619～83年）だった。当時のフランスは海外発展を続けていた新興国オランダと戦争状態にあった。彼は重商主義で知られるが、オランダの主要農産品であるチーズ輸出を止めるためにフランスへの輸入に高率関税を張るとともに、オーヴェルニュ地方のチーズ生産を振興した。その結果、それまで地元でしか消費されていなかったサン・ネクテール等のオーヴェルニュのチーズがパリをはじめとする他の地方でも嗜好され、世界的なブランドに発展する基礎となった。地元大学の学者からこうした話を聞いて、財源確保に加えて、産業保護に関税を活用したコルベールは、なるほど「フランス税関の父」と呼ばれるのだなと納得した。

現代のフランス産業といえば、チーズのような農産品やファッションに加えて、製造業では自動車のタイヤ製造のミシュラン社が知られている。日本のメーカーと世界でのタイヤ売上げ首位の座を争うグローバル企業だが、本社は首都パリではなく、創業地のクレルモン・フェランにある。若いミシュラン兄弟が1891年にパンクした自転車のゴムタイヤの修理を依頼されて、修理を容易にするためにゴム部分を車輪から着脱可能にすることを思い付いた。そのアイデアを実用化して特許を取得したが、同年、ミシュラン製タイヤを着装した自転車が国内競技で優勝した。「ツール・ド・フランス」に見られるように、フランス人は自転車競技に熱狂する。それがミシュラン製タイヤを付けた自転車の大量販売に結び付き、さらに自動車タイヤへの進出に繋がった。タイヤ生産の興隆に伴い、20世紀前半には大量の工場労働者が雇用され、クレルモン・フェランは企業城下町として発展した。

ミシュラン社は1946年には開発したラジアルタイヤが広く商業化されて成功し、現在ではすべての自動車タイヤに使われているほどだ。自社のタイヤ売り上げ増進のためには自動車旅行の推進が必要だとして、ミシュラン社はガイドブックを1900年に発刊し、レストラン・ホテルのガイドブック(赤の装丁)と旅行ガイドブック(緑の装丁)へと発展させて、長年にわたって刊行してきた。赤のガイドブックはミシュラン社の覆面社員が身分を名乗らずに一般客に交じってレストランで食事し、その味付けやサービスを批評して、星の数で総合評価するものだ。レストランの経営者とシェフはその格付けに一喜一憂しており、欧州では最も権威のあるレストラン格付けの一つだ。

もちろん近年のように経済が成熟化してくると、産業の競争力強化を求めて、豊富な労働力があり、市場としても将来性のある新興国に工場が移転されることが多くなった。クレルモン・フェランでも工場閉鎖があり、市内で働くミシュラン社員の数は1980年代初頭の3万人から1万人に減り、その存在や影響力はかつてほどではないと言われる。もちろんミシュラン社の経済に占める地位は引き続き大きい。大学の隣に税関の建物があったので、日本の港湾税関の発想で、思わず「港が遠いですが、税関の仕事はワイン課税(フランスではワインの課税は税関が担当)が中心ですか」と聞くと、「タイヤ生産のための輸出入手続きも重要です」と言われてしまった。フランス税関は地域産業の発展を支える存在としても機能している。ちなみにミシュラン兄弟の父親は若い頃はパリで税関職員をしていた。

今回の出張では、ブリュッセルからクレルモン・フェランまで直線距離で700キロ弱、日本でいえば東京・広島間の距離（新幹線で4時間弱）に相当するので、簡単に行き着けるだろうと思っていた。ところがコンフェランスの主催者が送ってきた旅程表はリヨン空港まで飛行機1時間半、そこからリヨン駅まで路面電車で1時間弱、更に2時間半の列車という乗換えの多いものだった。クレルモン・フェランはフランスの中央近くにあって、東西南北の十字路といわれるが、逆に言えば、どこからも遠い。主要都市からの交通の不便さについて話したところ、大学関係者が暗い表情になったので、もちろん大学都市にとっては都会の喧騒から遠い利点もあると付け加えた。実際に今回のコンフェランスが開催されたクレルモン・オーヴェルニュ大学（UCA）のキャンパスは街中に程よく点在し、快適な学生生活を送れるだろうと思われた。3万7000人の学生に対し、4500人の外国人学生と、海外にも門戸を開いている。街中を歩くと、若者と外国人が他の街に比べて多いように感じた。「どうしてここにアカデミズムが根付いたのですか」と聞くと、第2次世界大戦中にドイツ国境近くのストラスブール大学が疎開して来て、そのまま居ついた大学関係者がいたとのことだった。

他方、「人間は考える葦である」の警句で有名なパスカルは17世紀中頃に数学者、物理学者、哲学者として活躍したが、クレルモンの出身だ。彼の父親はクレルモンで徴税や密輸取締りを扱う行政官だったが、自身が数学や科学に素養があり、息子の早熟ぶりを見て、8歳のパスカルと娘2人を連れてパリに移り、家庭で英才教育を授けた。パスカルの一家も税関と関係があったのかと興味深く思った。

UCA大学は数量経済学に強いので、博士課程修了者のIMFや世銀への就職が多いことで有名だ。またフランス語圏アフリカを中心にした途上国のエリートを集めて研修を行い、彼らを通じて開発経済学や途上国の経済政策に影響力を及ぼしている。今回のコンフェランスはグローバル開発ネットワーク（GDN）主催で、途上国で開発に関連した社会科学リサーチを支援することを目的としている。世銀、IMFを始めとする国際機関や各国の開発援助機関が財政的に支えており、日本からも開発経済学が専門の方々が参加していた。アフリカからの研究者や大学院生の参加も多かった。ＷＣＯは昨年ＵＣＡ大学と覚書を締結し、ＷＣＯのデータ戦略を支援してもらうことにして、それが今回の私の出張に繋がった。今回のテーマは租税政策が中心となっていたが、税関の場合は貿易政策や、最近ではセキュリティ政策の実行部隊であり、国境での徴税は担当しているものの、必ずしも租税政策と同じ次元での税関政策があるわけではない。他方、政策の実施ではＷＣＯのスタンダードがあるので、租税当局よりも統一的で効率的な政策の実施がやりやすい面がある。ＩＭＦ、世銀、フランス開発機関の租税政策責任者と同じテーブルで話し合う機会があったが、租税と関税の違いや双方で協力し合える分野を巡って、刺激的な議論になった。中央集権的なフランスだが、頑張っている地方の実情に触れることができ、普段の出張とは異なる興味深い経験となった。

　税関のデータ活用ではフランス税関も頑張っている。ルーブル美術館で税関が国境で差し押さえた文化財密輸の展示に参加した際、フランスの関税局長と議論する機会があった。部内にデータの活用を検討する横断組織を立ち上げたとのことで、彼女はデータの可能性を真剣に語っていた。

　フランスでは大学前の高校（リセ）教育にも関わる機会があった。２０１４年になるが、フランスの経済団体に招かれて、パリ郊外の企業の研修施設で全国から集まった３００名強の高校の経済の教諭向けに講演した。「夏期大学」と銘打った２泊３日のコースだが、朝から晩まで分科会に分かれての講義がぎっしり詰まっていた。講師陣はフランスの名の知れたエコノミスト、政府高官や経営者達で、全員

ルーブル美術館にてフランス関税局長とともに

無料奉仕でこの取組みを支えていた。高校教育が経済の実情から遊離する傾向があるのに対して何らかの手を打とうという試みとして始まったと聞いた。

大多数の講師はパリから日帰りで来ていたが、私はブリュッセルから運転しての参加ということもあり、前日から敷地内の学生寮に泊めてもらい、「夏期大学」の様子を見ることができた。周りを丘に囲まれた傾斜地に建つ19世紀の館の周りに新しい施設を配備して、上手な敷地設計だった。夕食会はそうした施設での立食だったが、暮れなずむ丘を見渡せるよう、借景を活用していた。教諭たちは全国各地の高校から自費参加なので、熱心な先生達だったのだろう。もっとも、交通費の他には50ユーロの費用で自らが高校で教える知識の更新ができ、しかも食事宿泊付きだから納得できる価格設定だった。ホスト企業及び経済団体も支援していると思われた。夕食はサンドイッチだが、飲み物、チーズ、デザートも予算の範囲内ながらさまざまな種類が用意されていて、さすがフランスだと思った。高校教諭は全国転勤が可能だから、昔の同僚と再会したり、文部省の視学官とネットワーク作りをしたりと、情報交換に余念がなかった。

翌日、金融論の分科会をのぞいてみると、受講している先生達が金融危機後の経済の推移について、エコノミストの講演を一言も聞き逃さないように無駄なく筆記していた。こんなに熱心に聞いてもらえば、講師も気持ちがよい。フランスの高校教育は講義の一方的な筆記が中心との批判があるが、優秀な教師に当たればレベルは高い。その源泉がここにあるのだなと感じた。私の出番は

フランスの高校教諭向けにルモンド誌ジャーナリストの司会で
フランス政府顧問と講演する筆者

締め括りの全体会合のパネルで、久し振りにフランス語でパワーポイントを用意した。ル・モンド新聞の経済記者の司会で、前政権及び現政権の経済顧問がそれぞれの経済政策を語り、私が税関から見たグローバルな動きを語るというセッションだった。パネル及び閉会式が終わると、受講者が獲得した知識を一刻も早く持ち帰るかのように、一斉に駐車場に向かって走って行くのが面白かった。

フランスでは高校卒業資格のためのバカロレア試験で筆記及び口頭試験にどのような問題が出題されるかが生徒の最大の関心事だ。何しろバカロレアの成績は進学先を決めるだけではなく、履歴書に成績が載るので、一生の経歴に影響する。日本の大学入試よりも厳しいといえる。1993〜95年に東京からジュネーブにウルグアイラウンド(UR)交渉のためによく出張していた折、農業保護の観点からURがフランスの国内政治の最大問題の一つだったので、バカロレアで国際貿易が出題されるとの憶測があった。そのためリールにある名門高校リセ・パスツールに招かれて貿易交渉について講義したが、時事問題にも対応しようとする先生と生徒の意気込みを感じた。ちなみに先日出張の際に飛行機の中で、カンヌ映画祭優勝作品の『アデル、ブルーは熱い色』を鑑賞した。フランスの女子高校生の成長を授業風景も含めて丁寧に撮った映画だが、どこかで見た風景だと感じて調べてみると、撮影現場はリールのリセ・パスツールで、現役の先生や生徒も出演していた。

高校の授業でも現代の込み入った課題に積極的に取り組む姿勢には感心するが、社会全体でもこうした課題を青臭いと馬鹿にせずに議論する風習がある。毎年11月にリールの街では哲学週間を組んで、高校や大学の先生たちがゲストスピーカーを招いて、街中の施設で現代的な課題を哲学の観点から取り上げている。2007年には「形」をテーマにしてさまざまな講演が開かれたが、「形」の一形態として「汚職」というパネルセッションに招かれて、パリの哲学者、ブリュッセルの経済学者と私の3人で議論したことがある。税関にとって汚職対応は重要だ。その時に驚いたのは、金曜日夜の一般向けセッションだったのに、数多くの参加者があり、一般市民が熱心にノートを取り、活発な質問が寄せられたことだ。哲学はフランス高校教育の華だが、学んだ生徒は社会に出ても関心が続いているようだ。

イタリア・マフィアと闘ったシチリアの人々

（『貿易と関税』2023年6月号収録）

　1990年代に国連の場で経済グローバル化の陰の部分として組織犯罪が注目を浴びるようになった。イタリアと米国が議論を主導する形で、国際組織犯罪対策が検討されたが、これは両国が南イタリアのシチリア島におけるマフィア及び同島出身の米国マフィアの非合法活動に手を焼いていたのを背景としていた。各国共通の組織犯罪の定義は容易ではなかったが、90年代を通じた交渉の成果として、2000年にシチリアの州都パレルモで国際組織犯罪条約が署名され、パレルモ条約と呼ばれた。90年代のWCOでの議論もそうした国際世論を背景にしており、日本国内では暴力団による麻薬・銃器犯罪対策の必要性が叫ばれていたこともあり、1998年のWCO監視委員会では日本が後押しする形で銃器取締りのための情報交換を含む総会決議案が合意された。ちなみに日本でも1999年に組織犯罪対策法案が成立している。

　外部からは分かりにくい組織犯罪の解明に大きく貢献したのが、1986年からパレルモで行われた史上最大級の大型裁判で、シチリア・マフィア475人が起訴され、338人が有罪となった。監獄の中に特設裁判所を設け、厳重な警戒の中で審判が行われ、第一審での有罪判決後に、1992年に最高控訴裁判所の上告審で有罪判決が確定した。この裁判で重要なのは、寝返った元マフィア幹部の証言に基づき、マフィアは個別のギャングの集合体ではなく、単一の犯罪組織と認定され、その後の組織犯罪対策の考え方の基盤となったことだ。マフィア構成員は組織への忠誠心と秘密保持が強く、指揮命令系統も秘密にされていたので、組織の実態が不明だったが、この裁判で解明が進んだ。しかしながら身の危険を顧みずに本件の犯罪捜査を主導したファルコーネ判事及びボルセリーノ判事の2人は、判決が確定した1992年中に報復措置としてマフィア幹部の指令で暗殺された。これに憤慨したパレルモ市民が立ち上がり、反マフィア運動が展開される一方、2人の暗殺は国連での議論を加速化することになった。

このように組織犯罪に関わりの深いシチリア州の北岸にある州都パレルモを2023年4月に訪問する機会を得た。気候も良くなり、コロナ禍も落ち着いた時期だったので、飛行機は観光客でいっぱいだった。シチリア島は地中海最大の島であり、面積2・5万平方キロメートル、人口500万人と、四国の1・4倍の広さと人口に相当する。しかしながら島は全体が山がちで、平野が少なく、パレルモ空港でも、岩山が近くにそびえていた。盛り上がるような青い海を眺めながら、急峻な山が海岸まで迫っているので、きっと海の深い良港だろうと思った。パレルモの街はイタリア第5位の大都市だが、街にはかなり起伏があって、海際に長く延びた街並みを島内中心部に向けて離れると、直ちに山地になった。後背地が少ないのは、工業の発展には不利だ。しかもシチリア島には欧州最大の活火山であるエトナ山があり、しばしば地震が起きることでも知られている。

パレルモの街中では、地元のNGO「ノー・マフィア」グループが活動しており、繁華街でマフィアと司法との闘いの歴史の博物館を運営するほか、反マフィアのガイド・ツアーも行っていた。ツアーの出発点は欧州で3番目に大きなオペラハウスであるマッシモ劇場で、マフィアを描いた映画『ゴッドファーザー』の撮影現場になったことで知られる。その裏手にあるカラビニエリ（軍警察）の建物の前にある壁に案内されると、そこはマフィアとの闘いに生涯をささげた人々を描いた色彩豊かなストリート・アートの場となっていた。2022年7月にオープンされた新しいグラフィティで、マフィアの手で暗殺された判事や警護に当たっていたカラビニエリの犠牲者が多数描かれていた。マフィアの残虐な手口と反マフィアで闘った人々をパレルモの英雄として若い

イタリア財政警察本部に長官を訪ねる

世代に伝えようとする試みだろう。暗殺されたファルコーネ判事の肖像画は、道路に仕掛けられた爆弾で一緒に殺された夫人とともに描かれており、「人々は去っても、その思想は残り、他の人々に受け継がれていく」との彼の言葉が添えられていた。

２００９年に再建されたパレルモ裁判所の重厚な建物を見ていると、国の司法制度の威信を誇示しているようにも見受けられ、マフィアの起源が貧困と公権力の欠如にあったことを想起させられた。島の経済は長らく農業に頼ってきたが、大土地所有制の下で、大地主とその管理人による農民収奪型の経済構造が続いた。19世紀には貧しい農村地帯では国家や法の支配の欠如や不信から、疑似血縁的な非公式な支配構造としてのマフィアが強化されたといわれている。貧困から逃れるために米国に移民したシチリア島出身者が本国のマフィアの手助けをして、１９５０年代からシチリアは米国への麻薬密輸の基地になった。

現在でもシチリアはイタリアの中では最も経済発展が遅れた地域の一つで、最新の経済統計を見ると、1人当たりGDPは先進的な工業地帯である北部地域の半分、失業率はイタリア平均8％（日本は2％台）の倍の16％前後、若年層では40％台後半となっている。１８６1年の統一イタリア王国への編入まで、シチリア島の支配者はスペインやフランスといった他国出身の王朝が次々と替わる中で、近代化・工業化に乗り遅れたことが尾を引いているようだ。さらに、イタリア統一後も、イタリア中央政府は資金を北部工業地帯に回し、南部およびシチリア島の開発には無関心だったとの根強い批判がある。確かにパレルモでは狭い道を日本では久しく見ることのなくなったオート三輪車が走り回り、上を見上げると、物干しロープに洗濯物がはためき、人々が古びた建物に肩を寄せ合って生活している様子は、戦後のイタリア映画の一場面のような趣もある。島内部の丘陵地帯では、農家がスクラムを組むようにして山間部にへばりついていた。２週間後にローマに出張する機会があったが、イタリア税関本部にはシチリア出身者が結構いて、彼らは雇用機会がないので島を離れざるを得なかったと言っていた。国外への流出者も多く、１９２０年代から50年代にかけてベルギー南部が石炭・鉄鋼産業で繁栄した時に、多くの移民がイタリアからやって来たが、シチリア出身者が最大グループだった。

　それでも人々は1990年代に活発化した反マフィア運動への支持を強めている。立ち上がったのは司法関係者だけではない。マフィアの支配に抵抗して住民の生活改善に乗り出した神父が惨殺されると、時の教皇ヨハネ・パウロ2世がマフィアを非難する演説を行い、教会がマフィアとはっきりと手を切るきっかけになった。また2000年にパレルモで調印された国際犯罪組織条約も反マフィア運動が世界中の注目を集めていることを示し、地元にとって大きな助けになったとガイドは説明してくれた。

　今ではシチリアは地中海性気候、遺跡、チュニジアや南フランスの影響を感じさせる美味しいイタリア料理、安い物価を売り物にして、観光を経済活動の支えにしようとしている。シチリア島は地理的には地中海の中心に位置しており、古代及び中世期には多くの文明が繁栄し、そうした文化遺産が観光資源になっている。古代ギリシア時代には島東岸で都市シラクサが栄え、プラトンやアルキメデスが活躍した。島南部のアグリジェントには、ギリシャ建築の最大級の遺跡が残されている。また中世には北アフリカから進出してきたイスラム勢力の文化を取り入れ、ゴチック様式とイスラム様式を融合した独特の建築様式が残っている。「ノー・マフィア」ツアーを観光資源にさえしようとしており、マフィアも観光客には手を出さないといわれている。もっとも、イタリア税関のシチリア出身者に聞くと、ここに住む人々にとってマフィアはまだ怖い存在のようだ。

　パレルモの短い滞在を終えて空港に戻ると、ファルコーネ、ボルセリーノ両判事が話し合っている写真のバナーが飾ってあり、「忘れないために団結しよう」と書かれていた。シチリアのマフィアとの闘いはまだまだ続いている。

イタリア税関本部にて関税局長と会談

英国ロンドン税関庁舎の転変

（『貿易と関税』2022年3月号収録）

英国税関は2021年に長らく使用してきたテムズ川河畔のロンドン塔の隣に建つ荘重な税関庁舎（Custom House）の使用を終え、民間資本によるホテルへの転用・開発計画が発表された。税関庁舎の大部分は民間活力による都市再開発の一環として、2001年に3・7億ポンドでバミューダの民間資本に売却されたが、その後も税関が20年間、民間資本から建物をリースして使っていた契約期限が終了したものだ。建築保存団体や市民団体からは歴史的建造物保存への配慮が足りない、市民向けの公共空間を確保した施設にすべきだといった対案が出されている。計画の具体案は2022年にシティ・オブ・ロンドン当局によって検討され、ホテルへの転用案は却下された。何度も建て替えられたとはいえ、700年以上にわたって同じ土地で続いてきた歴史のある英国税関の象徴だった建物だ。私は1998年にCustom Houseを訪問する機会があり、監視部門の専門家の話を聞いた思い出がある。当時は中央部にイオニア式円柱はあるものの、160メートルと横長な割に飾り気のない正面を見て、これが世界の税関のモデルになった建物かと興味深く感じたが、今回の都市開発で用途を変えることには感慨を覚えた。

英国の首都ロンドンのシティ地区は今では世界の金融の中心となっているが、もともとはテムズ川を使った貿易の中心地であり、中世以来、貿易で富を集積したことが背景にある。その際、貿易による収益の一部を国庫に納めるために税関が重要な役割を果たした。中世英国の主要産業は羊毛輸出であり、1250～1350年がピークだったが、テムズ川沿いのロンドン橋とロンドン塔の間にある「羊毛埠頭」で輸出羊毛に課税された。輸出先は北海対岸の北フランスからベルギーにかけてのフランドル地方であり、そこの毛織物産業によって最終製品化されたものを英国をはじめとする欧州各地が輸入した。1350年以降は英国で次第に毛織物産業が発達し、輸出品は原料の羊毛から製品の毛織物に代わっていった。また主要輸入品はワインであり、これはウィリアム征服王の下でフランスから英国に渡ってきた支配階級の嗜好を反映したものだった。こうした貿易に対する課税が重要になってくるにつれ、税関事務を行う場所が必要になり、記録に残る最初の税関庁舎はテムズ河畔に１３８５年に建てられた。その後も今日に至るまで姿を変えながら同地でCustom Houseとして存続してきた。当時の税関吏は有力な商人階級が任命されることが多かった。国王が商人から借金をして、その返済に関税収入を充てることもあったので、徴税に励む商人が適任と考えられたようだ。詩人チョーサーは有力な王室御用達ワイン商人の息子で、１３７４年から12年間にわたって羊毛、皮革を担当する税関吏の地位について、その間に『カンタベリー物語』を書いていたとされている。すると彼も出来立ての税関庁舎にも出入りしていたのだろうか。

テムズ河畔の税関庁舎。1813〜17年に建て替えられ、その後、改修や戦災による修繕などを経て、現在の姿に至る。

貿易の振興に伴って関税収入が国家財政の中心になったことに伴い、16世紀後半のエリザベス女王の時代には、税関職員も専門職業としての規律が重視されるとともに、法制面でも税関の改革が行われた。関税支払いを避けるため、税関職員がいない場所での積み降ろしを行う密輸が横行していたことに対応したものだ。具体的には女王即位の翌年、１５５９年の法律で、荷物の積み降ろしは国内各地の港で日中に税関職員の立ち合いの下で行わなければならないとされた。英国最大の港だったロンドン港ではシティ地区の南部にあたるテムズ川北岸の限定された税関庁舎周辺の埠頭でのみ行われることとされた。また同年には税関庁舎はレンガ造りの建物に改築された。時代によって埠頭の範囲は若干異なるが、最終的には税関庁舎を中心に、ロンドン橋とロンドン塔の間４３３メートルにある20の埠頭(quay)が指定された。Legal Quays(リーガル〈合法〉埠頭)

と呼ばれるもので、それ以外の場所での積み降ろしは非合法とされた。20の埠頭は商品や仕出し国別に特化した民間の施設であり、その前には商品を満載した商船が到着して係留された。税関職員は到着した船に乗り込んで課税額計算のために積荷目録を受け取り、積み降ろされた荷は関税支払いが済むと、シティ地区に運び込まれた。税関前のリーガル埠頭はロンドンの市場へのゲートウェイの役割を果たしたといえる。他方、リーガル埠頭は利権の独占を認められた形になったので、この法律に基づく既得権益はその後250年間続いた。

税関庁舎はその後もロンドン大火(1666年)や没収・貯蔵されていた火薬の爆発(1714年)で損壊するたびに再建された。『ロビンソン・クルーソー』の著者ダニエル・デフォーは再建された税関庁舎(1725年)について、「税関庁舎の威厳は埠頭での商取引の重要さを示しており、(関税を申告・納付する)ロングルームに人々が出入りする賑わいは取引所のようだ」と書いている。また彼は税関庁舎前から下流のグリニッジ対岸に至るまで通関待ちの船舶を数えたところ、2000隻は数えられたとも書いている。観光船くらいしか目に入らない現在のテムズ川からはなかなか想像するのが難しい。ちなみにデフォーは、政治パンフレット書きや貿易と幅広い経歴の持ち主だが、ガラス製品の課税を担当する税関職員だったこともある。18世紀を通じて英国の貿易は飛躍的に増大したが、背景としては英国人が中国から輸入された紅茶に西インド諸島から輸入された砂糖を入れて飲む、飲茶の習慣が流行したことがある。増大する輸入を捌くために税関庁舎は狭隘化したので、1813~17年に拡張され、建て替えられた。ただロングルームのある中央部の建築強度が十分ではなく、崩落したので1825年に復旧工事が行われた。その際、当初のアーケードの装飾があった正面中央部が今日の簡素なものになった。また税関職員は北海からテムズ川河口に到着した貨物船に乗り込んで貨物が港に降ろされるまで監視するようになり、税関の埠頭に着くと別の税関職員が降ろした積み荷の記録を取り、関税納付とともに領収書を発行するようになった。主要な関税収入は、タバコ、蒸留酒、紅茶、ワインから得られていた。

なお税関庁舎および近くのリーガル埠頭はロンドン橋よ

りも下流にあるが、これは北海に臨むテムズ川河口から上って来るマストの高い外洋船はロンドン橋より上流には行きにくかったからだ。中世初期に船が小さい時にはむしろロンドン橋上流の小さな入江に埠頭が設けられて貨物が陸揚げされていた。この埠頭での貨物への課税権限は12世紀初めに英国王妃の財源と定められたので、王妃埠頭(Queenhithe)と呼ばれるようになった。ここがロンドン港の起源であり、今でも聖ポール寺院から続くミレニアム歩道橋の北岸近くに王妃埠頭があった小さな入り江が残っている。入り江の周りは近代的なビルに建て替えられ、もはや港湾機能はないが、中世のロンドン発祥の地であることを記念して、2014年に堤の内側に美しいモザイクで歴史的な場面が再現され、新たな名所になっている。王妃埠頭の存在を考えると、税関機能は港を通じてロンドン発祥と深く関わっていることになる。

ところでロンドン塔が守るシティ地区の東側のテムズ川沿いは低湿地帯で農業に向かず、もともとは造船や海運業に従事する人々が住んでいた地域だ。私たちがロンドンといったときに思い浮かべるのは、中世以来の城壁に囲まれていたシティ地区とその西でバッキンガム宮殿や議会のあるウェストミンスター地区のことで、港湾地区(ドックランズ London Docklands)として栄えることになるロンドン東部に足を踏み入れることは近年まであまりなかった。ドックランズの誕生を歴史的にみると、17、18世紀を通じて貿易量が飛躍的に増える中で、税関庁舎前のリーガル埠頭は狭く、多くの問題に直面していた。具体的には、通関待ちの船は混雑して悪天候時に被害に遭い、また船の貨物や陸揚げされた貨物を守る施設はなく、盗難に遭うこともしばしばだった。通関場所としての独占利権を認められたリーガル埠頭のオーナーや荷役人夫は高い料金設定でサービスにも問題があり、急増する貨物を捌くキャパシティがなかった。こうした問題に対応するために、テムズ川沿岸部に係船ドックを造成してその中に船を停泊させ、川中の強風から船を守ることが試みられた。最初の大型商業ドックは1696年にテムズ川南岸のロザーハイズに開業したハウランド・グレート・ドックで、長方形の大きな堀の中に120隻の船を停泊させることができた。このドックは通関待ちの船を停泊させるもので、ドックでの積み降ろしは想定されていなかった。しかしながら船と積み荷の安全を確保するドックの重要性が認識され、特に西インド諸島から砂糖とラム酒を輸出していた商人たちがテムズ川沿いのドック造成運動を強化した。既得権益を持つリーガル埠頭やシティ地区の反対を押し切るために、ロンドン港に代えてリバプール港を使うと脅したりしながら、ようやく開発計画の議会承認を勝ち取り、１８０２年にシティ地区下流の大きな半島であるドッグ島に西インド・ドックが開業された。堀の入り口に水量を調節して水面を一定にする堰である閘門（ロック）を設け、周囲に防壁や倉庫を設けて、外部に見られずに貨物の積み降ろしや貯蔵も安全に行うことができた。また関税支払い・通関もリーガル埠頭で行う必要はなく、ドックで行うことができた。このように税関職員がドックで事務を執るようになったことがビジネスの鍵だったといえよう。その成功を受けて、さまざまな会社が直ちに市場に参入し、ロンドン東部のテムズ川両岸に次々と港湾荷役のための大型ドックが全部で7つも開設され、こうしたドックランズを擁するロンドンは19世紀初頭に世界一の港となった。

その後のドックランズは、19世紀末には過当競争に苦しみ、欧州大陸の港湾に比べて相対的地位は低下し、また第2次世界大戦中にはドイツ軍の空襲で大きな被害を受けた。戦後の復興で再び短期的な繁栄を取り戻したが、貨物船は大型化してテムズ川を上れず、またコンテナ化にドックランズは対応できなかったため、港湾業務はテムズ川河口のティルベリー港へと移動してしまった。ドックランズの商業ドックは１９６７年から１９８１年にかけて次々と閉鎖され、廃墟になるとともに港湾労働者の失業問題も発生して、その再開発が課題となった。現在もウォーターフロント再開発計画は進行中で、ドッグ島中心部の高層ビル群の新金融街カナリーワーフが代表的なものだ。２０１９年に訪れる機会があったが、ロンドン中心部とは新交通システムで結ばれ、オフィス街には通信社や銀行といった大企業の本社もスペースを求めて移転してきていた。朝の通勤時にはきっとした表情をした大勢の若者たちが勤め先に向かってすごいスピードで歩く様子にエネルギーを感じた。よく注意して見ると彼らはいろいろな国の若者たちということに気が付き、ロンドンの新金融センターが世界中のやる気のあるタレントを引き付けていることを実感した。彼ら向けの真新しい住宅街は広々としたウォーターフロント地区にあり、昔の波止場を散歩すると、荷役や税関検査、造船といった往時の貿易の様子を写真付き掲示板で見ることができた。テムズ川対岸のグリニッジには地下トンネルで歩いて渡ることができ、旧英国海軍士官学校や天文台も近く、そこから見るカナリーワーフの高層ビル群は印象的だった。

テムズ河畔の税関庁舎もドックランズと同様に、貨物船が寄港して通関するといったことはなくなり、この50年間は税関の内部事務に使われていたようだ。特に第2次世界大戦中にドイツ軍の爆撃を受けて損傷したため、税関本部自体は、中央官庁街に近いテムズ川上流南岸の商業ビルに移転した。他方、税関の仕事は世界中で基本的に共通だが、組織をどのように位置付けるかは政策優先順位に基づき、各国で異なる。英国では税関は長い歴史を誇る独立した組織だったが、英国が最大の貿易相手だった欧州共同体の一部となったこともあり、２００５年以降、２つの組織に再編成された。本部機能は内国歳入庁と合体して、新たに歳入税関庁となり、英国議会前に移転した。また各地の税関は税関監視艇とともに内務省に移管され、移民や難民を管理する入国管理庁の実働部隊とともに国境部隊に統合され、国境管理にあたることになった。Custom Houseの転変は昔日のロンドン港の面影と新たな都市再開発を暗示しているように思われた。

高層ビル群が立ち並ぶ、現在のドック島・カナリーワーフの様子。

ドイツの地方分権

（『貿易と関税』2016年1月号収録）

ドイツのニュルンベルク税関の麻薬探知犬訓練センターがWCOの地域センターとしての認定を受けたので、2015年1月に開所式に出席した。雪が降る中での屋外式典で身体が冷え込んだが、元気よく走り回る麻薬探知犬や訓練を担うハンドラーたちの誇らしげな表情を見せてもらった。

その機会に市街地を見下ろす岩山の上に建つニュルンベルク城に案内してもらった。この街は中世期にはイタリアと北部欧州との間の貿易の要衝であり、地理的にもドイツの中央部に位置することから、神聖ローマ帝国皇帝の拠点の一つとなった。中世の皇帝は宮廷を引き連れて各地の城を移動しており、ニュルンベルク城も多くの皇帝がしばしば滞在した。案内してくれたガイドは一つの城に数週間も滞在していると、お供が連れている馬の排泄物の臭いで耐え難くなり、次の城に移動していったのだと笑っていた。

中でもカール4世はこの城に何度も滞在し、1356年に当地で開催した帝国議会で皇帝選出権を7選帝侯に与えた。これにより帝国の政治は安定したが、選帝侯の特権も拡充されたため、ドイツの領邦の自立化が進み、地方の州が強い権限を持つドイツの連邦制の起源の一つとなった。その後、皇帝は就任後の最初の帝国議会をニュルンベルクで開催することが慣例化し、神聖ローマ帝国の非公式な首都と呼ばれた。そうした歴史を利用して、ナチス党は政権正当化のために政権掌握後の1933年以来、党大会をここで毎年開催した。そのためニュルンベルクは連合軍の爆撃の優先目標となり、市街地の90％は破壊され、戦後は戦争犯罪人法廷がここで開催された。旧市街地は、戦災で瓦礫の山となっ

ドイツ財務大臣（前列右）と税関のリーダーたちと

た後、残っていた都市図を基にして、忠実に戦前の古い街並みが復元され、中世の歴史的街並みとして、今では立派な観光地となった。同じく戦災から復興した我が国とは、異なる都市復興のあり方だった。

　地方分権化が進んだドイツでは税関の本部機能も各地に分散されており、財務省関税局は首都ベルリンにあるが、執行を担当する中央税関本部はボン、密輸犯罪捜査はケルン、研修はミュンスター、麻薬探知犬訓練はニュルンベルクといった具合だ。ドイツ関税局長と私との定期協議もドイツ各地の税関で行われた。国内最大の港ハンブルグで定期協議が開催された時には、税関博物館に案内された。川下りで有名なライン川沿いの古城は、封建領主が領内を通過する船から関税を徴収するための関所だったと説明されていた。近代ドイツ統一の歴史はドイツの領邦の関税同盟が基礎にあることを思い出した。

ドイツ税関 ケルンの密輸犯罪捜査局にあるWCO欧州地域情報交換センター(RILO)にてドイツ関税局長と(筆者と並ぶ中央の女性)

　定期協議がミュンスターで開催された時には、ウェストファリア条約が締結されたミュンスター市役所の平和の間を案内してもらった。17世紀のドイツ国内のキリスト教新旧両派の宗教戦争が他の欧州諸国の介入を招いて長期化した三十年戦争は、１６４８年に主としてドイツ西部のミュンスターで交渉、締結されたウェストファリア条約による講和で終結した。近代的な主権国家の概念が成立し、神聖ローマ帝国内の各領邦は主権と外交権が認められ、ドイツの地方分権化がいちだんと進む結果となった。対等な主権国家を前提とした国際秩序はウェストファリア体制と呼ばれるが、税関が位置する国境の法的意味合いもこの条約が大きく影響している。平和の間に描かれた当時の使節団の顔ぶれを見ながら、税関も国際秩序の安定に寄与したいと願った。

ポルトガルのポルトの税関の盛衰

（『貿易と関税』２０２０年1月号収録）

ポルトガル税関はポルトガル語圏諸国8か国のうち、十分に発展しているブラジルを除く、アフリカ5か国（モザンビーク等）及びアジアの東ティモールへの支援に熱心だ。正式には１９９６年に設立されたポルトガル語諸国共同体（ＣＰＬＰ）という国際協力組織があり、参加国やオブザーバーが徐々に拡大してきた。日本も２０１４年にポルトガルやブラジルとの歴史的関係からオブザーバー参加が認められている。毎年ＣＰＬＰ関税局長会議が加盟国回り持ちで開催されており、２００９年9月末にポルトガル北部の都市ポルトで開催された会合に招待された。会合は１８６０年から10年かけて建造されたどっしりとしたポルト税関の建物を最近になって国際会議場に改装した施設で行われた。ポルト市は大西洋に注ぐドウロ川の河口から5キロ程の河岸にあり、国際会議場は巨大なレンガ造りの倉庫や貨物積み下ろし用のクレーンを備えた税関の面影を色濃く残していた。対岸にはポートワインが熟成されるロッジと呼ばれるワイン商の倉庫群（セラー）が河岸から丘の中腹にかけて拡がっているのが見えた。

10年経ってポルトを再訪する機会を得て、ポルトガルの名前の起源はポルトの古い呼び名であるポルトゥス・カレの訛りに由来し、ポルトはポルトガルの歴史や国民性形成に重要な役割を果たしたことを知った。8世紀にイベリア半島は回教徒に征服されたが、ポルトの奪還に始まるポルトガル地域でのキリスト教徒による国土回復運動の結果、12世紀にスペイン（カスティーリャ王国）の宗主下でポルト

左からポルトガル歳入庁長官、筆者、ポルトガル関税局長。

ガル王国が成立した。その後、14世紀に英国と同盟を組み、スペインからの独立を果たしている。具体的には１３８６年にウィンザー条約を締結し、１３８７年にポルトガル国王ジョアン1世が英国王の孫フィリパとポルトの大聖堂で結婚することで、英国とポルトガルの軍事同盟が成立した。これが今日まで続く世界最古の2国間軍事同盟といわれている。英国からみれば、欧州大陸の列強と勢力争いをする上で、欧州大陸の辺境にあるポルトガルと同盟することには利点が多かったと思われる。軍事同盟のおかげで独立が確立したポルトガルは、その後、欧州大陸の外に関心を向けるが、ジョアン1世とフィリパ王妃の間に三男として生まれたエンリケ航海王子が15世紀の大航海時代の幕開けに大きな役割を果たしたことで知られている。

上述の国際会議場になったポルト税関の建物は新税関と呼ばれており、それより1キロ弱上流の旧市街の中心に旧税関と呼ばれる建物があった。１３２５年に国王アルフォンソ4世がドウロ川を航行する船の貨物から関税を徴収するために河岸近くに税関を設置したのが旧税関の始まりであり、当時のポルトの領主だった司教の力を弱める目的もあった。国王の代官の住居もあり、エンリケ航海王子は１３９４年にそこで生まれたといわれている。当時の国王と王妃の宮廷は国内各地を移動しており、王妃が地方代官の居所で出産することは珍しいことではなかったが、大航海時代を先導する王子が税関の建物で生まれたというのは象徴的だ。そのため旧税関は「エンリケ航海王子の家」とも呼ばれており、今では大航海時代の始まりに関する歴史博物館になっていた。

旧税関近くの広場には、１９００年に除幕されたエンリケ航海王子の像があったが、像はドウロ川の波止場に向かって立ち、当時は欧州の船乗りには知られていなかったモロッコ以南の西アフリカ探

ドウロ川沿いの国際会議場は昔のポルト税関としての面影を残す。通称「新税関」とも呼ばれる（出典：Vistar-Porto観光Webサイト）。

検を指揮する王子を表現していた。1415年、21歳のエンリケ航海王子は、父王や兄王子とともにポルトからモロッコに遠征し、ポルトガルのアフリカ進出の皮切りとなるとともに、西アフリカとの交易の可能性に開眼したといわれている。当時の欧州と西アフリカの交易はサハラ砂漠を越えるルートに頼っており、アラブ人に独占されていた。王子は海路伝いに西アフリカとの交易ルートを開く夢を抱き、1460年に没するまで、ポルトガルのアフリカ遠征のスポンサーとなり、西アフリカ沿岸を探検させた。その結果、大西洋沿岸沿いに西アフリカに到達する航路を開拓し、欧州に新しい航海ルート及び富をもたらしたことは画期的であった。彼の後継者たちはさらにアフリカを沿岸沿いに南下して喜望峰に達して欧州とアジアを繋ぐ新たなルートを確立し、1500年には大西洋を越えてブラジルを発見し、サトウキビ栽培や金鉱によってポルトガル経済はさらに潤うことになった。こうした海外貿易による富の集積によりポルトに数多くある教会の内装も壮麗なバロック様式で装飾されていった。特に15世紀にイスラム文化から伝えられたアズレージョと呼ばれる彩色タイルは17世紀から18世紀にかけて黄金期を迎え、ポルトでも街中の教会の内装や外装に使われた。現在でもアズレージョはポルトガル文化の代表的な位置を占め、ポルトの中央駅でもポルトガルの歴史的場面がアズレージョで表現されていた。

ポルトガルでのワイン醸造の歴史は古く、ローマ時代にはローマに輸出しており、15世紀に日本に初めてワインをもたらしたのもポルトガルの宣教師だ。近世に入ると、ポルトガル・ワインの発展には英国が果たした役割が大きい。英国はかつてはフランスのボルドーを領有したこともあり、ワインの大口輸入市場だ。他方、英国はしばしばフランスと政治的・軍事的に対立し、フランスに代わるワイン輸入元を探す必要があった。1386年のウィンザー条約でポルトガルと軍事同盟が築かれると、英国はフランスと対立するたびにワイン輸入をフランスからポルトガルに切り替えた。その結果、ポルトガルは対英国ワイン輸出を驚異的に伸ばして経済的にも潤ったものの、英国以外に販路がほとんどなく、英国ワイン商の力が圧倒的に強かった。実際に今でもドウロ川対岸に並ぶセラーの名前は大多数が英国系だ。こうした英国市場依存は、1703年のメシュエン通商条約による関税取決めで深まった。同条約によれば、英国のポルトガル向け毛織物は無税、ポルトガルの英国向けワイン輸出の関税はフランスからの輸入関税に比べて3分の1割引きの優遇とされた。この頃から甘口でアルコール分が強くて保存や長距離輸送に耐えるポートワインの人気が英国で高まり、供給に比べて需要が多かったので、偽造品も出るほどの人気を誇った。

メシュエン通商条約は1817年にデービッド・リカードが提唱した国際貿易理論における比較優位のモデルを彷彿とさせる。彼が使った事例が仮想のポルトガルと英国の2国及びワインと毛織物の2財をモデルとしているからだ。経済学の教科書によく載っているが、ポルトガルが比較優位にあるワインに、英国が比較優位にある毛織物の生産に特化して二国間で貿易した方が、自給自足するよりも両国合わせた生産量は増えるとの効果が示されている。リカードは機会費用の概念を使って、どうして生産性の異なる二国間で貿易が起きるかを説明したもので、自由貿易への力強い援護となっている。もっとも、現実にはメシュエン通商条約はポルトガルの工業化を遅らせたと批判されている。ポルトガルでは政治的に強力なワイン生産地主に既得権が生じ、また植民地から金が流入して産業革命へのインセンティブが起きず、リカード理論の前提条件である優位産業への労働力の移動が満たされなかった。

ポルトガルのワインのその後の推移を見ると、1807年のナポレオンのポルトガル侵攻を受けて英国人ワイン商人は逃げ出し、これを契機に英国人の嗜好が変わってしまい、ナポレオン戦争後も英国への輸出は停滞が続いたといわれている。時代は飛ぶが、ポルトガルは英国市場への依存から欧州大陸との経済統合を目指すようになり、1987年のEU加盟に伴って産業振興支援策としてワイン産業に巨額の資金提供が行われた結果、最近ではワインの品質の良さが再び脚光を浴びるようになってきている。輸出量でも世界9位だ。ポルトの街は新旧税関の建物を含め、欧州人の間でも街並みの美しさや料理・ワインで人気が高い。街を歩くと各国語を耳にしたが、今後はアジアからの観光客も増えていくことが期待されていた。

ピレネーの山岳国家 アンドラ

（『貿易と関税』2023年11月号収録）

欧州大陸西端のイベリア半島にあるスペインと西欧中心部のフランスとの間には長さ430キロ、幅100キロにわたって標高2000～3000メートルに及ぶピレネー山脈が横たわる。東ピレネーの特に急峻な山岳地帯の渓谷に両国に挟まれる形でアンドラ公国が位置している。ブリュッセルからアンドラに到達するためには、フランス南西部のトゥールーズまたはスペイン南東部のバルセロナ、どちらの空港からもバスで3時間と聞いた。自国内に空港がなく鉄道もない、世界でも珍しい国だ。人口8万人の小国だが、起源はピレネー山脈一帯が多くの伯領に分かれていた中世の初期まで遡る。独立色の濃かった南西フランスの伯領がフランス王国に統合され、スペインもいくつかの王国が合体してスペイン王国に統合されて行く中で、アンドラは共同君主国だったため、中世以来の小国として残った。

地理的に孤立していたこともあり、アンドラは2度の世界大戦中も中立を守ったが、次第に国家の近代化に向けて動き出した。1993年には議会(大評議会)、政府、裁判所の三権が分立する議会制民主主義に基づく憲法を制定し、近代国家の体裁を整えて、各国から独立国家として承認された。それまで事実上フランスに委ねていた外交権を取り戻して1993年に国連に加盟した。WCOには1998年に加盟した。現在ではフランス大統領及びスペイン・カタルーニャ州のウルジェイ司教の共同君主の役割は公式には儀式的なものになっているが、それでも両国には影響力があるようだ。長らく国家歳入は輸入

標高1023メートルと欧州では最高地点にある首都だが、切り立つような山塊に囲まれ谷底にいるような感覚を抱く。

関税に頼っていて、国内には税金のない国として知られていたが、フランスの圧力もあって、10年前に所得税及び消費税が導入された。税率は周辺国に比べて低いが、このような改革の結果、タックス・ヘイブンと分類されることから逃れることができた。

２０２３年8月に同国政府の招待で訪問する機会を得た。フランス・トゥールーズの空港でアンドラ政府が回してくれた公用車の運転手と落ち合った。初めて見るアンドラのナンバープレートの車だった。しばらく緑豊かな平野部を走ってからアリエージュ川の渓谷沿いのピレネー山脈へと入っていった。最後の方は標高２０００メートルへのかなり急峻なつづれ坂の登り道だった。そこでEUで最も高い地点にある税関を通過して、トンネルを抜けると高い山々に囲まれたアンドラ渓谷が広がっていた。トンネルで素通りした国境の街は免税品販売で有名で、かつては電気製品、今はタバコやアルコールを無税で購入するフランス人で賑わう。ここからスペインに向けて緩やかな下りになる渓谷沿いにはアンドラ経済を支えている多くのスキー・リゾートが点在していた。数多いスペインのナンバー・プレートを付けた車に交じって、ドイツ、オランダ、ベルギーといったスポーツが盛んな国の車が自転車を載せて走行する姿も目立った。

渓谷の南西部にある首都アンドラ・ラ・ベリャに到着したが、切り立つような山塊に囲まれていた。標高１０２３メートルと西欧では最高地点にある首都だが、国土の平均標高１９９６メートルに比べると谷底にいるような感覚を抱いた。高台にあるホテルから市街地を見下ろすと、粘板岩から作られたスレート葺きの屋根が多く、落ち着いた灰色の瓦で家並みに統一感を与えていた。ホテルの庭を横切って、隣接するショッピング・センターのエレベーターで5階分降りると、渓谷の中腹にある旧市街の繁華街に出た。ショッピングセンターでは観光客向けに多くのブランド品が売られていた。そこからさらにエレベーターで7階分降りると、谷底のバリラ川に近い市街地に降り立つことができた。通りに沿った幾つかの建物には無料のエレベーターが設置されていて、歩行者が旧市街に上るために利用できるようになっていた。バリラ川は北と東からの渓谷沿いの支流が合流して、南西のスペインとの国境に向けて、山間の渓流らしく速いスピードで流れていた。

翌日、政府の建物を訪ねると、首相が入り口で出迎えてくださり、エレベーターで5階まで上り、谷間を見下ろす執務室に案内された。その後、同じ階の別室に移って財務大臣及び関税局長との実務協議となった。アンドラはEUには加盟していないが、自由貿易協定で結びついている。またWTOにも加盟していないが、WCO協定を通じて国際貿易と連結している。スペインとフランスという大国の間に埋没しないために、いろいろと努力していることが伝わってきた。この国のもう一つの特徴はカタルーニャ語を公用語としていることだ。彼らはスペイン語とフランス語に自由に切り替えてみせるので、公用語はいくつあるのかと聞いたところ、きっぱりとカタルーニャ語のみと答えられた。カタルーニャ語はスペイン東部のカタルーニャ州からフランス南西部にかけて話されている地方言語だ。隣国のスペインではスペイン語が公用語だが、地方ごとに公用語も指定されており、自治の要求とともに政治化しやすいトピックだ。スペイン中央政府はバルセロナ中心のカタルーニャ州との関係ではいまだに苦労しており、2017年に同州の独立を巡る運動が激化したことは記憶に新しい。他方、フランスはこうした地方言語をフランス革命の際に抑え込み、パリを中心に話されていた言語をフランス語として国内全域で統一し、中央集権を実現した。

アンドラの歴史を象徴する大評議会の旧建物では大評議会議長が待っていてくださり、歴史ある建物を案内してもらった。議長は「アンドラには1930年代のスペイン内戦で人口の4倍もの難民が流入し、これが我々を経済的にも目覚めさせるきっかけとなった」と国外からの人々の受け入れの文化的経済的な重要性を強調していた。そのためにも税関の効率化が必要との話だったが、デジタル経済の波はこの国にも押し寄せており、若者は電子商取引でモノを注文すると、スペイン側に行って受け取って税関で申告せずに帰って来るので、伝統的な商店や国家財政に影響があると懸念していた。

そこから税関を視察するためにフランスとの国境に向かったが、財務大臣と外務大臣が同行してくれた。天気の良かったアンドラから2000メートルまで自動車で上がると、車は雲の中に入ったようで、霧の中に浮かび上がった国境施設はフランス領にあるが、２００９年に完成した同じ建物内でアンドラ、フランスの税関及び警察が執務していた。フランス税関からはきれいな制服に身を包んだ南仏地方税関幹部が遠路はるばる表敬にやって来てくれた。アンドラを訪問するフランス人は日帰りの買い物客が多いので、そのコントロールが主要業務になる。税率の低いアンドラ側から、許容量を超えるタバコやアルコールを積んだ車がスピードを落とさずに国境の突破を図ったり、歩行で山越えを図るケースもあると聞いた。

首都アンドラ・ラベリアに戻って、アンドラの守護聖人サンタ・コロンバン教会に案内された。地元の石を積み重ねた鐘撞塔は12世紀のロマネスク様式で、高さが17メートルもあって印象的だ。アンドラの人口の９割近くはカトリック教徒であり、国全体がウルジェイ司教の教区になっている。教会内部のフレスコ壁画は１９３０年代に剥がされてバルセロナに持ち出されて美術蒐集家に売却された。ドイツに渡った分は２００７年にアンドラ政府が買い戻し、修復された姿が脇の美術館で公開されていた。オリジナルがあった教会内部の壁には修復後の壁画が映像の形でプロジェクトされて浮かび上がるようになっており、上手な工夫だなと感じた。もっとも、壁画のすべてが戻ったわけではなく、米国に留まっている分もある。多くの文化遺産は流出して、バルセロナにあるとも聞いた。税関には文化財の国外流出を国境で止める役割もあるが、いったん国外に出た文化財の取戻しは容易ではない。アンドラは観光や金融で豊かになったが、国としての独自性を高めたり、観光客のいっそうの集客のためにも文化財の活用を始めとする工夫が求められているようだった。

アンドラとフランス税関の共同国境事務所前にて前列左よりアンドラ関税局長、財務大臣、筆者、外務大臣、フランス・南西管区（モンペリエ）税関長

フィンランドでの戦略的フォーサイト

（『貿易と関税』２０２０年10月号収録）

フィンランドの首都ヘルシンキで２０１２年2月に開催された税関２００周年の行事に招かれた。氷点下の街中には積雪が残っていたが、心地よく暖房された屋内で歴史を顧みる行事に北欧らしさを味わった。税関を担当する行政管理大臣にもお会いしたが、40歳前のてきぱきとした女性で、さすがは女性の社会進出の先進国だなと感心した思い出がある。行事には近隣国の関税局長が招かれていたが、海外招待客の祝辞はロシア関税局長、EU租税関税総局長、それに私の3人で、この人選はフィンランドの国としての立ち位置を示しているようで面白いなと思った。

第1にロシアとの関係では、１８０９年にロシアがスウェーデンとの戦争に勝ったおかげで、スウェーデンから独立したフィンランド大公国が成立し、独自の税関を持つことができた。当時のフランス皇帝ナポレオン1世は大陸封鎖で英国を孤立させようとして、ロシアがスウェーデンに大陸封鎖に参加する圧力を掛ける代償として、当時スウェーデン領だったフィンランド領有を認めた。ロシア皇帝がフィンランド大公を兼ね、スウェーデン領有時代に比べ、大幅に自治が認められたことが評価されていた。

第2にEUとの関係では、フィンランドは１９１７年にロシア革命に乗じてロシアからの独立を果たしたが、その後継国家であるソ連には気を遣って、東西冷戦中も長らく中立を維持し、微妙な外交姿勢だった。それがソ連崩壊後の１９９５年にEUに加盟することで、ようやくロシアから適切な距離を取ることができるようになった。ちなみに上述の行政管理大臣は後にEU議会選挙に出馬して、活躍の場をEUに移したのも、EU重視の表れといえよう。

そして第3にWCOとの関係では、EU域外国との関係強化や人的貢献を狙って、２０１１年秋からWCOに資金拠出してアフリカ支援を始めたことが挙げられる。アフリカ税関幹部を招聘して、地続きの隣国ロシアとの国境で、どのようにトラックの税関検査待ち時間を減らすかを見てもらうのが一つの売り物だ。WCOの会議でもEU委員会が主に発言するが、その陰に隠れがちなEU加盟国の中では気の利いた発言で存在感を示していた。

２０１９年10月にヘルシンキを再訪する機会を得たが、これは同年後半のＥＵ理事会議長国としてフィンランドが主催するＥＵ関税局長向けセミナーに招待されたものだ。ＥＵ理事会議長国はＥＵ加盟国の半年ごとの持ち回りで、ＥＵ加盟国の閣僚が集まるＥＵ閣僚理事会やそれを支える作業部会で議事を進行する。その任期中のＥＵ理事会の優先事項や議題の設定に影響力を行使したり、自国でさまざまなＥＵ関連行事を組織する。普段は巨大なＥＵ組織の中に埋もれがちなＥＵ加盟国にとっては、自国の発言力強化や存在感向上のための重要な機会だ。税関作業部会を仕切る議長国の税関はしばしば自国で組織するＥＵ関税局長向けセミナーに私を招待してくれる。

セミナーの議題は議長国税関が設定するが、その年のＥＵ税関の優先事項に関わることが多く、これまでも税関のリスク管理やペーパーレス化といった議題のセミナーに招かれてきた。今回は未来予測の手法である戦略的フォーサイトを税関に当てはめて、２０４０年のＥＵ税関の姿を予測することが議題だった。この議題の選択は「いかにも答えを出すのが難しいような議論をするのが好きなフィンランド人らしい」とのコメントを表敬訪問した日本大使館で聞いた。日本文化の中でも禅の公案のような禅問答的な側面に人気があるとのことだった。難しい議論を好むというのも、欧州の北辺に位置しているせいもあって、他文化を理解しようとする意識が強いせいかもしれない。日本ではムーミンやサウナの発祥の地とのイメージが強いが、フィンランド人はロシアと地続きにありながら独立を維持し、東側陣営に組み込まれることを避けた歴史を見ても、粘り強い人々との印象を持つ。

セミナーでは一日缶詰めになると聞いていたので、早起きして日の出

戦略的フォーサイトを税関にあてはめ、参加者がロール・プレーしながら議論する様子。左から5人目が筆者（写真はEUによる提供）

の7時半を待って、朝の街並みを散歩した。10月末の朝の気温は2、3度で肌寒いが、風があまりなく早足の散歩は快適だった。北欧とはいえ、海流の影響もあって国土の南部にあるヘルシンキではそれほど寒くなるわけではない。セミナー会場のホテルから旧市街まで3キロ弱なので、朝の散歩で岬を横切って往復するにはちょうど良い距離だった。ホテルの背後から岬の中央部へと緩やかな登りを辿っていくと落ち着いた街並みで、かつてはヘルシンキ随一の高さと社交の中心を誇った1931年開業のトルニ（塔の意味）ホテルが見えてきた。前回2012年に出張した税関200周年はここが会場で、海を見渡す眺めの良さとアール・ヌーボー調の内装を思い出した。周りにはデパートやショッピング街の重厚な建物群が拡がっており、首都の商業の中心地だ。さらに東へと緩やかに下っていくと南港に到着し、海岸沿いに古典的で優雅な建物が見えたので、近づいてみると大統領官邸だった。その前面にはマーケット広場とフェリーが停泊している波止場が拡がっていた。マーケット広場の中心に記念碑が建っていたが、これは1833年にロシア皇后アレクサンドラが夫の皇帝ニコライ1世と一緒に初めてヘルシンキを訪問したことを記念するもので、ここが当時の海からの玄関口だったことを示している。

大統領官邸の裏手に周囲を荘厳な建物で囲まれた元老院広場があり、中心にはロシア皇帝アレクサンドル2世のブロンズ像が建っていた。ニコライ1世の息子で第3代フィンランド大公でもある。彼は父親が専制主義的だったのに対し、ロシア国内で農奴解放を行うなどの改革で知られ、フィンランドに対しても国会再開を認め、経済振興を図るなどの寛容政策を採ったので人気が高かったといわれている。ブロンズ像は彼が1881年に暗殺されたことを悼んだ記念碑だ。1917年のフィンランド独立に際してこの立像を撤去するかどうか揉めたが、結局は残され、フィンランドと帝政ロシアの深い関係を示している。

この広場は東側には大公国時代に政府の役割を兼ねた旧元老院の建物があって広場の名前の由来になっているが、今では首相府を含む政府庁舎となっている。西側にはヘルシンキ大学、そして北側には白亜のヘルシンキ大聖堂がそびえている。これらの建物は新古典主義様式で、帝政ロシアの首都サンクトペテルブルクの街並みをモデルにしているともいわれている。1809年に大公国が出来ると、帝政ロシアから見て、当時の首都トゥルクをサンクトペテルブルクに近いヘルシンキに遷都したのがこの町の発展の基礎といわれている。

朝の散歩を終えて、いよいよEUのセミナーが始まった。冒頭の挨拶を求められたので、欧州諸国は67年前に戦略的展望を持ってWCOを設立した。ヘルシンキの適度な肌寒さが皆さんを刺激して税関の前途に有益な展望を示すことを期待したいと述べると、私の早朝散歩を知っている局長たちは笑顔を見せた。戦略的フォーサイトのセミナーに参加して、局長たちに交じって税関を取り巻くメガトレンドを分析し、ありうべきシナリオの特定を議論した。関税局長たちの見通しは必ずしも明るいものではなく、EU域内で税関の役割は正当に評価されていないとの不満が表明された。欧州難民危機のため、EU内の国境管理の協力機関が2016年に欧州国境沿岸警備機関に改組されて、EUの国境警備の予算が大幅に拡充されたのに対して、税関が乗り遅れているとの不安が背景にあった。EUの税関機能強化には巨額のIT投資が必要だが、その財源確保をどうするかの問題も指摘された。

戦略的フォーサイトの結果は翌2020年に公表され、そこでの議論も踏まえて、EU委員会は税関データを集約するEU税関機関の新設を含む総合的な税関改革提案を2023年に打ち出した。EU議会や理事会が承認すれば、実現には10年以上かかる大改革が始まるので、EU域外各国も注視している。

フィンランドはアフリカ支援にも熱心。ケニアで開かれたフィンランドが支援するアフリカ税関近代化プロジェクトの開所式。左からフィンランド関税局長、ケニア歳入庁長官、筆者、ケニア駐在フィンランド大使、南アフリカ歳入庁長官

ポーランドの交易路

（『貿易と関税』２０１６年４月号収録）

ポーランドは２００４年のＥＵ加盟後もＷＣＯでの活動に熱心だったが、これは東の国境で接する旧ソ連諸国との連携強化も視野に入れた動きだった。２００９年９月の税関記念日にウクライナ及びベラルーシの関税局長を首都ワルシャワに招いて3国間の税関協力協定を結び、私も立会人として招待したのがその例だ（序編「聖マタイと税関」を参照）。また２０１１年10月にはポーランド南部の古都クラクフでＥＵ加盟国及びＥＵに隣接する旧ソ連６か国の税関手続きの調和化を図る会議を主催した。17世紀初頭までポーランド王国の首都だったクラクフは、16世紀前半に地動説を唱えたコペルニクスが大学で学んだことや、１９８０年代に共産主義下の中東欧諸国の民主化の精神的支柱になったローマ教皇ヨハネ・パウロ2世の出身地としても知られている。16世紀から18世紀にかけて、ポーランドがベラルーシ及びウクライナ西中部を領有していたこともあり、今でもウクライナやベラルーシからの移民が多い。ポーランドがＥＵの東方近隣国政策を引っ張ってきた背景といえる。

２０１５年４月には欧州地域関税局長会合をポーランド西部のシレジア地方の中心にあるヴロツワフで開催してくれた。シレジア地方は14世紀まではポーランド王国領だったが、その後ボヘミア、ハプスブルグ、プロシアと領主が次々と変わった。第２次世界大戦後に戦後処理の一環として、ポーランド東部がソ連に取り上げられた代償として、西部のシレジア地方がドイツから割譲され、ポーランドは国全体が西に移動した。シレジアを含むドイツとの国境問題は最終的には東西ドイツが統合された１９９０年にドイツとポーランドとの間で締結された条約で解決した。今回はその中心都市ヴロツワフが観光を含めて発展している姿を欧州全体に見せたかったようだ。

シレジア地方は、欧州の交易路としての歴史が古く、古代には南北を結ぶ「琥珀街道」の最短ルートがここを通っていて、当時は宝飾品として大切に扱われた琥珀を主要産地のバルト海沿岸、今のリトアニアやポーランド北部から地中海方面へ向けて送る南北回廊の中継地点だった。他方、中世の神聖ローマ帝国を横断する交易路が西のライン川河畔と東のシレジアを結んでいた。この「王の道」はそこから東方のクラクフやキーウへの道と接続しており、欧州の重要な東西回廊だった。従ってシレジア地方の中心都市であるヴロツワフは欧州の東西南北を繋ぐ貿易で栄え、関税収入で立派な旧市街が建設された。旧市街の聖エリザベト教会はゴチックの高い塔で市のランドマークの一つだが、内部には多数の著名人の墓廟があった。中でも最も立派なのは中世に知恵を絞って巨大な富を集積した税関長のものという説明だった。

聖エリザベト教会に眠る中世の税関長の墓廟

教会に隣接して素晴らしい中世の面影を残した広場があったが、ヴロツワフは第2次世界大戦中はドイツ帝国の主要都市だったので、戦争末期にソ連軍に破壊されて瓦礫の山となった。現在の歴史的な街並みは戦後、ポーランド市民が残っていた資料を基に正確に復元したものだ。第2次大戦後の領土変更に伴い、シレジアのドイツ人はドイツに追放され、代わりに東部の旧ポーランド領からポーランド人やウクライナ人が移住させられてきた。東から移住してきた新ヴロツワフ住民は今でも自らの文化の継承に熱心だ。市庁舎での歓迎レセプションで地元の民族舞踊を見た時に、旧ソ連圏の関税局長たちが目を丸くしていた。地理的に隣接するドイツよりも彼らの伝統芸能に近かったからだ。

地域会合の会場は1813年の対ナポレオン戦争勝利の百周年記念ホールに付属した会議場だった。1913年に当時としては世界最大の鉄筋コンクリート製のドームがプロシアによって作られ、世界遺産に指定されている。欧州の交易史と戦争史が刻み込まれた街だなと感じた。

ハンガリー訪問

（『貿易と関税』2023年1月号収録）

ハンガリーは欧州の歴史の節目では目立った動きをする国だ。旧東側諸国の中でも、いち早く経済開放を行った国として知られる。1968年に比較的自由な文化・経済政策が導入され、その一環として西側との貿易が開始された。近代的な通関手続きの導入のために、同年にWCOに加盟したが、これは旧共産圏の中では最も早い加盟だった。その後、1989年1月に政党活動を認める民主化が進められ、中東欧革命の端緒となった。同年夏にはオーストリアとの国境が開かれ、オーストリア経由で西独に脱出しようとする東独市民がハンガリーに押し寄せた。これが1989年11月のベルリンの壁崩壊の契機となり、ついにはソ連邦の崩壊につながった。

2004年のEU加盟を控えて、通関手続きの近代化のために2001年に首都ブダペストにWCOで初めてとなる地域研修所を設立した。ハンガリーのアイディアが世界各地でWCO地域研修所設立・認定の動きを引き起こし、今ではその数は世界全体で30を超えている（日本の柏の税関研修所も2004年に認定）。最近では、税関と各国の資金情報機関（FIU）との協力が重要になってきたことを踏まえ、FIUの集まりであるエグモント・グループとWCOの各国メンバーの連携強化を探る国際会議を2022年10月に開催したが、ハンガリー税関がホストに手を挙げてくれたので、ブダペストを再訪する機会を得た。

このように独自のイニシアティブを発揮することができるのは、歴史

ハンガリーのWCO地域研修所にて

的な背景や不屈な民族精神があるのだろう。ハンガリーの国としての起源は古く、ウラル山脈の草原で遊牧していたマジャル人の祖先が、9世紀に欧州のなだらかな丘陵と肥沃な草原地帯を求めて移住して定着したのが源流とされている。したがってアジア系のDNAも受け継ぐといわれるが、混血が重なって、今では外見もすっかり欧州人だ。彼らの指導者がローマ教皇から1000年に戴冠を受けて、正式にキリスト教の国王に就任したのがハンガリー王国の始まりだ。同王国は強大な軍事力で周辺地域に版図を広げ、多民族を抱える中欧の強国となった。しかしながら1526年にオスマン帝国に敗れて、国王も敗死すると、王冠は姻戚関係にあったウィーンを本拠とするハプスブルク家の当主が継承する形になった。最終的にはハプスブルク家を共通の君主とするオーストリア帝国とハンガリー王国の二重帝国の一員の形態をとり、外交・軍事を除いて自治権のある王国となった。

ブダペストはドナウ川を挟んで西岸のブダ地区と東岸のペスト地区に分離される。ペスト地区は平野部で商業が発展し行政の中心だったのに対して、ブダ地区は丘陵地帯でドナウ川に沿って、要塞だった丘や王宮が所在している。もっとも、地元の人に聞くと、ブダ地区からペスト地区を見下ろす要塞はウィーンがハンガリー人を監視するために築かれたものであり、国王を兼任するオーストリア皇帝はウィーンから動かず、ブダ地区の王宮に住んだことはなかったと、複雑な心境をのぞかせてくれた。

地元民の反発はあったにせよ、ハプスブルグ家の支配に伴う社会情勢の安定は、19世紀のブダペストに投資の流入と繁栄をもたらした。ペスト地区には当時の繁栄を偲ばせる新古典様式やアール・ヌーボー様式の建物や彫刻が立ち並んでいる。こうした豪華に装飾された建物群がよく保存されているので、ブダペストは映画撮影によく使われる。また、なだらかな丘陵のブダ地区は緑の多い住宅街として開発され、WCO地域研修所もそうした一帯にある伝統的な様式の家屋に入っていて、コンクリート群の施設とは異なる味わいを与えてくれる。

他方、20世紀の歴史を見ると、ハプスブルク家の支配は、ハンガリーの運命をオーストリア帝国と一体化させ、2度の世界大戦で敗戦をもたらし、甚大な被害を及ぼした。第

1次世界大戦の終戦処理では、戦後処理のための1920年のトリアノン条約で、ハンガリーはオーストリア帝国と分離され、東部（トランシルバニア）はルーマニアに併合、北部（スロバキア）はチェコスロバキアに併合、南部（クロアチア）は後のユーゴスラビアに併合と、国土面積の3分の2以上を失い、多くのハンガリー人が強制移動させられたり、少数民族として周辺国に取り残されるという過酷な処置を受けた。

現代になっても、ハンガリーでは1920年のトリアノン条約は不公平だったとの苦い民族感情が残っているようだ。共産主義体制下では周辺国との紛争は抑え込まれ、共産主義が崩壊した後も、2004年のEU加盟を控え、再び周辺国との紛争は抑え込まれていた。しかしEU加盟が実現した後には、1920年以前のハンガリー王国の領土を指す「大ハンガリー」への懐古的な民族主義が勢いを増し、2010年以来、そうしたイデオロギーを持つ保守党が政権を握っている。もっとも、民族主義の内容は国内政治向けの意味合いが強いと見られており、武力衝突を心配する声はまったくない。市内では、自動車につけられた国の形を表すステッカーを見ると、現在の領土ではなく、「大ハンガリー」を示すものも散見されたが、これも人々のノスタルジーや民族としての誇りを表しているのだろう。

ハンガリーはウクライナとも国境を接しているので、ロシア侵攻の影響を尋ねてみた。するとロシアが2014年にクリミア半島を占拠して以来、ウクライナは自国語優先を打ち出し、国内に残るハンガリー系少数民族のハンガリー語教育も制限したので、近年はウクライナとの関係が冷却化していたと意外な答えが返ってきた。しかし2022年のロシア侵攻が始まると避難民が国境に押し寄せたので、彼らを支援して、通関を円滑化するのが現在の課題だと説明が続いた。兵役に就く夫を残したウクライナの女性が、大型の車に積めるだけの家財と家族を載せて避難して来る、彼らの大半はハンガリーを経由して他国に向かうとのことだった。2009年に初めてハンガリーを訪問した際には、ウクライナ国境にも案内され、入ってくるトラックに隠匿された煙草の取締まり現場を見せてもらった。税金の違いによる価格差を利用して、トラックの車体に隠された大量の煙草パッケージをウクライナからハンガリーに持ち込んで利ザヤを稼ぐ密輸商売だった。国境の状況は戦争の勃発で多少変わっているのかもしれない。

ハンガリーは農産品の輸出国で、パプリカやガチョウから作られるフォワグラ生産国としても知られる。また甘口のデザートワインの産地トカイが有名だ。２００９年にブダペストからウクライナ国境に案内された際、近くのトカイワイン醸造場に案内されたのを思い出した。醸造場の所有が地方の名家の証だとして、地区税関長が自宅の醸造場に案内してくれた。日本の造り酒屋が持つ誇りに通じるものがあるなと感じた。ハンガリーは観光だけではなく、産業や流通施設の誘致にも熱心だ。最近では、中国物資の流通基地としての機能を果たすことに熱心だった。少し前に遡ると、市場経済の導入に伴い、スズキ自動車が１９９１年に現地法人を作って進出し、ハンガリー北部の古都エステルゴムに生産工場を建設した。当初は旧東側諸国への安価な自動車供給が目的だったが、次第に西欧も含む全欧州向けの生産が行われるようになった。かつてハンガリー税関の勧めで、ブダペストからドナウ川沿いに北上してエステルゴムのスズキの自動車生産工場を訪問したことがある。日本人幹部社員にお話を伺ったが、ハンガリーの人材は優秀なので、生産性向上を手伝っていてもやりがいがあるとのことだった。しかも工場はスロバキアとの国境近くにあり、ハンガリー系スロバキア人も雇用できるので、メリットが大きいとのお話だった。日本がハンガリーの経済発展に寄与している姿を目の当たりにして、感動を覚えた。

ハンガリーがホストしてくれたマネロン会合　左よりエグモント・グループ（各国FIUの集まり）事務局長、筆者、エグモントーグループ議長（南アフリカ）、ハンガリー関税局長

スロバキアの首都ブラチスラバの賑わい

（『貿易と関税』2017年4月号収録）

EU閣僚理事会は半年ごとに持ち回りで加盟国が議長を務めるが、2016年後半はスロバキアに順番が当たり、11月にスロバキアで開催されたEU関税局長向けセミナー「AEO（認定事業者）の将来」に招かれた。1989年に共産党政権が解体されたチェコスロバキアは、1993年に連邦制を解消し、北部のチェコと南部のスロバキアが分離独立した。同じスラブ民族出身ながら、歴史的に工業化が進んだチェコに比べ、長らくハンガリー王国の下にあってスロバキアは農業の比重が高く、よりスラブ的な色彩を残していて、それが国名の起源だ。その後改革路線に踏み切って計画経済から市場経済への移行を進め、外資導入による自動車を中心とする産業育成も加速化して、2004年にチェコと同時にEU加盟を果たしている。

スロバキアの首都ブラチスラバはオーストリアの首都ウィーンから60キロの近さなので、訪問客はウィーン空港から入ることが多い。11月末の日曜日にスロバキア税関が待ち合わせ場所のウィーンのホテルに迎えに来てくれた。そこから車でドナウ川沿いに東へと進むとスロバキアとの国境に到着し、川に面した丘の上に建つブラチスラバ城が美しい姿を見せていた。お城の隣の高台には国民議会議事堂が建っており、そこの付属レストランに案内されると、週末なので地元の家族連れが多く来ていた。ドナウ川を見下ろし、対岸にオーストリアの村が見渡せる絶景だ。料理も隣接するオーストリアやハンガリーと影響し合っているようだった。夕方は旧市街の中心部のクリスマス市に案内さ

スロバキアで開催されたEUハイレベルセミナーにて。筆者の右がEU租税関税局長、スロバキア財務副大臣

れた。地元客で賑わうマーケットは周囲の建物が美しくライトアップされて、おとぎ話の世界のようで、夜店を楽しむ人々で賑わっていた。

毎年11月第4週から開催されるクリスマス市（旧市街中央広場)の様子。
（出典：在スロバキア日本国大使館ホームページ http://www.sk.emb-japan.go.jp/jp/christmas_market.html))

翌月曜日はスロバキアの立法府や行政府の幹部との面会を終了した後に、市街を一望のもとに見下ろす丘の上にあるロシアの戦没者慰霊碑に案内された。スロバキアは第２次世界大戦中はドイツに占領されていたが、戦争末期にソ連軍が多大な犠牲を払って解放した歴史があり、戦没者慰霊碑の周囲を命を落とした若いソ連兵の墓標が数限りなく取り囲んでいた。ロシアの政治家が訪問すると、自国民の犠牲とそれへの感謝を忘れないスロバキアへの思いで、感涙にむせぶ例もあるそうだ。ロシアとの間にはウクライナが横たわっているが、スロバキアには親ロシア的な感情が残っており、多くの識者はロシア勢力圏の黒海方面に西側軍事力が進出するのはやり過ぎだと言い切っていた。ロシアとの付き合いの中から生まれた現実的な思考なのだろうか。２０２３年10月の総選挙で成立した政権がウクライナへの軍事支援の継続に難色を示したのもそうした思考を反映しているのだろう。ちなみにスロバキアは離れた土地に戦没ドイツ兵の墓地も設けたので、ドイツからも感謝されているとのことだった。

翌火曜日にＡＥＯセミナー開会式で講演したが、域外から日米の税関も講師として参加していた。ホスト役の歳入庁長官がセミナー開催を国内向けに広報したいと要望したので、出席していた財務副大臣、欧州委員会の租税関税総局長、それに私も加わって、急遽ＴＶ生中継の記者会見が開催された。欧州委員会総局長は対外的な広報は欧州委員会の役割なので、自分がＴＶで記者会見をするのは初体験だと言っていたのは意外だった。

ラトビアの首都リガの街並み

(『貿易と関税』2018年3月号収録)

ラトビアの首都リガに初めて出張したのは2008年11月で、ラトビア歳入庁の15周年記念行事だった。大統領も出席しての式典で、1991年のソ連からの独立直後に歳入徴収の制度確立が果たした役割の大きさを感じた。大統領とは当時のリーマンショックを引き金とした金融危機の影響が貿易の保護主義に繋がるかどうかを議論した。式典には同時期に独立したバルト3国の仲間、エストニア、リトアニアの関税局長も列席していた。3国揃って2004年にEU及びNATOに加盟した仲でもある。加えて、スウェーデンの関税局長も招待されていた。17世紀のスウェーデン統治下では大幅な自治権が認められていたため、当地ではスウェーデンには好意的な見方が多いとされる。

リガはバルト海の東端の港であり、古代から重要な交易路だった。12世紀からドイツ人が商業、布教、兵士の形で入植し、大地主や都市民として支配的な階級になった。また北ドイツを中心とするハンザ同盟の一員としてロシアとの貿易の拠点だった。18世紀にリガはロシア帝国領となったが、引き続きドイツ系住民が実権を握る一方で、19世紀にはラトビア人の民族意識が覚醒した。19世紀後半から20世紀初頭にかけて経済的に繁栄して、建築ラッシュが起きた。それまでのドイツ風旧市街の外側に、当時流行していたアール・ヌーボー様式の建築が、欧州一の集積といわれる規模で進められ、観光客を惹きつけている。

5年後の2013年10月には20周年記念式典に招待された。この時は郊外の伝統的な民家博物館に案内され、16世紀に農民たちのルーテ

ラトビア歳入庁20周年記念式典。財務大臣と会談

ル派教会を中心とした質実な生活の展示を見学した。日没後はやはり寒かったので、地元特産の薬用酒ブラック・バルサムをコーヒーに入れて啜った思い出がある。

昨年8月末にリガを再訪する機会に恵まれた。季節が良かったので、美しい街並みをじっくりと見ることができた。旧市街はダウガヴァ川沿いに開け、そこから引かれた運河で取り囲まれており、観光船で一周できるようになっていた。郊外に出ると、森が広がり、林業や製材がこの国の主要産業であることを示していた。

ラトビアはロシア革命後の１９１８年に独立したが、１９３９年に独ソ不可侵条約が結ばれ、秘密議定書でソ連のバルト諸国併合が認められると、大半のドイツ系住民はドイツ占領下のポーランドに強制的に移住させられてしまった。ラトビアは１９４０年にはソ連に占領されたが、翌41年には独ソ不可侵条約を破って侵攻したナチス・ドイツに占領され、多くのユダヤ系住民が犠牲になった。

ロシアとの関係も複雑だ。１９４４年にはソ連軍がナチス・ドイツからラトビアを奪い返し、そのままソ連邦に編入した。従って１９４０年から１９９１年まではソ連の占領期間と位置付けられている。ソ連時代は抵抗するラトビア人はシベリア送りとなり、経済社会のソビエト化やロシア語の公用語化が進められた。１９９１年の独立の際、ラトビア語が公用語とされ、帰化しなかったロシア移民には国籍を与えず、無国籍となったロシア系住民との融和が進まない問題が発生した。２０２２年のウクライナ戦争でバルト3国では再びロシアの脅威が語られるようになった。美しいリガの街だが、その将来について国際的な関心は高い。

ソ連と対峙したラトビア独立戦争（1918−20年）で犠牲になった兵士に捧げられた「自由の記念碑」。ラトビア独立の象徴として1935年に完成。1940年のソ連への併合以降、ソ連は解体を検討したが、住民の反発を恐れて強行しなかった。1990年の独立以降は各種公式行事に使われている。

地中海中心部の島国 マルタ

（『貿易と関税』2019年7月号収録）

マルタはシチリア島の南に浮かぶ小さな列島からなる人口40万人強のこぢんまりした国家だ。地中海のほぼ真ん中、海上交通の要衝にあるので、歴史的に見ても興味深い国だ。またブロック・チェーンを始めとするテクノロジーの活用でも知られていたので、その税関への応用を探るために2019年2月に首都バレッタを訪問した。

マルタにはその時代の地中海制圧を目指す勢力が次々と支配者として登場した。古代には、最初に航海術を確立したフェニキア（現在のレバノン）やその後継のカルタゴ（現在のチュニジア）、ローマと支配者が変遷した。中世に入ると、イスラム化したチュニジアの王朝が近海の制海権を握り、9世紀にはシチリア島及びマルタ島をアラブ人の支配下に納めた。11世紀末にはノルマン人が地中海にも進出して、キリスト教徒によるシチリア王国を築いた。もっとも、マルタでの統治は緩く、かなりの期間、アラブ人が多数居住していたこともあり、現代マルタ語はシチリア方言の影響を受けたアラビア語系といわれている。1530年には、地中海の制海権を握っていたオスマン帝国への防御に備えるため、神聖ローマ皇帝カール5世がマルタを聖ヨハネ騎士団（通称マルタ騎士団）に永久租借の形で与えた。

首都バレッタは聖ヨハネ騎士団によって、都市計画に沿って建設された石造りの要塞都市だ。オスマン帝国の攻撃に耐えたので、欧州各国の君主から領土の寄進を受け、各地の領土から得られる潤沢な資産を使って、格子状に設計された街区にバロック様式の建築が並んでいた。そうした建物の一角に財務省があり、財務大臣に面会した。彼は街の中心の小高いカスティリャ（スペイン）広場にある証券取引所を案内してくださったので、最新のテクノロジーを使って他の市場と連携している様子を目のあたりにすることができた。証券取引所が入っている建物は古い教会を改装したもので、歴史的な高い天井とハイテクの新旧の対象が面白い。同じ広場にある聖ヨハネ騎士団のカスティリャ騎士館は今では首相官邸として使われている。ムスカット首相はブロックチェーンの話に加えて、「ＷＣＯは島嶼国経済について税関面から検討を進めていると聞いた、それならばこの人に聞いたらよい」とネットワークを提供して下さった。

オスマン帝国に対しては頑強に抵抗した聖ヨハネ騎士団だったが、1798年のナポレオンの侵攻には持ち堪えられず、マルタ島から退去する結果となった。英国海軍のネルソン提督はマルタ島へ英国艦隊を送り、2年かけてバレッタに籠城するフランス守備軍を降伏させた。ナポレオンについて地元での評判を聞くと、フランス軍は教会を略奪し、財宝を自国に持ち帰ったとして今でも悪評だった。他方、英国は第2次世界大戦中マルタを英国海軍の拠点として、ドイツとイタリア枢軸に対峙した。その勇気に対して英国王室からジョージ十字勲章を贈られ、1964年の英国からの独立後もマルタの国旗に取り入れられている。その結果、マルタ語とともに英語が公用語であり、観光に加え、語学学校を売り物にしている。

マルタ首相官邸にて　左からマルタ財務大臣、首相、筆者、関税局長

カスティリャ広場の近くに小高い城壁と砲台があり、見下ろすと港の脇に1776年竣工の税関があった。関税局長は誇らしげに建築以来当初の目的通り使われている数少ない歴史的建造物だと説明してくれた。関税局長の部屋からは港が見渡せ、バルコニーに出ると、眼下の岸壁の沖に浮かぶ小舟の船頭が手を振ってくれた。かつてナポレオン、ネルソンといった多くの歴史的な人物が上陸した岸壁は早春の陽光の中で気怠い雰囲気を漂わせていた。

現在のマルタ税関は活動の中心を税関本部のあるバレッタの歴史的な港から、島の南部にあるフリーポート港に移している。1979年に英国軍が撤退した後に、海軍基地を地中海有数の貿易港として整備したものだ。マルタはアフリカ、欧州、中近東を結ぶ位置にあるので、貿易取扱量は地中海でも有数だが、ほとんどは貨物の積替えのオペレーションだ。現場を視察すると、税関職員が昨年導入した新鋭Ｘ線スキャナーでコンテナーを開扉することなく内部を検査しているところだった。２０１８年だけで16トン近い大麻と２００キロ超のコカインを税関が検出したが、２０１９年に入っても南米発で中近東行きコンテナーから60キロのコカイン（末端価格13億円超）を発見しており、スキャナーは大活躍だった。税関取締りに近隣国との協力は不可欠だ。地中海の南岸に位置するアフリカ５か国（アルジェリア、リビア、モロッコ、モーリタニア、チュニジア）と北岸に位置する欧州５か国（フランス、イタリア、マルタ、ポルトガル、スペイン）の計10か国で「５プラス５」と呼ばれるフォーラムを作って、治安や移住について対話を続けているが、税関でもこの枠組みを使って密輸取引の情報交換を行い、地中海西部の税関協力の体制を作っている。ちなみに「５プラス５」の情報交換はＷＣＯと各国税関とを繋ぐ情報交換システムを使っており、ＷＣＯがテクノロジー面で地域協力に貢献している様子を実見するのは嬉しかった。

マルタ南部のフリーポート港の税関職員たちと

　バレッタの街に戻って、聖ヨハネ騎士団のヨハネ聖堂を訪ねると、１５７２年建設当時の要塞の名残を残した装飾の少ない外観に比べて、17世紀にバロック様式に装飾し直された内部の壮麗さに圧倒された。案内してくれた公式ガイドの資格も持つ税関職員は、欧州各国から貴族の次男や三男が騎士団に加わったので、彼らの持参金がバロック様式の金色に輝く内装につぎ込まれたのだと説明してくれた。そもそも聖ヨハネ騎士団は11世紀に洗礼者ヨハネに捧げられた病院付き巡礼者守泊施設がエルサレムに再建されたのが前史で、11世紀末以来の十字軍遠征が始まると軍事的色彩を強めた騎士修道会として発展した。その名残で聖堂の中の壁画には戦場で戦士を看護する騎士団の姿が描かれていた。騎士修道会は十字軍によって設立されたキリスト教国家であるエルサレム王国の防衛主力となったが、同王国は1291年にイスラム勢力によって撃滅され、キリスト教勢力及び聖ヨハネ騎士団は中東から追われてしまった。聖ヨハネ騎士団は地中海でイスラム勢力に対抗するとして、当初ロードス島に移りロードス騎士団と呼ばれた。そこがオスマン帝国の攻撃を受けて陥落すると、マルタ島に移り、マルタ騎士団と呼ばれるようになった。騎士団は8言語のグループに分けて組織され、住居も言語別だった。例えばカスティリャ騎士館はカスティリャ王国出身者の住居だった。また聖堂の中の礼拝堂も言語グループ別に8つあり（イングランド及びバイエルン、フランス、プロヴァンス、オーヴェルニュ、イタリア、ドイツ、アラゴン、カスティリャ）、それぞれの守護聖人に捧げられていた。そうしてみるとマルタ騎士団は国際社会だったということになる。聖堂の床は騎士の墓標がはめ込まれ、文化的に貴重な財宝も多く残っており、騎士団の一員としてマルタ島に滞在したカラバッジオの『洗礼者ヨハネの斬首』が最も有名だ。

騎士団はオスマン帝国に対抗する最前線として他のキリスト教国から支援を受けていたが、16世紀に宗教改革が始まると、欧州各地で次第に騎士団領が没収されるようになり、勢力を失い始め、最終的にはナポレオンの侵略でマルタ支配に終止符が打たれてしまった。しかし騎士団は地上から姿を消したわけではない。

マルタから戻って1か月後、ローマでイタリア税関を訪ねると、かつて法王庁の煙草工場だったというテベレ川西岸の古い庁舎に案内された。会議の後、イタリアの関税局長が「こちらの窓外に見えるのはバチカンの建物、あちらのテベレ川の対岸に見える丘はイタリアの治外法権、ほらマルタの旗が見えるでしょ、マルタ騎士団の本部ですよ」と説明してくれた。正式名称は「エルサレム、ロードス及びマルタにおける聖ヨハネ病院独立騎士修道会」だが、名称にあるかつての領土エルサレム、ロードス、マルタは失っている。領土がなくても引き続き本来業務である医療を中心とした活動をしているとのことだった。領土のない独立国（主権実体）というのは私たちにはなかなか分かりにくい存在だが、伝統は強いなと感心した。

キプロスの文化財

（『貿易と関税』２０２０年９月号収録）

地中海の東端に浮かぶ島国キプロスは、地理的にはトルコやシリアから近いので、国連統計上は西アジアに分類されている。それでもギリシャ系住民が多く、ＥＵに加盟しているので、政治的・文化的には欧州とみなされている。２０１９年10月に出張する機会があったが、到着すると税関職員に「ヴィーナス生誕の島へようこそ」と出迎えられ、キプロスのギリシャ文化への強い結びつきを実感させられた。オリエントで信仰されていた美の女神がキプロス経由でギリシャに伝わったのではないかといわれている。ルネッサンスの画家ボッティチェリの有名な『ヴィーナスの誕生』の絵では、ヴィーナスが海から誕生して貝殻の上に立っており、西風の神によって岸辺に吹き寄せられる場面が描かれているが、背景の地形はキプロスに実在している海岸線に似ているという話もある。

そもそも今回の出張は文化財保護に関するニコシア条約の批准を促進する会議に招待されたものだ。ニコシア条約とは、ＥＵ加盟国やロシアを含む欧州47か国が加盟している欧州評議会が２０１７年３月に採択した文化財の破壊や密輸を刑事罰化する条約で、同年５月にキプロスの首都ニコシアで署名されたので、ニコシア条約と呼ばれている。文化財の密輸阻止のためには刑事罰の対象とするのが有効なので、ＷＣＯとしても支持できるのだが、批准国はキプロスと域外オブザーバーのメキシコに留まっていた。文化財保護は収集する美術館や美術業界の利害とも絡んで、

キプロスの文化財保護の国際会議にて講演。左端はキプロス外務大臣。

一筋縄ではいかない。実際に会議ではキプロスの外務大臣と一緒に基調講演を行った後の休憩時間に美術業界関係者と話す機会があったが、彼らも同業者には怪しげな取引に手を染める者もいると打ち明けてくれた。

会議の始まる前に財務省に関税局を訪ねて懇談し、その後キプロス考古学博物館に案内された。古代オリエント、エジプト、ギリシャの貿易中継地だったこともあり、遺跡から発掘される文化財には事欠かなかった。したがって盗掘と文化財の海外への流出も早くから問題視されていたようで、博物館の設立は1882年だが、当時の考古学ブームで海外に持ち出されることが多かった文化財を島内で保存するのが設立の大きな理由だった。博物館では最近になって海外から返還された文化財の調査や修復を行っている非公開の部門も見せてもらった。

キプロスは16世紀から19世紀まで300年間オスマン帝国の領土となり、その間にトルコ系住民が増えた。ギリシャ系が住民の8割、トルコ系が2割という区分けになった。オスマン帝国時代にはトルコ系が支配層だったが、実際の統治は言葉の問題もあり、ドラゴマン（通訳の意味）と呼ばれるギリシャ語、トルコ語に通じたギリシャ系の行政官が行政や徴税を受け持った。そのためドラゴマンは富と権力を集め、ニコシアにもキプロスのドラゴマンの豪壮な屋敷が史跡として保存されていた。ちなみにオスマン帝国の外交関係も帝都コンスタンティノープルにいるギリシャ系のドラゴマンが見ていた。これはオスマン帝国の支配階級であるイスラム教徒が非イスラム教徒の言葉を習うのを嫌ったためといわれている。

英国は19世紀後半に開通したインドへの通路であるスエズ運河を防衛するために、オスマン帝国からキプロスを租借し、1914年には正式に併合した。しかしながら第2次世界大戦後にはギリシャへの併合を求める住民とトルコへの併合を求める住民との対立に手を焼き、英国は1960年にギリシャ系、トルコ系双方の住民から構成される複合民族国家としてのキプロス共和国の独立を認めた。しかし両民族の共存は長続きせず、トルコ系はやがて政府から離脱した。その後、ギリシャ併合派と反対派との間の対立は先鋭化して武力闘争になり、国連平和維持軍が「キプロス紛争」に介入する結果となった。さらに1974年にはギリシャ併合推進派によるクーデターが起き、対抗してトルコ系住民保護のためのトルコ軍が出兵して、国土の北部3分の1を占拠し、北キプロス・トルコ共和国（以下北キプロス）の独立を宣言する事態に発展した。もっとも、トルコ以外に北キプロスを承認している国はない。その結果、トルコ系住民は北部に、ギリシャ系住民は南部に脱出し、それまで島内全域に混在していた両民族は、ギリシャ系が圧倒的多数を占めるキプロス共和国とトルコ系が圧倒的多数を占める北キプロスに分割され、今日に至っている。

南北キプロスを分断する境界線はニコシアの真ん中を通っている。1974年に国連が衝突を避けるために設定した緩衝地帯（グリーン・ライン）だ。南北再統合へ向けた話し合いはその後も続けられ、特にキプロス共和国の2004年EU加盟を控えて国連事務総長による調停が行われたが、国連調停案は住民投票の結果、北部では賛成、南部では反対という結果になり、成功しなかった。もっとも、トルコ側の再統合に向けた努力は認められ、トルコのEU加盟正式交渉が同2004年に開始され、外交的にはトルコも得点した形となった。さらにグリーン・ラインによる住民の分離は緩められ、双方の住民や旅行者が自由に往来できるようになった。私もキプロス共和国側の検問所を誰何されることなく通り過ぎ、緩衝地帯内にある国連平和維持軍に使われている旧ホテルまで歩いてみた。その先に北キプロスの旗と検問所が見えた。

キプロスの関税局長の話を聞くと、「自分は北キプロスからの難民で、1974年にトルコが侵攻して来た時は少女だったが、家族と一緒に北キプロスの実家からキプロス共和国側に逃げるのは大変だった」とのことだった。ニコシアには北から逃げてきたギリシャ系住民が多く住んでいるとも聞いたが、南北分断から45年経っても記憶に残っている人々は多く、感情的に再統合は容易ではないかもしれない。

海辺の町ラルナカでは、イスラム教開祖の預言者ムハマンドゆかりの女性ウム・ハラムのモスクと、新約聖書にイエス・キリストの奇跡により死から蘇ったラザロの教会があった。キリスト教でもイスラム教でも、教祖の死後、初期の伝道の地に選ばれたことは、キプロスの中東からの距離的近さと当時のラルナカの貿易港としての繁栄を示しているといえよう。キプロスはキリスト教が初期に広められた土地で、イエス・キリストの死後、使徒パウロがキプロスに宣教したことが新約聖書の使徒行伝に書かれている。キプロス正教会は大主教の下で独立した存在で、政治面でも強い影響力を持ち、キプロス共和国の初代大統領は当時のマカリオス大主教が務めた。

ラルナカに限らず史跡が散在し、しかも温暖な地中海性気候に恵まれたキプロスでは観光が盛んで、海岸沿いにマリーナが建設され、しかも冬にはスキーも可能な山岳地帯もある。そのため関係が良好なロシアを始めとするEU域外の富裕な外国人が移住してきていた。また最近では近海に天然ガスの鉱脈が発見され、島内への投資が盛んで、経済的にはいちだんの成長が望める見通しだ。

ラルナカ空港に到着すると、裕福そうな旅行客で混雑していた。空港の税関長としばし雑談をしていると、自分は自宅のあるニコシアから空港まで毎朝通勤するのは不便なので週日は単身赴任しているとの話だった。初めての単身赴任では自炊が大変でしょうと聞くと、「キプロスは母系社会なので、妻の実家が娘夫婦の居住部分を増築し、妻の母親が料理を始めとする婿の面倒を見る。だから若い時には痩せていた自分はこんなに恰幅が良くなってしまった。たまに自炊も悪くない」と笑いながらの答えだった。それでは娘さんの婿を迎えるためにさらに家を改築するのかと聞くと、そうしたオファーはしているのだが、大学を出た娘は自分に適した仕事を求めて島を出たがっているとため息をついていた。キプロスはヴィーナス生誕には寄与したが、優秀な若い女性を島内に引き留めておくのには苦労しているらしい。

キプロス税関の幹部たちと。中央がキプロス関税局長、筆者

アフリカ

アフリカ大陸は東西に走るサハラ砂漠で大きく2つに分かれる。北部の地中海沿岸及び後背地は、アラブ勢力の侵攻により7世紀以来アラビア語圏となった。南部はサハラ以南を意味するサブサハラの多言語圏であり、2千前後の母語集団があるといわれる。大航海時代以降に欧州諸国が植民地化し、英語、フランス語、ポルトガル語といった植民勢力の言語が共通語となる領域に分かれた。独立後も小規模農業中心の経済で、豊富な資源を輸出し、加工品を輸入する経済構造だったので、周辺国と経済的に統合して生産及び消費の市場規模を拡大することが目標となった。そのため東部アフリカのような地域ごとの市場統合の動きが進み、近年はアフリカ大陸54か国全体を自由貿易圏にする構想が進展している。モノの流通を域内で促進するためには税関近代化が不可欠とされている。

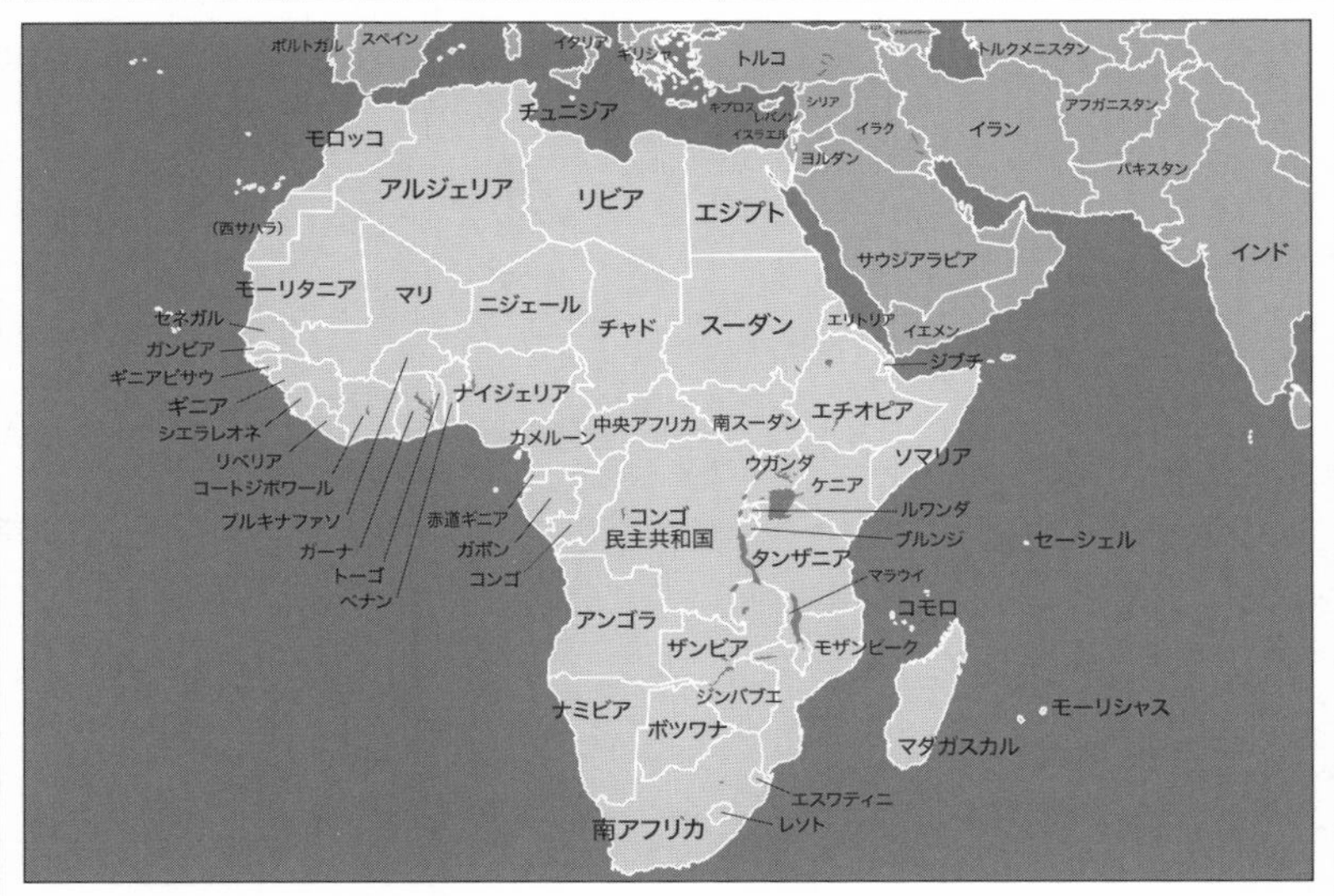

衛星
ドローン
テロリスト監視
安全確保
内陸物流円滑化
関税収入でインフラ整備
Stop!
ワシントン条約・自然保護
アフリカの発展に貢献!
Good Job!!

＜アフリカ＞

東アフリカ

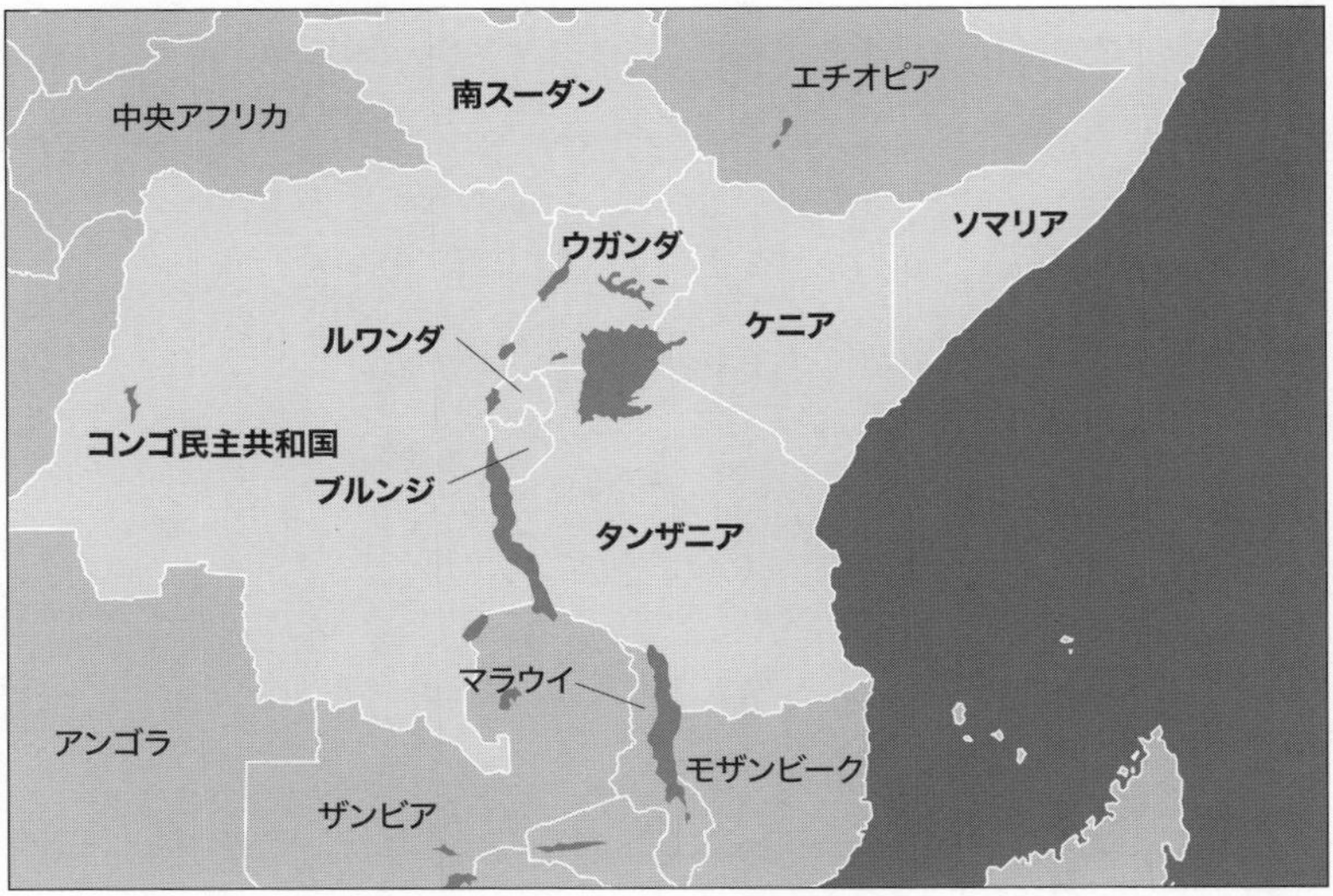
中央アフリカ
南スーダン
エチオピア
ソマリア
ウガンダ
ケニア
ルワンダ
コンゴ民主共和国
ブルンジ
タンザニア
マラウイ
アンゴラ
モザンビーク
ザンビア

タンザニアの新首都

（『貿易と関税』2021年1月号収録）

タンザニアはインド洋に面する東アフリカ最大の国であり、日本の2・5倍の国土に6400万人が住んでいる。アフリカ最高峰のキリマンジャロ山（標高5895メートル）で有名だ。国土の西側国境沿いに大きな湖が点在する。アフリカ最大のヴィクトリア湖、アフリカ最深のタンガニーカ湖、それにマラウイ湖とアフリカ3大湖がそれぞれ北部、西部そして南部の国境となり、そこから東のインド洋に向かって高原が広がっている。沿岸部は蒸し暑いが、国土の大半は高原のサバンナ地帯で過ごしやすい気候だ。

キリマンジャロ山の近くにあるアルーシャは、内陸部の大都市で、標高1400メートルなので過ごしやすく、東アフリカの地域統合機関である東アフリカ共同体の本部があり、数多くの国際会議が開催されてきた。WCOが汚職撲滅のために必要な政策を表明した「アルーシャ宣言」は1993年にここで開催されたWCO総会で採択されたが、税関の世界ではアルーシャといえば、汚職防止と同義語だ。また近くにはアフリカ有数の自然保護地区であるセレンゲッティ国立公園があり、長野県より大きな面積の公園の中で数百万頭の動物が自然のまま生息している。キリマンジャロや自然公園は外国からの訪問客を惹きつけ、観光業は農業と並ぶ重要な産業だ。

私が初めてアルーシャを訪問したのは2005年11月のアフリカ連合の貿易大臣会合に招待された時だった。アフリカ連合は2002年に地域統合強化のために改組され、関係する国際機関との連携強化を図っていた時期だ。会議の合間にセレンゲッティ公園に案内されたが、その機会にリラックスした

タンザニア大統領と会談

アフリカ各国の貿易大臣やアフリカ連合幹部といろいろ話すことができた。それが、後のアフリカ連合事務局とWCOの間での協力のための覚書締結(2010年)にまで繋がったように思う。またアルーシャ滞在中に東アフリカ共同体事務局も訪問し、こちらも後にWCOとの覚書(2007年)に繋がった。実りの多い出張だった。

国境を接し、ともに英国植民地だったケニア、タンザニア、ウガンダの3か国では、域内の物品は原則自由流通だった。しかしながら、1960年代の独立以来、タンザニアは農村を中心とする社会主義を推進、外交的には長らく親中国だったのに対し、隣国のケニアは資本主義でかつ親欧米と、両国の経済・外交路線は大きく違っていた。そのため独立後は3か国の国境で物流が分断されたが、次第に経済統合の機運が高まり、2000年にようやく東アフリカ共同体がスタートした。2005年に3か国の域内関税の段階的廃止や対外共通関税の導入が始まり、関税同盟へと進化した。その後はEUの統合をモデルとした経済統合を進めており、大きな市場を形成できるとして、周辺国を惹きつけた。2007年にはルワンダとブルンジが加わり、最近では南スーダン、コンゴ民主共和国、ソマリアが新規加盟した。加盟8か国合計で日本の15倍の面積に2・5倍の3億人を超える人口を抱えることになり、統合が完成すれば巨大な市場が出現する。現在進行中の全アフリカ55か国を対象とするアフリカ大陸自由貿易圏(AfCFTA)のプロジェクトは東アフリカ共同体の動きが影響した。

地域統合の動きはアフリカの将来に希望を抱かせるが、他方で、国民国家としての統合に問題を抱える国も多い。選挙のたびに部族ごとに武力衝突をみせる周辺国が多い中で、タンザニアでは部族対立の話はあまり聞かない。これは独立当初に社会主義の施策を推進して社会統合を進め、長らく一党独裁制で伝統的な部族勢力が抑え込まれたことが背景にある。80年代半ばに社会主義から自由経済に移行し、90年代に複数政党制に移行したが、与党が引き続き圧倒的な勢力を維持している。さらに東アフリカ沿岸部で交易用語として使われていたスワヒリ語が国語とされて、初等教育を中心に国民統合の言葉として使われたことが国内安定に寄与したといわれている。タンザニアはともに英国植民地だった大陸部のタンガニーカ(1961年独立)と島嶼部のザンジバル(1963年独立)が1964年に連邦として合体して成立した国だ。タンガニーカは東アフリカに拡がるバンツー系の部族から成る。他方、ザンジバルにはアラビア半島から到来したアラブ系貿易商と彼等との交易の結果イスラム化したバンツー系の子孫が住んでおり、このバンツー系言語とアラブ語が混じった言葉がスワヒリ語の標準語とされた。そのため、ザンジバルが合流したタンザニアではスワヒリ語の使用が奨励された。

2017年に再訪した際に、タンザニア税関の幹部に聞いたが、部族ごとに100以上のバンツー系言語があったが、スワヒリ語が公式に共通語として、特に学校教育で使われるようになってから、もともとの部族語の使用は下降気味だそうだ。スワヒリ語は東アフリカ地域の共通言語として慫慂されているが、「スワヒリ語はザンジバルで生まれ、タンザニアで育ち、ケニアで病気になり、ウガンダで死に、コンゴで埋葬された」との格言が示すように、タンザニアのように国民国家の建設のためにスワヒリ語を広く使った国はまだ例外ということだろう。多言語国家は多くの人口や多様な文化の豊かさといった利点はあるが、部族や地域間の分断につながりかねず、統合が試練にさらされやすい。他方、多民族国家で一つの言語を国内に押し付ければ、少数民族の弾圧につながりかねない。タンザニアの場合には支配的な部族がいなかったという点でも幸運な例かもしれない。

タンザニアの主要港は旧首都のダルエスサラームで、ケニアのモンバサと並んで、東アフリカの玄関口だ。日本からの技術支援受入れに熱心で、2020年2月に訪問した時の歳入庁長官はJICAのプログラムで日本に留学して、「改善」の研究で博士号を取った若手テクノクラートだった。日本のアフリカ支援の強みは人

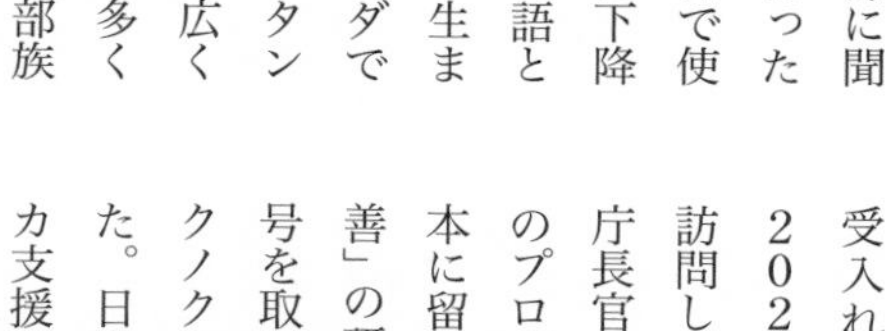

ムヘデ歳入庁長官(左から2人目)の案内を受けてダルエスサラームの港湾施設を視察する様子

材育成にある。WCOはJICAと協力して、マスター・トレーナー・プログラムを通じて、税関技術を伝授できるトレーナーを育成している。プログラムを無事終了したトレーナーは国内のみならず、周辺国税関でも税関職員の指導に当たる仕組みだ。元々は東アフリカの各国税関を対象として、東アフリカ共同体も巻き込んで実施していたが、評判が良いので、他のアフリカ地域や太平洋島嶼国にもプロジェクトの対象を広げることができた。

タンザニアの首都は港のあるダルエスサラームから西に500キロ弱、ほぼ国土の中央内陸部のドドマに移転された。ドドマはザンビア、コンゴ民主共和国、ブルンジ、ルワンダといった内陸国とダルエスサラーム港を結ぶ幹線道路上の重要な分岐点にある。首都移転は1970年代には決まっていたが、実施には時間がかかり、1994年に議会がドドマに移った後も、行政府は長らくダルエスサラームに残っていた。ようやく2019年10月に大統領は他の閣僚たちと新設の行政地区に引っ越していった。ダルエスサラームから空路でドドマに入ったが、小さな町でまだまだインフラ整備の途上という感じだった。各省が行政地区に大きな土地を与えられて整備を進めており、まず産業貿易省に向かったが、着いてみるとドドマ郊外の無人の原野に新築の庁舎がポツンと一つ建っていた。建物の周りの道路の舗装もこれからで、それだけ公共事業の需要があるともいえる。若い産業貿易大臣と貿易円滑化の進め方について議論したが、税関改革をタンザニア産品の輸出振興につなげたいとの意向がよく分かった。

次に訪れた財務省で面会した財務大臣は、大学で教えたり世銀に勤務したこともあるエコノミストだった。税関のことにも詳しいので感心すると、自分の博士論文は税関の低価申告だったとの答えだった。「今日の会談は楽しみにしていた、若い財務省職員にも聞かせようと思って彼らも参加させている」とのお話で、大臣の背後に若い職員がたくさん控えている理由が分かった。税関の経済発展への貢献から人材育成まで多岐にわたって話が弾んだ。大臣と私の会話に真剣に耳を傾ける若手職員たちが将来のタンザニアの姿に見えて、頼もしく感じた。

東アフリカの玄関 ケニア

（『貿易と関税』２０１７年8月号収録）

ケニアは近隣国と一緒に東アフリカ共同体を設立して地域統合を進めている。その基礎は域内の関税を撤廃して貿易の自由化を図る関税同盟なので、税関の役割は大きい。共同体を構成する多くの国は内陸国なので、ケニア南部の港湾モンバサが陸揚げに使われることが多い。同港は水深が深く、東アフリカ最大の規模であり、日本の支援で港湾や周辺道路の整備が進んでいる。ここで陸揚げされた貨物は首都ナイロビ、さらには内陸国ウガンダ、ルワンダまで鉄道やトラックで運ばれている。２００２年にモンバサで開催された東南アフリカ地域の関税局長会議に出席した折、港湾見学に出かけたところ、ルワンダ税関の歳入庁長官もついて来た。彼女がルワンダの通関はここから始まる、モンバサ港が効率的かどうかはルワンダ経済に大きく響くと言っていたのが心に残った。当時は東アフリカ共同体が設立されてまだ日が浅く、２００５年の関税同盟発足に向けて、税関手続きの効率化が課題だった。

モンバサの歴史は古く、すでに9世紀にはアラビア商人が香料、金、象牙の輸出のために開発した港として、遠く中国まで繋ぐインド洋貿易の重要な拠点だった。16世紀の大航海時代にはポルトガルが築いた砦が今日も残っており、付設の博物館では当時の交易品が展示されていた。中には沖合に沈没した船から発掘された日本の陶器もあった。ポルトガル支配は１００年ほど続いたが、17世紀末にアラビア半島から進出したオマーンが砦を奪って、アラビア人支配を復活した。彼らは今ではタンザニアの一部となっているザンジバルに宮廷を置いて、東アフリカの沿岸部一帯を長らく支配した。そのため東アフリカ沿岸部にはイスラム教徒が多い。ケニアの人口の8割以上はキリスト教徒だが、モンバサでは人口の半分以上がイスラム教徒だ。高原にある主都ナイロビに比べて蒸し暑く、人種構成の違いも明らかだった。19世紀には英国が同地に進出し、モンバサが英国領ケニアの首都として植民地支配の中心となったが、１９０６年に首都は内陸部の高地ナイロビに移転し、１９６３年には独立したケニアの首都となった。

ケニア税関の改善のためには、モンバサ港の貨物の通関所要時間調査が必要と考え、2004年にナイロビに出張した際、財務大臣と歳入庁長官に調査の実施を働きかけた。翌年実施された調査結果はケニア税関改革に加えて港湾機能改革の重要性も示すものとなった。内陸国にとっても重要なので、2011年にはモンバサ港からウガンダ、ルワンダへの貨物の移動に要する時間の調査を行い、貿易円滑化の動きを輸入港の点から貿易回廊沿いの線へと広げる作業を行った。通関所要時間調査ではWCOもお手伝いして、経済統合の基礎作りに貢献できたのは嬉しかった（次頁「ウガンダと貿易円滑化」参照）。また、WTO閣僚会合が2015年にナイロビで開催された時には、ケニア歳入庁はWCOの貿易円滑化に関するサイドイベントを共催してくれた。各国の交渉官たちも参加してくれ、税関の貿易円滑化への貢献を十分に示すことができた。

ケニア政府は貿易を通じた開発に熱心で、2016年8月に日本が主導するアフリカ開発会議(TICAD)が初めて国外で開かれた時にナイロビが開催地となった。そもそもケニアと日本の縁は深く、例えばナイロビの空港にある保冷倉庫には深夜に多くの切り花が農家から運送され、欧州経由で日本にも空輸されている。もちろん国内で走る車は他のアフリカ諸国と同様、耐久力に優れる日本製が多い。TICADには安倍総理とともに数多くの日本企業のトップが参加し、アフリカ企業とパートナーになる姿勢を示していた。私も他の国際機関のトップと一緒に参加したが、空港で日の丸をつけた2機の政府専用機を見た時には、はるばる日本から来られた日本企業のアフリカ進出に声援を送りたくなった。

ケニア税関職員と懇談

ウガンダと貿易円滑化

（『貿易と関税』2018年10月号収録）

ウガンダは東アフリカの内陸国なので、多くの貨物は東隣のケニアの海港モンバサから入ってくる。ウガンダ国内で消費されるものもあれば、さらに北隣の南スーダンや南隣のルワンダに運搬される貨物もある。また西隣のコンゴ民主共和国で鉱物資源が豊かな東部は、同国西部の首都から遠いので、輸出入にやはりウガンダを通過する運送回廊を使うことが多い。こうした内陸国への貨物の通過運送の簡素化を通じた地域統合によって、大きな市場を作ることができる。そのため東アフリカ共同体の加盟国は２０００年の原加盟３か国（ケニア、タンザニア、ウガンダ）から２０２３年末には８か国に増加している。

東アフリカ共同体では、モンバサ港に入る共同体向けの貨物についてケニアが一括して関税を徴収し、最終目的地に応じて共同体内の各国に配分するシステムだった。この制度では配分の事務手続きが煩瑣で、各国への配分が遅れがちとの批判もあった。近年になってこの状況を改善するために、ＷＣＯが支援した通関時間調査の結果も活用して、各国がモンバサ港に税関出張所を設けて、それぞれがモンバサ港で自国向け貨物について関税を徴収するシステムが導入され、徐々に対象品目が拡大されてきた。いわば共同体が単一の税関地域として機能する制度だ。

この仕組みでは貨物の追跡が重要になる。税率等の違いが悪用されて、貨物が自国内に滞留したり、他国へ横流しされたりするからだ。２０１７年３月、コンテナを載せたトラック運送を衛星を使って追跡するシステムが完成した。同年５月

衛星によるコンテナ追跡システムを見学する様子。貨物監視業務の効率化に大きく貢献しており、税関職員は誇らしげだった。（写真：ウガンダ歳入庁による提供）

の東南アフリカ地域の関税局長会合がウガンダの首都カンパラで開催された時に見学した。コントロール室で画面に表示された地図の上をコンテナを積載したトラックが移動していく様子がリアルタイムで表示されていた。トラックが異様に長く停車したり、予定ルートから外れている場合には、税関職員を現場に急行させて確認するとのことだった。これで国内に貨物トラックの運行をチェックする関所を設けたり、税関職員が貨物トラックをエスコートする必要もなくなった。税関職員の誇らしげな表情が忘れられない。地域会合はビクトリア湖畔で開催されたが、湖といってもケニア、タンザニアと国境を接する広大な国際湖であり、密輸監視のためにＪＩＣＡ支援で税関監視艇が供与され、税関職員が喜んでいた。

　このような税関手続きの近代化を図る上で、民間事業者の協力は欠かせない。２００４年に初めてカンパラに出張した時には、税関幹部は帳簿のない事業者が多いと嘆いていたが、その後、ウガンダは認定事業者制度（ＡＥＯ）制度の導入に意欲的に取り組んできた。そこで２０１８年３月にはＷＣＯのＡＥＯグローバル・コンファランスをホストしてもらった。95か国から１１００人のビジネス及び税関からの参加者が集まり、ウガンダの高原ゆえの過ごしやすい気候、開放政策、明るい人柄、英語の広がりといったビジネス環境に良い印象を抱いたとの感想が多かった。開会式ではムセベニ大統領が出席され、ここアフリカは人類の発祥の地であり、皆さんは我が国のディアスポラだと挨拶して会場を沸かせた。

　東アフリカ共同体では各国の大統領レベル及び関税局長レベルの会合は頻繁との説明だった。この共同体がアフリカの中で最もうまく機能しているのは、トップ・リーダーの強い政治意志とこれを支える官僚の密接な協議・協力があることを実感した。

AEOコンフェランスでムセベニ大統領（中央）及び歳入庁幹部と開会式でアフリカのビジネス環境改善の必要性を訴えた。

安定した高原の国 ルワンダ

(『貿易と関税』2021年5月号収録)

アフリカの高原にあって、東部と中部を結ぶ交通の要衝にあるルワンダは、日本の面積の7%しかない小国で、地図で探すのが大変なくらいだ。しかしながら人口は1千万人以上あり、人口密度はアフリカの中で最も高い。平均標高が1500メートル以上あるので過ごしやすく、地味豊かな土地なので、人々が密集するのかもしれない。

私がルワンダの首都キガリに出張したのは2010年が最初だが、飛行機から見ると多くの丘があり、「千の丘の国」と呼ばれることを実感した。それぞれの丘が頂上まで耕されており、人々は勤勉に違いないと感心した。当時のルワンダはカガメ大統領が2000年に就任して以来、「アフリカのシンガポール」を目指して、ホテル投資などのインフラ整備、IT産業の振興、観光施設の整備を進めていた。さらに、国内政治の安定、治安の良さ、汚職の少なさといった統治面で投資環境の改善を図り、一部では「アフリカの奇跡」と呼ばれる高度成長を実現していた。天然資源頼りのアフリカ諸国が多い中で、天然資源に恵まれないルワンダが人材の有効活用と適切な成長政策で貧困削減を推進した成功例として引用されていた。人口の40%は15歳未満と可能性に満ちた国だ(日本12%)。また地域統合にも積極的に参加しており、2007年にはケニア、タンザニア、ウガンダからなる東アフリカ共同体に参加し、東部と中部アフリカの結節点を目指している。2008年には東アフリカ共同体諸国で一般的に使用さている英語を公用語に加え、翌年からは教育も旧宗主国のベルギーが導入したフランス語から英語に切り替えた。

キガリで歳入庁を訪問すると、随所に汚職撲滅のポスターが掲げられていた。人事ローテーションも不祥事の監察も厳格と聞いた。また女性の社会進出を目標にして、国会議員や閣僚の過半数が女性で占められていた。当時の歳入庁長官は私の来訪にあわせてWCO関係の見直しを行い、改正京都規約への加盟が遅れていることに気づいて善処を約束してくた。翌年には彼女が約束した通り、議会批准を済ませて加盟してくれた。これも同国の投資促進策の一環といえる。街並みは清潔で、当時、アフリカ出身の国際機関のトップと話していたら、「カガメ大統領はゴミが落ちているのに気づくと、車列を止めて自分で拾いに行ったり、路上にゴミを捨てている人にゴミ袋を渡している。このような指導者こそアフリカに必要だ」と手放しの褒めようだった。

もっとも、カガメ大統領には政権安定のために強権政治を行い、国内や国外に展開する反対派を弾圧しているとの批判もある。ご本人は開発独裁との批判には気を留めないとの態度だ。国内のフツ族（人口の85％）とツチ族（同14％）との対立が1994年に政府軍を巻き込んだ虐殺に繋がり、数十万人の犠牲者が出た。カガメ大統領は当時ツチ族の反政府軍司令官として全土を制圧したことから、国内の和解及び統合を最優先しているようだった。

2018年キガリで開催された地域会合の開会式にはルワンダ首相（筆者右隣）が駆けつけてくださった。

２０１８年にルワンダで開催された地域会合に出席した際に、キガリ虐殺記念センターに案内された。他のアフリカ各国税関代表とともに、虐殺の歴史的背景や写真、それに犠牲者の遺品の展示を見せてもらった。私が参加者を代表して追悼の花輪を犠牲者に捧げ、一同で冥福を祈るとともに、部族間対立の多いアフリカの現状について考えさせられた。ルワンダはツチとフツの和解、そして部族間の共存を図るという使命を帯びた国だと痛感させられた。

記念センターの外部には犠牲者の情報が掲示されている（写真の出典：同センター及びルワンダ公式観光Webサイト）

政治安定を図るブルンジ

（『貿易と関税』２０２１年６月号収録）

ブルンジは地理や歴史、民族構成といった点で、隣国のルワンダと似通っているが、ルワンダが１９９４年の内戦終結で国内が安定したのに対して、ブルンジでは内戦が長引き、１９９３年から２００５年までの間に30万人以上の犠牲者を出した。そのため経済発展は遅れ、自給農業を中心とする最貧国の一つとなっている。２０１９年のＩＭＦ統計を見ると、１人当たり名目ＧＤＰは２７０ドルで、１９３か国中最下位となっている。似たような国土面積と人口の隣国ルワンダ（８１６ドル）と比べると、政治状況による開発度の差ははっきりする。ルワンダとともに２００７年に東アフリカ共同体に加盟したが、旧宗主国のベルギーが導入したフランス語や制度がまだ根強く残っていた。現在ブルンジはフツ族の政権であり、ツチ族が治めるルワンダとの関係が国内政治安定にも影響を与えてきた。

２０１９年５月にブルンジの首都ブジュンブラに出張した。標高７７３メートルのタンガニーカ湖の北東端にあり、湖の対岸にはコンゴ民主共和国の山並みが見えた。内陸部にあるブルンジにとっては、湖の水運が主要産品のコーヒーや茶の出荷の主要ルートの一つだ。タンザニアのキゴマ港まで水運があり、そこからインド洋に面したダルエスサラームまで鉄道及び道路が繋いでいる。

到着の翌朝早くに国内西端のブジュンブラから東端のタンザニアとの国境の町コベロまで車で国土を横断した。ブジュンブラの市街地を出ると、直ちに標高１５００メートル以上の丘陵地帯への急な登りになり、国土の地理を実感した。３時間半でコベロの国境

タンガニーカ湖を見下ろすブルンジ歳入庁で税関近代化を議論した。

施設に到着すると、ブルンジ領内だが、タンザニアの税関と入管職員も執務していた。通常は国境手続は出国側と入国側の2か所で別々に行うことになるが、コベロ1か所で両国の手続きを済ますワン・ストップ・ボーダー・ポストの現場だ。

コベロが所在する州の知事に会って話を聞くと、国境設備の改善を基に地元産品であるコーヒーや紅茶の輸出振興を図りたいが、零細農家が多いのでどうしたものかと思案しているとのことだった。他国の協同組合による振興の例を話すと、目を輝かせていた。ブルンジのコーヒーは高原の栽培環境に恵まれ、所得水準が低いので農薬があまり使われておらず、手作りの有機栽培で高品質との評価を受けている。帰途、国土のほぼ中心に位置するギテガの街を前年に決まった新首都と紹介された。アフリカでは都市化による過密対策として首都移転が決まる例がみられる。ブジュンブラは経済面での首都になるとの説明だった。ブジュンブラに戻って、湖沿いにコンゴ民主共和国との国境の町ガツンバを訪問した。税関出張所の近くでは、路上に止められた多くの車で、積み荷を見せながらの商取引が行われていた。これが国境貿易の実態だが、歳入確保は大変だろうなと感じた。

２０２３年11月に再訪すると、ケニア、ウガンダ、ルワンダを繋ぐ衛星を使ったコンテナ追跡システムがブルンジ税関本部にも延長された施設に案内された。東アフリカ共同体を通じた地域統合を視覚化するものだ。ブルンジがコンゴ民主共和国、ルワンダと接する国境を視察したが、路上では家畜の飼料となる干し草を積んだ自転車を多く見かけた。古びたインフラの国境税関では密輸物品ナンバーワンは「わら」との回答だった。近くの川原に温泉が湧いていたが、観光化されておらず、この牧歌的な国は近代化の余地が大きいと思われた。

ブルンジの国境税関を訪問。背後の丘はルワンダ領、そして背景位の山並みはコンゴ民主共和国領。

<アフリカ>

南アフリカ

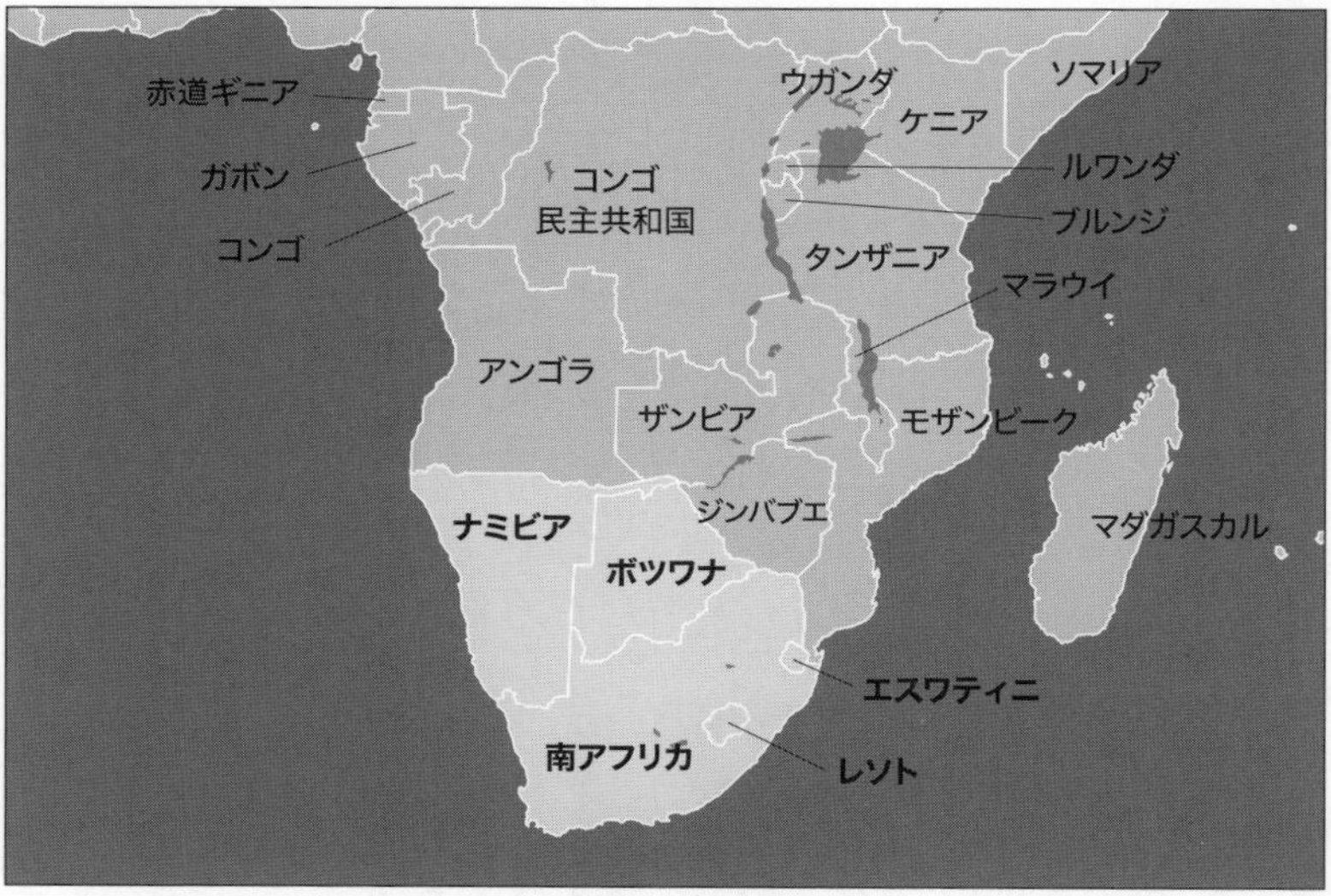

赤道ギニア
ガボン
コンゴ
コンゴ
民主共和国
ウガンダ
ケニア
ソマリア
ルワンダ
ブルンジ
タンザニア
マラウイ
アンゴラ
ザンビア
モザンビーク
ナミビア
ジンバブエ
マダガスカル
ボツワナ
エスワティニ
南アフリカ
レソト

レソトの毛布

（『貿易と関税』2016年12月号収録）

東南アフリカ地域の関税局長会合は2016年5月にレソトの首都マセルで開催された。レソトは周囲を南アフリカ共和国に囲まれた山岳地帯にある人口200万人の王国だ。19世紀にはソト族が山岳地帯に王国を樹立していたが、当時のオランダ系白人（ボーア人）の侵略による南アフリカ全土の植民地化に巻き込まれるのを避けるため、英国の保護領となり、1966年に英国から独立した。

全土が標高1400メートルを超える高地にあるので、日中の日差しは強いが夜には肌寒く感じるほど気温が下がり、全般に気候は温帯で過ごしやすい。会議場になったホテルは小高い丘の中腹にあり、マセルの市街地を見下ろせるが、遠方には高山が連なっているのが見えた。主要産業は農業と繊維産業で、牛をはじめとする家畜の放牧が盛んな様子は空港からの道沿いでも窺えた。特に男子は家畜の世話が幼い頃からの仕事で、税関の運転手に聞くと、5歳の時から家畜の番をさせられ、学校に上がると、教室の外は子供たちが連れてきた家畜でいっぱいだったそうだ。街道沿いでは農作業用の繋ぎ服にゴム長靴姿の人々をよく見かけたが、夕方や高地で気温が下がった時のために毛布を身にまとっている姿も散見された。

空港からの沿道には繊維工場があり、女性労働者が勤務を終えて家路に着く様子を見た。レソトの繊維産業は米国が同国の発展のために、無税、無制限の輸入枠を与えたため米国向け繊維製品の生産で大いに振興した。対外援助として技術支援は大切だが、途上国は貿易及び投資を望むので、米国の「アフリカ成長機会法」に基づくアフリカ諸国への市

レソトで開催された地域会合の会場は高台にあり、マセルの街並みや周囲の山岳地帯がよく見えた。

場アクセスの供与は多くの途上国に歓迎された。もっとも、2005年にWTOの多国間繊維協定が終結して以来、中国からの米国向け輸出が増え、レソトは打撃を受けた経緯がある。

レソトは周りを囲む大国である南アフリカに経済的に依存しており、南アフリカが輸出先では45%、輸入先では95%以上を占めている。財政収入面でも、南アフリカの港で一括徴収される南部アフリカ関税同盟の収入からの分配金が歳入の5割以上を占める。さらに南アフリカの鉱山への出稼ぎが重要な外貨獲得策だ。マセルの空港では南アフリカのヨハネスブルグとの1日2回の往復便が唯一の発着便だった。ちなみに陸路でヨハネスブルグに行こうとすると、4~5時間の山岳道路でなかなか大変との話だった。今回の出張で空港に到着した際には貿易大臣がジュネーブへの出張に出かけるところで、旧知の間柄なので、しばらく懇談したが、空港はまさに人が寄り集まるところだ。会合が終わって帰国のために空港に到着すると、首相がこれから海外出張するところで、儀仗兵の閲兵を終えると私と同じ飛行機に乗り込んで来た。首相見送りのために各省次官が来ており、紹介された次官の中には東京の多国籍企業で働いていた人もいて、日本語で話しかけられた。

レソトには2008年にやはり地域会合で出張した折に、街の中心部の市場に行ってみたが、中国人商人が多いのに驚いた。店頭での販売はレソト人だが、レジの前には中国人が座っていた。当時は米国向け繊維製品の製造に中国からの商業資本が進出していたことを反映していたのだろうが、中国の人々は金儲けの機会を求めて、このような最貧国の小売業界にも乗り込むバイタリティがあるのだなと感心した。今回は会議場になったホテルでも中国人ビジネスマンが目立った。

会合が終わって、ソト族のアイデンティティにもなっている伝統柄の入った毛布を記念に着せてもらった。さらにソト族の名前も与えられ、「タビソ」と名付けられたので、意味を聞くと「皆を幸福にする者」と教えられた。日本語で当て字をすると「旅僧」、税関の使命を説いて旅を続ける身にはありがたい命名だった。

国名を変えたエスワティニ

（『貿易と関税』２０２３年10月号収録）

エスワティニ王国は東側でモザンビークと接しているが、他の三方は南アフリカ共和国に囲まれた内陸国だ。１９６８年にスワジ人の土地という意味の英語であるスワジランドとして英国保護領から独立した。独立50周年の２０１８年に国名を変更して現地語を使ったエスワティニとした。一つには英語表記でスイスとの混同を避けるため(SwazilandとSwitzerland)との解説もあった。国土は山岳地帯と丘陵地帯から成っており、風光明媚な景色もある。そのためアフリカのスイスと呼ばれることもあった。

人口百万人の小国なので、人口５７００万人の南アが経済的に圧倒している。英国はスワジ保護領の南アへの統合を考えたが、１９４８年から94年までの南アはオランダ系白人による人種隔離政策(アパルトヘイト)をとっていたので、スワジ王政を維持して南アによる植民地化から同国を守る形となった。やはり南アに囲まれた小国レソトと同じような背景だ。エスワティニは今でも英連邦の一員として英国と強い絆を維持している。もっとも、国内には白人の土地所有が多く、今ではかなり政府が買い戻したものの、かつてのアパルトヘイト期間中は国際的な制裁を避けるために南アの迂回輸出に使われたといわれている。

数少ない絶対王政の国で、政党活動は認められず、首相や最高裁長官、それに多数の上下院議員も国王の任命制だ。２０２３年5月に訪問した際に面会した首相もドラミニ王家の一族だった。また歳出は２０１８年以来毎年ＧＤＰ比で圧縮された形なので、財務大臣に実現方法を尋ねたところ、「政府主導の措置です。政党制に基づく議会政治は歳出圧力に繋がりやすく、我が国の発展段階では、導入はまだ時期尚早」との答えが返って来た。民主化を求める動きもあるが、国の指導層は開発には強力な政治リーダーシップが必要と考えているようだった。

滞在中、エスワティニの人々が多様な山岳地形を利用した自然美と伝統を大切にしているのを実感した。伝統的な集落を復元した様子を見せてもらったが、中心部に家畜を飼う柵囲いがあり、周りを葉で葺いた多くの小屋が囲んでいて、それぞれの小屋が寝所、台所、倉庫と機能を分けており、家族内での母親の役割が強調されていた。モデル集落の近くに見ごたえのある滝や渓谷もあり、観光客の姿も見えた。この国で重要視されているのはダンスで、コロナ禍も一段落したので、復元集落でも伝統的な合唱とダンスを観光客に披露していた。首都ムババーネの歳入庁でも伝統は大切にされていて、玄関に到着すると、歳入庁長官をはじめとして、民族衣装をまとって、伝統音楽とダンスで出迎えてくれた。自分たちの文化に対する自信と誇りを感じた。ＷＣＯの会議ではいつもは背広姿の税関幹部が、今回はずっと民族衣装を着用していたのが印象的だった。

エスワティニは１９１０年に設立された南部アフリカ関税同盟の一員であり、南アフリカの大きな貿易港で一括徴収された関税収入が、最終仕向け地や開発度合いの基準によって算出された割合で域内各国に配分されている。関税同盟の分配金はエスワティニ歳入の3〜4割を占めており、大きな収入源だ。ただ時の経済・貿易情勢に応じて大きく変動するので、上振れ分は安定化基金に繰り入れて、将来の経済発展に備えていた。

実情を見たかったので、首都近くの南アとの国境施設に案内してもらった。首相からは国境の渋滞がひどいので対処する必要があると聞いていたが、道路インフラとトラック・ドライバーの誘導の仕方が渋滞の原因のようだった。首相が関心を持ってくれたので、歳入庁として関係者を巻き込んで調整する予定と聞いた。税関は現場での現実的な解決を常に求められる存在だなと実感した。

エスワティニ歳入庁の玄関では民族衣装（エスワティニ歳入庁の略称ERSが入っている）を纏った職員の出迎えを受けた。筆者の右隣が歳入庁長官、左隣の女性が関税局長。

ボツワナと牛

（『貿易と関税』２０１９年９月号収録）

ボツワナは南アフリカ共和国の北隣に位置する内陸国で、日本の1・5倍の面積（ただし国土の70％はカラハリ砂漠）に２００万人が住んでいる。旧英国保護領で、１９６６年に独立した後は英連邦の一員だ。２０１９年5月に首都ハボローネで開催された南東アフリカ地域の関税局長会議に出席したが、標高１０００メートルの高原にあり、南半球なので冬に向かっており、気温も夜は8度まで下がるものの日中は25度で、過ごしやすかった。

会議の合間に近くのボツワナ大学のキャンパスを歩いてみると、中央の図書館の前に農夫と牛の像が立っているのを見つけた。初代大統領が大学キャンパスの建設のために、国民の大半を占める農夫が牛一頭を寄付することを呼びかけた結果、１９８２年に現キャンパスが完成したことを記念するものだった。牛は重要な資産であり、今でも牛の所有は男性が一人前と認められるための条件であり、かつては仲間同士で牛飼いとして家畜の見張りにつくことが、少年にとって成人のイニシエーションの一環だったという。現在でも結婚のプロポーズのために男性から女性の親に牛10頭程度の贈与が行われるとも聞いた。

隣国の南アフリカは１９９４年まで人種隔離策（アパルトヘイト）を実施していたので、反アパルトヘイト政策のボツワナ、レソト、エスワティニの3か国で共同して大学を設立し、その後、3か国は別々の大学に分離した経緯がある。地域会合の夕食会でボツ

ボツワナ大学に建つ農夫と牛の像。畜産業による恵みを象徴する牛は、大学の校章にも、またボツワナの国章にも現れるほど重要な存在だ。

ワナとレソトの税関幹部が親しげに話していた。両国の間には500キロ以上の距離があるので、言葉は通じるのかと聞くと、同じバンツー語系なので、おおむね通じるとの答えだった。しかもボツワナ税関幹部は自分の妻はレソト人で、10年ほど前にインターネットで知り合ったとのことだった。アフリカにもソーシャルメディアの波が押し寄せているのかと感慨を抱いた。もっとも、彼は伝統を尊重して牛を何頭か妻の父親に贈ったそうだ。

1966年の英国からの独立当初は牛の牧畜に頼るアフリカの中でも最貧国の一つだったが、その翌年にダイヤモンド鉱床が見つかるという幸運に恵まれた。しかも天然資源を浪費せず、手堅い経済政策の下で教育やインフラ整備を進め、中所得国になるとともに政治的安定も実現した点では経済発展のモデルと評価された。10年間の義務教育は無料で、大学に行こうとすれば奨学金も支給される。またダイヤモンドについても原石輸出にとどまらず、研磨工場も誘致する等産業の高付加価値化にも取り組んできた。このように民主主義を実現し、ガバナンスの評価が高い背景には人口の8割がツワナ族で構成され、民族紛争が起きにくいという要因もある。人々は温和で、この国を舞台にした推理小説『ナンバーワン・レディーズ探偵社』は国際的なベストセラーになったが、主人公の女性探偵がおっとりしていながら思慮深く、私が出会うボツワナの人々と重なる。

現在はロシアに次ぐ生産量を誇るダイヤモンド鉱脈だが、その枯渇に備えた経済多角化は重要だ。内陸国なので、港湾を抱える国へのアクセス確保と地域統合による市場規模の拡大が課題となる。具体的にはボツワナ国土の中西部を占めるカラハリ砂漠を通じて西隣のナミビアと繋ぎ、さらに南アフリカへと延びるカラハリ回廊の計画の進捗が待たれている。

もう一つの課題は北部の湖沼地帯の観光資源化で、そのために環境保護には厳しい規制が敷かれている。密猟や象牙密輸に対する監視体制も厳しい。もっとも、最近ではアフリカ大陸の象の群れが安全なボツワナに大量に移ってきており、むしろ住民の生活に被害が発生しているとのことだった。環境保護と住民の生活の両立はそう容易ではない一面を垣間見た。

若い国家 ナミビア

（『貿易と関税』2022年10月号収録）

ナミビアはアフリカ南西部にあり、砂漠と高原の乾燥した国として知られている。西側は大西洋に面しており、沿岸部を北上する寒流の影響で大気が安定していて、雨がほとんど降らない。ナミビアという国名の元になったナミブ砂漠が海岸沿いに広がっている。ダイヤモンドをはじめとする鉱石を産出することもあって、国際的にも注目を集めている。東側のボツワナとの国境沿いにはカラハリ砂漠があり、全体として乾燥した地理状況で、生活環境が厳しいためか、国土は82万平方キロメートルと日本の倍以上あるのに、人口は255万人と50分の1しかなく、人口密度が最も低い国の一つとして知られている。

10年前に同国の税関を訪問したことがあり、その時は首都ウィントフックの街並みが近代的なことに感心しながらも、その割には人がまばらな印象が残ったのは人口密度の低さのせいだろうか。その後、同国の財務省の機構改革の結果、税関と内国税部門が合併して、財務省の外に独立性の高い歳入庁が出来たので、ぜひ訪問してほしいとの要請に応えて、2022年7月に再訪した。日曜日の朝7時に首都空港に到着すると、気温は5度で震え上がった。「しまった、出張先の気温チェックを忘れた」と思ったが、後の祭り。夏服で行って、とても寒い思いをした。震えている私を見かねて、歳入庁が厚手のジャンパーを貸してくれた。その後ホテルに着いてみると、ベッドの中には湯たんぽが入っていた。昼間は25度前後まで上昇して快適だが、日中の寒暖の差は大きかった。南半球の冬にあたる乾期にあたっていたので、橋の上を通っても、ほとんどが涸れた水無川だった。空港から45キロ先の首都中心部までは高原が広がり、遠くに山脈が連なっていたが、首都の入口まで人家はあまり見えなかった。

ウィントフックは国土の中央に位置しており、標高1700メートルの高地にある。1884年にドイツが現在のナミビアを「ドイツ領南西アフリカ」として植民地化してから首都として整備された都市であり、当時は鉱山開発や広大な土地での牧畜を夢見て多くのドイツ人が移住した。第1次世界大戦中の1915年には、ドイツに敵対していた南アフリカ連邦（当時は英国自治領）に占拠され、以後、1990年の独立まで南アフリカの統治が続いた。ドイツ植民地時代は30年と短期間ながら、言語や教会といった建物にドイツ文化の影響がみられる。アフリカの旧ドイツ領ではほとんどの国でドイツの統治の痕跡はあまり残っていないが、ナミビアが唯一の例外であるのは、3万人ともいわれるドイツからの移民の子孫が残っているからだろう。他方、南アフリカの統治はより最近の出来事であり、オランダ人植民者の子孫アフリカーナ人が多数派を占める南アフリカによって、オランダ語から派生したアフリカーンス語が強制されたので、当時を覚えている世代にはアフリカーンス語への抵抗感が残っていると説明された。

就任して2年弱の初代となる歳入庁長官が初めに案内してくれたのは、首都郊外の丘に建造された「英雄の土地」と呼ばれる独立記念施設だった。ここは海外要人が訪問すると案内される場所で、私も献花させていただいた。1966年から1990年に独立が認められるまで、南アフリカに対する独立戦争に貢献したり、犠牲になった人々が墓碑の形で顕彰されている。第1次世界大戦後、南西アフリカ（現ナミビア）は国際連盟によって南アフリカの委任統治領とされたが、第2次世界大戦後、1960年代にアフリカで独立が相次ぐ中で、国連が1966年に委任統治を終了したにもかかわらず、南アフリカは自国の領土の一部として不法占拠を続け、しかも悪名高い人種隔離政策（アパルトヘイト）を実施していた。旧宗主国の英国でさえ人種隔離政策を批判したので、南アフリカは英連邦から外れて共和国となった。ナミビア独立は、ザンビアやアンゴラ等の周辺国の支援を得たものの、1990年まで24年間のゲリラ戦を中心とする長い闘いとなった。独立戦争を指導した南西アフリカ人民機構は独立後も政権政党としてナミビアを統治している。他方、南アフリカはナミビア独立戦争に敗れたことで、アパルトヘイトや白人支配の撤廃へと方針を転換していくことになった。

白人支配者が原住民の土地を取り上げ、黒人居住区を設定して原住民を追いやることは、ドイツ支配時代からあったが、南アフリカ統治時代に強化された。ウィントフック市当局は1950年代に市街地にある黒人居住区を郊外に強制移転させる措置を打ち出した。しかし新たに指定された地区はかつての居住区に比べ狭隘で、しかも市当局への地代が発生し、また仕事のある市街地から遠いことから、現地語で「住みたくない所」という意味のカツツラと名付けられ、抵抗運動が起きた。これに対し、1959年12月10日に南アフリカ警察が銃口を開き、多くの死傷者が出て、現在では人権デーとしてナミビアの休日になっている。結果として、1962年には7000人のカツツラへの強制移住が行われ、市街地に近かった、かつての黒人居住区は取り壊されて、白人の住宅街や大学に変わった。ウィントフック中心部の歴史ある議会棟やドイツ教会(国民の大半がプロテスタント教会所属)、そしてその背後に広がる現代的な建物群(銀行が多かった)を見せてもらった後、カツツラに案内してもらった。こちらは首都中心部とは対照的に、バラックのようなスラム街も見え、周辺の露店も非正規の商業活動とのことだった。

複雑な歴史を持つカツツラだが、今では焼肉の露店が集まるカパナ・マーケットとして有名になっている。焼肉用の網焼き台がずらっと並び、新鮮な牛肉を細切りにして提供しており、週末の人出で賑わっていた。牛肉の部位を指定して買っている人たちを見ると、日本の焼き鳥屋での品選びを思わせた。歳入庁の人たちも集まって、買った細切りの肉を紙のお皿や箱に盛り、トマトと玉ねぎをスライスして香辛料を混ぜたソースを掛け、パンを回して必要分をちぎって、牛肉を載せて、皆で試食した。人々と交わる良い機会で、彼らは日曜日は午前中に教会に行って、その後ここに集まって、おしゃべりしながら社交するのが楽しみと言っていた。気が付くと網焼き用のマキは背後で切っているのが見え、新鮮な牛肉はあちらで屠殺してこちらに提供されるので、サプライ・チェーンが完結していると説明された。牛の屠殺場面は見えなかったが、帰り道に「ほら、その跡だ」と見せられたのは、牛が皮を身ぐるみ剥ぎ取られて、中身は消費されてしまい、その皮ばかりが地面に残されている姿だった。いずれにせよ、牧畜が伝統産業なので、ステーキといった牛肉料理がナショナル・ディッシュのようだった。

ナミビアは多様な野生動物の宝庫として知られる。憲法に天然資源の保存・保護が書き込まれ、野生動物の保護に熱心だ。税関でも野生動物の密輸出入の取締りが重要性を増しており、特にアフリカから漢方薬の原料やペット用としてアジアに向かう貨物が要注意とされていた。首都郊外にあるナアンクセ野生動物保護区域に案内されると、そこは傷ついたり、幼いうちに親を失った野生動物を引き取り、野生に返せるものは返し、残りは広大な保護区域に放つことを使命としていた。特にチーターは世界中の4分の1はナミビアに生息しているそうで、ほとんどは野生だが、この保護区域では幼いうちに母親と死に別れ、自然界で敵と戦うことを母親から教えてもらえなかった若いチーター4頭がフェンス寄りで餌を与えられるのを待っていた。ちょうど給餌の時間帯だったが、コロナ禍の後遺症で保護区域を訪れる観光客が少ないこともあり、経費節減のために餌は牛肉ではなく、鶏に限っていた。隣の仕切りにいた精悍なレオパード2頭はやはり幼いうちに引き取られたが、こちらは自然界に放すと、人間を襲いかねないので、保護区域にそのまま置かれているとの説明だった。そのほかにも母親を失ったライオンをはじめとしてさまざまな野生動物がフェンス越しに餌を待っていた。草原を走り回るダチョウやアンテロープが遠くに見え、なかなか雄大な景色で、野生動物保護は観光資源にもなるなと実感した。

その際、同行してくれた歳入庁長官はナアンクセの綴りを見て、「これは人口の7割以上を占める自分たちバンツー系の言語ではない、原住民の言葉に違いない」と言って、女性幹部の方を見ると、彼女はこれは自分の母語ナマ族の言葉で神の加護を意味すると答えた。ナマ人はコイサン語系の部族であり、南部アフリカで遊牧生活を送っていた原住民と考えられている。その後、中央アフリカから移住してきたバンツー系によって次第に追い立てられ、人口構成も現在では5%程度とみられている。コイサン語系は独特のクリック子音（吸着音）と呼ばれる「舌打ち」のような音が多用されるのが特徴だ。ちょっと喋ってみせてくれたが、意味は分からないものの、クリック音をいろいろと使い分けて話す様子は、聞いているだけでも楽しかった。彼らは褐色の肌を持ち、より濃い肌のバンツー系とは明らかに異なる外観だ。ちなみに中央アフリカが起源といわれるバンツー系は、アフリカ各地に民族移動を行い、今やさまざまな部族や言語に分かれているが、大まかにバンツー系としてみると、彼らがサハラ砂漠以南のアフリカ人口の大半を占めるに至っている。このように多数の部族が存在するので、ナミビアにもかつては部族間の抗争があったが、最終的には各部族がまとまって独立に向けて団結し、現在でも団結の伝統が残っているといわれている。「英雄の土地」を訪問した際に、独立に向けて参集した各部族の長の墓碑を象った顕彰碑があったことを思い出した。また、多数の言葉があった中で、公用語を国際的に広く使われている英語に限ったのは勇気ある選択だった。英語を母語とする人はほとんどいなかったが、欧州系（オランダ系やドイツ系）も含めて、言語を英語に統一することで、歴史的経緯にとらわれない形で、各部族間の融和を図ったことも国の統合に功を奏しているといわれる。

翌日は税関幹部との会合や政治リーダーとの会見、さらにはテレビ局やラジオ局でのインタビューを立て続けに行った。大統領には急に外遊が入ってしまい、お会いできなかったが、女性指導者として尊敬されているサラ・クーゴンゲルワ首相を表敬した。同行してくれた歳入庁理事会議長はやはり官界、特に財務省で活躍してきた女性で、歴史の浅い歳入庁を監督する理事会を率いていた。彼女は、首相も自分もナミビア独立戦争当時は家族とともに北隣のアンゴラに逃避し、「ブッシュ（茂み）の中にいた」仲間だと説明してくれた。１９９０年の独立後は彼女たちは英米の大学で金融財政を勉強し、財務省で一緒に働いたが、ほぼ同時期に妊娠し、当時の財務省ではベビーブームが起きたことをユーモアを交えて話してくれた。独立に苦労した世代が国民統合を念頭に置きながら、安定的な政権運営を目指していた。他方、歳入庁長官は次世代に属し、中央銀行出身ながら、人々にやる気を与えるmotivational

女性指導者として尊敬されているサラ・クーゴンゲルワ首相を表敬する筆者。

speakerとして認められており、彼の折々のスピーチは雄弁だった。

次の日は、ＷＣＯが支援する関税の事前教示制度導入のセレモニーに出席した後、西へ３００キロ、大西洋岸のウォルビス（英語でホエールズ「くじら」の意味）湾に4時間かけて車で移動した。はじめは灌木のある高原だったのが、しだいに植生が疎らになり、ついには砂漠になったが、ちょうど夕暮れ時で印象的な光景だった。ウォルビス湾は沿岸流により沖合に堆積した土砂がくちばし状に港湾を守っており、水深が深く、南部アフリカでは最良の自然港といわれている。ウィントフックに次ぐナミビア第2の都市でもある。港で働く税関職員と集会を行った後、港湾当局を訪問して、今後の展開計画を聞かせてもらった。内陸部の鉱石の積出港でもあるので、鉱山の坑道を支えるための資材が中国から輸入されて陸揚げされており、中国資本が鉱山開発にかなり進出している様子が見てとれた。また内陸国のザンビアやボツワナからの銅をはじめとする鉱石輸出のためにドライ・ポート（内陸ターミナル）も整備されていた。港湾当局のＣＥＯには、ターミナル増設のために新設された港湾管理システムを見せてもらった。彼はコンテナをもっと入れて、コンテナ貿易の規模を確保したいと言っていた。これはコロナ禍の影響で使えるコンテナが不足し、結局は南アフリカ最大の港であるインド洋側のダーバンにコンテナ扱い量を奪われた苦い思い出が背景にあるようだった。

独立してから30年強のナミビアは、広大で多様な国土に鉱物・自然資源、それに人的資源にも富んでいるようだ。人々と話すと国家建設に向けた夢が感じられた。各国の投資家の期待が高いのもよく理解できた。

ナミビア歳入庁の幹部と税関改革を議論した後、民間事業者を招いて事前教示制度導入のセレモニーに出席した。

<アフリカ>

西・中部アフリカ

ナイジェリアの幸運と忍耐

（『貿易と関税』2015年1月号収録）

ナイジェリアは1億7千万の人口とアフリカ最大の経済規模を抱える巨人だ。西アフリカ諸国経済共同体（ECOWAS）の事務局もある。大まかに言えば北半分がイスラム教圏、南半分がキリスト教圏で、首都はバランスを取る形で国土のほぼ中央にあるアブジャにあり、人口2千万人と超過密となったラゴスから1991年に移された。巨大なモスクとキリスト教会が一望できる位置に立っているのは象徴的だ。アソ・ロック(巨岩)と呼ばれる400メートルの佇立する一枚岩がランドマークだ。

私がアブジャを訪れたのは大統領選挙さなかの2011年春だったが、ジョナサン大統領は地方の遊説先からわざわざ戻って来て、夕方にアソ・ロックの麓にある公邸で私に会ってくださった。トレードマークの黒いソフト帽ではなく、円筒形の伝統的なクフィ帽子とゆったりとした民族服で現れ、穏やかで寛いだ表情だった。税関の話に詳しいですねと感心すると、自分は高校を出た18歳から20歳で大学に戻るまで税関職員だったと笑顔で答えられた。会見では税関職員のための研修所のお願いをした。

税関シンパの大統領の支援を受け、その年の12月には研修所が開所した。その記念式典に参加したが、そのカラフルな様子に強い印象を受けた。全国各地から王族が色彩豊かな民族衣装で集合していたのだ。出席者の紹介に陛下や殿下が何度出てきたことか。各地の伝統的な首長を温存した政策が1960年の英国からの独立以降も続いていたのだ。彼らは法律的には象徴的

ナイジェリアのジョナサン大統領を表敬訪問した。大統領の左隣は関税局長、そしてオコンジョ財務大臣（現在WTO事務局長）。

な存在と言いながらも政治上は大きな影響力を持つとされており、連邦国家を治める大統領も大変だなと実感した。王族には宗教的な権威もあるので、彼らが研修所施設をそれぞれの宗教の流儀で祝福して回るのを感心して見学した。

その翌日ラゴスにオバと呼ばれる伝統的な王様と一緒に小型機で移った。ラゴスは大西洋岸の良港で、高層ビルが立ち並び、活気に満ち溢れていた。彼の宮殿には司祭たちが集められていて、全世界の税関のための祈祷をしてくれた。その後お神酒の回し飲みとなり、中身はジンだったと思うが、付け合せの木の根っこや実をかじったりで、何やら神社に参拝したような厳かな気持ちになった。外に出ると、専属の合唱隊が待っていて、オバと一緒に歌に合わせて踊ったのも御神楽をやったようなものかもしれない。彼は上機嫌で17世紀にポルトガルが増築した先祖伝来の旧宮殿を案内してくれた。玄関前の大砲を指して、このせいで19世紀に英国に負けたとの説明だった。民俗学的に面白い経験だったが、他方、政治家がオバの支持取付けに走るのも理解できた。オバ表敬の後、ラゴスでは税関と民間の対話を行った。

翌２０１２年はＷＣＯ創設60周年なので、ジョナサン大統領に総会での記念講演をお願いした。空港に到着した大統領専用機を迎えに行くと、大統領は夫人同伴で、事前の予定と異なると驚いていると、「家内も税関職員出身だから来たがった、ただし自分と同時期に勤めていたわけではないが、」と笑顔で答えられた。総会では、各国の関税局長は税関職員出身の大統領の出席に大喜びだった。大統領の名前がGood Luck（幸運）で、夫人の名前がPatience（忍耐）というのも、人生の成功に必要な要素だと皆大いに納得した。

ナイジェリア税関は長らく分類や評価事務を民間に委託していたが、税関近代化が進み、２０１３年末に委託を終了して税関のコアとなる業務を取り戻した。税関改革はビジネス環境改善策の一環で、地味だが外国企業の投資誘致の核心になる。各国の多国籍企業がさまざまなリスクを乗り越えて、この有望市場にアプローチする様子を見た。アブジャの都市計画は建築家丹下健三の設計であり、日本とのご縁を感じた。

ガーナとアフリカ大陸自由貿易圏

（『貿易と関税』２０２２年11月号収録）

アフリカの地域経済統合の基礎となるアフリカ大陸自由貿易協定（ＡｆＣＦＴＡ）は２０１９年に発効し、事務局は西アフリカのガーナの首都アクラに設置されることが決まった。コロナ禍の規制も一段落した２０２２年7月に、アクラで開催されたアフリカ貿易大臣会合に招待された。アフリカに単一の大きな市場を創設する試みなので、ＷＣＯも優遇関税率の貿易業者向け広報や税関手続きの税関職員に対する研修でいろいろお手伝いをしているが、そうしたことを話してほしいとのことだった。

ガーナは日本の6割の面積で、人口はほぼ4分の1だ。エンクルマ初代大統領の下で、１９５７年に英国から独立して、１９６０年以降のアフリカ独立の動きの先駆けとなった。また英国植民地時代にカカオ栽培が進み、西隣のコートジボワール（象牙海岸）に次ぐ世界第2位の生産量だ。日本でも「ガーナ・チョコレート」の名前でカカオの産地として知られている。象牙海岸ではフランス人入植者によるプランテーションが中心だったのに対して、ガーナでは現地の小規模農民が栽培し、英国は輸出公社を設けて独占的にカカオ豆を購入して、ベルギーのようなチョコレート製造国に売却する仕組みだった。経済面では、２０１０年に沖合に油田が発見され、石油輸出国にもなっている。

２００９年に出張した際には、世界最大の人造湖ヴォルタ湖のダムを見学した。上流のブルキナファソから流れてくるヴォルタ川を５６０キロにわたって堰き止め、琵琶湖の12倍の面積がある。１９６５年に完成したが、水没地から7万８０００人の住民が移住した。水力電力でアルミ産業を起こし、余剰分は近隣国に売電して、外貨獲得に貢献した。また水産業も盛んで、アフリカ原産のティラピアの養殖で知られる。日本ではあまり馴染みがない川魚だが、臭みがなく、美味なので世界各地で食用にされている。また黄熱病研究で有名な野口英世はガーナの首都アクラで研究中に自らも黄熱病に罹患して客死した。日本の支援で１９７９年にガーナ大学に野口記念医学研究所が設立された。訪問した時は、アフリカで感染症の研究に貢献した学者に贈られる野口英世アフリカ賞が創設され、前年に東京で開催されたアフリカ開発会議（TICAD）の際に英国とケニアの学者に授与されたのが話題になっていた。

西アフリカの内陸部はイスラム過激派の進出で治安が悪化しており、国境も脆弱化している。一般的に治安が良好とされるガーナでも、内陸国と国境を接する北部は治安上要注意とされていた。貿易大臣会合の開会式でスピーチをした後、ガーナの税関現場を訪問したが、そうした備えを感じた。テマ港の税関事務所を訪ねると、制服姿の監視職員が整列して待っており、「ご存じのように、西アフリカでは税関は軍隊風に訓練されていますから」とささやかれ、職員の前を歩いて「査閲」した。国境の治安情勢から見て軍隊式の規律が求められており、税関採用後には軍事教練があるとのことだった。日本でも1970年代初頭まで港湾地区の治安情勢を勘案して税関職員が拳銃を所持していたことを思い出した。その後、テマ港に展開された最新鋭のコンテナ・ターミナルを見せてもらった。広大なターミナルはテクノロジーを使って管理の徹底的な無人化が図られ、ターミナル内ではトラックが動いている以外は、人影が見えなかった。近年、西アフリカ各国の沿岸部では港湾の近代化が進んでいるが、これは地域統合の進展も睨んで、内陸国へのアクセス港の地位を確保しようとするもので、港の間で積荷獲得の競争が激化している。税関も目先の歳入極大化だけではなく、貿易円滑化や密輸取締りによるビジネス環境改善を求められている。

ガーナ・テマ港を視察する筆者。制服姿の監視職員が整列して待っていた。

西アフリカの河川国家 ガンビア

（『貿易と関税』2022年7月号収録）

アフリカ大陸が大西洋岸に最も張り出した西アフリカにセネガルがあるが、その国土を南北に二分するかのように東西にガンビア川が流れている。川沿いに東西に338キロにわたって細長く伸びているのがガンビア共和国だ。ガンビアは大西洋に面したガンビア川河口を除くと、完全にセネガルに囲まれている。セネガルはフランスの植民地だったのに対し、ガンビア川の領有による貿易権益を狙った英国が植民地化したからこのような地理になった。河口から240キロまでは外航船が航行可能なので、貿易に便利だった。ガンビアの面積はアフリカ大陸の中では最小であり、取り囲むセネガルの6%、人口は250万人と14%なので、両国の統合が計画されたこともあるが、英仏の利害が一致せず、独立後は大国に飲み込まれることを恐れたガンビアが渋ったようだ。

ガンビアの首都バンジュルを2022年3月に訪問したが、河口から30キロ上流に向かうと、西アフリカの奴隷貿易の中心だったクンタ・キンテ島が川中に浮かんでいた。もともとはジェームズ島と呼ばれていたが、1970年代に米国で黒人作家アレックス・ヘイリーが自らの祖先を探る小説『ルーツ』が大人気となり、その主人公の名前にちなんで改名されたものだ。この小説はガンビア川沿いに住んでいた少年クンタ・キンテが白人に捕まえられて奴隷にされ、鎖に縛られて大西洋を渡って米国に連れて来られて苦難に満ちた生活を送る物語だ。小説を基にしたテレビ・シリーズは日本でも放映されて高視聴率を記録した。フランスの植民地に囲まれながらも、主として奴隷貿易に使われていたガンビア川を英国が手放さなかったのが、ガンビアが英国領にとどまった背景だ。

バンジュル郊外の空港に到着すると、空港ロビーの壁には落花生を収穫する人々が描かれていたのが面白かった。経済は自給農業が中心だが、落花生は輸出を通じて現金収入をもたらしてきた。最近では観光が外貨獲得の貴重な収入源になっており、案内されたホテルも大西洋岸のリゾート・タイプだった。ガンビアは人口のほとんどがイスラム教徒であり、滞在したホテルもスペインでよく見られるイスラムの伝統の系譜を引くムーア風建築様式だった。翌朝早くにホテルから大西洋岸の砂浜に出てみると、きれいな海岸線は印象的で、近くの自然保護区が海岸際まで伸びる果樹や植物の集落を守っており、野生の猿の群もこちらを見ても逃げずに周囲の木の実を食べていた。季節柄、風が強く吹いていて、風に舞う鳥が多く見られ、バード・ウォッチングが盛んと聞いた。砂浜ではサッカーをはじめとするスポーツのトレーニングに励む現地の若者が多かったのが興味深かった。西アフリカの中で観光客にとって安全で、英語が通じ、人懐っこい笑顔を浮かべる人々が多いガンビアは、Smiling Coastと呼ばれているそうだ。

行政や商業の中心地であるバンジュルは河口の島に所在しており、ガンビアの南北、ひいてはセネガルの南北を結ぶ貿易上の要衝になっていた。基本的に自由貿易で、関税率がセネガルや近隣国よりも低いので、輸入した貨物が近隣国に再輸出されることで経済が栄えている。道沿いには色彩豊かな路上マーケットが連なっており、港近くの歳入庁の建物は輸入申告をする業者で混み合っていた。歳入庁は効率化を狙って、2007年から税関と国税が合体した。歳入庁長官はWCOの人材育成プログラムを高く評価しており、「WCOの管理者養成コースであるフェローシップ・プログラムに2010年に参加して、WCO及び日本で受けた実務研修が自分のキャリア形成に大変役に立った」といつも言明してくれるのは嬉しい。

ガンビア歳入庁の運営は、外部の有識者による歳入庁理事会に報告される。政府出身の理事会議長とビジネス界代表の副議長は、長官とともに私の訪問を迎えてくれた。理事会議長は世銀で長く働いたタンザニア出身のエコノミストで、ガンビア財務省で働いこともあり、夫はガンビアで財務大臣を何度か務めたエコノミストだった。「引退した夫の後を継いで理事会議長になった、ファミリー・ビジネスみたいに聞こえるけど」と笑う明るい女性だった。アフリカでは国籍を超えたエリート同士の結婚があるのだなと実感した。財務大臣と面会した際、彼自身が税関の出身で、財務省勤務時代は理事会議長が自分の上司だったと話していた。政府内の意思疎通は円滑のようなので、西アフリカでも最貧国の一つであるガンビアの開発は長期的には期待できるのではないかと感じた。その後、海外出張で不在の大統領の職務を代行している副大統領に面会した。副大統領はアフリカに残る悪習である女性器切除に反対する運動家として頭角を現した女性であり、開発における税関の重要性をよく認識しておられた。

　翌日はガンビアとセネガル南部カザマンス地方とを結ぶ国境税関の視察に出かけた。カザマンス地方はガンビアの存在によってセネガルの中心である北部地域から切り離された形になっている。民族的にも文化的にも北部地域とは異なり、資源は豊かなのに北部にある首都ダカールに経済的に不利に扱われているとの不満がある。そのため一部には独立運動も続いている地域だ。しかも最近までガンビア川には橋がなかったので、セネガルの南北間の交通は何日もかけて陸路でガンビア川上流まで運転してガンビアを大きく迂回するか、またはガンビアにいったん入国して、フェリーでガンビア川を渡河するかしかなかった。貨物を乗せたトラックはフェリーでの渡河のために数日待つことが珍しくないと聞いた。陸の孤島になりかねないカザマンス地方にとっては、バンジュルから陸路をまっすぐ南下してカザマンス地方に接続する国境は極めて重要だ。税関視察のために、街道を南下してガンビア側の国境の町ジボロに到着すると、トタン屋根の税関庁舎や官舎が何棟か建っていた。庁舎の壁には蜂を含む歳入庁の記章が描かれていた。蜂は経済活動の果実である蜜を集め、納税忌避を刺すということのようだった。隣接する警察庁舎の監視カメラで通関施設の周囲の様子を確認することができるようになっていた。機器を見ると、国連で移住を扱う国際移住機関とドナーである日本国旗のマークがついていた。

ガンビアの歳入庁長官と共に副大統領を表敬した。

　さらに南下してセネガル側の国境税関があるセレッティに到着すると、こちらは国境貿易で潤う町なので、集落も大きいようだった。ここからカザマンス地方の各地に出発する車の基地にもなっているとの説明だった。さらに南下すれば、ポルトガル語圏のギニア・ビサウにも連絡することができる。セレッティの町の長老たちが沿道に出迎えてくれ、子供たちが整列してセネガルの歌を斉唱してくれた。カザマンス地方にはアニミズムの影響も色濃く残っているといわれ、私の来訪に際しても仮面をつけたダンサーたちが現れて歓迎の儀式が行われた。動物のような仮面を着けた妖精に続いて、ヤシの葉に全身を覆われた森の精が現れたが、頭に棒が付いており、それを地面に刺して何度もコマのように全身を回転して見せてくれた。

ジブロ、セレッティ間の国境の重要性はよく分かったが、ガンビア川が国際流通の障害にならないようにしないと、アフリカ地域統合も順調に進まない。こうした要請を受けて、河口から120キロ上流の地点にアフリカ開銀の支援で2019年に橋が開通した。セネガルとガンビアの名前を取ってセネガンビア橋と呼ばれるが、セネガル南北の交通時間が大幅に短縮されるため、ガンビア、セネガル双方の大統領が出席して盛大な開通式が行われた。またセネガルからナイジェリアに向かう西アフリカ沿岸ハイウェイの重要な一部になるともいわれている。もっとも、橋開通の結果、営業機会を失うガンビアの地元フェリー業者と待ち時間のドライバー向けの物品提供業者が不満と聞いた。新しい交通路は経済的な勝者と敗者を生みかねず、新たな就業機会の提供といった政治的な対応が必要になる。

国境からバンジュルの帰路にセメント工場に立ち寄って見学した。関税・内国税双方について優良納税者とのことで、ガンビア歳入庁のカレンダーに経営者が表彰される写真が載っていた。ガンビアも経済活動の多角化を求めており、そのためには税関と民間業者とのパートナーシップが不可欠だ。

ガンビア側の国境の町ジボロにある税関庁舎。庁舎の壁には「国の成長と発展を強化するために高度に効率的な歳入官庁を目指す」との歳入庁のビジョンが記されている。

アフリカ最西端の民主主義国家　セネガル

（『貿易と関税』2017年1月号収録）

セネガルの首都ダカールはアフリカ大陸の西端に突き出している。2016年6月にWCOの情報通信技術（ICT）会合・展示会を同地の国際会議場で開催した。西アフリカの中では外部からアクセスしやすく、税関向けの国際会議の開催には適していた。会議場からの大西洋の景色が美しかった。ダカールは1960年まで旧フランス領西アフリカの首都として、現在のセネガル、モーリタニア、マリ、ブルキナファソ、象牙海岸、ニジェール、ベナン、トーゴ、ギニアのフランス語圏9か国にまたがる広大な領土の行政的な中心地だった。セネガルにはフランスの官僚制度が引き継がれており、選挙による政権交代も行われ、政情も比較的安定している。

ダカールの沖合に浮かぶゴレ島は15世紀半ばに欧州との貿易拠点になった。やがてゴレ島は奴隷の積出港として記憶されるようになり、ユネスコの世界遺産になった。19世紀前半まで続いた奴隷貿易は欧州、西アフリカ、カリブ海・米国南部を結ぶ大西洋の三角貿易の一環だ。すなわち、欧州から繊維製品や武器を西アフリカに輸出し、その代金で奴隷を調達し、大西洋を渡って、カリブ海の西インド諸島にあるサトウキビ畑に奴隷を労働力として輸出し、その代金で砂糖を買い付けて欧州に持ち帰る三角形の貿易だ。奴隷貿易の行き先が米国南部の場合には綿花畑の労働力となった。この貿易は巨額の富を欧州にもたらす一方で、アフリカにはその後の経済や社会の発展に深刻な問題を残した。ゴレ島で奴隷貿易に使われた「奴隷の家」

ダカールで開催されたICTコンフェランスの開会式ではセネガル大統領からの祝辞もいただいた。

を見学した時には、1970年代の米国TVシリーズ『ルーツ』で描かれた奴隷として大西洋を渡る主人公クンタ・キンテの過酷な人生(彼自身は近くのガンビア川河口から「輸出」された設定)を思い出すとともに、内部の暗い歴史壁画と外の風光明媚な明るさのコントラストに圧倒された。同島にはアフリカ各国の首脳や歴代米国大統領も訪れている。

ところで現代の西アフリカは別の三角貿易的な禁制品の流れに苦しんでいる。すなわち、南米で生産されたコカインが西アフリカを経由して最終消費地である欧州に密輸されているのだ。欧州の税関は南米からの輸入貨物には目を光らせているので、監視の目が緩い西アフリカにコカインを送り、そこから現地人を欧州向け旅行客に仕立てて、体内や携帯品に隠して密輸を企てるものだ。WCOには各国税関を結ぶコミュニケーション・システムがあるので、それを使って西アフリカ、南米、欧州の空港税関を結んで情報交換を行いながら、経由地となる西アフリカ諸国の税関職員を研修した上で一斉取締まりを定期的に実施してきた。セネガルが連絡調整の中心だったので、私も麻薬押収結果の記者発表のために同国に出張することが多かった。

西アフリカでの麻薬問題は深刻化し、薬物の経由地から消費地になり、さらにはそれが犯罪組織のみならず、テロ組織の財源としても注目されるようになった。2012年秋に出張した際、マッキー・サル大統領にお会いしたが、同年初めに隣国マリで起きた北部の反乱について、これは麻薬取引を財源にしたテロリストの動きだ、西アフリカ国境での麻薬取締りのために近隣諸国間での情報交換を強化してほしいと頼まれた。西アフリカの税関の使命も従来の税収確保から、国境の治安や禁制品取締りに拡大していることを実感した。

昨年6月のICT会合には数多くの税関や民間企業の参加者を得た。セネガル政府も気を使って、同国ポピュラー音楽歌手の大御所ユッスー・ンドゥールを海外公演から呼び返して会議場でコンサートを開き、ダカール中の注目を浴びた。会合終了後に、セネガル関税局長の自宅に招かれて、地元特産の落花生オイルを使った魚の炒めご飯、チェブジェンを大皿から分け合いながら、同席した近隣国の関税局長達と税関改革を話し合ったのが懐かしい。

ギニア共和国 世界有数のボーキサイト埋蔵国

（『貿易と関税』2019年1月号収録）

西アフリカの大西洋沿岸部は北の内陸部にある砂漠地帯とは対照的な熱帯雨林地域だ。ギニアを名前に持つ国は3か国あり、西から順にギニア・ビサウ、ギニア共和国、赤道ギニアだ。それぞれポルトガル領ギニア、フランス領ギニア、スペイン領ギニアと宗主国の異なる植民地だった。旧フランス領ギニアはギニア共和国となったが、それでは紛らわしいので、首都コナクリの名前をかぶせてギニア・コナクリと呼ばれることが多い。鉱物資源に恵まれており、アルミニウムの原料になるボーキサイトの埋蔵量は世界の30%といわれる。2018年の西・中央アフリカ地域の関税局長会合はコナクリで開催された。

首都コナクリの街は大西洋に突き出た岬の上に広がる交易の場所であり、16世紀にポルトガルをはじめとする欧州勢が到来すると、沖合の島々から香料や奴隷が輸出された。19世紀後半にフランスの勢力圏になると、岬突端の港から天然ゴムやバナナ類が輸出された。今では外資の導入によるボーキサイトや金などの鉱物資源がコナクリや他の港から輸出され、同国最大の外貨獲得手段となっている。コナクリ国際空港は岬の根元にあり、空港を出ると道路沿いには物売りが出て、活況を呈していた。岬の突端にある港湾地帯に到着すると、大統領府も主要官庁も全て同じ地区の徒歩圏内にあり、この国は貿易が経済活動の中心だなと実感した。近くには古い税関の建物が港湾の入り口を見張るかのように建っていた。税関は歳入確保が最大の使命だが、時として保健衛生面でも役割を担うことがあ

2018年のギニアの地域会合の機会に2016年のG7伊勢志摩サミット、2017年のG20サミットで取り上げられたテロ対策のためのWCOセキュリティ・プログラムの具体化の一環として、日本資金による西・中央アフリカの税関セキュリティ・プログラムが立ち上げられた。

る。2014年にエボラ出血熱がギニアで流行した際には、WCOの支援も受けて、税関が国境で周辺国への感染防止策を導入した。

ギニアは旧フランス領西アフリカの中で独自路線を歩み、1958年に地域では即時完全独立を選んでフランスからの援助を失い、当初はフランス共同体内の自治国にとどまった他の旧フランス領西アフリカ諸国とは異なる道を歩んだ。旧フランス領西アフリカではフランス中央銀行の保証の下に通貨CFAフランが使われていたが、ギニアはこの地域共通通貨からも離脱し、独立の通貨ギニア・フランを導入した。他のフランス語圏諸国は、1960年に完全独立した後も、CFAフランを使い続け、関税同盟も含む西アフリカ経済通貨同盟を発足させたが、ギニアは加わらなかった。もっとも、西アフリカ全体をカバーし、英語圏も含む西アフリカ諸国経済共同体がこれまでの政治面の動きから経済面の統合へと進化している。西アフリカ全体の共通通貨の発行や関税同盟の実施が提起され、仮にそうした動きが進めばギニアにとって地域統合面のギャップが解消する条件が整っていくことになる。もっとも、最近の西アフリカは特に内陸部で政治が不安定化しており、今後とも紆余曲折が予想される。

今回の関税局長会合ではギニアの関税局長が次期のWCO地域代表（総会副議長）に選出され、喜んだ大統領が閉会式に駆けつける展開となった。WCOの地域代表として、周辺国との協力関係をさらに発展させることができれば、地域にとっては大きな利益になることが期待された。もっとも、地域会合でお会いした大統領は2021年に軍事クーデターで追放されてしまった。現在は西アフリカ諸国経済共同体が軍事政権に対して民政移管に向けて圧力をかける構図となっており、憲法秩序の回復が急務とされている。

西中央アフリカ地域関税局長会議の様子。（左から、ギニア関税局のサンガレ局長、筆者、ギニア鉱山省のマガソウバ大臣、象牙海岸関税局長のアルフォンセ局長）

ニジェールの国境地帯

（『貿易と関税』2020年3月号収録）

アフリカ大陸は北部を東西に走るサハラ砂漠で大きく南北に分かれる。北部と南部の中間にサハラ砂漠の南縁部の半乾燥地帯であるサヘル地域があり、モーリタニア、マリ、ブルキナファソ、ニジェールといった国々があるが、こちらはイスラム教徒が多い。これは地中海沿岸の北アフリカから西アフリカへ向かうサハラ砂漠縦断交易により、イスラム教がサハラ砂漠南縁に伝播したのが一つの要因といわれている。そのため西アフリカ諸国の宗教分布を見ると、北部のサヘル地域はイスラム教徒、ギニア湾沿岸部の南部は欧州の進出に伴い、キリスト教徒も多い。

乾燥したサヘル地域を大きく蛇行しながら東西に貫流するのがニジェール川だ。サハラ砂漠を越えてやってきたラクダの積み荷は、ニジェール川に到達すると、ロバや船に積み替えられて移動が続いたといわれる。もっとも、15世紀以降ポルトガル人がアフリカ大陸沿岸沿いに航海路を開拓して以来、サハラ交易は衰退に向かい、ニジェール川沿岸は自給自足型の農牧地帯になった。その後、19世紀に英仏の進出が大陸内部にも進み、ニジェール川中流域から河口にかけても英仏の植民地となった。1960年代にアフリカ各国が次々に独立した際、北の内陸部のフランス領がニジェール、南の河口を抱える英国領がナイジェリアとして独立した。ニジェール、ナイジェリアと似た国名でややこしいが、名前の起源は双方ともニジェール川にある。北部のニジェールはほとんどがイスラム教徒、南部のナイジェリアは北半分がイスラム教徒、南半分がキリスト教徒が多数を占める構成だ。

ニジェールの首都ニアメには2013年に出張したことがある。当時はアフリカ大陸に流通する医薬品には効果がなく、健康に有害ですらある偽物が多いことが問題視されていた。そのためニジェール大統領夫人が周辺国大統領夫人を招いて偽医薬品の啓蒙大会を主催することになり、偽医薬品の国境取締りについての講演を頼まれたものだった。押収された偽医薬品を保管する倉庫に行ってみると、差押え品の中に女性を太らせると称する薬もあり、当地ではふくよかな女性が美人で金持ちとみなされている。この国の人口の半分以上は隣国ナイジェリア北部の多数派と同じハウサ人で、大会ではナイジェリア税関代表がハウサ語でスピーチして、ニジェール側参加者の喝さいを浴びていた。公用語はそれぞれ仏語（ニジェール）と英語（ナイジェリア）なので通訳するのが大変だろうと心配したが、考えてみれば国境線は民族や言語分布に無関係に宗主国の都合で引かれたのだと気付かされた。

国土の8割は砂漠が占めており、砂漠の存在は人々の生活の一部だ。会議の合間に外出したところ、舗装されていない赤茶けた土の道路が拡がっており、風に飛ばされて付着した砂のせいで靴がすぐに赤くなってしまった。また大会の時にお会いした首相は、北部砂漠地帯で交易に活躍する少数民族のトゥアレグ人出身で、青いターバンとベールで顔を覆い、さらに青いガウンのような民族衣装で全身を覆って現れた。この民族衣装は砂漠の苛烈な砂嵐とぎらつく太陽から身を守るためには合理的だなと感心した。

２０１９年10月に6年振りに訪れたニアメは、アフリカ連合総会が7月に開催された直後だったことから、新たなホテルも建てられ、街の様子がだいぶ変わっていた。この時は西アフリカの貿易円滑化及び税関近代化支援のためにＷＣＯが地域と共催した会合で、世銀やＪＩＣＡといった開発支援機関との対話を試みたものだった。10月のニアメは乾期で、毎日青空が続き、日中の気温は38度で安定しており、会合を開催するのに適していた。

他方、サヘル地域では近年、部族間の対立で政情が不安定化した国に付け込む形で、イスラム系武装組織が進出して反政府武闘を激化させ、テロ活動の温床となる事態が発生してきた。イスラム過激派は、部族の自治権拡大といった要求には関心がなく、占領地域での彼らの信じる「イスラム法」の厳格な実施を目指してきた。反政府武装集団は政府軍の追撃から国外に逃れるために、国境地帯を中心に活動する例が多くなり、税関の活動にも影響を及ぼすようになった。貿易円滑化推進のためにも、その基礎となる国境のセキュリティ確保が重要になる。現にニジェールの西隣のマリには、２０１１年の「アラブの春」で政権が倒れたリビアから大量の武器が流入するとともに、北アフリカからイスラム過激派が入り込み、北部のトゥアレグ人の反政府運動と結びつく形で、反政府軍事行動が活発化した。そのため2012年以降、マリ北部には中央政府の権限が十分に及びにくい状態となり、マリの税関職員も生命の危機にさらされ、必ずしも国境地帯に駐在できない状態となった。マリ北部と国境を接するブルキナファソやニジェールも次第に影響を受けるようになり、税関のセキュリティ対策も緊要性を増してきた。

2019年の出張の際には脆弱な国境地帯を見せてほしいと依頼した。会議を抜け出して、首都ニアメの南西100キロでブルキナファソとの国境にあるトロディ税関に向かった。税関の車列の前後には兵隊を載せたトラックが護衛についてくれた。車列が市街地を抜けると、降水量の少ない地方でも栽培できる雑穀の畑と灌木が拡がり、その間を牛や羊が牧草を求めて群れていた。灌木で薪を集めている人々も見かけた。牧歌的な風景だが、ニアメ市域の外周は軍隊で守られており、過激派武装集団に備えているとのことだった。国境に近づくと、税関の近くの国道沿いに近隣国からも買出しに来られるような大きな市場を展開する村があった。店先に腹を裂かれた牛が四肢を伸ばされた形で吊るして売られている様子が印象深かった。

ニジェールは南で国境を接するベナンの海港からの輸入貨物に加えて、西アフリカの他の主要海港があるトーゴ、ガーナ、象牙海岸からの輸入貨物はすべて西隣のブルキナファソ経由になるので、西の国境を守るトロディ税関はニジェール経済の大動脈を支えているとのことだった。確かに近くには数十台の周辺国のナンバー・プレートを付けたトラックが通関待ちと休憩を兼ねて停まっていた。税関事務所にはニアメの税関本部と通関情報を交信するための設備や通関業者が通関申告をコンピュータに入力する部屋があり、国境の重要なインフラ施設だ。もっとも、村落のはずれにあるので、セキュ

ニジェール首相と会談。

リティ上は問題があるとして、税関事務所には急ごしらえの塀が巡らされていた。国境の向こう側のブルキナファソやマリ北部から武装集団が来襲する有事に備えているとのことだった。

税関は国境で武器の国内流入を防ぐといった治安面でも貢献するが、合法的な貿易の流れを確保することにより国境地帯や国全体の経済活動にも寄与することが使命だ。これは通常、軍隊や国境警備隊にはない機能であり、税関の国境における存在は政情を安定化する上で大きな意味を持つ。しかしながら税関職員自身が安全面で脅威に晒されていた。私は万一に備えて防弾チョッキを着用していたが、税関事務所内で見る防護チョッキはとても防弾機能を持つとは思われない薄さであり、護身用に拳銃を持つ職員はいたが、射撃訓練は受けていないとのことだった。周辺国で過激派武装集団が治安悪化を招く中、ニジェール税関も装備や訓練の面で対応していく必要が感じられた。またフランス税関と協力して、隣国のナイジェリアの経験を活かして、衛星の画像を得て、国境周辺の人やモノの動きを捉えて、治安リスクを判定する訓練も計画された。

ニジェールではその後2021年に公正とされた選挙で大統領が民主的に選出され、イスラム過激派の勢力が強まったサヘル地域で、西側の最後の希望といわれていた。しかしながら2023年に軍部クーデターが起きて、大統領を追放する展開になった。西アフリカ15か国で構成される西アフリカ諸国経済共同体（ECOWAS）が仲介に乗り出したが、ニジェール新政権は同様に軍事クーデターが起きたマリ、ブルキナファソとともにECOWASからの離脱を宣言し、これまで警備にあたっていたフランス軍も引き揚げる事態になった。国境の税関職員が早く安心して働ける環境が整ってほしいと思う。

トロディ税関の施設内で説明を受ける、防弾チョッキを着用した筆者（写真中央）。写真右はハロウナ関税局長。

コンゴ川沿いの首都ブラザビル

（『貿易と関税』2015年6月号収録）

コンゴ川沿いの中央アフリカ地域にはコンゴ共和国とコンゴ民主共和国（旧ザイール）がある。紛らわしいので、しばしば首都の名前を冠して、それぞれコンゴ・ブラザビル及びコンゴ・キンシャサと呼ばれる。ブラザビルとキンシャサはコンゴ川を隔てて隣接しており、7キロの川幅を15分で渡船が繋いでいる。首都間の距離が世界最短だと自慢された。一方の首都に出張するたびに他方の首都にも足を伸ばしたので、何度かコンゴ川を往復した。

ブラザビルは西アフリカのセネガルと並んで、フランスの中央アフリカにおける植民地経営の中心だった。19世紀後半にベルギー国王がコンゴ川流域の探検と植民地化を進めたのに触発され、フランスもコンゴ川北岸の植民地化を進め、コンゴはベルギー領とフランス領に分かれた。ベルギー領コンゴが現在のコンゴ民主共和国であり、フランス領コンゴは現在のコンゴ共和国、ガボン、中央アフリカ共和国を含むコンゴ川北岸地域だった。フランスはこれにチャドを加えて、フランス領赤道アフリカとしてブラザビルから4地域の植民地運営を行い、第1次世界大戦後にはドイツの植民地だったカメルーンも獲得した。この5か国は1960年にそれぞれフランスから独立した。

ブラザビルには2015年に税関50周年記念式典に招待された。独立後も旧仏領5か国は関税徴収をフランスに委ねていたが、1964年末に各国はそれぞれ独自に税関を発足させて、別々に国の関税を徴収して、財政的に独立した。これが税関50周年の意味合いで、周辺国の関税局長達もそれぞれ自国の税関の50周年とし

ブラザビルで行われた税関50周年記念式典に出席した。税関の制服はフランス風だった。

て、旧植民地連邦首都のブラザビルでの式典に参加していた。これらの国はフランスとの関係が深く、式典でも歴史的背景の説明はフランス税関の職員が行なっていた。ブラザビルの行政機構もフランスの伝統が強く感じられ、税関の制服もフランス風だった。また中央アフリカのフランス語圏諸国は西アフリカと同様、通貨同盟を作って、フランス中央銀行の保証の下に通貨ＣＦＡフランが使われてきた。最近では中央アフリカでも西アフリカに倣って、フランスに頼らない地域の共通通貨の導入が検討されている。

コンゴ共和国は国土面積34万平方キロと日本並みだが、国土の大半は熱帯雨林で覆われている。人口は５００万人と人口密度が薄いが、人口の増加が著しく、ほぼ半分は18歳未満と若い国でもある。大西洋岸で産出する原油が経済の大黒柱だが、原油価格は変動する上に、人口増加によって1人当たりの国内生産は近年マイナスを記録してきた。鉱物資源は豊富といわれているが、開発はこれからだ。会合の合間にブラザビル郊外に確保された税関研修所の用地に案内されたが、道路がまだ舗装されておらず、ヘリコプターで向かった。開発余地が大きいといえよう。

コンゴ川は両コンゴ国をつなぐだけでなく、多くの種類の川魚がとれるので、小舟に乗った漁師をよく見かけた。主食にはバナナの揚げ物や蒸し物が出てきたが、かつてバンツー族が何世紀もかけてアフリカ大陸に拡散していく過程で、栽培食料としてヤムと並んでバナナが重要な役割を果たしたことを思い出した。アフリカでの会合はリズム感の強い音楽に乗った民族舞踊で始まることが多い。今回も、部族の衣装をまとった踊り手が現れ、しかも貿易円滑化やアフリカ域内貿易の活性化といった会議の狙いや税関協力の重要性を歌にしていた。かつての情報伝達の形を今に伝えているのだろう。

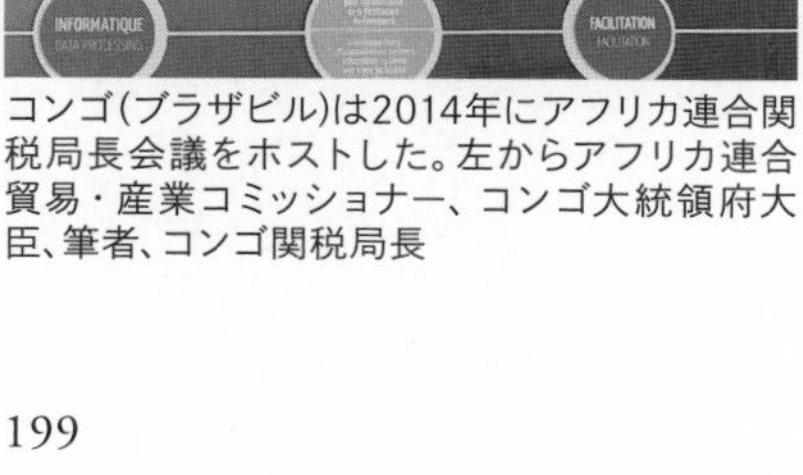

コンゴ（ブラザビル）は2014年にアフリカ連合関税局長会議をホストした。左からアフリカ連合貿易・産業コミッショナー、コンゴ大統領府大臣、筆者、コンゴ関税局長

コンゴ・キンシャサとベルギー

(『貿易と関税』２０１６年8月号収録)

コンゴ民主共和国(コンゴ・キンシャサ)は日本の6倍以上の広さの国土をもつが、その多くは熱帯雨林に覆われており、フランス語圏の中では最大の人口8千万人を抱えている。銅、ダイヤ、コバルト等の豊かな鉱物資源に恵まれているが、その開発や民族対立を巡る内紛や近隣国との紛争に苦しんできた。地理的には中央アフリカだが、鉱物資源が豊かな東部は輸出入にケニアやタンザニアの港を使っており、２０２２年に東アフリカ共同体に加盟して、貿易ルートや地域統合への関わりを多様化している。

各国の回り持ちだったアフリカ連合関税局長会議はキンシャサで２０１５年9月に開催された。上下両院が入る人民宮殿が会場に使われたが、これは１９７０年代に中国の資金支援により北京の人民大会堂をモデルにして建設された巨大な建物だった。同じ建物内に下院議長を表敬すると、大きなコンゴの地図を示しながら、東西、南北にそれぞれ最大で２０００キロに広がる国土で統治は容易ではないと解説してくれた。実際に関税局長に必要な支援機材は何かと聞くと、航続距離の長いヘリコプターが欲しいとの答えだった。コンゴ川の河口にあるキンシャサは国土の西端にあるので、広い国土の把握に苦労している様子だった。２日間の会議の終了後に、各国関税局長を代表して首相に報告したところ、首相は熱心に聞いた後、官邸の庭に案内して下さった。庭の中心部には１９６０年の独立時のルムンバ初代首相の大きな銅像があり、関税局長達は皆喜んで銅像を背景に記念撮影をしていた。ルムンバは就任して半年後には植民地勢力や冷戦等の国際情勢が複雑に絡む国内対立の中で殺害されたが、今でもアフリカの独立精神を鼓舞する存在のようだ。

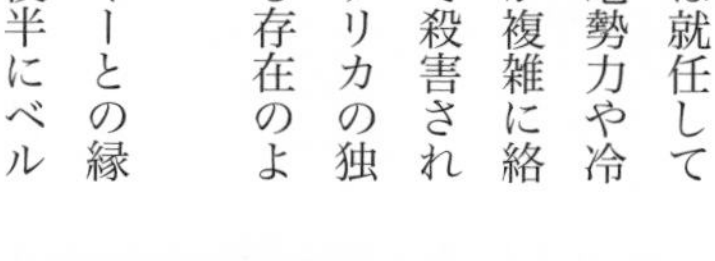

コンゴ民主共和国(コンゴ・キンシャサ)の国民議会(下院)議長と会談。コンゴ民主共和国関税局長が同席。

この国はベルギーとの縁が深い。19世紀後半にベルギー国王レオポルド2世は欧州列強の進出が遅れていた中央アフリカ地域に着目し、探検家を雇ってコンゴ川上流を探訪させ、広大な領土の私有権を確保した。しかし過酷な植民地支配によりコンゴの多くの人命と資源を奪っているとして国際的な圧力がかかり、当初は乗り気ではなかったベルギー政府が1908年に国王の私有地を割譲させて、植民地経営を行うようになった。1960年の独立後も鉱物資源を狙う東アフリカ諸国の介入もあって、国内で動乱や政治の不安定化が起こりがちだ。

ベルギーの首都ブリュッセルの郊外テルビューレンには王立中央アフリカ博物館があり、コンゴ植民地時代の展示で知られている。元々は1897年にベルギーで開催された万博会場の一つで、レオポルド2世が私有するコンゴの植民地経営の内外へのプロパガンダが目的だった。広大な公園の中の古典的な建物にある博物館は、過去の植民地からの富の収奪に触れることがなく、アフリカへの偏見を助長したとの批判に応えて、より公正な立場からの展示を目指して5年間かけて見直しを行い、2018年に再開した。新しい展示では、ベルギーが暗殺に関わったとされるルムンバ元首相の演説ビデオが放映され、ベルギー国王を前にして、いかに自分たちがひどく扱われていたかを遠慮なく述べてみせ、迫力があった。また、アフリカ音楽に大きな影響を及ぼし、米国ジャズの起源の一つともいわれるコンゴ・ルンバ（アフリカン・ジャズ）のダンス音楽や他の伝統文化も肯定的に紹介されていた。またブリュッセルの中心部にはマトンゲと呼ばれる「欧州のアフリカ人街」がある。アフリカの食材店、レストランやヘアドレッサーが通りやアーケードに並んでいてコンゴ系出身者を中心に賑わっており、キンシャサの繁華街にいるような気分になる。外国人が多いブリュッセルの多文化社会のショーケースになっている。

コンゴ民主共和国から報告されたサンゼンコウ（パンゴリン）の鱗（うろこ）の密輸出入を押収した現場写真。センザンコウは硬い鱗で覆われた哺乳類であり、鱗が漢方薬の原料となることから絶滅危惧種に指定されている。

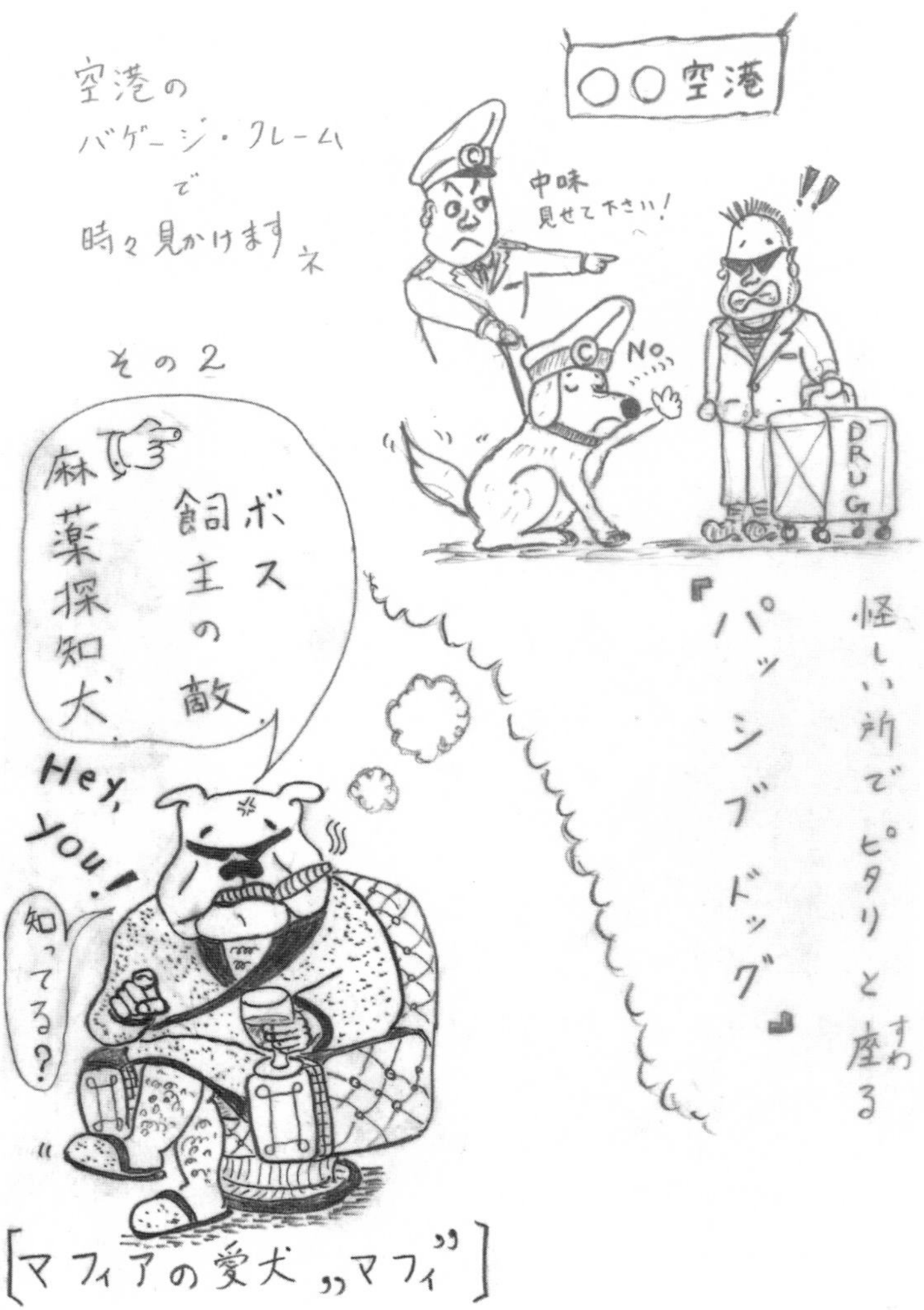
空港の
バゲージ・クレーム
で
時々見かけますネ
○○空港
中味
見せて下さい!
!!
No
DRUG
『パッシブドッグ』
怪しい所でピタリと座《すわ》る
その2
麻薬探知犬
ボス
飼主の敵
Hey, you!
知ってる?
[マフィアの愛犬"マフィ"]

<アフリカ>

アフリカのポルトガル語圏

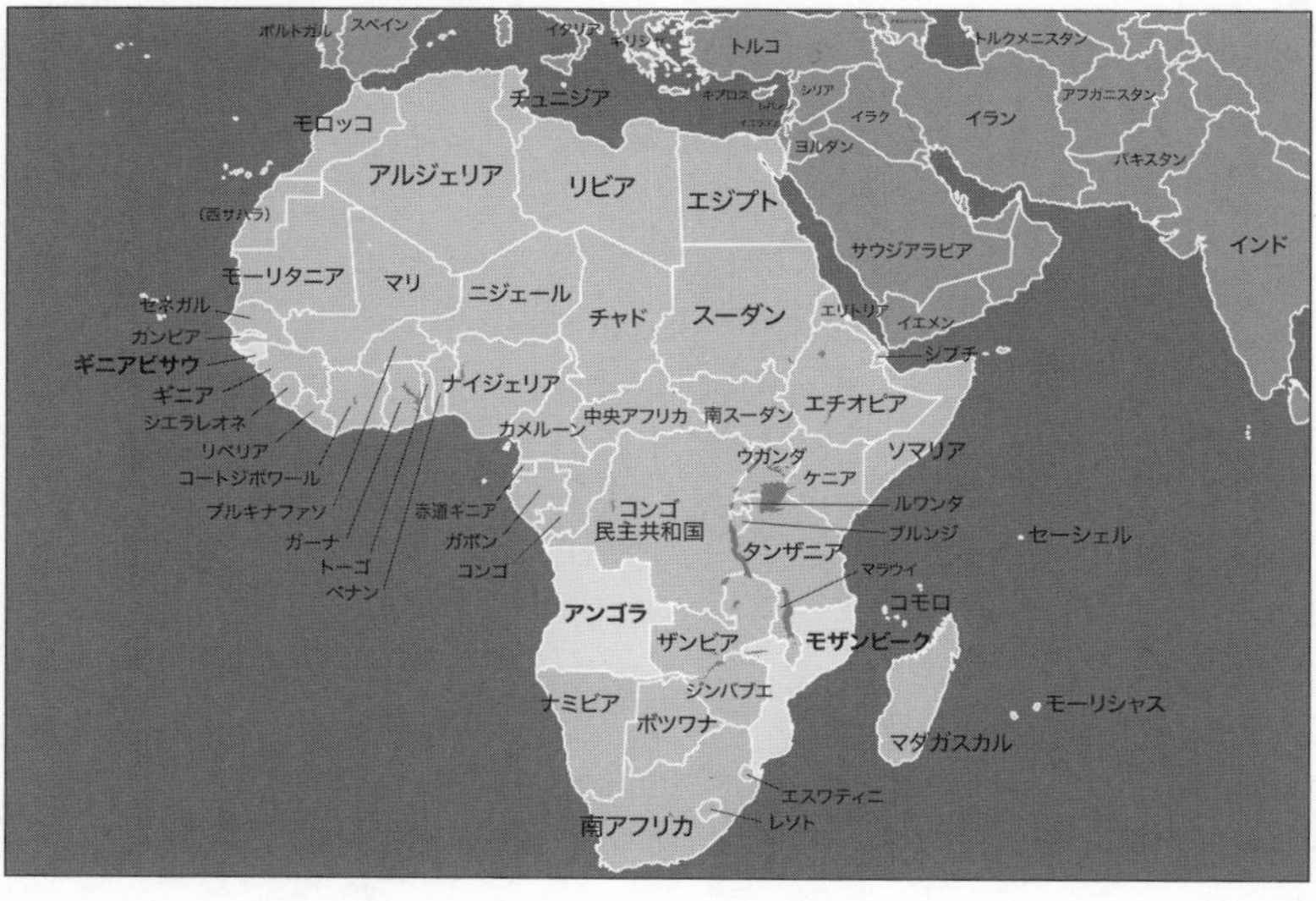

モザンビーク―内陸国を結ぶ回廊開発

（『貿易と関税』2018年1月号収録）

アフリカ大陸の東南部沿岸にあるモザンビークは、日本とも縁のある国だ。2017年に日本が主催するアフリカ開発会議（TICAD）の閣僚会合出席のために首都マプトを訪れた。シーラカンスや野生動物の剥製で有名な自然史博物館には『アフリカ最初の侍』という題で、戦国時代に宣教師が連れてきたモザンビーク出身の黒人召使「弥助」が織田信長に気に入られて、武士になる生涯が絵で特別展示されていた。16世紀の天正遣欧少年使節はポルトガル王に面会後、帰国途上にモザンビーク島に立ち寄った記録もある。モザンビーク税関職員への講話の中で、日本との長い交流史を話したところ、大変喜ばれた。

モザンビークは1975年にポルトガルから独立したが、1992年まで内戦が続き、国内経済が疲弊し、復興途上にある。TICADではアフリカには内陸国が多いので、沿岸国の港と内陸国を結んで地域活性化を図る回廊構想が重視され、税関が重要な役割を担う。国境で物流に支障が出ないよう、税関と他省庁手続きを統合して迅速に行う、ワン・ストップ・ボーダー・ポストの考え方が推進されてきた。インフラ整備のいわばソフト部分だ。

モザンビークでは首都マプトと隣国の南アフリカ北部の内陸地域を結ぶ「マプト回廊」が回廊構想の具体例で、マプト港を整備して、経済成長が続く南アフリカの物流インフラとして活用されるようになった。その原動力になったのは、首都マプトで1998年から始まったアルミニウム精錬の合弁事業で、ここに日本企業が関与した。もともとモザンビークは北西部のザンベジ川流域に建設された水力発電所から、隣国の南アフリカに電力を輸出していた。この豊富な電力を基に、電力を大量消費するアルミ精錬が検討され、国内送電網が整備された南アフリカからマプトに再供給した電力を使って、豪州から輸入したアルミナを精錬して輸出する加工貿易が実現した。アルミの欧州向け輸出港となるマプト港も整備され、マプト回廊の基盤となった。

さらにモザンビーク北部のナカラ港と内陸国マラウィ、ザンビアやジンバブエとを結んで、周辺地域の農業・工業開発を行う「ナカラ回廊」構想が注目されている。すでに内陸部の良質炭鉱をナカラ港を使って輸出する「ナカラ回廊」鉄道・港湾インフラ整備が進んでおり、ここでも日本企業が合弁事業の形で貢献している。こうした資源開発を梃(てこ)にして、回廊の運送網の整備が進めば、南部アフリカ諸国の物流ボトルネック解消に大きく寄与することになる。

会議の合間にマプトの街を見学すると、7年前に訪問した時よりも内戦からの復興が進んでおり、ポルトガル植民地時代の建物を残した街並みは明るく、ホテルも建てられていた。コロニアル様式の外観の市営市場に行くと、野菜や果物等に加えて新鮮な魚介類やスパイスがきれいに並べられており、当地の美味しい魚介料理の材料を実見した。市場では私のような買い物をしない訪問者への視線も穏やかで、煩わしい売込みもなくてほっとした。変わったところでは、女性のおしゃれ用に、色々に編み上げた髪の毛のかつらを売る店が多かったことだ。街の中心部にある教会の中では先生に引率されて来た小学生たちがこちらに人懐っこい笑顔を向けてくれた。近くには、外壁に鉄の素材を使った「鉄の家」が建っていた。パリのエッフェル塔設計者によってポルトガル総督向けに作られたものだが、内部は暑すぎて住めなかったという逸話が残っている。

現代のアフリカの実情に即した、税関も絡む物流網の整備に日本企業が関与しているのを心強く感じた。

ポルトガル語圏の関税局長たちと。筆者隣の女性がモザンビーク歳入庁長官。

アンゴラの考える人

（『貿易と関税』２０１６年2月号収録）

アンゴラは大西洋に面して、南西部のアフリカに位置し、ナミビアの北にある国だ。１９７５年にポルトガルから独立したが、その後も内戦が長引いた。ポルトガルは欧州各国の中で最も早く15世紀に海外植民地に乗り出したが、引き揚げたのは最も遅かった。旧英仏植民地が１９６０年前後に次々と独立する中で、ポルトガルは植民地を海外領土として本国に編入する措置を取った。そのため１９６１年以降アフリカの海外領土で独立戦争が起き、独立運動鎮圧の軍事負担に耐えきれなくなったポルトガル本国で１９７４年に革命が起き、すべての海外植民地を手放した。他方、独立戦争が長引いた旧植民地では複数の独立運動組織が生まれ、独立後の主導権を争う内戦状態になった。さらに当時の東西冷戦や南アのアパルトヘイトの影響を受けて、アンゴラでは3つの国内軍事勢力が国外からの支援を受け、２００２年まで内戦が続いた。数百万人が犠牲になり、国内にはまだ多くの地雷が残っている。

内戦終結後は、石油やダイヤモンドといった天然資源に恵まれて成長軌道に乗った。そのアンゴラの首都ルアンダで２０１５年の東南アフリカ地域の関税局長会合が開催され、その成長の様子を見ることができた。ルアンダは国土の北部にあり、大西洋岸の海に湾を抱えるように突き出した半島に守られた天然の良港だった。半島の根元にはポルトガルが17世紀に建造した頑丈な砦があり、ここから数多くの奴隷が砂糖キビ畑での労働用にポルトガル植民地時代のブラジルに送り出された。現在の半島はルアンダのナイトライフの中心で、縦走する道路の湾側にはレストランやバーが続いていた。大西洋側は砂浜で、音楽を掛けてダンスに興じる若者のグループがそこかしこに見られた。腰をくねらせて踊るセンバと呼ばれるダンスだが、これがブラジルでサンバになったと聞いた。

アンゴラは日本の3倍以上の国土面積があるが、海岸部平野を除くと、高原地帯が多い。他方、３２００万人の人口のうち4分の1以上は首都圏に集まっている。これはアフリカ最大の産油国となり、海外からの投資も流れ込んで、急速な経済成長が首都に集中していることを反映している。石油開発には欧米系資本が入り込む一方、原油の最大の輸入国である中国は、多額の借款を供与して、自国の資材と労働力を動員してインフラ投資を行っていた。会談した副大統領は経済多角化や多様な国からの貿易投資促進に熱心であり、財務大臣も日本のような国からアドバイスと投資が欲しいと言っていた。人材育成のために原油収入を使って一時はWCOに多くの職員を派遣してくれたことがある。

もっとも、資源依存型成長の国でよく見られるように貧富の差は大きく、経済はいびつな姿だ。内戦時代からの避難民が首都近辺に流入してそのまま留まって都市機能がパンクしてしまい、インフラ整備が追い付いていない。道路や新しいビルの建設ラッシュだが、それでも増大する需要に追い付かず、政府は市の南方に外国人も居住できるような衛星都市を建設した。私のホテルもそこにあったのだが、交通渋滞は深刻であり、通勤時間帯には3時間みておく必要があるとのことだった。資源関連の投資案件の多さに期待した外資系企業の進出は多いが、ルアンダはしばしば海外駐在員にとって最も物価が高い都市にランクされている。セキュリティ対策もあって駐在員向けの住居確保に金がかかるのと、内戦で農業インフラが打撃を受け、購入食料品もほとんどが高価な輸入品に頼っているせいだ。

出張先ではアンゴラを代表する伝統文化である木彫りの「考える人」を至るところで見かけた。両足を交叉して座り込み、両手で頭を抱えながら熟慮する人物像だ。しかしアンゴラをめぐる状況は急速に変化しつつあり、熟慮を続けるのはなかなか難しそうだ。

アンゴラ副大統領と会談。アンゴラ歳入庁長官が同席。

ギニアビサウとポルトガルの縁

（『貿易と関税』2020年11月号収録）

アフリカ大陸が大西洋に突き出した西端近くに位置するギニアビサウ共和国は、面積は日本の10分の1、人口は200万人弱で、アフリカの中では比較的小規模な国だ。世界の中でも最貧国の一つであり、薬物取締りの世界では南米発のコカインの欧州向け中継地として知られている。旧ポルトガル植民地であり、独立が1974年と周囲の国に比べて遅く、独立後も内乱が続いていた。そうした隙をついて、2005年頃から、南米コロンビア原産のコカインが直接、又はブラジル経由で大西洋を渡って流入するようになった。現在、こうした状況から立ち直るべく、各国との協力を深めている。特に近隣のフランス語圏諸国7か国から構成される西アフリカ経済通貨連合（UEMOA）にポルトガル語圏ながら8番目のメンバーとして1997年に加盟し、共通通貨を導入して、経済統合を通じた経済発展を目指してきた。

ポルトガルは15世紀半ばの大航海時代に、欧州各国に先駆けて西アフリカ、そして世界中に進出した。西アフリカでは西端に位置する良港のビサウに貿易拠点を設け、アメリカ大陸向け、多くはブラジル向けに奴隷貿易に取り組んだ。ポルトガル商人は海岸に居住し、奴隷はアフリカの沿岸勢力が内陸部から供給する形の分業だったので、ポルトガルの内陸部への進出は遅れることになった。他方、19世紀になると、英仏を中心とする欧州諸国によるアフリカ内陸部の探検と領有が競争のように進んだ。その結果、ポルトガル領ギニアはフランス領に取り囲まれる形となり、北はセネガル、南はフランス領ギニアとなった。第2次世界大戦後の旧英仏領を中心としたアフリカ独立の動きの中で、フランス領ギニアは一足先に1958年に独立してギニア共和国となった。そのためポルトガル領ギニアは独立時に隣国と区別するために、首都ビサウの名前を冠してギニアビサウという国名を採択した。

ギニアビサウは周囲のフランス語圏諸国との協調を目指しているが、ポルトガル語圏諸国との結びつきは依然として強い。2019年のポルトガル語諸国共同体（CPLP）

の関税局長会議は11月にギニアビサウで開催されたので、私も参加する機会を得たが、そうした絆の強さを実感した。まずポルトガルの首都リスボンの空港に向かったが、そこはギニアビサウへの玄関口のようで、ポルトガル、ブラジル、東ティモールといったアフリカ外部からの会合への参加者と一緒になった。彼らは同じ言語の気安さで、ソーシャル・メディアのアプリを通じて常に連絡を取り合い、税関の近況について情報交換をしている。ビサウに到着すると、熱帯性サバンナ気候で、乾期にあたり、日差しが強くて日中は30度以上で、晩秋の欧州北部ブリュッセルから来ると25度以上の温度差だった。

案内されたホテルはポルトガル軍の駐屯地の跡で、確かに受付のある本部建物の前には兵隊が整列・点呼できるような広場があり、各客室は本部の周りの細長い兵舎が改装されたものだった。元兵舎はレンガ造りの立派な建物だったが、平屋建ての長屋形式で、それぞれ入り口から区切られた居住区域になっていた。周囲にはプールや子供向けの遊戯具もあり、家族連れの士官も駐屯していた跡が残っていた。CPLP関税局長会議の事務局長は60代半ばのポルトガル税関の幹部職員だったが、感慨深そうに、ここは自分が20歳の時に駐屯していた場所だと教えてくれた。独立は45年前だから、激しい独立闘争が戦われた海外領土時代の最後の頃だったのだろう。彼は「当時の思い出は何とも言えない、今とはまったく違うから」と、あまり多くを語ってくれなかった。

ビサウは大西洋に通じるジェバ川の幅の広い河口に位置し、ポルトガルが17世紀に要塞に守られた港として建設した。古いが巨大な四方形の要塞は、当時は周囲の領域の植民地化に熱心なフランスの進出を牽制するものだった。要塞の隣には税関本部もあり、この国は税関収入への依存度が高いので、重要施設だったようだ。税関庁舎とその前に積まれたコンテナ、そして河口に向けて港の桟橋が伸びており、いわば税関の原風景に接したポルトガル語圏諸国の関税局長たちは嬉しそうだった。産業は農業漁業が中心になっていることを反映して、主要輸出産品も魚介類、カシューナッツ、豆類といった構成になっているとの説明だった。

港には古びたドックがあり、そこが植民地時代にドック労働者の待遇改善を求めるストに対して警察隊が発砲し、多数の犠牲者が出たところだ。その背後は犠牲者公園となっており、巨大な握り拳を振り上げた像が建っていた。それまでも独立運動はあったが、このポルトガル植民地政府の強硬な措置により、平和な運動が武装闘争へと変わった。1961年から独立の1974年まで13年間続く独立闘争で、ポルトガル政府は苦戦した。一つには先に英仏から独立していた周辺国が独立ゲリラをかくまったことと、もう一つは当時の東西冷戦構造の下で、ソ連圏が西側諸国の一員であるポルトガル領での反植民地闘争に手を貸したことがある。その一環として、キューバによる兵士の派遣といった東陣営からの独立運動支援が行われた。

ギニアビサウの植民地戦争は泥沼化し、その苦難を植民地で実際に経験し、かつ本国経済にも重荷になっていることに、当時のポルトガル軍の青年将校たちが危惧の念を強めた。いち早く植民地の独立を認めた他の西側諸国から、強い批判を浴びたことも圧力になったといわれている。青年将校たちは1974年にポルトガル本国で軍事クーデターを起こし、ほぼ無血で40年以上続いた本国の独裁政権を終わらせた。リスボンの市民たちは革命による自由到来を祝ってカーネーションを手に兵士と交歓したので、カーネーション革命と呼ばれている。その結果、革命を引き起こす直接の要因になったギニアビサウのほか、アンゴラ、モザンビークといったアフリカのポルトガル植民地もすべて独立が認められた。英仏の植民地の独立が1960年前後だったのに比べると、相当遅れた植民地開放だった。

しかし独立後もギニアビサウは国内の勢力争いが続き、大統領の地位をめぐって武力衝突が頻発してきた。2012年の軍事クーデ

ギニアビサウのポルトガル語圏関税局長会議の開会式で財務大臣の挨拶

ターが最も最近の例だ。私が訪問した２０１９年11月は、ちょうど大統領選挙の直前で、現職大統領と現職首相が対立する情勢となっており、どうなることかと心配しながら帰国した。その後、12月の選挙では２人とは別の元首相経験者が勝ったと聞いた。現職大統領は選挙で４位に終わったものの、初めて任期５年を全うする形となり、選挙によって平和裏に大統領の交代ができたことは意義深い。今後、政治体制が安定して経済が発展軌道に乗ることが期待されている。さらにコカイン密輸問題についても、仕出し地のブラジルを始めとする南米諸国や、仕向け地のポルトガルを始めとする欧州諸国との協力で解決を目指す道が探られている。今回の税関の会議でも密輸問題に対処するための協力強化が大きな主題だった。

ポルトガルの現代史に大きな影響を及ぼしたギニアビサウだが、ポルトガルとの関係では良好な二国間関係が続いている。街の中心部にある大統領官邸からほど近い一等地にポルトガル大使館があった。会議参加者とすぐ近くにある港湾を見学する途中に立ち寄ったが、大使館員はポルトガル語諸国の集まりと聞いて嬉しそうだった。ここでは指導的地位にある人たちは概ねポルトガルの大学で勉強した経験がある。ポルトガルとの文化的な近さは明らかで、ギニアビサウ税関が屋外で歓迎食事会を催してくれた時は、会議参加者はポルトガル料理には欠かせない新鮮な魚介料理とポルトガル・ワインで賑やかに食卓を囲んだ。屈託のない笑顔にポルトガル語圏諸国の絆の強さを感じた。

大西洋に通じるジェバ川河口を守る要塞の隣に建つギニアビサウ税関本部の入り口にて。

＜アフリカ＞

アフリカ島嶼部

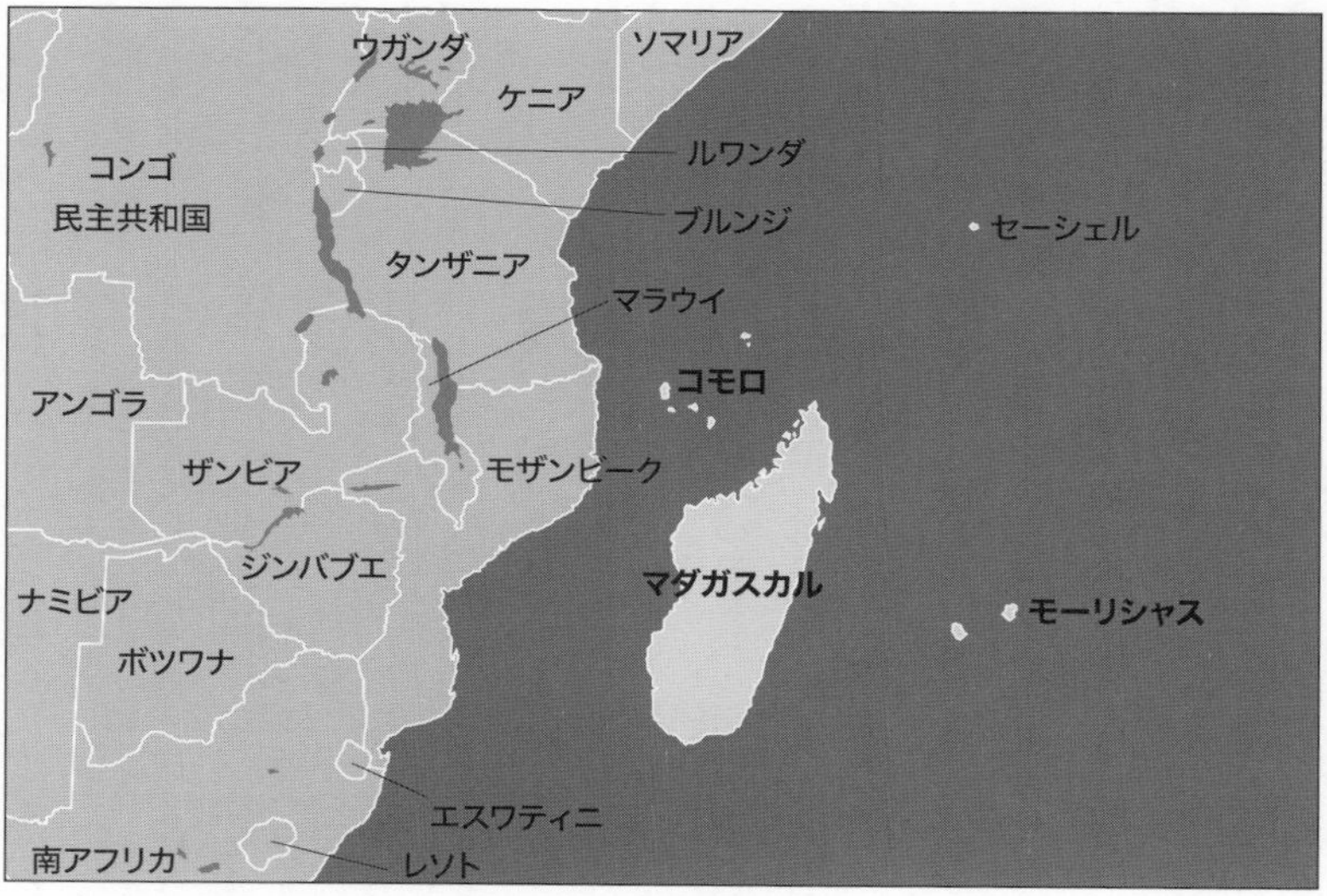

モーリシャスの多元文化

（『貿易と関税』２０２２年９月号収録）

アフリカ大陸から１７００キロ離れたインド洋に浮かぶ島国がモーリシャスだ。モーリシャスとアフリカ大陸との間にはマダガスカルがあるが、そのマダガスカルからも１０００キロ離れている。国土面積は東京都とほぼ同じだが、人口は１３０万人と東京都のほぼ10分の1だ。サンゴ礁に囲まれた旧火山島であり、森に覆われた低山地帯が多い。２０２２年５月にコロナ禍後最初となるＷＣＯ地域会合が開催された。地域会合は島の南東部にあり、1月にオープンされた統合通関センターの会議場で行われた。島の北西にある首都ポートルイスから最も離れた場所にある国際空港に隣接しており、税関のみならず他の国境管理官庁も入居してもらい、すべての手続きが一つの屋根の下で済むように設計された貿易円滑型の施設だ。周囲はサトウキビ畑だったが、近くの海岸線には透明な海水と美しいビーチを売り物にしたリゾートホテルもあった。沖合のサンゴ礁では2頭のクジラが戯れている光景も見ることができた。

モーリシャスは南半球にある熱帯性気候で、５月は夏から冬に移り変わる季節なので平均温度は23度と過ごしやすかった。もっとも、年間を通じて天気は変わりやすく、地域会合の開会式の後に財務大臣と一緒に記念植樹を行う予定だったが、突然降り出した強い雨で先送りになった。ちなみに後刻植樹した木はインド原産のアショカ・ツリーで、ヒンドゥー教や仏教では聖なる木だ。日本では無憂樹（ムユウジュ）と呼ばれ、お釈迦様が生まれたところにあった木とされている。せっかくなので首都に行った時に、２０１１年の地域会合の際に歳入庁の税関本部入り口に植樹した木にも案内してもらったが、無事に成長していた。忘れていたが、それはモーリシャス固有種のマカックという熱帯の常緑樹だった。

モーリシャスは18世紀初頭からフランス人がサトウキビ農園を開発し、ナポレオン戦争の結果、１８１０年に島は英国に引き渡されたが、フランス人農園主は支配階級として残った。そのため今日では英語とフランス語の双方が通じる。フランス語を基にしたクレオール語を母語とする国民が多く、その後インド系人口が増えたが、彼らも次第に祖先の言葉から離れて、クレオール語を母語として使うようになった。フランス統治時代には、アフリカから連れて来た奴隷をサトウキビ農園で酷使した。過酷な労働環境から数多くの奴隷が逃亡して海岸にある岩山ル・モーン山に逃げ込んだ。英国統治時代の１８３５年に奴隷制は廃止されたが、その際、奴隷制廃止を伝達に行った官吏を自分たちを捕まえに来たと誤解した逃亡奴隷が数多く山から投身自殺を図ったとの悲劇が伝えられていた。

奴隷労働を失った英国はインドから大量の契約労働者を世界中の熱帯植民地に送り込んでサトウキビ農園などでの労働力として使った。中でもモーリシャスには最大規模の50万人のインド契約労働者が送り込まれ、現在のモーリシャスの人口の３分の２以上はインド系と推定されている。人口調査（出身民族の質問は禁止されている）で国民の宗教分布をみると、ヒンドゥー教徒48％、イスラム教徒17％となっており、両者を合わせるとほぼインド系住民の推計に対応する。残りの３分の１はキリスト教徒で、大半はアフリカ系だ。フランス系は２％、中国系も２％在住しているといわれる。もっとも、中国系移民は大半がその後アフリカ大陸に渡ってしまい、中国人にとってモーリシャスはアフリカへのゲートウェイだったようだ。華僑によって作られた首都ポートルイスの小さなチャイナタウンとは別に、最近中国政府の後押しで郊外に建設されたピカピカの商業地区に案内されたが、ガラガラだった。

モーリシャス国内には宗教施設が多い。インド系契約労働者は劣悪な勤務環境の中で、ヒンドゥー教を心の支えに生きたといわれ、今でもヒンドゥー教寺院への参拝や寄進が多い。南西部の山中の火口湖はヒンドゥー教徒の巡礼地となっていた。最近では高さ33メートルの巨大なシバ神像がお金持ちの寄進で建立され、樹木に覆われた低山地帯から抜きんでて佇立するシバ像は印象深かった。湖畔にある寺院には多くの家族連れの信者がお供えを持ってお祈りに来ていた。首都ポートルイスは山に囲まれ、一方が海に開かれた港湾都市だが、ここでもヒンドゥー寺院を散見した。他方、首都の港湾を見下ろす山の中腹には３メートルの高さの聖母マリア像を戴く野外礼拝堂があり、フランシスコ・ローマ教皇が２０１９年に10万人の信徒を集めて野外ミサを行ったことで知られている。もっとも、夕方になるとイスラム教徒に礼拝の時刻を告げるアザーンの詠唱が街中に流れ、ここは複数の宗教が共存する国だなと実感した。

サトウキビ生産のみで、天然資源に乏しいモーリシャスは1958年に英国から独立した際には、将来が危ぶまれていた。しかも多民族、多言語、多宗教と社会を分断する要素は数多くあった。しかしながら、独立後の政府は唯一の資源は人的資源であるとして、教育に投資して大学まで無料化を実現し、さらに医療の無料化も実現して、民族を超えた社会統合を図り、選挙による政権交代を伴う民主主義体制も定着した。そうした統治面の成功と表裏一体だが、経済成長もめざましく、経済特区などの産業振興政策による繊維輸出や観光客招致といった産業多角化に成功した。その後、国際金融、IT産業への投資の呼び込みも行い、「モーリシャスの奇跡」として有名になった。

首都にある植民地時代の建物を改装した首相府にジュグノート首相を表敬し、「医療が整備され、コロナ禍に厳格に対応していたモーリシャスなので安心して地域の関税局長たちも集まれました」と、地域会合ホストのお礼を申し上げると、コロナ禍からの脱却を目指して国際会議・観光誘致に力を入れている首相は喜ばれた。ちょうど11年前の2011年5月にも地域会合がモーリシャスで開催され、その時は同首相は財務大臣として開会式にお出でいただいたので、懐かしがって下さった。WCOはアフリカの税関から税関ソフトウェアの技術支援の要請を受けると、専門知識のあるモーリシャス税関職員に出張を依頼することが多い。首相はIT大臣を務めたこともあり、IT人材の育成にはご熱心だ。人口が密集する首都から15キロ離れたサトウキビ農園の跡地にサイバーシティが2001年に建設されたが、その後もインターネット・労働環境を整備して優秀な

モーリシャスの首相にコロナ禍への厳格な対応とWCO会合のホストを感謝

人材や金融を含む関連企業を誘致することに国全体で取り組んでいる。２０１９年にはポートルイスと繋ぐ軽量鉄道メトロ・エクスプレスも完成し、サイバーシティの利便性が向上した。また貿易立国としてひっ迫する国際供給網の先行きにもご関心を示された。

首相に限らず、政府は国際機関との協調を重視し、アドバイスをよく聞いてくれる。例えばモーリシャス歳入庁はＷＣＯとの関係を重視し、２０１３年にはモーリシャスに英仏両か国語対応のＷＣＯ地域研修センターを開所し、地域で喜ばれた。歳入庁のトップはパキスタン歳入庁で幹部を務めたヒンドゥー教徒で、彼の下の関税局長にも現在のモーリシャス人の前にはカナダ人や英国人が就任していた。そのうちの一人から、モーリシャス人は優秀だが、人口１３０万人の狭い島社会でもあり、部外者の外国人を歳入庁幹部に据えるのは、歳入庁が定着するまで島社会でのしがらみを抑えるための知恵だと聞いたことがある。

帰国する前に時間があったので、地元の税関職員に国立公園として保護されている森林地帯に案内してもらった。南西部の低山地帯は生物多様性の観点からも重要な熱帯雨林に覆われており、高台から見るさまざまな形の山塊や渓谷、それに海の眺望は美しかった。かつての火山活動の後をみせるジオパークやサトウキビを利用したラム酒蒸留所と合わせて周遊する海外からの観光客が戻り始めており、英語に交じって仏語がよく聞こえた。森の中の自然散策路は気持ちよさそうで、地元の人たちはロングトレイルを一定の時間内に歩き通す行事に参加していた。その中に税関職員の姿も多く、健康増進のための参加とのことだった。医療費が無料化されているとはいえ、自らの健康管理を怠らない姿勢に、この国が高福祉を提供しても健全財政を維持している理由の一端を見たような気がした。

南西部の低山地帯は生物多様性の観点からも重要な熱帯雨林に覆われており、高台から見る様々な形の山塊や渓谷、それに海の眺望は美しかった。

コモロの発展

（『貿易と関税』2019年4月号収録）

コモロ連合はアフリカ大陸南部にあるモザンビークとマダガスカル島の間のインド洋に浮かぶ3つの島（グランドコモロ島、アンジュアン島、モヘリ島）が連合した島嶼国だ。沖縄県よりもやや小ぶりの面積に80万人の人口と、世界の中でも最も小さい国の一つだ。火山噴火でできた島で、今でも活火山を抱えており、海岸に行くと、黒い火成岩が堆積しているのが見えた。アラビア半島から交易のために渡って来た人々の影響を受けて早い時期にイスラム化し、東アフリカ沿岸との交易の中継基地であった。一時は欧州からアフリカ喜望峰を回ってインド・極東へと向かう交易船の重要な寄港地だったが、19世紀にスエズ運河が開通すると海上交通量は激減してしまった。その後は1975年に独立するまでフランスの植民地となり、バニラやイランイラン（香水の原料、生産量世界一）といった香料栽培のプランテーションが導入された。

2013年に訪問した時には、首都のモロニ空港に到着すると、副大統領が待っていて、大統領はアンジュアン島に滞在しているので、次の飛行便で向かいましょうといわれた。アンジュアン島がコモロ連合から離脱する動きを見せたので、大統領は3島に順繰りに滞在しているとのことだった。当時の大統領とは税関近代化の方向性をお話しした。5年後の2018年にアフリカ連合関税局長会議がモロニで開催されたので再訪した。コモロ連合の国内政治は憲法改正もあって安定したものになっており、また税関近代化が進んでいた。関税納付のオンライン化が進むとともに、関税減免措置は大幅に縮小され、5年前に心配したような恣意的な減免の余地をなくしたとのことだった。財務大臣は関税局長経験者で、関税減免措置への政治介入を阻止して縮小し、後輩関税局長に苦々しい思いはさせたくないとのことだった。現任の軍人出身の大統領にお目にかかると、税関に汚職の問題があるとすれば、社会に問題があるので政府全体での対応が必要と強調される一方で、日本の支援に感謝していた。

首都モロニから一歩外に出ると、バナナの植栽の間に集落が点在していた。その中に砂浜の美しい村があり、島を分割して治めていた何人かのスルタン達のうちの一人の屋敷跡が残っていた。小さな湾の向こうの風光明媚な丘には断崖が切り立っていたが、ここは19世紀にマダガスカルの海賊が奴隷狩りに来たときに、村の女性たちが奴隷になるのを避けるために、集団で飛び込み自殺を図った場所と聞いた。村にある大きなモスクが彼女たちを慰霊しているかのように見えた。村民はアラブ系、アフリカ系が入り混じっており、女性は日除けに顔料をつけ、サリーのような色鮮やかな衣装を身にまとっていた。

でこぼこ道を越えて別の岬に行くと、自給体制の漁業で生活する集落があった。船外に双方向に突き出した浮きに支えられたカヌー(アウトリガーカヌー)を漕いで帰ってくる2人の漁師に出会った。カヌーの舳先内部には吊り上げられた小さな魚が数匹置かれていたが、道具は釣り針とそれをつけるナイロン糸だけで、網は持っていないとの答えだった。モロニの道端で魚を並べて売っていたおばさん達を思い出したが、漁法を近代化しても、モロニのホテルまで運送するインフラがないと言われた。経済発展によって働き口が確保されないと、欧州への移民が増してしまうジレンマがある。新築の家を見かけたが、海外に出た働き手からの送金が元手と聞いた。

コモロ諸島ではスワヒリ語に近いコモロ語に加え、フランス語及びアラビア語が話されていた。財務大臣はこれに英語が加わると、周辺の国々を繋ぐことができるとのビジョンを語っていた。他方、モヘリ島税関の幹部に聞くと、自然保護によるエコツーリズムの方が輸出のための工業化よりも島経済のためになるとの意見だった。税関が離島経済にどう貢献できるのか、島によっていろいろ知恵を絞る必要がありそうだ。

コモロ大統領と会談(2013年)

税関200周年のマダガスカル

（『貿易と関税』2023年10月号収録）

マダガスカルはアフリカ大陸南部の東沖400キロに浮かぶ大きな島であり、日本の国土面積の1・6倍、人口2800万の国だ。先史時代に地殻の変動に伴ってアフリカ大陸やインド亜大陸から分離したので、生物多様性の観点からも重要で、動植物にはキツネザルのような固有種が多い事で知られている。マダガスカル税関からは2020年は設立200周年にあたるので、適当な機会を捉えて記念式典を計画したいといわれていたが、コロナ禍のせいで延期されていた。結局は2023年5月に東・南部アフリカ地域会合を誘致して、地域の24か国の関税局長が参集する機会に記念式典を行う段取りになった。西・中央アフリカ地域会合がその前週にアフリカ大陸西端のガンビアで開催されるので、二つの地域会合の間でどう移動するか心配だったが、杞憂に終わった。近年はアフリカ大陸内の航空網が発達してきており、かつてのように欧州を経由することなく、南アフリカ経由で西から東への大陸横断を行うことができた。効率性に問題のあった国営会社に代わって、民間航空会社がアフリカの空のネットワークを繋いでおり、域内の旅行が便利になったことを実感した。

東南アジア島嶼部から移住した人々がマダガスカルの始まりといわれている。言語やDNA調査からは、アジア系祖先はボルネオ島の南端（現在のインドネシア）から貿易風に乗ってカヌーで到来したと考えられている。メリナ人と呼ばれる彼らは、アジアから米作の技術を持ち込み、耕作に適した中央高地を開墾して水田を作った。メリナ系の財務大臣は、沿岸部にはマラリアを伝染する蚊が多くて、彼女のアジア系祖先は免疫を持っていなかったので蚊の少ない

キツネザルはマダガスカルの固有種。

中央高地に移動したと説明してくれた。メリナ人は今でも首都アンタナナリボを中心とする中央高地に多く住み、アジア系の風貌を強く残している。現在のマダガスカルの人口の4分の1を占める最大の民族グループであり、政治や経済面で大きな影響力を持つ。空港から市街地に向かう途中、水田や街の人々の顔立ちを見ると、思わず東南アジアに来たような錯覚を抱いた。他方、マダガスカル沿岸部にはアフリカ大陸から移住してきたバンツー系や貿易に携わって到来したアラブ人などの子孫が住む。

地域会合開会式にて。右からジンバブエ関税局長（地域代表）、マダガスカル関税局長、マダガスカル財務大臣、筆者。

今回の地域会合及び式典では、国家歳入の48％を徴収する税関の重要性を国内に示す目的があったようだ。国内産業の発展が遅れているので、税関の歳入確保は国の主要課題で、これまでも汚職防止策や人材育成でＷＣＯが支援してきた。電算化の活用もあり、近年は歳入確保や通関時間の短縮で成果が上がっていた。会合の合間を縫って、首相や財務大臣と会談したが、同席した関税局長は誇らしげだった。この国では大統領選挙のたびに民衆が動員された激しい政争が起きるので、内閣に選挙によらない実務家を配したようで、首相は国連機関での経験が長く、財務大臣は財務官僚出身だった。また首相は北部沿岸部のアラブ系の出身で、実業家出身の大統領が中央高地のメリナ人という面でもバランスを取っているようだった。

マダガスカルには10年前、２０１３年に訪問したことがあるが、その時の首相も外交官出身の実務家で、彼が駐ベルギー大使時代の顔見知りだったので、会った途端、お互いに笑い出したことがある。その際は、東岸の港トゥマナシアに案内されたが、内陸部のアンバトゥヴィ鉱山でニッケル生産が開始されたところで、積出港の通関を視察した。日本企業がカナダ及び韓国資本とともに開発した同国最大の投資案件であり、地元経済に大きく貢献すると評価されていた。最近では1万人の雇用と国内税収の27%を産み出しているとの報道も見た。このように将来の鉱物資源への期待はあるが、国民の8割は米作を始めとする自給自足型の農業従事者であり、輸出にはバニラや砂糖が貢献している。2013年当時は保護対象木材であるローズウッドの違法伐採、積出しが問題になっていた。10年後の今でも関税局長は密輸取締り強化のためにスキャナーの供与を政府に求めていたが、国内の違法取引シンジケートと政権内の汚職の取締り強化が前提とも言われていた。

首相を表敬訪問する筆者。左側は関税局長。良好なパフォーマンスを維持するためにも税関の採用を再開するかなどが話題となった。

　地域会合が終了した金曜日の夜に、海外出張で不在の大統領を代行する首相をはじめ、政財官界・外交団や地域会合出席の各国関税局長、それにマダガスカル税関OBを招いての盛大な式典が開かれた。冒頭、マダガスカル税関の歴史を振り返る短編映画が上映された。税関が設立された200年前は、英仏蘭がアフリカ沖で植民地争奪戦を繰り返していた頃だ。英国はフランスへの対抗もあって、当時マダガスカルの中央高地で勢力伸長の著しかったメリナ王国をマダガスカルの正統な支配者と認めて、通商協定を結んだ。その結果、マダガスカルは1820年までには税関を設置して、関税率は5~10%と低めだったが、同王国の重要な財源となった。しかしながらフランスが経済権益を狙って、1880年代からマダガスカルに植民地戦争を仕掛けて侵攻し、1896年にはメリナ王家を国外に追放して全土を植民地化した。短編映画では英仏蘭による植民地獲得のための奸計や、フランスが侵攻してマダガスカル税関を接収する様子が再現されていた。式典はすべてフランス語で行われ、料理もフランスのシェフによるものだったが、短編映画はフランスが関わった植民地主義への苦い記憶を明確なメッセージとして伝えていた。

式典は首相や私の祝辞の後には、東・南アフリカ24か国の関税局長による私への寄せ書きが贈呈されて、情の厚いアフリカに感動した。その後は一気に祝祭気分となって現地の音楽が盛り上がった。私の隣に座っていた首相がスローなステップでダンスを始めたので、人々がテーブルの間を移動しはじめた。税関職員が寄ってきて関税収入の増加は汚職対策の成果だと話してくれたので、嬉しく思った。多くの人々がダンスの輪に加わったが、彼らは一晩中踊り明かすと聞いたので、私は首相が帰って暫くしてから財務大臣に断って、時計が深夜を回る前にホテルに引き揚げた。

翌日、地域会合参加の関税局長たちはマダガスカル沖合のサント・マリ島に招かれた。インド洋の航路にあたるので、17世紀から18世紀にかけては英仏蘭各国の海賊が航行する帆船を掠奪する基地となり、海賊の墓地も残っていると聞いた。島には数人乗りの飛行機で小さな空港に到着し、案内されたリゾートホテルでは白い砂浜が広がっていた。リゾートから抜け出して地元の集落へ向けて歩くと、自給自足型の村落だった。道沿いのバナナの葉で葺かれた家の前では、カヌーで捕獲した魚を軒先に並べて細々と売っており、また丘の麓の茂みでは貴重な労働力であり栄養源でもあるゼブと呼ばれる背中にコブがあり、ツノを生やした牛が放牧されていた。ゼブのステーキが地元料理のお薦めだった。首都のアンタナナリボでは曲がりくねった道路は狭くて、車に注意して歩く必要があり、観光客は工芸細工の店にバスで送り込まれていた。これに対して、サント・マリ島内ではのんびりと現地の人々の生活を見ながら散策することができ、マダガスカル政府が観光開発を狙っていることが見てとれた。早朝まで続いた祝宴から駆け付けたマダガスカルの関税局長は、昨晩の式典は大成功で、フランス大使が将来の映画撮影への協力を申し入れてきたと言っていた。短編映画を見て、フランスとしては史実とはいえ、植民地支配について穏和な表現を求めたいところだろう。サント・マリ島では各国の関税局長たちとリラックスして、ＷＣＯへの期待やアフリカ税関の実情を幅広く議論できたのは有難かった。

＜アフリカ＞

北アフリカ

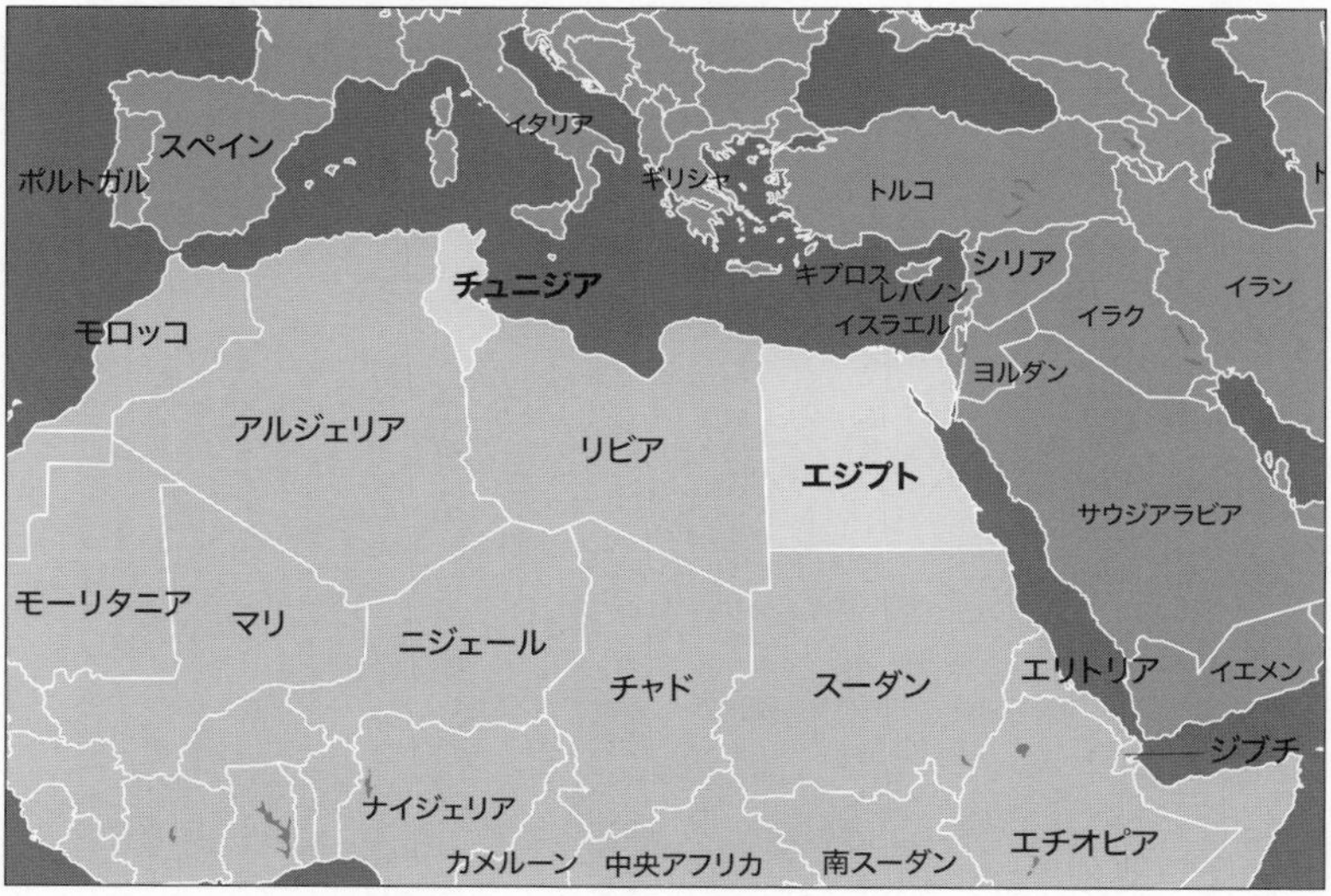
スペイン
ポルトガル
イタリア
ギリシャ
トルコ
キプロス
レバノン
シリア
イスラエル
イラク
イラン
ヨルダン
チュニジア
モロッコ
アルジェリア
リビア
エジプト
サウジアラビア
モーリタニア
マリ
ニジェール
チャド
スーダン
エリトリア
イエメン
ジブチ
ナイジェリア
エチオピア
カメルーン
中央アフリカ
南スーダン

チュニジアとアラブの春

（『貿易と関税』２０１６年10月号収録）

地中海沿岸のチュニジアは古代にローマ帝国と地中海世界の覇を競ったカルタゴの本拠地で、首都チュニスを中心にローマ時代の遺跡やアラブ文化の旧市街が有名だ。フランスからの独立後も西欧寄りの近代化路線と安定した国内政治で知られ、海外から多くの観光客が訪問していた。アフリカ開発銀行は、設立地のコートジボワールの治安が悪化した２０００年代に、チュニスの仮オフィスに避難していた。２００９年にアフリカ開銀総裁と面会するために出張したが、開銀の職員は先進的な発展段階のチュニスはアフリカではないようだと感嘆していた。

他方、20年以上在任したベン・アリ大統領は政治的安定のためにイスラム急進派を含む反対勢力を弾圧する一方で、富を自分の家族に集中させているとの批判も強かった。２０１１年には若年層の失業率の高まりを背景に民衆の不満が爆発し、大統領が退陣を余儀なくされた。チュニジアを代表する花にちなんでジャスミン革命と呼ばれ、独裁政権を批判する「アラブの春」の始まりとなり、近隣国にも飛び火した。その後チュニジアでは公正な選挙で民主的な政権が発足して「アラブの春」の唯一の成功例といわれた。

新政権に招かれて２０１６年４月にチュニスに出張した。空港に着くと早速テレビ記者会見、ラジオ番組出演を求められ、税関改革を通じた国造りへの期待が感じられた。関税局長は若手テクノクラートで、革命後５年間で軍人出身の関税局長が短期間で次々と交代して税関近代化の方針が一定しなかったのを改めたいと意欲的だった。面会した首相は税関改革に熱心で、こちらの提案を熱心に聞いて下さった。

記者会見に臨む筆者（左隣にアデル・ベン・アセン関税局長）

ただ2015年に国際テロリズムの高まりもあって、国内でテロが相次ぎ、観光産業が打撃を受けた。加えて、議会での政党間の権力闘争が激しく、労働争議の高まりもあって、経済の構造改革を進めるのは難しいようだった。国民の間には独裁制を倒して民主化したのに、生活が改善しないとの不満があり、議会・政治不信が心配と聞いた。

首相官邸は丘の上にあり、下り坂斜面に旧市街のメディナが広がり、入り口の大きなモスクに続く細い入り組んだ道沿いに門前市のように伝統的な商店街スークが広がっていた。金物屋の店先では職人が金づちで銅製品に細工を施しており、手先の器用さや手工業の技能の高さを窺わせた。坂道を下りきるとメディナの終わりで、そこから新市街地の大通りが地中海の外港に向けて広がっていた。イスラム風の部内装飾が豪華な19世紀の建物での昼食に案内された。多くの富裕層は自らの家をレストランに改装して維持経費を捻出しているとのことだった。食卓の上には地元特産のオリーブ油が載っていた。

チュニジア首相と会談。

午後は郊外の税関研修所に案内され、テロ対策部隊やオートバイ部隊の訓練を見せてもらい、国を挙げての治安対策を実感した。前年、国境で隣国のリビアから越境して密輸を試みたテロリストによって税関職員が犠牲になった。またモザイクで有名なバルド国立博物館に案内され、前年3月にテロリストが襲撃し、日本人3名を含む10か国22名の観光客が犠牲となった記念碑を見せてもらった。博物館内のローマ時代のモザイク展示は圧巻だったが、館内では先生に引率された小学生の見学が多かった。見学の最後に彼らが国家を歌い出した。聞きながら子供たちが幼いうちから自国の文化に誇りと他文化への寛容性を育んで、将来は過激な行動への誘惑に打ち勝って国造りに貢献してほしいと思った。

エジプト・ルクソールの魅力

（『貿易と関税』2018年6月号収録）

２０１６年にはブリュッセル空港でテロ事件が起きて、税関でもテロ対策が重要になった。他方、エジプトのように観光収入に大きく依存している国にとっては、テロ活動は客の落ち込みに繋がる経済問題でもあるので、国際会議を誘致して安全をアピールすることを願望していた。こうした背景から、２０１７年12月のＷＣＯ政策委員会は、エジプトがナイル川上流のルクソールで開催してくれることになった。政策委員会のメンバー国はこの選択を喜んでくれたが、会合直前の11月下旬にシナイ半島のモスクが礼拝中にテロに遭い、３００人以上の死者を出す惨事が発生した。ルクソールから１０００キロ以上離れた場所で起きたこととはいえ、メンバー国の不安の払拭に努めた。エジプト側もこのテロ事件後に最初にホストする国際会議だったこともあり、内務省が最大限の警備体制を敷いてくれ、参加者に安心感を与えてくれた。

政策委員会の会場となったルクソールのホテルはナイル川東岸の岸辺にあり、毎朝日の出とともに西岸に観光客を乗せた気球が上がるのが見えた。現在ルクソールとなっている土地には紀元前２千年頃に古代エジプトの首都テーベが置かれていたが、その当時は東岸は生者の国、西岸は死者の国だったそうだ。もっとも、ホテルの外に一歩出ると、観光客用の馬車が待っていて客引きが盛んだった。当時は治安悪化の懸念から観光客が減っていたので、余計に営業活動が激しくなっていたのだろう。お土産を売るスーク（市場）にも客足が遠のいており、気の毒に感じた。

政策委員会の冒頭に、エジプトで起きたテロを非難するとともに、税関としてもテロ対策への取組みを強化する旨の声明を出した。観光が大きな外貨収入源のエジプトにとっては重要な声明で、現地紙でも大きく報じられた。この他にも伸長が著しい電子商取引について、税関での取扱いの原則をルクソール決議として採択した。この成果をもって翌週はアルゼンチンに出張し、ＷＴＯ閣僚会議のサイドイベントで当該決議の中身を紹介することができた。

会合の中身は充実していたが、エジプト側も気を使って、会議終了後の夜の時間帯だったが、紀元前１４００年頃に建造されたルクソール神殿を見学する機会を作ってくれた。瓦礫と砂に埋もれていた廃墟を発掘したものだ。同行した州知事は瓦礫の中から見つけた彫像の復興現場を見せてくれた。また、神殿前から3キロ続く修復中の道の両側にはスフィンクスの石像群が並んでおり、観光振興にかける意欲を感じた。神殿内部には古代エジプトの象形文字が細かく刻まれた列柱や彫像などが残っていて、さすがは世界最大の野外博物館と呼ばれる迫力があった。税関も国境での文化財流出を阻止する仕事に関わる。

2日半の会合が終了すると、参加者全員で西岸に船で渡り、古代エジプトの王墓が集中している王家の谷を訪問した。王家の墓を求めての発掘は今でも続いており、これまでに64の墓が発見されているが、一番有名なのはツタンカーメンの墓だろう。長生きした王の場合、その墓は岩の中を深く掘って長大なものとなり、死後の世界用に豪華に彩色された内装が続くが、ツタンカーメンは若死にしたので丈の短い墓だった。

各国の発掘隊が利用する宿に立ち寄って、ドイツ人の経営者に話を聞いた。王家の谷に関心を示すのは大抵は外国からの観光客であるとのことで、彼自身、地元の若者は宗教的な背景のせいか、自分たちの文化遺産との意識が薄いのではないかと心配していた。エジプトの若者たちには、ぜひ自らの文化遺産の背景や意義を理解し、観光を始めとする経済・社会発展に繋げていってほしいと思った。ともあれ当地での政策委員会は内容と安全の両面で申し分なく、何より無事終わってホッとした。

エジプト税関は毎年カイロのアラブ連盟本部でWCO中東・北アフリカ地域会合及びアラブ関税局長会合をホストしてくれる。2017年にアラブ連盟の中庭で、WCO地域代表のバーレーン関税局長(白い民族服、のちに総会議長)を中心に両脇にエジプト関税局長と筆者。

中東

中東はアラビア半島を中心とした国々で、アラビア語やそれを広める母体になったイスラム教との結びつきが強い。アラビア語を話すアラブ諸国は北アフリカ諸国（本書ではアフリカに分類）とともにアラブ連盟の構成メンバーであり、WCOでは18か国の「中東及び北アフリカ地域」として活動している。中でもアラビア半島で原油を産出し、所得水準の高い君主制の6か国（サウジアラビア、UAE、カタール、オマーン、バーレーン、クウェート）は湾岸協力理事会を構成して地域統合を進めてきた。それ以外のアラブ語圏は資源に恵まれなかったり、政治体制が安定せず、イスラエル、最近ではイランの存在もあってしばしば紛争地域になってきた。本編ではアラビア語圏に加え、ペルシャ語系のイラン及びアフガニスタン、それにトルコ語を母語とするトルコを含めている。

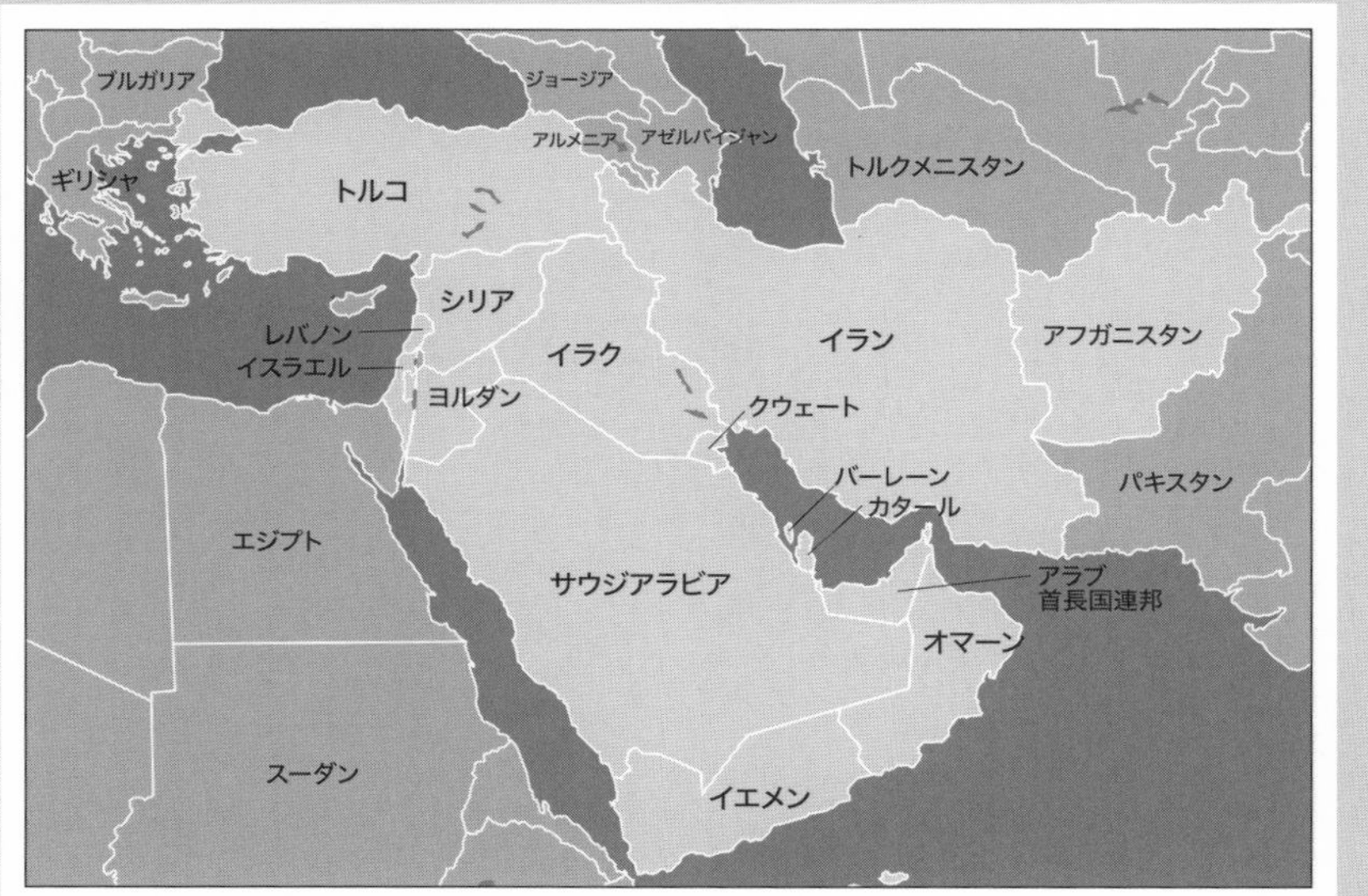

税関はハイテク技術利用に積極的。
さすが、中世以来のハイテク地域!
AI
いつまでも石油は採れないし・・・ 将来どうしよう
アッ! そうだッ! ご先祖様みたいに、東西の中継貿易をすれば良いんダ!
?
!!
おまけに脱化石燃料だって…
一方で、不正貿易は厳しく取締り
ラベル貼替で大儲け!
ウヒヒ
輸入
安酒
高級酒
輸出
(フリー・トレード・ゾーン) FTZで関税を撤廃すれば中継貿易が活発に!
税関がお手伝いします!
脱石油後の中東の発展、近代化を税関がサポート
Good JOB!!

＜中東＞

湾岸諸国

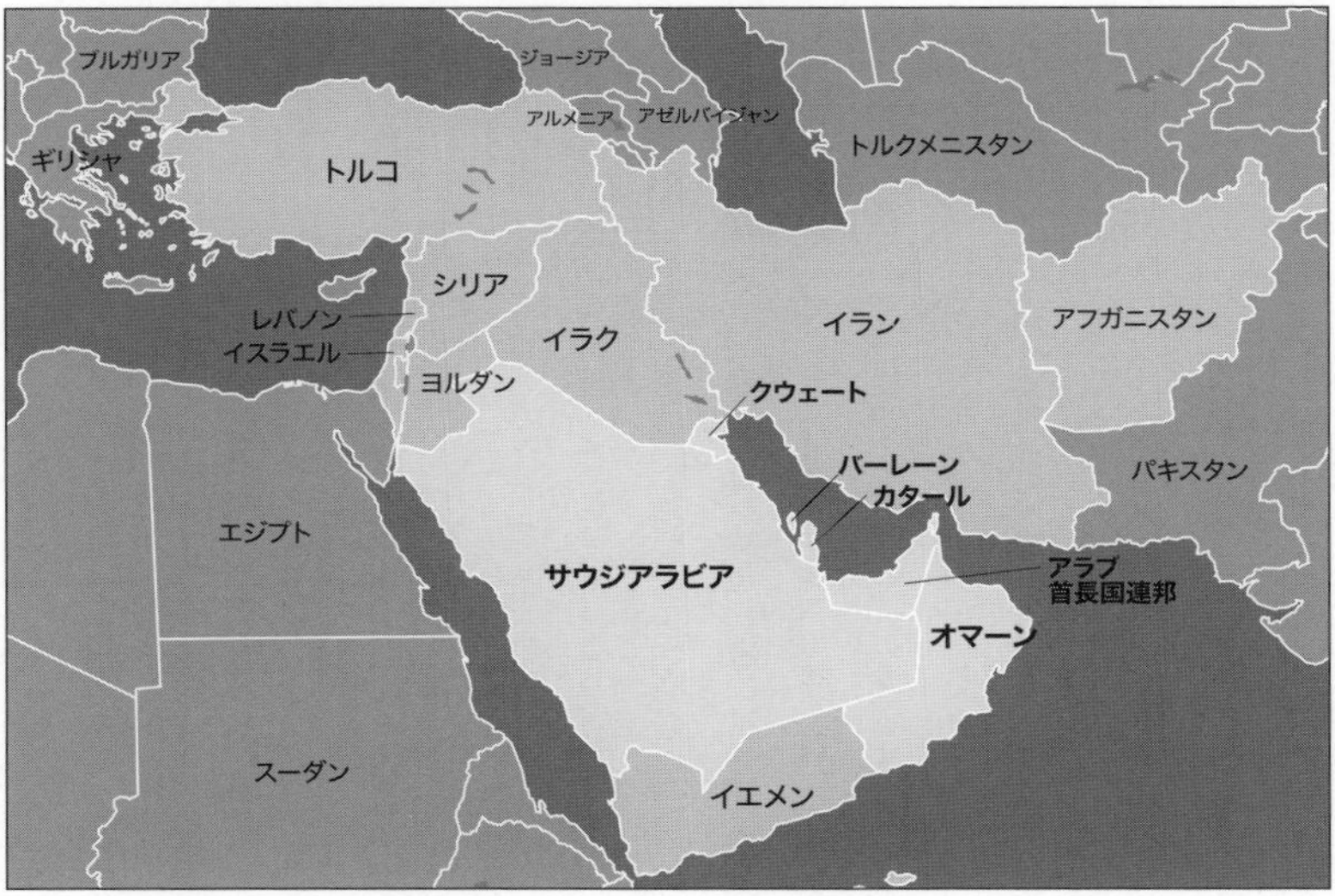

ブルガリア
ジョージア
アルメニア
アゼルバイジャン
ギリシャ
トルコ
トルクメニスタン
シリア
レバノン
イスラエル
イラク
イラン
アフガニスタン
ヨルダン
クウェート
バーレーン
カタール
パキスタン
エジプト
サウジアラビア
アラブ
首長国連邦
オマーン
スーダン
イエメン

変貌するサウジアラビア

（『貿易と関税』2023年4月号収録）

サウジアラビアでは2015年に即位した老齢のサルマン国王に代わって、その息子であるムハンマド皇太子が30代の若さながら実権を握り、内政外交面で急速な改革を行なってきた。その一環として、2021年に歳入関係の役所を統合して、ザカート（コーランに基づいて所得に課される救貧税）・国税・税関庁（Zakat, Tax and Customs Authority, ZTCA）が設立された。サウジ政府は統合の成果を示すために、2023年2月にZTCA国際会議を首都リヤドで開催し、そこにメイン・スピーカーとして招待された私は、国内の変貌ぶりを実感した。

会場のリッツ・カールトン・ホテルは設備の整った豪華な装飾で知られ、政府の催し物が数多く開催されてきた。2017年10月にムハンマド皇太子が世界中の政治・ビジネス界のエリートを集めて、「砂漠のダボス」と呼ばれる経済フォーラムをここで開き、過激なイデオロギーを排して、「より穏健なイスラム」に立ち返る政治方針を示した。皇太子はその直後の同年11月には、腐敗対策として、多くの王族、ビジネス、宗教界の指導者を同ホテルに監禁し、彼らが不当利得を国家に返還し、皇太子に忠誠を誓うことを条件に釈放し、再び政府主催の集まりに使われるようになった。皇太子の政権ビジョン発表や権力掌握のために使われた舞台に自分が泊まっているのかと感慨深かった。

会議の合間に面会した経済計画大臣は、サウジアラビアも加盟する湾岸協力理事会（GCC）加盟6か国は2003年1月に関税同盟を設立したが、統合の深化を図りたいとしていた。確かに共通対外関税率は5％に設定されたが、各国ともさまざまな例外品目を設けてセンシティブな品目で高関税を維持していた。また、通関手続きや輸入禁制品が統一されておらず、6か国間の貿易や国境の管理には改善の余地がある。関税同盟の深化は各加盟国の主権制限にもつながると指摘したところ、大臣は本件は皇太子の政策なので、必ず実施するとの回答だった。実際にGCC事務局内に関税同盟強化の責任者が近々選任予定と聞いた。

サウジアラビアは国家歳入の9割を石油産業に依存して

おり、個人所得税がない国として有名だったが、近年、皇太子が主導して、歳入源の多様化のためにさまざまな税制改革が行われてきた。

2018年には付加価値税が税率5％で導入され、2020年にはコロナ禍対策財源として15％に引き上げられ、欧州並みの付加価値税率が実現されたが、皇太子が自らテレビで国民に必要性を訴えたそうだ。また、湾岸協力理事会ですべての加盟国で付加価値税の導入合意に漕ぎ着けた。国税庁と税関の統合も歳入強化の一環だが、パネル・セッションで経験者のエストニアの歳入庁長官が国税と税関は、目的（税関は歳入以外の国境管理も重要）、手続（国税は事後なのに対し税関は通関時のリアルタイム）といった違いはあるので、両者の統合は簡単ではないが、データ共有のメリットがあると説明していた。サウジ税関はテクノロジーの活用に熱心なので、そうした課題にも取り組んでいくだろうと思われた。

サウジアラビア経済計画大臣と会談。

かつてサウジ税関は知的財産権保護への取組みを国際社会に示すことに熱心で、2014年にリヤドで開催された知財保護の国際会議に出席したことがある。講演会場では、壇上から見て左手奥に女性専用の席があり、例外なく、くるぶしまで覆う黒いガウンをまとい、目だけ出して顔を隠していたのが印象的だった。今回の会場では、顔を隠した女性はあまりおらず、また男女は同席しており、公共の場での男女接触を取り締まる宗教警察の姿も見えなかった。2018年にムハンマド皇太子が、女性に黒いガウンを着用する義務はないと宣言しており、男女の職場同一化や女性の運転免許解禁など、女性を取り巻く環境が大きく変わってきた。高等教育でも女性の比率が高く、女性の社会進出が進んでいると聞いた。実際に往路、フランクフルトからリヤドに向かう飛行機の中でたまたま隣に座ったサウジ女性はジーンズ姿で被り物もしておらず、普通に会話することができたが、これはかつての同国のあり方からして驚異的だった。彼女もこの数年の社会の変革は想像を絶するが、今後の課題は国内の高等教育の充実で、多くの若者は奨学金で欧米の大学に送られていると話してくれた。彼女自身もカナダの大学でコンピュータ・サイエンスを勉強している息子さんの様子を見て帰ってきたところだった。もっとも、息子には自由に結婚相手を選んでほしいと強調していたので、社会改革は途上のようだ。後でサウジ税関の若手職員にも聞いてみたが、結婚はまだ親族同士で決めるのが主流だそうだ。また、男女が一緒に働く職場に妻を勤務させるのを嫌う同僚もいると言っていた。若い層でもこの急速な変革に付いていくのが容易ではないようだ。

それでもこの改革路線で皇太子は若者から圧倒的に支持されており、皇太子の写真をソーシャル・メディアで自らのプロフィール画像として使っている若者も多いとのことだった。経済・社会の変革を通じて雇用機会も提供し、若者の支持を得ることが皇太子の国内的な支持基盤なのだろう。税関でも、先端テクノロジーの取込みに熱心で、その時はまだ世界的に公開されて間もなかった生成ＡＩによるチャット・ボットをいち早く導入していた。税関幹部も一新され、40代前半のＺＴＣＡ長官の下で、テクノロジーに詳しい若手が外部から登用されていた。サウジ税関のデータ分析の責任者は若いが有能なので、２０２２年に新設したＷＣＯデータ統計作業部会の議長に就任してもらった。ＺＴＣＡの研修施設も見学したが、単なる税や税関の知識の伝達だけではなく、世界中の先進的な教育機関と提携して、思考能力を養うようにデザインされていた。

ＺＴＣＡ長官はサウジアラビアの対外開放、観光客誘致をお見せしたいとして、２０１９年に開業された市内のテーマパークを案内してくれた。２０１４年当時は市内に娯楽施設はなく、映画館すらない状態で、人々は自宅に友人を招き合ってプライベートにパーティーを開くしか余暇の過ごし方がなかった。今回は内外の顧客のために観光施設が建設され、リヤドの住民や訪問者が外出する機会が創出されていた。会場入口からロープウェイで都市の上空を走り、日常生活から切り離されてテーマパークに運ばれる工夫がなされていた。広大な敷地に世界10か国の街角を模倣した街区が広がり、家族連れや若者のグループで賑わっていた。各国の街区にはアトラクションや飲食店、お土産物屋が出ており、「ようこそアニメランドへ」と日本語で電気表示された街区に入ると、日本風の服装のサウジの若者男女が日本語で「いらっしゃいませ、ようこそ」と迎えてくれ、日本の飲食店街が再現されていた。これならば若者に雇用も提供できるし、サウジ経済の多角化の一環にも資すると思われた。もっとも周辺の湾岸諸国から見ると、サウジ社会の開放は、厳格な戒律からの解放を求めて週末を過ごしにやって来ていたサウジ人観光客を失うことにもなりかねない。近隣国の大臣がサウジアラビアで社会の開放がさらに進んで、アルコールが解禁されると、自国の集客力を失うと心配していたのを思い出した。

サウジ社会の変化に驚く私を見て、長官はそれではと300年前のサウド家発祥の地ディルイーヤに復興された宮殿と博物館にも案内しようと誘ってくれた。2014年に見学に行った時には、リヤド郊外の砂漠に近い狭い谷間に広がる、ひなびた廃墟の外壁を見ただけだったが、過去5年間で復興整備が進み、カルチャー・センターを含む一大観光施設となっていた。こうした施設の整備は観光客誘致にも役立つ一方、歴史と伝統を再認識して、国民が誇りを感じるように設計されているように思えた。国民統合の象徴としての厳格なイスラム教の戒律を緩めた結果、新たな文化的・歴史的な象徴が必要と考えられたのかもしれない。ZTCA会合への外国参加者向けの歓迎レセプションで伝統音楽やサウジ独特の剣の舞に加えて、アラビア文字の書き方やじゅうたんの織り方の実演があり、サウジは文化面でも存在を積極的に示すようになったことを実感した。

サウジアラビアは原油収入に頼った宗教国家から、社会の近代化と経済活動の多角化に向け前進している。時に大胆な対外行動と中央集権固めの強権的な動きで耳目を集めるが、その近代化の動きはアラビア半島を越えて、世界全体に大きな影響を与えるであろうことを肌身に感じた。

バーレーンの誇り高き人々

（『貿易と関税』2022年6月号収録）

バーレーンはアラビア半島沖のペルシャ湾に浮かぶ島国で、東京都23区並みの面積だ。首都マナーマには湾岸沿いの埋立地に斬新な形の高層ビルが立ち並んでいた。国民はイスラム教徒だが戒律は緩やかで、例えばレストランでのアルコール消費は自由なので、週末には解放感を味わうためにサウジアラビアや戒律の厳しい周辺国から訪問客が流入する。国全体の人口は150万人だが、南アジア方面からの出稼ぎ労働者が多く、自国籍保持者の人口全体に占める比率は現在47％にまで落ちている。この比率は近隣のカタールやUAEの15％前後よりは高いが、サウジアラビアやオマーンの60％弱よりは低い。

もっとも一口にバーレーン人といっても、地理的にアラビア半島とイラン（ペルシャ）の双方に近く、両者の勢力圏が交わるところにあるため、同じイスラム教徒でも、イランを中心とするシーア派教徒とサウジアラビアを中心とするスンニ派教徒の住民が入り混じっている。住民の多数派はシーア派教徒であり、かつてこの島がペルシャの勢力圏にあったことを示している。他方、スンニ派教徒は少数派ながら支配階級で、政府の要職を占めている。王族のハリーファ家もアラビア半島のカタール西部から渡って来たスンニ派だ。2011年に起きた「アラブの春」ではシーア派住民と少数のスンニ派支配層との対立が起きたが、現在では平和と安定が戻っている。

政府の主要ポストは王族で占められており、貿易振興、国境の守りに重要な役割を果たす税関には有能な王族が就任する。国家歳入の大半は原油収入だが、税関は関税及び付加価値税の徴収を通じて税収の85％を集めている。現在の税関トップも軍出身の王族だが、同時にWCO総会議長としてメンバーからの絶大な支持を集めていた。国際政治が揺れ動く中でも、各国からの国際紛争を反映した政治的な発言は許さず、揺るぎない総会運営を行ってくれた。税関は歳入官庁の側面があるので財務省の管轄下にある国が多いが、中東地域では国境の守りが強調され、バーレーンのように内務省管轄下に移された国もある。長官が主導する税関の標語はAlign（ＷＣＯスタンダードに合わせる）、Reinforce（既存のベスト・プラクティスを発展させる）、Build（新たな施策を導入する）で、彼はＷＣＯで得られた新たなアイディアを試みることに熱心だ。

またバーレーンはレーシング・カーで競われる自動車レース、フォーミュラ・ワン（Ｆ１）を中東で初めて開催した。首都近郊の砂漠に作られたグランプリ会場で会った、やはり王族のＣＥＯは国際基準に合うレース場をどれだけ短期間のうちに建設し、安全確保の運営にあたってきたかを情熱的に聞かせてもらった。彼の経営の標語は３Ｐ、すなわちプライド、パッション、パフォーマンスだったが、彼はその標語を体現する形で、コロナ禍に対して、技術職員を動員して人工呼吸器を自家製造するとともに、施設をワクチン接種会場として開放したと説明してくれた。技術職も含めて、地元採用のバーレーン人が主体になって運営していることも誇りだと述べていたのが印象的だった。

翌日は長官の年の離れた従兄弟で、かつ上司にあたる内務大臣を表敬した。内務省の建物は砦のようだったが、もともとはバーレーンを治めていたペルシャの太守の居城だったが、１７８３年に現在のカタール西岸に住んでいたハリーファ家が守りの堅い城砦を落として、勝利を得たそうだ。その結果、支配層がペルシャ人からスンニ系のアラブ人に移った。内務大臣は２０１４年に私が当地を訪問して、国際民間航空機関（ＩＣＡＯ）と共同して航空貨物安全の国際会議を開催したことを覚えていて、「日本人は人を大切にする、バーレーンと同じ伝統がある」と親日ぶりを示して下さった。

その後にお会いした財務大臣は40代半ばでエネルギーに満ちた王族で、海外出張中で不在の皇太子兼首相に代わって、投資環境の改善を熱心に議論された。

最後に、ＷＣＯ

バーレーンの内務大臣（筆者左隣）とその隣の関税局長。女性も活躍していた。

の話題から離れて、「日本を戦略的に重要なパートナーとみなしている、このことをぜひ日本の指導者に知ってもらいたい」と繰り返されていた。

国立博物館に案内されると、バーレーンの歴史は5千年前に遡り、メソポタミア文明とインダス文明との貿易・交流をつなぐディルムン文明の中心だったことが解説されていた。博物館の地図で見ると、ユーフラテス川とチグリス川が合流してペルシャ湾に注ぐ現代のイラク南部には紀元前2500年ごろにはシュメール文明が栄えたが、ペルシャ湾沿いに海路を辿ると、同じころインド大陸に栄えたインダス文明との交流が可能になる。バーレーンはその中継地として栄えたディルムン文明の中心地といわれている。シュメール文明の神話ギルガメッシュにも言及されているそうだ。後刻、マナーマの北岸を守るように建てられたバーレーン要塞を見学したが、発掘の結果、紀元前2300年までは遡れる遺跡であり、時代の異なる多くの建造物や宮殿の遺跡が発見された。ここがディルムン文明の中心と認定されて、世界遺産に登録されている。バーレーン要塞は海を臨む小高い人口の丘の上に何度も異なる文明によって建て増しされ、最上部は16世紀に入植したポルトガルの様式になっていた。今ではこの古い遺跡と高層ビル群の遠景との対比が面白いが、夕方には地元の人々は乗馬や散歩を楽しんでいた。

バーレーンはディルムン文明以降も中継貿易の中心として栄えたが、水質や地形にも恵まれて真珠貝が多く自生して、良質の天然真珠の採取でも有名だった。3月末から9月末の間に潜水夫を乗せた採取船が船団を組んで出漁し、潜水夫は重石をつけて海底まで素潜りして真珠貝を採取していた。博物館ではその様子を再現していたが、機器の助けなしで船上の船子とロープで結ばれただけの素潜りは、重労働で危険だった上に、潜水夫たちは家族を養うために商人から高利で前借しており、過酷な労働条件だったといわれている。真珠採取は1930年頃には日本の真珠養殖の発展と世界恐慌の影響で大きな打撃を受けて衰退するが、同時期の1932年にバーレーンで湾岸地域では初めて原油が発見され、労働者の雇用先は真珠から原油へと大きく転換した。

かつての真珠採取の中心はマナーマと橋でつながったム

ハッラク島で、そこには真珠商人の富が集積され、強烈な太陽から守るために外観が白く四角い伝統的な住居群の地区が広がっていた。今ではそうした街並みが文化展示施設の集合体へと再構築されつつある。その中の伝統工芸館では、年配の女性が集まって、金糸の刺繍を袖口につけるために3、4人のグループで綾取りのような手つきで織り上げていく様子を見せてもらった。建築群の中には物理学研究を紹介する施設もあり、日本人建築家のデザインによるものだった。施設責任者は、「バーレーン大学ではマーケティングを専攻する学生が多かったが、この施設が開館してから3年間で物理学専攻の学生が3倍になった」と喜んでいた。科学技術の振興も国としての課題なのだろう。一帯は「バーレーン真珠採取の道」として世界遺産に登録されていた。

出張最後の晩にマナーマ旧市街を訪ねた。かつての港湾地区に続いて旧税関の建物があり、税関広場から大きな正門(バーレーン・ゲートウェイ)を越えて、マナーマのスーク(伝統的な市場)に入れるようになっていた。スークの中に入ると、衣料品や食品の店、それに飲食店が立ち並ぶとともに、金装飾品やお香の店も並んでいた。インド商人と交易上の結びつきが強く、今でもインド商人が多く活躍する「インド広場」もあった。随行してくれた税関職員の一人は自分の祖父が開いた老舗の衣料品店に案内してくれ、一族が日本を含む各国への商談会ミッションに参加した時の写真や記念品を見せてくれた。他の一人は金製品店に案内してくれ、新婚の自分がどのように金装飾品を買ったかを説明してくれた。旧港、税関、正門、市場と一直線に並んでいる様子は、交易で栄えた港町の分かりやすい配置だ。もっとも旧港は埋め立てられ、ファイナンシャル・ハーバーと呼ばれる銀行や政府機関が入る高層ビル群に生まれ変わり、旧税関はマナーマ中央郵便局に変身していた。スークの細い通り沿いに展示されていた古いマナーマの写真と見比べると、スークと新開発地域とのコントラストはバーレーンの発展を象徴しているようだった。

カタールとワールドカップ

（『貿易と関税』2022年12月号収録）

カタールはアラビア半島がペルシャ湾内に北に突き出した半島にある国で、サウジアラビアと南で接しており、イランの対岸にある。近くにバーレーンやアラブ首長国連邦（UAE）があり、これらの国と同様、首長が治める立憲君主国だ。1971年に英国から独立したが、その際、バーレーンとともにUAEに首長国の一つとして加わることが想定されていたが、すでに石油資源が見つかっていたので、バーレーンとともに単独で独立した経緯がある。原油や天然ガスの産出で知られるが、内陸部はほとんど平坦な砂漠地帯だ。全人口280万人のうちカタール人は30万人で、外国人労働者への依存が高い。

もともと半島の住民は夏はペルシャ湾の海辺に住んで、採取した真珠をインド商人に売り、冬は内陸の砂漠に移って、山羊などの牧畜に従事する生活様式だった。ところが1930年代に日本の養殖真珠が成功すると、伝統産業が壊滅的な打撃を受けた。幸いにして同じ頃に発見された原油で経済社会が根本的な変化を遂げ、1人当たりのGDPで見ると世界で最も豊かな国となった。そして天然ガスが開発されると、1996年に日本が最初の輸出先となった。今や世界有数の天然ガス産出国として知られ、私の出張と同じ時期にウクライナの戦争でエネルギー危機に陥っているドイツ首相が代替エネルギーを求めて訪問していた。

2021年の中東・北アフリカ地域会合の了承を得て、WCOの地域研修所が首都ドーハに開設されたので、2022年9月に最初の地域ワークショップ開会式に招待された。これは2017年以来、カタールとサウジアラビア、エジプト、UAE、バーレーンの4か国との間で起きた外交危機がようやく落ち着いてきたことを示している。2011年の「アラブの春」以来、明確になった外交路線対立が原因で、4か国がカタールはムスリム同胞団（エジプトで2012年に政権に加わったが翌年軍事クーデターで追われた）を支持し、イランと接近したと非難して、外交関係を断絶し、貿易や経済関係も封鎖した。2021年にようやく4か国がカタールとの国交回復に踏み切り、おかげでWCOの地域研修所もアラブ地域会合の承認を得ることができた。

私がカタールを最初に訪れたのは、2001年11月に開催されたWTO閣僚会合の時に日本代表団の一員としてだ。そこでWTOドーハ・ラウンドが立ち上がるのを見届けた上で、2002年1月に財務省から出向する形でWCOに赴任した。当時はピラミッド型のホテルに宿泊したのを覚えているが、今回の出張でも、同じホテルに宿泊した。もちろん内部は完全に改装されていたが、特色のある外観は保たれていた。ドーハ閣僚会合が開催された2001年11月は、同年9月にニューヨークで起きたテロ事件の直後だったため、厳しい警戒体制の下での開催だった。他方、テロ事件が米国を中心とするグローバル化への挑戦と受け取られ、その中心である国際貿易体制を何とかしなければとの問題意識は共有されていた。結果的に、大方の予想を覆して、新たなラウンド交渉が立ち上がったのは、そうした力学が働いたと私は思っている。

ラウンドの交渉項目に税関を始めとする国境での貿易手続きの簡素化を主眼とする貿易円滑化協定が含まれていた。ドーハでは私のWCO行きを知る各国の代表団から、この先の貿易円滑化交渉では積極的な貢献を期待していると声を掛けられ、多角的貿易体制を支える覚悟を新たにした。2002年にWCOに移ると、ジュネーブのWTOにしばしば出張して貿易円滑化交渉に携わり、税関からの視点での貢献に努めた。さらに2013年の合意後は貿易円滑化協定の実施の旗振り役を務めることになったことを考えると、2001年のドーハは後年の私の仕事に大きな影響を及ぼした場所といえよう。

私の2回目のドーハ出張は2013年で、その時は地域での税関研修の資金手当てが主目的だった。豊富な石油ガス資源を持つカタールの資金を活用して、地域で統一的な税関手続きの導入を目指した税関職員向け研修を打診した。幸いにして快諾してもらい、翌2014年から毎年のドーハへの地域研修受入が始まった。カタールとしては周辺諸国との関係改善のために、地域への貢献を示したかったのかもしれない。中東地域ではセキュリティの観点から域内の移動でもビザ取得に時間がかかる国も多い。そうした中で、カタールは各国からの研修参加者を円滑に受け入れてくれ、また研修内容も地域ニーズに従って選んでくれるので、とても有難い存在だった。地域研修開催の実績を積み重ね、周辺国との外交関係も改善したので、9年後の2022年に正式に地域研修所としてワークショップの開催に漕ぎ着けたので、私もホッとした。

ホテルの窓から見える風景は21年前の海岸沿いの古い街並みから、意匠を凝らした高層ビル群に代わり、夜はさまざまな色の照明で彩られていた。特に2010年にサッカーのワールドカップのドーハ2022年11月開催が決まってから、建設ブームが起きたようだ。翌朝、税関本部に向かう車の周囲は高級車で渋滞していたが、案内の税関職員は携帯電話を取り出して、購入可能な自動車のナンバープレートのリストを見せてくれた。警察発表のリストで、それぞれのナンバーに価格が付いており、オークションで購入するのだそうだ。プレートのナンバーが威信の象徴になっているのかもしれない。もっとも同職員は、コロナ禍によるサプライチェーンの問題で、人気のある日本車種は2年待ちだと嘆いていた。

新しいWCOの地域研修所はドーハから30キロ南にある新設のハマド港に隣接していた。2015年末から部分的共用が始まり、結果的には2017年の外交危機に伴い、地域のハブであるドバイ港などを経由する輸送が止まったため、ハマド港が代替港としてカタール物流の対外窓口となった。そしてこれまでサウジアラビアやUAEに頼っていた食料品輸入経路を多角化し、ピンチをチャンスに変えたとの評価もある。まだ正式には開所していない港広報センターに案内されたが、環境に配慮した港湾開発のコンセプトや世界主要港との結び付きが上手に解説され、また近隣の海に生息する魚貝類を集めた水族館といったエンターテイメントも充実していた。ワールドカップ後の観光アトラクションになるのではないかと思われた。

カタールの役所の勤務時間は午前7時から午後2時まで(昼休みはない)であり、WCOのワークショップも午後2時には終わる必要がある。その時間を利用して、開館して間もない歴史美術館を見物したが、石油資源発見前の伝統的な生活様式と発見後の急速な発展が分かりやすく展示されていた。独自の文化や伝統の強調は国民意識や観光振興の面からも有意義だし、王宮の周りではラクダに乗って行進する衛兵隊を見た。また中東各国の料理店が並ぶ旧市街の入り口には旧税関の建物が残っており、スーク(市場)を守っているように見えた。

財務大臣にお会いすると、ぜひワールドカップの会場を視察してほしいと言われ、開幕戦(開催国カタール対エクアドル)が行われるアル・バイト・スタジアムに案内された。砂漠の民の伝統的なテント(アル・バイトの語源)を模した外観のスタジアムは6万人を収容できるが、大会後は座席の半数は他国に寄付が予定され、無駄使い批判に答えていた。また野外エアコンのエネルギー無駄使いの批判に対応して、大会は11月と30度近くに気温が下がる時期に変更されていた(私が訪問した9月は最高気温は40度近く)。もう一つの批判は工事中の外国人労働者死者が多かったことで、スタジアム内部の装飾のように見える壁面をよく見ると、工事に携わった人々の写真で、犠牲者も含めて88か国11万人が写されていた。

湾岸諸国ではスポーツ開催は国民の誇りだ。隣国のバーレーンが中東で最初に自動車競技F1選手権を開催したのが自慢であるように、カタールでは中東で最初にワールドカップを開催することが誇りであり、国民の団結を強めているように思われた。ワールドカップ期間中は1か月にわたって学校は休校、職場では在宅勤務が奨励されるといった国を挙げての歓迎体制が取られると聞いた。財務大臣からは日本の開幕戦に招待され、日本が強敵ドイツを破る場面を見ることができた。ドーハの街を歩くと、日本の勝利を祝う現地の人たちに声を掛けられ、嬉しかった。

日本の対ドイツ戦勝利をカタール税関職員と共に会場で祝った。

オマーンは船乗りシンドバッドの生誕地？

（『貿易と関税』2017年7月号収録）

2017年1月にアラビア半島の東南端にあるオマーンの首都マスカットに出張した。オマーンの内陸部は砂漠だが、海岸沿いには高い山脈が走っており、海は深いので港としては好条件だ。快晴が続き、アラビア海に面した伝統的な白い家並みを見ていると、『千夜一夜物語』に登場するシンドバッドはオマーン出身との伝説もなるほどと思えてくる。1月は平均気温が21度と地元の人たちは寒いと言うが、厳冬の欧州から訪問するとほっとした気分になる。

オマーンは7世紀にイスラム化したが、地の利を生かして、アラビア半島随一の貿易の要路として栄えた。その当時はマスカットよりも200キロ北西にあるソハールが首都および貿易港で、地図で見ると、アジア、アフリカ、欧州を海上で繋ぐ要衝にあることが分かる。アラビア商人はダウ船と呼ばれる木造帆船を交易船に使って、海のシルクロード沿いに活躍して、アジアから東アフリカまで海上交易路で繋いでいた。

実例として1998年にスマトラ島沖合で9世紀のオマーンのダウ船が沈んでいるのが見つかった。伝統技術の残るオマーンで、釘を使わずに紐で木材を縛る当時の製法でダウ船は再現され、「マスカットの宝石」号と命名された。再現された船は2010年に5か月かけてオマーンからシンガポールに航行し、現在ではシンガポールの海洋博物館で展示されており、私も数年前にシンガポールで実物を見せてもらった。9世紀当時は風頼りの命がけの航海だったが、中国からの絹、陶器やインドネシアからの香辛料貿易で莫大な利益を上げたようだ。今回の出張中にオマーン国立博物館に案内されたが、日本の伊万里焼の壺もかつての貿易品として飾られていた。ちなみに当時のオマーンからの主要輸出品には乳香がある。カンラン科の樹木から採取される樹液を固めて作られる香料だ。聖書でキリスト生誕の際に東方からの三博士が金、乳香、没薬を献上する場面が出てくるが、当時の貿易実態から見て、乳香はオマーンの港から積み出されたと考える向きが多い。

オマーンは東アフリカにも交易に乗り出し、17世紀には同地域からポルトガルを追い払って、ザンジバルに拠点を設けて、現在のソマリアからケニア、タンザニア、一部モザンビークに至るまで東アフリカの海岸沿いのアラビア商人寄港地に勢力圏を築いた。地図上でアラビア半島南端のラインを南東に延ばしていくと、自然に東アフリカ沿岸に到達するので、なるほどと思う。この勢力圏は19世紀の欧州列強によるアフリカ進出まで続いた。またペルシャ湾の対岸のイランやパキスタンにも影響力を伸ばしていた。

夕方にマスカット・フェスティバルに案内されると、伝統的な漁師生活の網繕いや結婚式の踊りの様子等が実演されており、また香料やお菓子を売る出店がたくさんあり、家族連れの人々が気楽に楽しんでいた。アラビア・コーヒーを飲むときに供される伝統銘菓のハルワも大鍋でナツメヤシその他の原材料をかき混ぜながら作られていた。開放的な雰囲気が漂っていたが、かつての海洋帝国の名残りか、確かに大多数を占めるアラブ系に加えてインド・パキスタン系、イラン系、それに東アフリカ系とさまざまなルーツを持つ人々が見受けられた。

オマーンは1970年に即位された当時のカブース国王の下で、それまでの鎖国体制を改め、原油収入も使いながら(日本は2位の輸出先)、伝統と調和のとれた近代化策を目指してきた。高層ビルが規制されて家並みも白に統一され、外国人比率も40％強(例えばドバイ85％)と、移民に慎重な政策だ。最近では長引く原油価格低迷で、物流、観光といったサービス産業多様化に乗り出している。マスカットの港はクルーズ船の寄港地とし、歴史的なソハール港に大規模投資をして、地域有数の港湾施設とすることを目指しており、空港の拡張にも熱心だ。参加した国際税関記念日の式典には8人の閣僚が出席して、税関への期待がうかがえた。実際にこの2、3年でオマーン税関は近代化に動いており、シンドバッドの夢は再現するだろうか。

オマーンの閣僚たちと国際税関記念日の式典で認定事業者(AEO)制度の立ち上げを祝う。背後の制服姿は税関職員。

クウェートの金市場

（『貿易と関税』２０１８年11月号収録）

アラビア半島6か国が加盟する湾岸協力理事会(ＧＣＣ)は、１９７９年に君主制が倒されたイラン革命や１９８０年のイラン－イラク戦争を背景として、制度や文化が似通った湾岸の王国間の協力強化を狙いにして、１９８１年に発足した地域機関だ。近年では地域の経済統合面にも力を入れてきており、ＷＣＯとも連携の道を探り、２０１７年12月にＧＣＣ事務局長がＷＣＯを訪問して、協力の覚書を結んだ。最近ではイランへの対応を巡って湾岸諸国の足並みが必ずしも揃わない中で、税関協力という具体的な分野での協力進展が望まれているようだ。これまでも各国の税関システムの接続を通じたデータ交換が進んできた。

クウェートの原油発見は早くて、湾岸諸国の中でも資源開発が最も早く進んだ国で、ＧＣＣの初代事務局長はクウェート人であり、今でも同国が域内紛争の調停役を務めることが多い。１９９０年の湾岸戦争でイラクに攻め込まれ、大きな被害を受けたが、豊富なオイルマネーで復興した。２０１８年3月に首都クウェート・シティに出張して、財務大臣を表敬訪問した。同国は原油依存のモノカルチャーから脱するために貿易振興及びビジネス環境の改善を目指しており、前年にＷＣＯの改正京都規約などに加入した。大臣とは次のステップとして人材育成を議論したが、2年後に同国の研修所は中東・北アフリカ地域会合でＷＣO地域研修所として承認された。その後、税関庁舎に移動して、税関幹部との会合になったが、正確を期すためか、アラビア語を英語に訳す通訳が入っていた。

当地では金装飾品が人々の価値保蔵手段として使われるので、通訳の女性がスーク(市場)に連れて行ってくれた。折からラマダンの断食が始ま

クウェートの関税局長とWCO地域研修所の覚書きに署名

る前で、スークでは民族衣装の男性たちが剣を持って舞踊を披露していた。祭りの様子を地元TV局のプレゼンターが紹介する様子を見ていると、クリスマスかお盆の前の賑わいのようだった。スークの中心には首長一族が保有する建物が保存・公開されており、内部ではかつて真珠採りを主要産業にしていた様子が展示されていた。真珠を売りにインドまで出かけていたので、現在でもインド系商人の力が強いとの説明だった。確かにお菓子屋さんの展示棚を覗くと、インド伝来のお菓子も並んでおり、湾岸地域とインドを中心とするアジアとの結びつきを実感した。街中にもインド人が多かった。金市場に着くと、1階は金製品、2階は宝石の入った金の装飾品、3階は顧客の注文に合わせて実際に金細工をしている作業場兼務の売り場だった。博物館にも案内され、クウェート一帯が砂漠になる前に住んでいた動植物を展示する自然史博物館やテクノロジー発展を見せる科学技術棟があり、地元の大学を出た若者たちが上手な英語で説明していた。人材を含め、クウェートの新たなショーウィンドーなのだろう。地震を体験するコーナーがあり、阪神淡路大震災の様子を追体験できるコーナーが関心を集めていた。

スークから国のシンボル的な存在であるクウェート・タワーに案内された。123メートルの眼下には海岸および首長の旧居が見え、市街地の光がまぶしかった。同タワーはもともとは貯水施設であり、水を蓄えた球体がいくつか塔についているが、その球体の一つは下半分に給水機能を備え、上半分がレストランだった。その場で、日本食レストランのオープンの準備のために来訪している日本人に出会った。税関幹部はみな口々に日本料理のファンだと喜んでいたが、海外の日本食ブームを思わぬ場所で垣間見る形になった。

ホテルに戻って休み、翌朝起きてみると、細く開いた窓からゴーゴーと大きな音が聞こえてきた。外に目を向けると、長く続く湾の向こう側に近代的な高層建築が立ち並ぶ様子が見えた昨晩とは打って変わって、空中に飛ぶ黄砂のせいで市街地の眺望は消えており、有名な砂嵐を体験できた。クウェートは石油資源には恵まれたが、厳しい気候条件の下で産業多角化・近代化に頑張っており、地域の安定のためにも経済の発展が期待されている。

<中東>

その他のアラブ諸国

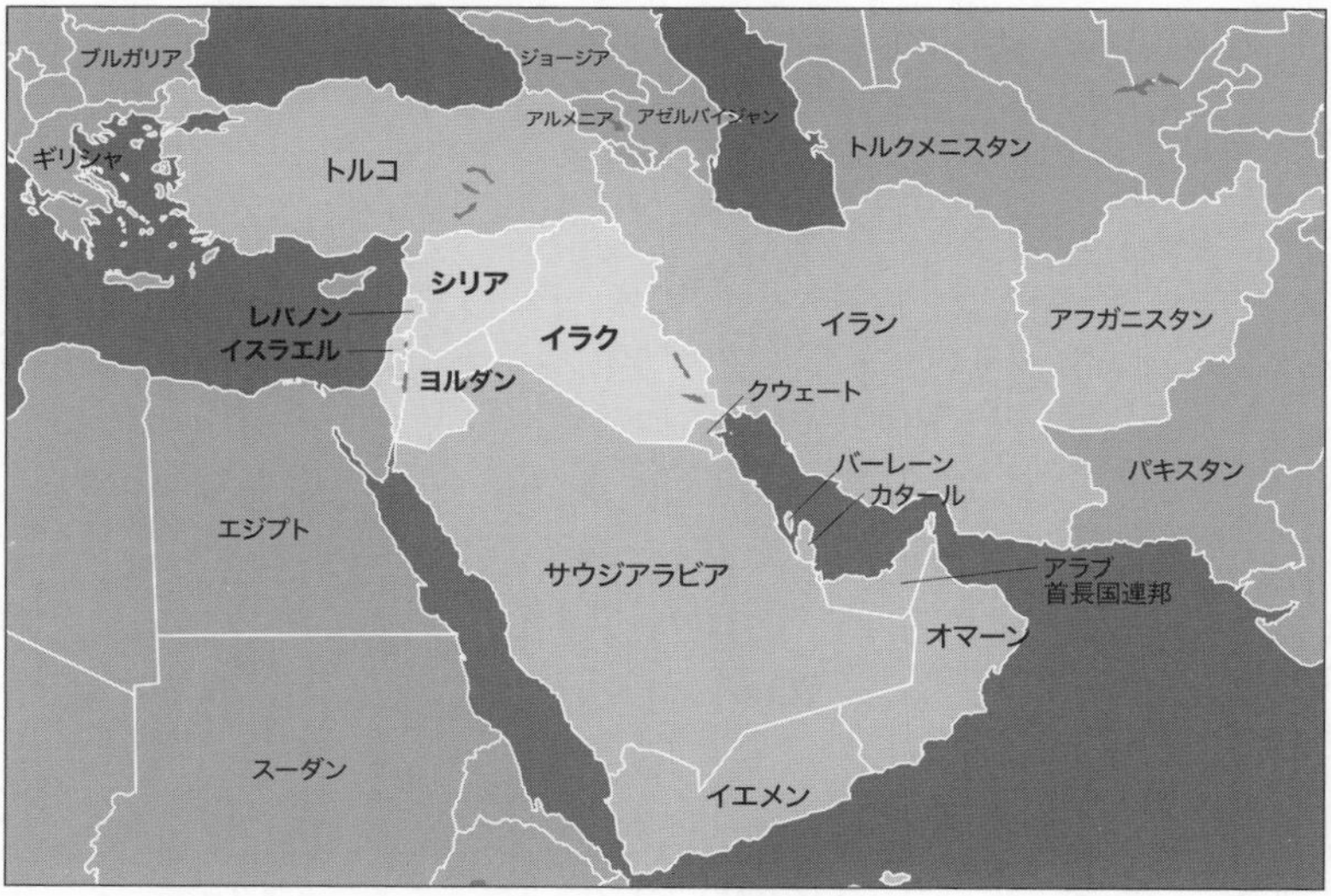

イラクの文化遺産

（『貿易と関税』2019年8月号収録）

税関にとって国境での文化財流出を防ぐことは近年重要な任務と認識されるようになった。最近ではイラクの文化財流出が脚光を浴びたが、これはイスラム過激派組織「イスラム国」（ＩＳ：Islamic State）が武装蜂起してイラクとシリアのかなりの領土を占拠した２０１４年に、石油の密輸出はもちろん、遺跡の文化財をイスラム教の禁ずる偶像崇拝だとして破壊する一方で、略奪した文化遺産を密輸出して財源に充てているとの報道が相次いだことが背景だ。世界4大文明の一つ古代メソポタミア文明はティグリス川とユーフラテス川の間の豊かな沖積平野で興隆したが、現在のイラクの領域にほぼ重なる。古代文明を現代に伝える遺産の宝庫でもあり、希少価値のある文化遺産には高値でも手を出すコレクターがいるので、非合法的に国外に流出することが多く、水際での取締りが最も有効だ。

２０１５年には国連の要請もあって、ＷＣＯもユネスコをはじめとする関係機関と協議して対策を本格化した。税関の現場の職員にとっては輸出入品が保護されるべき文化財かどうかの見分けは困難だ。そこでＷＣＯの情報システムを活用して専門家に問い合わせる仕組みや税関職員訓練用の教材を作ったりして、各地でセミナーを開催した。文化財は民族の誇りであり、人々の心の拠り所となるものなので国際社会での関心も高く、ＷＣＯ総会では２０１６年に文化財を国境で保護する決議を行なった。

米国の軍事支援を得て、２０１７年末にはＩＳはイラク領土から掃討された。翌２０１８年5月にブリュッセルで開催されたイラク文化財保護のための国際支援会議でＷＣＯの取組みを話した際、イラク政府代表団の中にイラクの関税局長を見つけた。国内治安情勢の問題があり、イラク税関当局と連絡を取るのが難しくなっていたが、良い機会なのでじっくりと話を聞いた。彼は国家再建のためには税関再建が重要なので、ぜひ支援してほしいと訴えた。そこで支援の前提となる現状報告作成のためにＷＣＯの調査団を送ったが、最終段階で政府関係者との意見交換のために私は２０１９年3月に首都バグダッドを訪問した。

バグダッドの街に到着すると、治安上の問題はあまり感じなかった。移動に防弾車を提供されて緊張したが、これは外国人出張者を安心させるためと説明された。国の主要機関が集まるグリーン・ゾーンに行くときには検問があったが、それ以外の地域では防御用の施設が取り除かれつつあるのが見てとれた。ＩＳは1年以上前にイラクの占領地を失ったが、私が出張する前週に隣のシリアでもＩＳが最後の「領土」を失ったところだった。ティグリス川を見るのを楽しみにしていたのだが、上流にダムが出来て水流が調整され、護岸工事が施された川は文明の発祥地というよりは近代的な水路との印象だった。案内の税関職員が川沿いの人影もまばらな公園を見て、かつては家族連れで賑わっていたのにと嘆いていたが、人々は徐々に普通の生活に戻っているようだった。

税関改革の協議の合間に国立イラク博物館に案内され、5千年以上前からの文化遺産が28室にわたって展示されているのを早足で見学した。大英博物館やルーブル美術館の古代メソポタミアの展示が凝縮されたハイライトなのに比べると、同じ地域の美術文化の発展がじっくりと追えるようになっているのが特徴だ。シュメール文化から始まって、バビロンやアッシリアの荘厳な文化遺産が展開するのに圧倒された。最後はアレキサンダー大王に征服され、ヘレニズム文化、そしてローマ帝国、ペルシャ帝国と歴史・文化的な展開の後、イスラム美術の世界へと繋がる壮大なイラク史のパノラマを見ることができた。見学の途中でも大きな彫刻の頭部が分解された跡があり、密輸を企てたが、取り押さえられたとか、これは税関が国境で抑えたものといった説明を聞いた。見学に疲れた頃、地元小学生の集団が引率されてやって来るのに出会い、彼らが先祖の偉業に感動する様子を見て、ホッとした。

イラク税関が国境で密輸を阻止したという、頭部に分解された跡のある彫刻（写真はイラク税関による提供）

ヨルダンの雪

（『貿易と関税』２０１５年11月号収録）

ヨルダンは中東の十字路に位置しており、紛争に巻き込まれる周辺国が多い中で、安定した政治情勢で知られている。近年ではイラクやシリアの難民が流入しており、重くなった経済負担を先進各国が支援で支えている。また国民の半分以上はパレスチナ系住民だが、イスラエルとも国交を結んでおり、米国も頼りにする中東の穏健勢力だ。南部に自由貿易港のアカバを抱え、隣接するイラクやサウジアラビアへの物流の玄関口でもある。私は２００２年1月にＷＣＯに赴任してすぐに、首都アンマンでの税関記念式典に招かれた。前座にバグパイプの演奏があって、英国統治の影響が残っているなと感じながら、40歳前で若々しさが残るアブドラ国王とも握手した。国王として積極的に外交に携わり、国家の安定に貢献されている。その時にアンマンの街中に残るローマ時代の遺跡を見て、ここは地中海世界の一部なのだと実感した。

ヨルダンは地中海沿いのエジプト、モロッコ、チュニジアと自由貿易地域による地域統合を目指して、２００４年にモロッコのアガディールで4か国間の協定が締結された。２０１１年に若者の高い失業率を背景に「アラブの春」が中東各国に広がった際、地域統合による雇用の創出が重要と考えられ、税関も国境手続きの簡素化調和化を通じて域内統合に貢献することが求められた。そこでアガディール協定の事務局長に旧知のモロッコ貿易省次官（モロッコ税関出身）が就任したのを機に、協定4か国の貿易円滑化及び税関協力を支援することにした。２０１５年2月に協定事務局があるアンマンに4か国の関税局長と私が集まり、ＷＣＯとアガディール協定事務局との覚書及び4か国税関間の相互支援協定の署名式が行われた。

もっとも、各国とも現時点では国境の安全確保に追われ、貿易円滑化は次のステップのようだ。チュニジアの局長によれば、隣国のリビアが内戦で武器庫になってしまい、そこから流出する武器満載のコンテナをどう国境で止めるかが最大の課題とのことだった。この少し前にカイロで会ったエジプトの財務大臣も、リビアとの国境での危険物取締りを最重要課題としていた。ヨルダンの関税局長も最近決まった日本の大型X線装置供与が有難いと言っていた。

会議終了後、アンマン市内では雪がちらついており、予報では明日は大雪となっていた。交通が混乱することを恐れた政府は、夕方に明日は政府を閉鎖すると発表し、翌日の予定が大幅に狂った。ちょうど米国連邦政府が大雪で閉鎖されたのが騒がれた直後で、ヨルダン税関は大雪はあまり経験がないので、米国に倣った措置だと笑っていた。

翌日は他の政府機関は閉まっても、税関は開けるので見に来てほしいと頼まれ、税関本部で幹部との懇談後、新設の税関研修所を見学した。この施設は米国支援で造られており、米国援助庁の職員が指導にあたっていた。同研修所は国境での安全確保対策にも力を入れており、この面で中東地域のセンター機能を持ちたいとのことだった。折から隣国シリアでテロリストによって日本人が犠牲になった直後でもあり、日本政府の日本人拉致現地対策本部はヨルダンに置かれていた。ヨルダンの局長はイスラムは本来平和な宗教なのにと悔しそうだった。同年11月に研修所はWCOの地域研修所と認定された。

昼過ぎから雪は激しくなり、もともと白い建物が立ち並ぶアンマンの街が白い雪に霞んだ。街中のショッピングモールも終業時間前に閉められてしまった。深夜発の帰国便を待つ間、ホテルにこもっていると、突然ロビーからバグパイプやアラブ特有の打楽器による伝統音楽が聞こえてきた。民族衣装の楽団の音色に乗って純白の中東風の花嫁衣裳をまとったお嫁さんが黒の式服を着た新郎に付き添われてホテルに入場し、披露宴会場に向かう。男性側親族や友人が新郎を取り囲んで、一緒に踊り出す。女性参加者はそれを遠巻きに見ている。外の雪景色を背景に進む披露宴の行進は幻想的ですらあるが、花嫁衣装の若い娘さんが平和な環境で幸せな家庭を築いてほしいと願った。

2015年11月にヨルダンの研修施設はWCO地域研修所の認定を受け、オープニングに駆けつけた。

レバノンの復興

（『貿易と関税』２０２０年12月号収録）

２０２０年８月４日にレバノンの首都ベイルートの港では大爆発が起き、多数の死傷者と30万人分ともいわれる家屋への被害が発生した。港湾とその周辺の建物が損傷を受けて、街中を血まみれで逃げ惑う人々の映像は世界中に配信された。危険物として没収され６年間にわたって港湾の倉庫に保管されていた２７５０キロの硝酸アンモニウムが爆発したものだ。保管の責任を問われた港湾長と関税局長が直ちに逮捕された。他方、危険なので他所に移す命令を出してほしいと関税局長が判事に何度も依頼する手紙がリークされ、誰の権限だったのかも争われていた。本件は港湾当局や税関のみならず政府全体の無能さと腐敗の象徴だとして、怒ったベイルート市民による大規模デモも行われた。その結果、レバノン内閣は８月10日に総辞職した。

差し押さえた危険物の保管に悩んでいるのはレバノンだけではないので、ＷＣＯ事務局としても危険物保管に関する既存の国際スタンダードをまとめたガイダンスを作成して全加盟国に送付するとともに、各国の実例の収集を始めた。また８月末には、レバノン関税局を監督するレバノン税関上級理事会とビデオ会議を行った。レバノン側は、失われた信頼を取り戻し、税関を改革する国際的な支援を求めていた。政権不在が障害だったが、駐独レバノン大使が後任の新首相に指名され、新内閣の発足は間近なので、私に支援体制作りのために訪問してほしいとの要請を受けた。

ＷＣＯはレバノンの税関改革をこの数年支援してきたが、計画が出来ても実行が困難だった。レバノンには多くの宗派が存在し、各宗派のバランスに配慮したパワー・シェアリングの慣行がある。その結果、大統領がキリスト教マロン派、首相がイスラム教スンニ派、

税関の建物の中は、爆風で執務室の窓枠が吹き飛び、執務室内に家具や書類が散乱していた。

国会議長が同シーア派という取決めになっているが、各宗派の利害が合致しないと物事は進まない。この慣行が税関にも及んで税関改革への着手が遅れていたものだ。しかしながら渦巻く国民の不満に応えて、指名された新首相の下で挙国一致内閣が出来る期待も高まっていたので、9月末に私がレバノンに出張することにした。3月初めにコロナ感染症対策としてWCOは全ての出張を延期してオンライン会議に切り替えていたが、これが私の6か月ぶりの出張になった。それまで毎週のように世界各国へ出張していたことから考えると、隔世の感があった。

ベイルートでは直ちに税関上級理事会の3人の委員と面会した。パワー・シェアリングの慣行に従って、それぞれシーア派（委員長）、スンニ派、マロン派を代表している。その下に実務を執行する関税局長がおり、マロン派のポストだ。税関にはいわばトップが4人いることになりかねず、特に委員長と局長がしっくり行っていないと現場も混乱する。逮捕された前任者に代わって就任した関税局長代行はWCOの会議にもよく出張して来ていた税関専門家なので、そうした心配はなく、税関改革にとっては良いタイミングだ。もっとも、8月末に新首相指名を受けた駐独大使は1か月間組閣を試みた後、シーア派の譲歩を得られないとして組閣を諦め、私の到着直前にドイツに帰ってしまったのは残念だった。組閣が失敗したのは、政府の勅令は大統領、首相、シーア派の財相の3人で署名されることから、自派の合意なしに政府が動くことを恐れたシーア派が財相のポストを譲らなかったからといわれていた。

レバノンは面積1万平方キロメートルとわが国でいえば岐阜県並みの広さで、アジア大陸の中では最小国だが、かつて紀元前12世紀から9世紀頃に最盛期を迎えたフェニキア人が活躍した故地だ。彼らは海洋貿易に進出し、北アフリカから現在のスペインに及ぶ地中海全域で活躍した。交易に伴って文化交流が起きるし、文字も必要になる。フェニキアで発達した文化は地中海に広まり、フェニキア文字がアルファベットの基になったといわれるくらい、後に続くギリシャ・ローマ文明に影響を及ぼした。海岸沿いの背後はすぐに急峻な平均標高2500メートルのレバノン山脈となるが、そこから切り出したレバノン杉を船材に活用して、航海に乗り出した。もっとも、平野部が狭小だと人口が限られ、強力な軍隊を持つのは難しいし、都市国家の集まりだったフェニキアは次第に周辺の軍事大国に服属して影響力を失っていった。ただアフリカ北岸に建設した植民都市カルタゴ(現在のチュニジア)は後にローマと地中海の覇を競うほど強力になった。今回の出張では中東地域担当のチュニジア出身の職員が随行してくれたが、レバノン側は従兄弟の国だと喜んでくれた。現在のレバノン人は祖先はフェニキア人だと誇りをもって話すが、確かに海外に積極的に進出して、進出先の商業面で活躍する伝統は引き継いでいる。世界に散らばるレバノン系人口は本国の総人口を相当上回っている。これまでの出張先でも、例えばフランス語圏西アフリカではレバノン人が経済活動に大きな影響力を持っていたし、ブリュッセルでもレバノン料理屋の多さが目を引く。逆にいうと、優秀な人材は海外に流出しがちだし、本国経済は在外レバノン人の商業ネットワークや彼らからの送金に助けられている面がある。

平野部を狭小にしているレバノン山脈は、他方、少数派宗教にとっては天然の要塞になったようだ。7世紀にイスラム教が到来した後でも、マロン派が山脈の北部でキリスト教を維持する一方、11世紀になると、イスラム教の少数派であるドゥルーズ派がレバノン山脈の南部に広がった。19世紀になって中東や地中海でオスマン帝国の力が衰えると、フランスが進出して、英国と中東を分割する形で、現在のレバノンとシリアを含む地域を第1次世界大戦後に委任統治領として支配下に置いた。フランスは同じキリスト教徒であるマロン派の保護を念頭に、シリアから分離する形で、いろいろな宗派が寄り集まるモザイク状の国家、レバノン共和国を作った。今でも国内で18宗派が公認されており、親族関係は宗派独自の法廷や慣習に基づいて扱うことができる。したがって住民は宗派別に住むことが多い。税関のドゥルーズ派幹部に聞くと、彼はベイルート近郊の先祖伝来の村に住み、結婚したのも同じ村出身の女性だ。そうした生活様式は義務ではないが、異なる宗派同士で結婚する時は海外に出かけて挙式することもあるとのことだった。

レバノン共和国は創設時から多くの宗派を包摂するという不安要因を抱えていたが、１９４５年の独立後は持ち前の商売上手を発揮して、中東のビジネス・金融の中心として発展し、首都ベイルートは「中東のパリ」と呼ばれるほどの繁栄ぶりだった。レバノンの運命が暗転したのは、イスラエルと周辺アラブ諸国との間の中東紛争が１９６０年代から激化し、パレスチナ難民やパレスチナ解放戦線が大量に流入して、各宗派間バランスを維持することが難しくなったことがきっかけだ。最近では内戦が激化したシリアからも難民が流入しており、レバノンには４００万人強のレバノン人に加えて１４０万人の難民（シリア人90万人、パレスチナ人50万人）が住んでいるとの推計もある。シーア派の中でも先鋭化したヒズボラの勢力がイランの支援を受けながら増大した。多くの先進国ではテロ集団に指定されているヒズボラだが、前回の選挙では多数の議席を得て、現在のレバノンでは政権の一翼を担っている。

爆発のあった港に案内されると、破壊された倉庫群の取壊し・片付けの最中で、自動車陸揚げ埠頭では、日本ブランドの輸入乗用車が爆風の被害を受けたまま並んでいた。硝酸アンモニウムが保管されていた倉庫は跡形もなくなり、周囲には爆風で陸に打ち上げられたり、転倒した船が無残な姿をさらしていた。旧倉庫の隣には巨大なサイロが一部崩れながらも残っており、まるで古代の遺跡のようだった。フランス統治時代に建てられた堅牢な造りの税関の建物の内部は、爆風で執務室の窓枠が吹っ飛び、執務室内に家具や書類が散乱していた。にわか作りの通関施設では、通関業者が屋外に溢れかえっていた。ＷＣＯ総会議長国のバーレーンはいち早く税関用のプレハブ庁舎と官用車を手配して送り出したが、税関インフラとしてはＩＴ設備への支援・投資も必要だ。

港視察の最後の訪問地は、近くにある19世紀の高級住宅街の一角にあるスルソーク博物館だった。レバノン近現代美術のコレクションで有名な博物館だが、現在閉鎖して修復中だった。爆発現場から1キロの距離でも爆風でドアや窓が吹き飛び、その残滓がオスマン帝国様式の優美な部屋の床に並べられていた。収蔵コレクションにも一部被害が出たとのことだった。感想を聞かれ、一日も早く再開して、レバノンの回復する力の象徴となって下さいと訪問帳に記して博物館を辞した。

＜中東＞

非アラビア語諸国

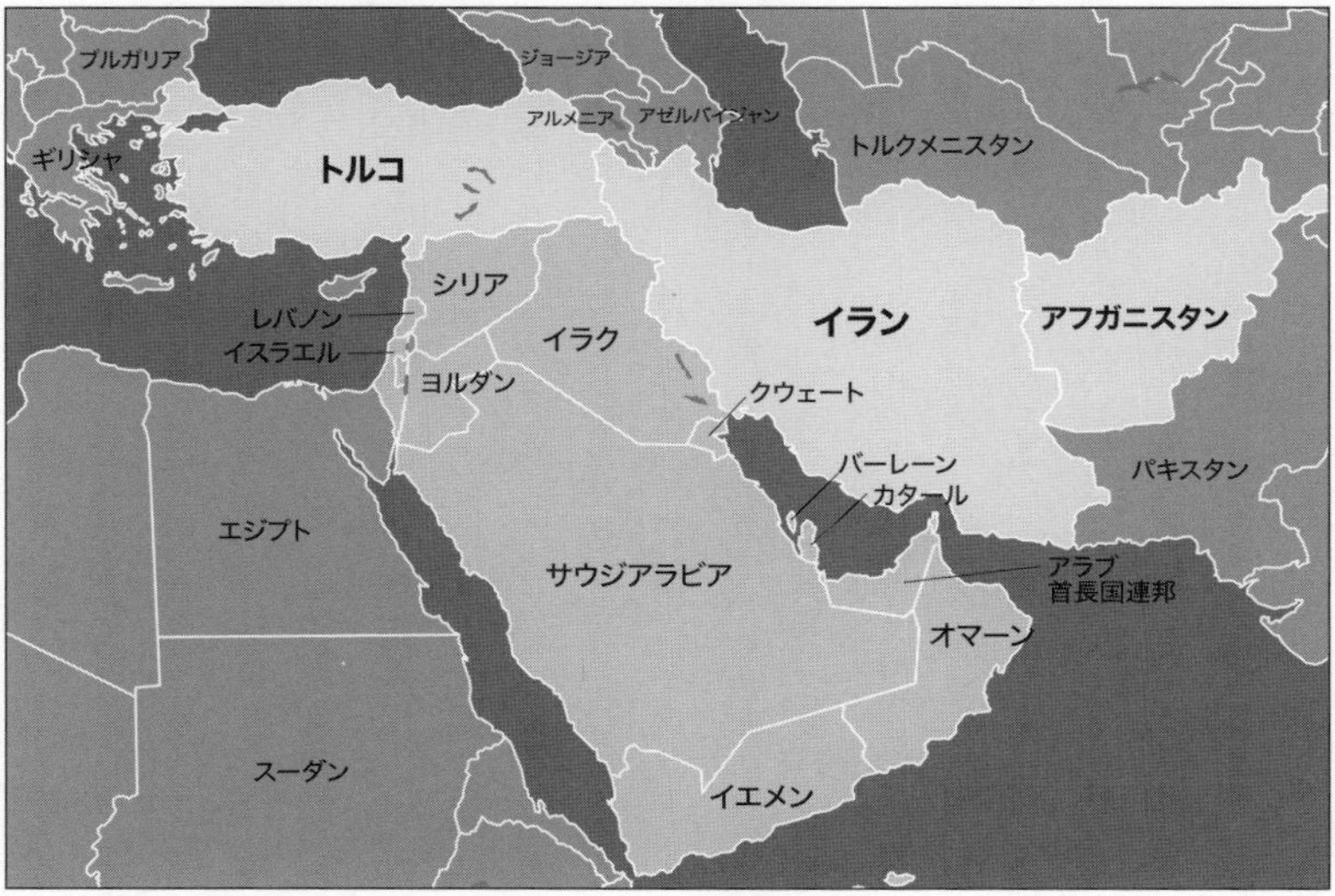
ブルガリア
ジョージア
アルメニア
アゼルバイジャン
ギリシャ
トルコ
トルクメニスタン
シリア
レバノン
イスラエル
イラク
イラン
アフガニスタン
ヨルダン
クウェート
バーレーン
カタール
パキスタン
エジプト
サウジアラビア
アラブ
首長国連邦
オマーン
スーダン
イエメン

イランの豊かな文化

（『貿易と関税』2018年4月号収録）

訪問先でその国の文化に触れると税関行政の背景への理解が増す。イランの首都テヘランには1999年にアジア大洋州の税関会合に日本から出張し、案内された博物館でペルシャ文字で装飾された写本や華麗な絨毯を見たのは新しい体験だった。その時は、16～18世紀のサファビー朝の首都だったイスファハンにも案内された。中心広場を囲んで立ち並ぶ壮麗なモスクや王宮は美しいタイルで飾られており、さすがは「世界の半分はここにある」と謳われた古都だと感嘆した。隣接するバザールではマレーシアの代表がここの絨毯は最高級品と言って、礼拝時に敷く絨毯を探していた。また、川に架かる橋の袂の喫茶店は涼しげな水流を鑑賞する作りになっていた。イスラム美術は偶像崇拝を禁止しており、スンニ派のアラブ圏では厳格に解釈して人物像を見ることはない。しかし、シーア派のイランでは緩やかに解され、特にサファビー朝のもとで人物像を中心とする細密画が発達した。かつてのペルシャ帝国の勢力を背景に、ペルシャ語圏は中央アジアのタジキスタンやアフガニスタン北部にも広がっている。

私がＷＣＯに移った後、２００４年にテヘランで開催された税関手続きＩＴ化の会議に招かれ、イラン税関の近代化に向けた強い意欲を感じた。彼らはその後ＷＣＯでの会議を通じて各国の動きを熱心に勉強して、テヘラン大学と協力し、多くの政府機関を巻き込んでシングル・ウィンドウの稼働に成功した。その功績もあって、関税局長は財務大臣に昇進し、彼の招きで２０１７年11月にテヘランを再訪した。大臣はＷＣＯの支援のおかげで税関改革を進めることができたと感謝して、私にイラン北西部の中心都市タブリーズ訪問を手配してくれた。13～14世紀に現在のイランを中心とする広大な領土を支配したイルハン朝の首都だった古都である。マルコポーロがこの都市を通過して北京まで元の皇帝に面会に行った記録が残っている。イルハン朝を含むモンゴル帝国が安定しており、シルクロード交易が盛んだった時代だ。19世紀前半にロシアとの戦争に負けてイランがコーカサス地方（現在のアゼルバイジャン、アルメニア、ジョージア）を失うまでは、タブリーズがイランのコーカサス統治の中心地だった。

タブリーズは今では東アゼルバイジャン州の州都になっており、州知事とタブリーズの貿易および観光振興について話し合った。ペルシャ絨毯の主要産地として有名だが、最近では低賃金、低品質でペルシャ絨毯のデザインを盗用する他国からの競争に苦しんでおり、知的財産権の活用による伝統的な高級絨毯の保護も一つの課題だ。州名からも想像できるように、アゼルバイジャン人がタブリーズの人口の大多数を占めている。北隣のアゼルバイジャン共和国の人口は1000万人弱だが、イランには2000万人前後のアゼルバイジャン人が住むと推測されている。実際に地方の歴史をご紹介しましょうと言われて連れていかれたのはアゼルバイジャン地方博物館だった。

世界最古の一つで最大規模といわれるバザールにも案内された。縦横に入り組んだ迷路のような小路の両側に店が連なっていて、ペルシャ絨毯の原料となる羊毛、絹、綿の糸、染色された糸、そして完成品の売り場が並ぶ地区が有名だ。伝統的な図柄の絨毯に加えて、輸出用に西欧名画の人物像や風景を織り込んだ壁掛け用の絨毯も多く売られていた。現代化の営業努力なのだろうが、伝統的な幾何学模様や動植物模様を見慣れたせいか寂しい気がした。

タブリーズは古都だが、古くから多発する地震のせいで歴史的な建造物があまり残っていない。現に私が去った翌日に西部で大地震が起き、死者は500人以上といわれた。8世紀には遣唐使を通じて日本にもペルシャ文化を伝えたイランが自然災害や経済制裁を乗り越え、また核開発を巡る国際社会の懸念に対応して、早期に貿易や投資を正常化することを祈りたい。

イランの財務大臣と会談。彼は関税局長を長年勤めた。

アフガニスタンの交易路

（『貿易と関税』2017年10月号、2021年12月号収録）

アフガニスタンは中央アジアと南アジア、そしてインド洋とを繋ぐ交易路の要衝となる戦略的な位置を占めている。しかしながら2001年に米国で起きた同時多発テロ事件をきっかけに、米軍主導でタリバン政権を武力で倒したアフガニスタン紛争（2001〜2021年）が勃発し、こうした南北をつなぐ構想は実現していない。2021年に米軍が撤退した後、タリバンの攻撃を受けて政権が崩壊してしまい、国際的な支援も様子見の状態となってしまった。

やや時間を遡ると、2014年の大統領選挙の結果、ガニ大統領が第2代大統領に就任し、アフガニスタンで初の民主的な権力移譲といわれたが、同時にこれまで米国および同盟国に依存していた治安や内政に責任を持つ政権とされた。そのため各国や国際機関が政権自立のための支援に動き、WCOは紛争から復興への移行の経験共有を含め、アゼルバイジャン、ウガンダおよびインドといった国外で税関幹部研修を行い、今後の税関の戦略計画も作成された。計画の実施には政権の強力なサポートが必要なので、2017年7月に首都カブールを訪問した。

カブールにはドバイからの定期便があり、早朝に到着する便は満席だった。空港から市街地に入ると、道には買い物をする一般市民が溢れており、ちょっと見ただけでは普通の中央アジアの国のようだった。もっとも、官公庁街に近づくと、対テロ攻撃用の高い壁が道沿いに続き、厳しい状況であることを思い知らされた。ホテルに着くと、門から入口まで3回にわたって車を止めて爆弾が装着されていないことの確認検査を受け、ホテル内部でも廊下に立っている職員は防弾チョッキを着ていた。車で外出すると、道沿いに内部の損傷が激しい建物が目についた。2か月前に自動車爆弾による自爆テロ攻撃を受けたドイツ大使館だったが、その裏手に日本大使館があり、250メートル離れているのに爆風の影響で窓ガラスが割れる等の被害が出ていた。部族対立、ガバナンス（汚職）、周辺国の対立といった要因がイスラム過激派の背景にあるが、こうした状況下で歳入徴収の根幹的役割を担う税関の役割は大きい。

アフガニスタンの関税局長は32歳と若いが米国留学も経験しており、カブールの大学や大統領府勤務も経験した経歴で、他の税関幹部も若手が多かった。他方、前年10月に税関研修所が開設されたのは人材育成の大きな前進だが、そこで会った現場の職員は年配で、同じ部署で長年勤務してきた者が大半だった。本部と現場の人員構成の乖離が気になった。責任ある地位への若手の任用は税関に限った話ではないようで、ビジネス界を代表する商工会議所に行くと、会頭はやはり30歳代前半の若手だった。

財務大臣に面会すると、職員規律対策が最重要との認識で、会談後の記者会見の場では、税関の汚職防止への対応を柱にするＷＣＯのアルーシャ宣言に大臣がサインして、政治的な決意を示していた。翌日、ガーニ大統領にお会いすると、税関改革こそ近代の国造りの基本と同意していただき、税関をガバナンスのモデルにしたいとの要望だった。そのためには人材育成が鍵とお話しすると、大統領は早期退職制度や定期的な人事異動を導入するとの回答だった。

アフガニスタンは歴史的にはパキスタンが最大の貿易相手国だったが、タリバンの扱いを巡って対立が深まっていたパキスタンとの貿易量は近年減少し、西隣のイラン経由や中国から中央アジア経由でのモノの流れが盛んになってきていた。パキスタン側国境地帯はパキスタン政府の威令が及ばない部族地域であり、アフガニスタン側国境地帯はタリバン勢力が強く、税関の密貿易取締りが困難になり、国境情勢が悪化していた。アフガニスタンとしては経済発展が著しいインドとの貿易を活性化させたいが、陸路で中継国となるパキスタンは対立するインドとの対抗上、自国内を通過するアフガニスタン・インド間のモノの流通に積極的ではなかったので、２０１７年にはアフガニスタンから空路でインドに農産品を輸出する道が開かれた。アフガニスタンからドバイへの帰途、特産のスイカを抱えて飛行機に乗り込む若者の姿を見た。

それから4年後の２０２１年7月にウズベキスタン主催で中央アジア諸国で願望の強い南アジアとの連結を検討するハイレベル国際会議がタシケントで開催された。2月に招待された時にはすぐに受け入れたが、その後4月にバイデン大統領が米国軍のアフガニスタンからの撤退を発表したので、時期が気になった。ただその時点ではアフガニスタンの状況の激変が迫っているとは想像してはいなかった。むしろアフガニスタン周辺国がイニシアティブを取って、米国軍撤退後の地域協力を支えてくれるのであれば有難いくらいの心積もりだった。ウズベキスタンは首都タシケントからアフガニスタンを経由してパキスタンと繋ぐ鉄道建設に熱心で、世銀からも支援を受けている。事情を聞いてみると、トラック輸送だと政府支配地域とタリバン支配地域を通過する際、双方から税金を徴収されて二重に税負担することになるが、鉄道ならばそうした二重課税も回避できるとの目算もあるようだった。タリバンについては財源は麻薬密輸との声もあったが、大半は支配地域の税金、それも関税収入といわれていた。もっとも、アフガン政府も同様で、国際援助を除くと、内国税の徴収が困難であり、国内財源は関税収入への依存度が高かった。

タシケントでの会議が始まる前の待合室で、隣に座ったタジキスタンの外務大臣と雑談をしていると、先方はアフガニスタンとの国境にある税関施設6か所は全てタリバンに占拠された、彼らの意図がよく分からないと訝っており、事態の深刻さを思い知らされた。開会式ではホスト国のウズベキスタン大統領が中央アジアと南アジアを連結する国際会議を毎年開いて前進させようと、さまざまな具体的な提案を織り込んだスピーチをした。次に立ったアフガニスタン大統領はテクノロジーを活用して貿易円滑化の措置を進めている説明から始まったが、外部環境が改革を困難にしていると訴える内容だった。次のパキスタン首相は、アフガニスタン大統領が非協力な隣国に言及し、それはパキスタンを非難していると解するが、自分たちほど地域の安定を望んでいる国はないと反論する形になった。国際会議の開会式で対立を露わにして相手を攻撃し合うのは珍しかった。ロシア、中国、EUが外相を送ってきたのに対し、米国は低レベル対応だったのが目立った。

その機会にガーニ大統領に面会し、大統領のスピーチは税関の知識に裏打ちされていましたねと水を向けると、自分は財務大臣をやっていたので税関には詳しい、税関改革を進め、納税者による電子支払いも導入したとのことだった。米国の大学で教鞭を取ったり、世銀で働いた経歴がおありなので、会話していても違和感がないのだが、アフガニスタンの地方の現実とは乖離があったのかもしれない。そこで本題に入り、税関職員を海外に送って関税徴収を海外で行う方法はあるだろうかとの質問だった。タリバンに国境を占拠されたので、モノが国境に届く前にその手前で関税徴収を済ませるスキームだ。実例はありますとお答えして、例えばアフリカで内陸国のウガンダやルワンダはケニアのモンバサ港に職員を送って関税を徴収し、貨物が無事自国に届くように衛星システムでトラックの動きを追跡していますと説明した。ただし追跡システム云々は将来の話として、まずは当事国同士の合意が必要ですと念押しした。大統領は実例があると聞いて満足し、大事な話なので財務大臣にフォローさせるとして会談を終えた。その時には1か月後には政権が崩壊するとは思いもよらなかった。

モハンマド・アシュラフ・ガーニ大統領を表敬し、税関改革の方途について語り合う筆者。

またウズベキスタンとパキスタンの関税局長と面会すると、両国首脳の間で税関協力協定が合意されたとのことで、2人ともそれぞれの政府首脳の前で税関協力協定に署名した直後で、大役が終わったとホッとしていた。2人に両国間で協力を深めるのはよいが、間にはアフガニスタンがある、どう巻き込むのかと議論を展開したが、2人の回答を聞いて、事態はかなり深刻だなと感じた。

振り返ってみると、タリバンは最初に国境を抑えることで、貨物の動きを制御するだけではなく、関税収入を政府から取り上げ、財政面からアフガニスタン政府の息の根を止める結果となった。財政的に多くを国際支援に頼ってきたとはいえ、自前の財源を失ってしまっては政権の延命は難しかったと思われる。多くの途上国にとって関税収入の多寡は国家存立の基礎を揺るがしかねないことを再認識した。

トルコ・アナトリアの鉄器文明

（『貿易と関税』２０１８年2月号収録）

古代オリエントでは、早くから鉄製の武器を使用したヒッタイト人が、紀元前15世紀頃にはアナトリア半島（現在のトルコ共和国）に強力な国家を建設していたことが知られている。ヒッタイト帝国は紀元前１２００年頃に突然滅亡してしまったが、その結果、それまで彼らが秘匿・独占していた製鉄技術がエジプト、ギリシャ、中国と世界各地に伝播して、現代に繋がる鉄器時代が始まったと考えられている。２０１７年9月にトルコに出張した際、トルコ税関の勧めで、初期鉄器文明の実態解明に挑んでいるアナトリア考古学研究所を訪問した。同研究所は東京にある中近東文化センターの付属施設で、２０１０年には日本のＯＤＡで付設博物館も開所された。また、日本企業の支援も得て、古代オリエント研究に尽力された三笠宮殿下を記念する日本庭園を含む周辺施設が整備されてきている。日本庭園に結婚式記念写真を撮りに来る地元カップルも多いそうだ。

トルコの首都アンカラから高原地帯を車で1時間半走ると、カマン・カレホユック遺跡に到着する。ここはアナトリア高原を半円形に流れる「赤い河」の内側、かつてのヒッタイト帝国の中心地域だ。１９８６年以来の日本の研究者による発掘の結果、ヒッタイト帝国崩壊後の「暗黒時代」と考えられていた時代にも一連の文化が展開していたことや、紀元前20世紀前後の地層から鉄器が出土して、ヒッタイトよりも前の別の民族が鉄の生産を行っていた可能性が指摘される等、世界史上の新たな発見が行われている。

写真（博物館内に展示）は遺跡発掘調査開始のため鍬入れをなさる故・三笠宮崇仁親王殿下（86年5月）。「古代オリエント史」を専攻され、（財）中近東文化センターの総裁（75年～）及び名誉総裁（05年～）を務められた。

現地で30年間発掘に携わってこられた研究員の松村公仁さんに案内していただき、丘の上から梯子を伝って発掘現場を降りて、紀元前2200年の街並跡に立った。各時代の遺跡が薄い地層の形で堆積している様子が分かるが、大火災で赤くなっている層が結構見受けられ、戦乱や建物の破壊が繰り返されたことを示していた。新しい建造物を古い街並みを破壊した上に作って、下敷きになった遺跡を壊してしまい、当時の文化解明の手掛かりが失われることが多いとの苦労話を伺った。

隣接の出土品を展示する博物館では、松村さんから、楔形文字粘土板には交易品のリストや数量が記録されているとのご説明を聞いた。これは関税収入の記録ではないのですかと尋ねると、遺跡は赤い河の渡河地点にあり、確かに税関があってもおかしくないですねとのお答えだった。思いがけず4千年前の税関の活動に遭遇したような気がして嬉しかった。現に同遺跡で見つかった動物頭部彫像（ヒョウ）は目の部分にアフガニスタン産の青い宝石「ラピス・ラズリ」が使われており、4千年前の交易路の広がりを示していた。

博物館は発掘成果の地元還元の一環であり、年間訪問者は7万人に上り、こうした地元重視の姿勢がトルコ政府からも好感されているようだ。翌日はアンカラにて、トルコ税関での講演に臨み、冒頭で日本とトルコで協力しての遺跡発掘について触れたところ、トルコの聴衆から拍手が起きた。人類共通の文明の起源と交易を通じたその伝播を研究することは、自国の歴史に誇りを持ち、世界的なつながりを再確認する上で意義深いことだと感じた。

アンカラのトルコ税関本部で関税局長と。

〈アナトリア考古学研究所のウェブサイト〉http://www.jiaa-kaman.org/jp/index.html

米州

米州地域は北米、中南米、カリブ海地域に大きく分かれる。33メンバーのうち、中南米のスペイン語圏が18か国と多数を占める。中南米では地域統合の動きもあるが、選挙で政治が揺れ動くことも多く、米国との関係にも濃淡があって、まとまるのは必ずしも容易ではない。ブラジルのような成長余力のある大国もあるが、米国は中南米を移民ないし経済難民とコカインの仕出地と見がちだ。他方、中南米から見れば、米国は武器の仕出地ともいえる。カリブ海地域では英語圏が優勢であり、観光産業の比重が大きいが、島嶼国の経済規模や移住の歴史に由来する制約も多い。税関の役割は財源確保や経済振興のための貿易円滑化だけではなく、麻薬や武器の密輸阻止も重要だ。米国が圧倒的な影響力を持ち、WCOで表明される米州の立場も米国の意向が色濃く反映されることが多い。

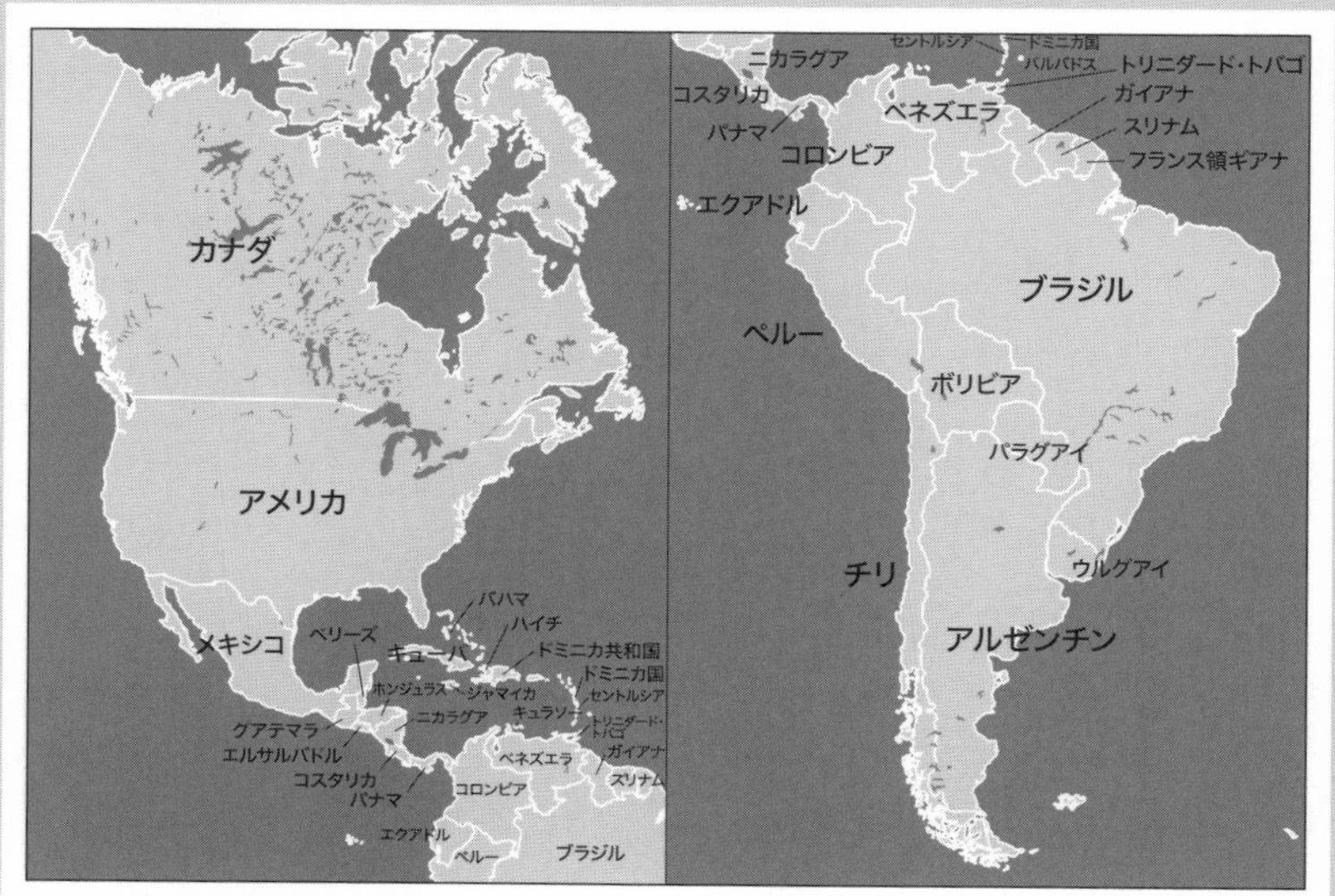

情報力で対抗!
STOP!
X-Ray
AI
Data Base
DRUG
ネット販売で
小包大幅増
何か変だな～
マネロン?
本当は安物
輸入
貨物
エライ
高かったデスわ～
DRUG
巨額の輸入代金
支払
麻薬取引
決済
各国
税関で
協力!
マネロン
麻薬・武器取引
アンデス山脈で
密輸監視
GUN
Good Job!!

<米州>

北米・南米

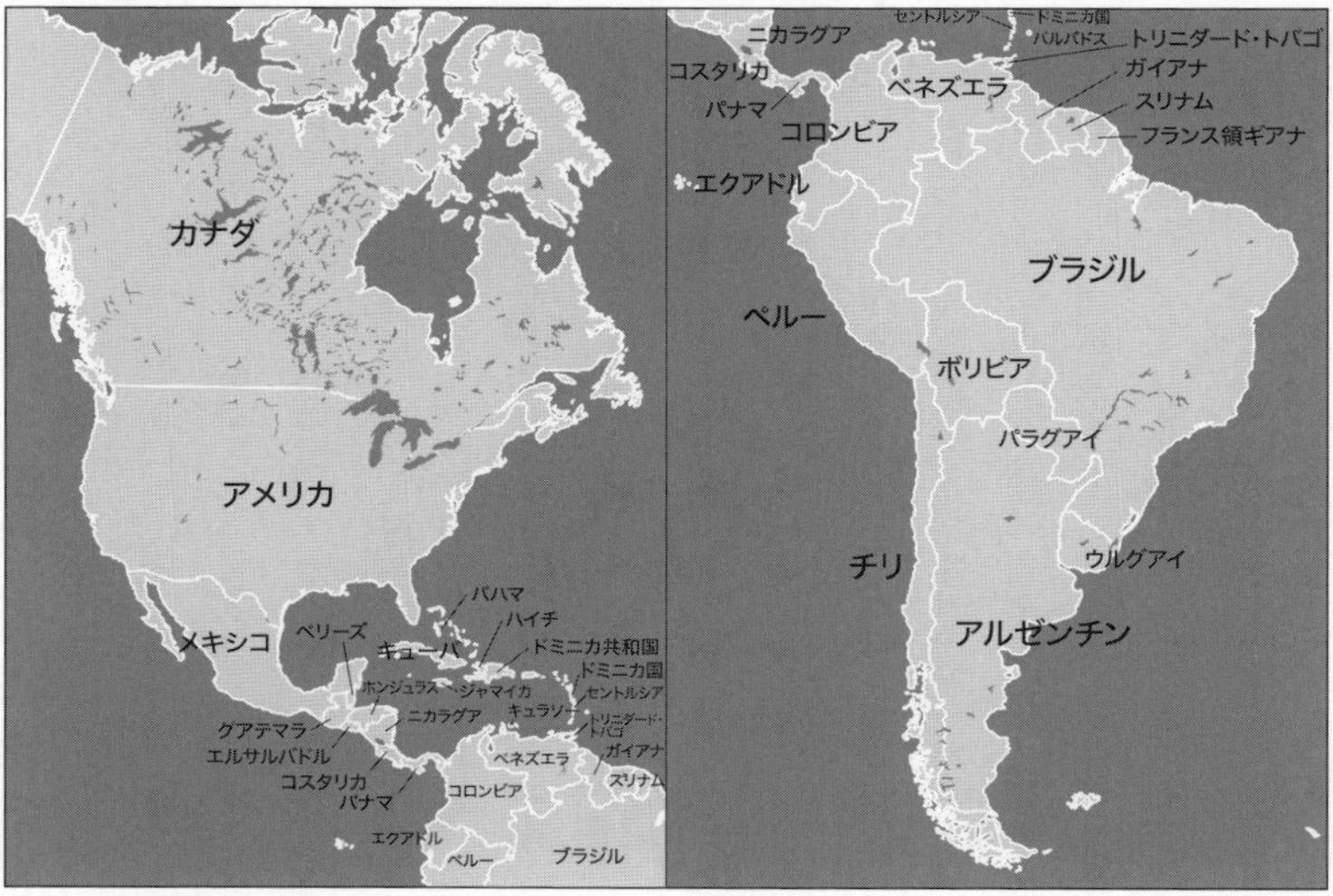

カナダ
アメリカ
メキシコ
ベリーズ
キューバ
バハマ
ハイチ
ドミニカ共和国
ドミニカ国
セントルシア
ジャマイカ
ホンジュラス
グアテマラ
エルサルバドル
ニカラグア
キュラソー
トリニダード・トバゴ
コスタリカ
パナマ
ベネズエラ
ガイアナ
コロンビア
スリナム
エクアドル
ペルー
ブラジル
セントルシア
ドミニカ国
バルバドス
ニカラグア
トリニダード・トバゴ
コスタリカ
ベネズエラ
ガイアナ
パナマ
スリナム
コロンビア
フランス領ギアナ
エクアドル
ブラジル
ペルー
ボリビア
パラグアイ
ウルグアイ
チリ
アルゼンチン

ワシントンの魚市場

（『貿易と関税』２０１５年10月号収録）

米国首都ワシントンに出張する時には世銀などの国際機関や米国関係機関も回るので、官庁街に宿を取ることが多かった。２０１４年10月に米州開銀に出張した際には日曜日の到着だったので、地図を頼りにホワイトハウスから続く公園沿いに南下して、ポトマック河畔まで散歩した。会議では座りっぱなしになるので、歩く機会は重要だ。河畔には日本から寄贈された桜があり、毎春のワシントン桜祭りの説明板が散在していた。河畔の池を一周すると独立宣言や公民権運動の記念碑があり、良い運動だった。

地図で見るとその先に魚市場の表示があったので足を延ばしてみると、波止場を取り囲む形で多くの店が魚介類を売っていた。よく見るとそれぞれの店は入り江に浮かぶ船で、船内が売り場兼調理場になっていた。新鮮なカニやエビ等が並び、その場でシーフードを味わえるようになっていた。売り手はヒスパニック系のようで、スペイン語が飛び交って活況だった。客層は地元客主体のようだったが、チャウダーにイカのリング揚げ、白身魚のフライ等を味見できて楽しかった。首都の中心部の官庁街の近くにこんな魚市場があるのが意外で、面白かった。

翌月曜日に米州開銀でＷＴＯ貿易円滑化協定の実施を奨励するパネル討議で話したが、これは中南米各国の貿易省次官と関税局長を集めての対話促進が目的だった。税関は財務省傘下にあり、必ずしも貿易省との対話が円滑ではない。いつも感じるのだが、米州開銀の建物内に一歩足を踏み入れると、スペイン語しか聞こえず、米国首都の中の中南米租界のようだ。知り合いの幹部に昨日の魚市場の話をすると、治安が悪化した中米のエルサルバドルからの移民が急増しており、今や首都界隈では最大の移民グループとの説明だった。昨日の漁師たちがエルサルバドル人なのかは確認しなかったが、米国内では南部に限らず、スペイン語勢力が着実に増えているのは確かなようだ。

翌日米国関税庁に行くと、21省庁を集めての関係省庁間委員会に出てくれと依頼された。シングルウィンドウ実施のために税関が音頭を取って各省庁協議を進めよとの大統領令が2月に出されたのに対応して出来た委員会との説明だ。私の基調講演の後、質疑応答の中で全出席省庁と話したので、関税庁長官は各省庁の理解が深まったと大喜びだった。これは全関係省庁の半分弱だとのことで、国境手続きへの各省庁の関わりの広がりを実感した。

ワシントンには前年2月にも行ったが、これはニューヨークでの国連安全保障理事会の下部委員会で講演を頼まれた際に、電車で2時間の距離にある米国首都を訪ねたものだ。両都市の中間にあるフィラデルフィアで途中下車して、ペンシルバニア大学で希少動植物の国境取締りについて特別講義をしてからの移動だった。関税庁が所属する国土安全保障省長官がようやく米議会上院で承認されたので、彼を表敬訪問するのが主目的だった。米国では国土安全保障省が所轄する移民政策を巡って党派対立が深刻化しており、同省の長官を含む幹部ポストの上院承認は遅れがちだ。さらに国務省、通商代表部、援助庁といった政府機関をいくつか回った。また米国関税庁の要請で、上下両院を訪れて、それぞれ歳入委員会、財政委員会といった関税庁を担当する委員会のスタッフにもブリーフィングを行なった。各国税関が予算を得たり、法案を通すための議会対策を手伝うのも私の仕事の一部だ。

ワシントンではなるべく歩いて関係機関を回るようにしているが、この時は2月で寒さが身に応えた。普段は大股で歩くのだが、雪まで降り出したので、そろそろと滑らないように歩いた。業界団体が彼らの迎賓施設でレセプションを開いてくれたが、米議会の間近にある洒落た建物で、なるほどロビー活動はこういう所でやるのかと感心した。もっとも、おつまみの方は10月に魚市場で新鮮な魚介類にありついた時の方が嬉しかった。

米国国土安全保障省ジョンソン長官（左手前）、バーシン政策担当長官補佐（左奥）と対話する筆者（右手前）。

メキシコの芸術

（『貿易と関税』２０１５年９月号収録）

ＷＣＯは税関の調査研究を奨励する観点から、各国回り持ちで地元大学の協力も得てリサーチ会合を開いてきた。２０１４年はメキシコ税関が世界遺産都市プエブラでホストしてくれた。スペイン統治時代のメキシコでは、大西洋岸のベラクルーズ港が対欧州貿易、太平洋岸のアカプルコ港が対アジア貿易の中心だった。プエブラは両港の中間地点に建造され、両港の税関業務や首都に入る商品の管理も行っていた。いわば欧州及びアジアをつなぐ役割を担っていたのだから、ＷＣＯ会合には最適というのがメキシコ側の説明だった。貿易による富の集積や巨額の税関収入のおかげで旧市街にはバロック様式の教会、修道院や大邸宅の建築物が立ち並び、それらは多彩色のタイルで飾られ、観光客を惹きつけている。ちなみにプエブラは１６１３年に伊達政宗が派遣した遣欧使節団も通過している。彼らは太平洋を渡ってアカプルコ港に上陸し、プエブラを経由してベラクルーズ港から大西洋を渡ってスペイン、ローマへと遣欧の旅を続けた。２００２年にメキシコがＡＰＥＣ税関会合を開催したアカプルコに出張したが、街中で遣欧使節使だった支倉常長像を見つけて感動したことがある。

北米自由貿易協定に伴って、日系自動車関連産業もプエブラ周辺に進出しており、それを支えるモンテレイ工科大学のプエブラ校舎が開催場所で、前年合意されたＷＴＯ貿易円滑化協定の将来について学者やビジネス界も交えて活発に議論された。その機会に首都にあるメキシコ国際問題評議会で政治経済の有識者向けに貿易と税関について講演を行った。メキシコは中米やカリブ海地域を対象に支援を行う立場に変わりつつあり、新設の援助庁長官との話合いでも明らかだった。もっとも講演後の質疑応答では、不法移民や薬物の問題に悩む米国との国境問題についても取りあげられ、光と影が強烈な国であることを実感した。

歳入庁も訪問したが、建物内には多くの現代絵画が壁面に飾られており美術館のようだった。出所を聞くと、徴税当局は画家からの納税には物納を認めており、作品は歳入庁、そして在外公館を飾っているそうだ。仮にその絵画の評価額が上がっても、値上がり分を画家に還付しないとの説明だった。かつてメキシコ国立美術館を訪れ、16世紀末から20世紀までの絵画の流れを概観したが、植民地時代の欧州バロックの影響から次第にメキシコへの帰属意識形成へと絵画が発展していくのが分かって面白い展示だった。スペインの征服戦争は先住民やその優れた文明に対して過酷だったが、それを近代のメキシコ人がどう咀嚼していくのか、先住民の英雄的な忍耐を描いた作品を見ながらしばし考え込んだものだ。このように芸術の国民統合への寄与は大きいので、歳入庁の物納措置も芸術家に対する助成策の一環かもしれないと感じた。

せっかくの機会なので、日本大使館にお願いして駐在日本企業の方々にお話を伺った。メキシコは対米輸出の前線基地でもあり、有望市場なので、産業界の税関近代化や効率的な物流への期待は強い。日本企業からの要望の中で、ソーラーパネルに使われる部品の品目分類についてのメキシコの解釈問題が出された。技術的な問題だが、どの品目に分類されるかで関税額が年間数十億違ってくるとのことだった。こうした分類問題はＷＣＯの関税品目分類（ＨＳ）委員会で勧告が出される。加盟国の多数決で決められ、事務局は中立の立場だが、その翌週ブリュッセルに帰ると、同委員会で日本寄りの勧告案が出たと報告を受けた。もっともメキシコは勧告案に留保を付したので、１年後の同委員会で再審査となる。分類に予見性が高まるのは世界貿易への貢献であり、分類について勧告を出すＷＣＯは縁の下の力持ちだ。メキシコは大航海時代から現代にいたるまで貿易の十字路であり、それは芸術にも表れている。この古くからのアジアの友邦を大切にしたい。

メキシコのAEO会合で国際パネルのモデレーターを務める。隣のメキシコ歳入庁長官とともに現地の伝統滝な白いシャツを着る。

ブラジルのお城

（『貿易と関税』２０１５年12月号収録）

ブラジルではポルトガル語が話されるので、ずっとポルトガル植民地だったと思い込みがちだが、列強間の戦争で、17世紀にはオランダが現在のブラジルの北東部を20数年間領有した時代もあった。オランダはレシフェに本格的な都市建設を行って植民地の首都とし、砂糖貿易などの商業活動を行った。そのためレシフェの街には17世紀のオランダ建築様式が残されており、夜間に照明で照らし出された歴史的建造物を運河沿いに周遊する観光船とともに人気がある。ブラジルはここで２０１４年12月にＷＣＯ政策委員会がホストしてくれた。古い商館を保存しながらも貿易面で商業的伝統を引き継ぐ街での開催となった。

宿所のホテルは、何キロも続く砂浜沿いに立ち並ぶ高層ホテル群の一角にあった。赤道に近いので、冬の陰鬱なブリュッセルから来ると有難かったが、会議前に早起きして砂浜を散歩すると、日の出とともに汗でびっしょりになってしまった。ホテルの高い階からは海岸の後背地に、熱帯雨林とその間を蛇行する川が見えた。晩になって涼しくなると人々が砂浜でサッカーやバレーボールに興じていた。

会議場はブラジル税関が郊外の美術館の中に確保したが、１・８万ヘクタールの広大な庭園の中に欧州中世風のお城のような建物が散在しているのに驚いた。実業家が自分のコレクションを展示するために開園したもので、庭園の外で農民が馬車でモノを運んでいたのと好対照だった。会議場にあてられた大聖堂のような重厚な建物の内外は大規模な彫刻で飾られており、荘厳な雰囲気だった。

レシフェで開催されたWCO政策委員会の開会式。ブラジル歳入庁の長官と関税局長とともに。連邦歳入庁の大きなロゴを前に。

庭園内にはお濠で囲まれ、跳ね橋も備えたお城もあって、甲冑博物館になっていたが、建築部品は欧州から中古品を買ってきたそうだ。庭園内の中世以来の欧州美術品の大コレクションの展示を見ると、中心は17世紀中盤のオランダ植民地時代の歴史と美術品だった。河口デルタ地帯にあるレシフェが故国の地理に似ているとして、オランダ人が新植民地の首都にして開発したものだ。前年の政策委員会が開催されたアイルランドではダブリン城が会場だったので、ブラジル税関はそれに負けないような施設を選んだそうだ。もっともかつて英国の総督がいたダブリン城は今では歳入庁の本部になっており、アイルランド税関としては自然な選択だった。

政策委員会終了の翌日には同じ会議場で、ブラジルのAEO（認定事業者）制度発足の式典があり、民間企業も招かれていた。商工会議所代表のスピーチは、政府の経済政策はあまりにも規制が多く、貿易投資の自由化がもっと必要だと批判的だった。ブラジルはメルコスール共同体（アルゼンチン、ウルグアイ、パラグアイ、ベネズエラ）の一員だが、逆にそれに縛られて、それ以外の国々との自由貿易協定交渉は進んでいない。さらに官僚的で非効率な行政府の体質への批判は内外から寄せられていることも事実だ。

税関について見ると、税関職員の数は3千人しかおらず（隣国のアルゼンチンは面積はブラジルの3割だが税関職員数は5千人）、人手不足のため内外から通関の遅れを批判されている。しかも政府調達は一元化されており、税関が自分に合ったITシステムを開発する自由度は少ない。また、幹部職員の給与はポストの繁閑による差が僅少で、忙しいポストで頑張ろうとするインセンティブが働きづらい。

これらの問題点は税関独自というよりは、ブラジルの政府や社会システム全体の問題を反映している。そうした制約の中でも最近の税関は頑張って、関税法を近代化し、民間とのパートナーシップ強化のためのAEO制度創設に漕ぎ着けた。今回の政策委員会招致も税関近代化の一環だ。お城に見られるように欧州の文化も継承しつつ民間資金を活用して、新興国としての国造りに励むブラジルの今後を期待したい。

パラグアイの日系社会

（『貿易と関税』２０１４年12月号収録）

南米の内陸国パラグアイは日本よりもやや大きい国土に人口は６００万人強と少ない。そのため世界中から移民を受け入れてきた。２０１４年７月に訪問した際には首都アスンシオンの農業品評会で、大統領が列席するなかを立派な体格の牛や家畜が行進し、農業国の誇りを見せていた。アスンシオンはスペインが16世紀半ばにブエノスアイレスから銀山を求めて川を遡行し、上流で停泊に適した湾を見つけ、そこに新都市を築いたのが始まりだ。今はその湾には税関が建っている。21世紀に入って、パラグアイ経済は大きく多様化し、開放的な経済体制の下で多国籍企業が工場進出を図っており、高度成長を続けている。

もっとも、自由な経済体制の故に、中国等から格安の電化製品等が流入し、それが隣接国に再輸出される国境貿易が発生する。パラグアイ東南部のブラジルとの国境を流れる川にかかる「友情橋」は安値の輸入品をブラジルに再輸出する担ぎ屋で賑わっていた。経済の自然な流れかもしれないが、国内産業が打撃を受ける国が出てくるし、犯罪集団が偽造品や麻薬にも手を出すことになると、問題はややこしくなる。近隣国のウルグアイの関税局長に話を聞くと、国境で流入するパラグアイ仕出しの無許可製造タバコの担ぎ屋部隊を取り締まったところ、翌日税関は周辺住民に襲撃されたそうだ。国境での取締りが命懸けなのは途上国や新興国であればどこでもよく聞かされる。

実際に国境地帯では偽造品取締りにおける犯罪集団との戦いで税関職員が生命を失う悲劇も発生している。パラグアイ税関の女性職員ヨランダ・ベニーテスさんはそうした犠牲者で、２００５年に違法ＣＤ-ＲＯＭの密輸を止めようとして射殺された。ＷＣＯでは事態を重く受け止め、彼女の顕彰も兼ねて、ヨランダ・ベニーテス杯を創設し、２００７年から２０１３年にかけて７年間にわたって年次総会で知的財産侵害物品取締りに功績のあった税関の表彰を行った。２０１３年には彼女の娘さんがパラグアイ税関職員と結婚され、ブリュッセルのＷＣＯ事務局を訪ねて来られたのでお会いする機会があった。

パラグアイ女性はこのように勇敢で知られているが、中でもマルガリータ・ディアス元関税局長は汚職と戦い、前記のヨランダさんの殺害にも怯むことなく、断固として税関の近代化に取り組んだ。そのため彼女の姿勢は多くの中南米諸国の関税局長達から称賛された。その彼女が2008年のWCO事務総局長選挙で数多い候補の中から私に最初から熱烈な支持の声を上げてくれたのは本当に助かった。態度未表明の中南米の関税局長達に次々と直接電話を掛けてくれた。選挙終了後に、どうしてあそこまで本腰を入れて応援してくれたのかと聞いたところ、自分は若い頃に心底尊敬できる日系移民に出会ったからだと言われたのには驚くとともに、日本人移住者への感謝の念でいっぱいになった。

パラグアイへの日本からの移民は第2次世界大戦後の農業移住地への入植が中心で、移住社会には日本語や日本文化がまだ色濃く残っている。彼らは原始林の切り開き等多くの苦労を重ねたが、その誠実で真面目な働きぶりや協力して困難に立ち向かう姿勢から現地の人々の尊敬を勝ち得たといわれている。大豆栽培に成功し、パラグアイの大豆輸出(世界4位)への道筋を付けるとともに、トマト等の野菜を生産し、それまで野菜を食べる習慣がなかったパラグアイの食卓を豊かにする等、社会経済への貢献は大きい。そのため日系人1万人がパラグアイの全人口に占める割合は0・2%弱と小さいが、大きな信用と影響を保ち、国全体が日本に親近感を持っている。成功した日系人が寄付した野球グラウンドでは、全パラグアイ小学生野球大会が開催され、日本語にスペイン語が混ざる応援風景を見た。世界経済の重心が先進国から新興国に移っていく中で、こうした日系人の方々との絆を大切にすることが重要と実感した。

パラグアイで開催された米州地域会合の開会式。左から米州地域代表(ドミニカ共和国)、筆者、パラグアイ大統領、関税局長、財務大臣

チリと火山

（『貿易と関税』２０１６年３月号収録）

チリは太平洋岸のアンデス山脈沿いの南北に長く延びた国土で知られる。２００４年に国土中央の盆地にある首都サンチアゴから車を乗り継いで、１２０キロ離れた港湾都市バルパライソのＡＰＥＣ会合に向かった。盆地を囲む山地をトンネルで抜けると、ハイウエイ沿いにワイン畑が広がっていた。散水機が使われており、自然の雨の恵みに頼る欧州に比べ、新世界ワインはテクノロジーを使って、コストを抑えながら乾燥した気候条件に対応しているのだなと実感した。１９８０年代からチリのワインは評価が上がり、今では欧州の店でも最もよく見かけるワインの一つだ。

バルパライソは19世紀から20世紀初めに米大陸南端のマゼラン海峡経由航路の主要中継港として栄えた。そのため欧州各国から移民が流入し、狭い旧市街に立ち並ぶ多様な様式の彩り豊かな歴史的建築を残し、街並みが世界遺産に指定されている。港を囲む急峻な丘は19世紀に作られた木製エレベーターで昇れるようになっていたが、頂上からの港の眺めは素晴らしかった。１９１４年のパナマ運河開通は港運業には打撃だったが、今でも税関本部はここにある。

チリは太平洋を取り囲む活火山地帯に位置し、火山噴火や地震で有名だ。２００６年にサンチアゴから７８０キロ南に離れた湖畔にある高原の町プコンで米州地域の関税局長会合が開催された際に、アンデス山脈に連なる標高２８４７メートルのビジャリカ山が間近に美しい円錐形の姿を見せていた。富士山に似ていると思ったが、南米で最も活発な活火山の一つだ。実際に２０１５年３月に新たに噴火し

設立150周年を記念して切手の意匠に採用されているバルパライソ税関本部

て、周辺住民は避難を余儀なくされた。プコンは風光明媚な観光地だが、実際の生活条件は厳しい。

２０１５年4月の米州地域会合は再びチリで開催されたが、今度はサンチアゴから２０００キロ南に離れたプエルトナタレスが会場だった。サンチアゴから南米大陸最南端のプンタアレナス空港まで飛行機で移動した。南半球では秋だったので肌寒く、飛行場を降りてフリースを着込んだ。ここは太平洋と大西洋を繋ぐマゼラン海峡に面する南極への飛行基地であり、近くにはペンギンの営巣地もあると聞いた。そこから車で3時間近くかけてパタゴニアの原野を車で走り、ところどころに草原を利用した牛や羊の放牧をみながら北上した。

道路が原野から離れて海に到達するとプエルトナタレスで、海岸の岩石は明らかに噴火活動に伴う溶岩だった。海が「最後の希望」湾と名付けられているのは、17世紀のスペイン探検家がマゼラン海峡への海路を見つけようと、南部チリの複雑なフィヨルドを探検航海した際、最後の希望を託した海域だったからといわれる。結局は氷河にぶち当たる湾であることが判明し、探検家はがっかりしたが、その後入植者が町を作った。かつては放牧した羊を輸出するのが主要産業だったが、今では荒涼としたパタゴニアの風景を売り物に、万年雪の高峰や氷河を含むトーレスデパイネ国立公園の入口として観光客を集めている。

地域会合の会場は１００年前に建設された羊肉加工場兼輸出用貯蔵庫だった施設を近年ホテルに改装したものだった。地の果てと呼ばれたパタゴニア地方を貿易が世界に結び付けていた訳で、関税局長会議にはふさわしい場所だった。古めかしいボイラー等の機械はスコットランド製で、そもそも羊飼育や加工場を当地に持ち込んだのはスコットランド人だった。

会合が終了すると私は直ちに帰国したが、直後にサンチアゴへの空路にあたる火山が噴火して周辺空域が飛行中止になって、予定通りに帰れなかった関税局長もいた。火山活動はチリに美しい風景や銅鉱山といった恩恵をもたらす一方で、厳しい自然条件が勤勉な国民性の形成に寄与したようだ。貿易立国という点も含めて、自然災害の多いチリはどことなく我が国に似ている面がある。

貿易自由化を進めるペルー

（『貿易と関税』2019年2月号収録）

ＷＣＯで事務総局長に就任した時に、当時のカナダの歳入庁長官から「中南米は米国と友好的で貿易自由化を進める国と、米国と距離を置いて貿易保護主義的な国に分かれる。」と教えられたことがある。確かに南米の大西洋を向いた巨大な貿易ブロックであるメルコスール（アルゼンチン、ブラジル、ウルグアイ、パラグアイ）の貿易自由化の歩みは遅く、一般的に太平洋岸の諸国には親米で貿易自由化に熱心な国が多いように思われた。こうした見方を裏付けるかのように２０１１年に当時のペルーの大統領はメキシコ、コロンビア、チリとともに4か国で「太平洋同盟」を樹立し、共同して貿易自由化を進めると宣言した。２０１４年にペルーはＷＣＯ米州地域の関税局長会合をホストしてくれたのは、そうした政策の一環だった。開会式には大統領も出席して、貿易自由化と税関近代化を重視する姿勢を示して下さった。

それから数年経ち、「太平洋同盟」の地域統合は深化し、メルコスールを含む中南米全体の貿易政策に影響を与えるようになった。そうした中で、２０１８年の6月にペルー税関の協力を得て、税関のテクノロジー活用実例を共有するＷＣＯのＩＴ（情報機器）会合を首都リマで開催した。ペルーは当方が「太平洋同盟」各国に働きかけた通関所要時間調査を実施して、その現状分析と進展のレポートを用意して待っていてくれた。地理的に各国から遠いのでＩＴ会合への参加状況を心配したが、結果的には75か国から６００人の参加を得たのでホッとした。

ペルーは南北の国土に沿って、太平洋沿岸部、急峻なアンデス山脈、内陸のアマゾン川流域に分かれており、多様な国土形態だ。ペルー料理は、こうした海・山・川がもたらす多彩な食材を使い、先住民や日本、スペインをはじめとする民族料理の影響を受けて、多様な料理が融合した料理として世界的にも評価が高い。

元々はインカ遺跡で有名なクスコがインカ帝国の首都で、標高３４００メートルのアンデス山中にあった。１５３５年にスペイン人のピサロがインカ帝国を征服して以来、首都はクスコから欧州との交易に便利な大西洋沿岸のリマに移された。海岸は砂漠地帯だが、沿岸を流れる海流の影響で過ごしやすい気候なので、アンデス山脈から太平洋に向かって流れ出る川沿いの海岸地帯に人口が集中している。リマは人口約1000万人の巨大都市だが、植民地時代の建物が残る旧市街とホテルが多い1930年代のサンイシドロ地区が観光客の多いところだ。人口密集地帯はそうした市街地の外に固まっている。リマ周辺のインカ帝国に先立つ先住民族の遺跡に案内されたが、市の中心部を離れると砂漠地帯が続き、海岸からの急峻な砂丘の上に建つ貧困な住宅街があったのが印象に残った。

急速な経済発展はどうしても富の配分が不均衡になる。豊かな大都市対取り残されがちな地方の対立を背景に、IT会合直前に大統領及び財務大臣は、それぞれ汚職問題や増税問題で任期途中の辞任に追い込まれ、会合出席が叶わなかったのは残念だった。

滞在中にペルー最大の港であるカヤオ港で新設された税関分析所に案内された。WCOが前年に全面的に改訂した税関分析所指針を参考にできて有り難かったと言われた。ペルーの分析所の中で設置されたばかりの分析機器の説明を受けながら窓外を見ると、スペイン植民地時代に築かれた壮大なレアル・フェリペ要塞がすぐ目前に見えた。植民地時代のリマは長らくスペインの南米支配の拠点であり、銀輸出の中継地だった。19世紀に南米独立の波が押し寄せ、ペルーは1821年に独立を宣言したが、スペイン王統派の抵抗は続き、1826年のレアル・フェリペ要塞の奪還により、ようやく独立が確定したといわれている。そうした歴史的な場所で税関がテクノロジーを使って近代化を進めていることに感慨を覚えた。

ペルーの税関分析所を訪問。背後に歴史的なスペイン植民地時代の要塞があった。

コロンビアの高原都市

（『貿易と関税』2016年7月号収録）

南米北部のコロンビアでは、国内を赤道が通っており、低地の海岸地帯は高温で住みづらいので、多くの都市はアンデス山中にあって標高が高い。2009年にカリブ海沿岸のカルタヘナに出張した際には、スペイン統治時代の美しい歴史的な建物に恵まれた屈指の観光地ではあるが、日中も夜も湿気を帯びた暑さをじとっと感じたものだ。2015年9月に同国第2の都市メデジンに出張したが、アンデス山中腹の標高1500メートルにあり、凌ぎやすい気候だった。もっともその後に訪れた首都ボゴタは標高2600メートルで、こちらはゆっくり歩かないと、疲れが溜まるので、普段の足早い動きを自制するのに苦労した。

従来、コロンビアは左翼ゲリラや麻薬犯罪の問題がある国と見られてきた。1970～80年代を通じてメデジン・カルテルと呼ばれる麻薬密売組織は世界のコカイン取引の8割を握るといわれていた。しかし、2000年以降、麻薬組織や左翼ゲリラとの壮絶な戦いが行われ、治安状況は急速に改善した。遂にはカルテルの本拠地だったメデジンで世界観光機関（UNWTO）の年次総会を開催するところまで漕ぎ着けた。またメデジンは近年多くの評価機関によって住・ビジネス環境の面で最上位クラスにランクされており、人口規模250万の街の中心部には活気があった。

UNWTOの開会式には大統領も出席し、観光振興及び国のイメージ向上への強い決意を感じた。その後のパネルセッションではCNNのビジネス旅行向け番組のアンカー（リチャード・クエスト）がモデレーターを務め、さすがはプロで、相手が大臣でも臆せずに切り込んでいた。パネルで私が「税関はテクノロジーを使って空港での観光客の円滑な流れとセキュリティを両立させることが重要」と話すと、彼は「エレガントなスピーチだが、自分が旅行者として経験する実際の税関とは異なる。それはここに列席する各国の観光担当大臣の働きが悪いせいか」と突っ込んできた。彼は自らの持論である「観光担当大臣は観光環境整備のためにもっと積極的に政府部内で動くべきだと」の方向に議論を引っ張っていく材料に私のスピーチを使った形だった。

仕事を終えて、地元税関に頼んでメデジンの街並みを眺望できる丘に連れて行ってもらった。丘はメデジン川沿いに開けた谷間の中央に位置し、頂上には伝統的なコロンビアの街並みを再現した公園があり、地元の人々の憩いの場となっていた。もう夕刻だったが、周囲の山々を見上げると、家並が頂上に向かって続くのは圧巻だった。空港も街を取り囲む山中にあるので、谷底におりてから山上の空港まで車で送ってもらった。ぐんぐん標高が上がっていくのでメデジンの夜景がきれいだった。

1時間の夜間飛行で首都ボゴタに到着したが、人口800万超の大都会で、地方からの人口流入が続いていた。歳入庁は私が来訪した機会にビジネスを集めた会合を開いて、AEO（認定事業者）制度の改革を発表した。私の基調講演の後、貿易副大臣、AEO資格を取得したいくつかの企業による経験共有のパネルセッション、関税局長の新AEO制度の発表とコロンビア側スピーカーが続いたが、司会を除くとすべて女性だったのは印象的だった。

会合の後、黄金博物館に案内された。スペイン植民地化以前のアンデス文明による金細工の素晴らしい展示の数々に圧倒された。鉱物資源に恵まれたアンデス山脈のおかげでコロンビアは金を産出してきたが、産出量はそれほど多くはなかったようだ。大航海時代のスペイン人は、ボゴタ北部の湖で土地の首長が全身に金を塗って儀式を行う風習を伝え聞き、黄金郷（エルドラド）伝説を信じて、アマゾン奥地に黄金郷探索に出かけた。現実には黄金郷は見つからず、多くの探検家と先住民が犠牲になった。

コロンビアは、治安が回復したこともあり、日本を含む国々との間で貿易協定交渉や産業多角化に熱心だ。南米の有望な国が自らのペースを守りながらさまざまな分野で発展していくことが期待されている。

コロンビアでの新AEO（認定事業者）制度発表の会合にて。左から貿易協会事務局長、貿易副大臣、歳入庁長官、筆者、関税局長、反麻薬警察中将、検疫責任者。

空港ターンテーブルの裏側や
海港・
航空機の荷室で
大活躍！
ヨシ！
Bow wow！
ガリガリ
DRUG
怪しい荷物を攻撃する
『アグレッシブドッグ』
その3
麻薬探知犬、
ボス飼主の敵。
Hey, you！
知ってる？
［マフィアの愛犬〟マフィ〟］

＜米州＞

カリブ海諸国

バハマ
ハイチ
キューバ
ドミニカ共和国
メキシコ
ドミニカ国
セントルシア
ホンジュラス
ジャマイカ
バルバドス
キュラソー
ニカラグア
トリニダード・トバゴ
ガイアナ
スリナム
エルサルバドル
フランス領
ギアナ
ベネズエラ
コスタリカ
コロンビア
パナマ

ドミニカ共和国とハイチ

（『貿易と関税』２０１６年９月号収録）

２０１５年12月のＷＣＯ政策委員会はカリブ海に浮かぶ島国ドミニカ共和国で開催された。日本では同国出身の野球選手の活躍が知られているが、欧米では美しいビーチのあるリゾートとして有名だ。歴史的にはコロンブスが１４９２年に上陸したイスパニョーラ島（スペインの島という意味）東部にあり、新大陸で初めてのスペイン人植民地となった。もともとは砂糖や煙草の生産を中心とする農業国だったが、最近では観光を中心とするサービス産業の発展が著しい。会議は島の東端のプンタカナで開かれたが、ここには海岸沿いにリゾートホテルの施設が広がり、欧州の多くの都市からの直行便が観光客を運んでいる。

ドミニカ共和国は政治経済面で米国との結びつきが強い。２００７年に締結された中米自由貿易協定（ＤＲ-ＣＥＦＴＡ）の結果、米国からの投資や貿易が増え、経済的に潤っている。政策委員会の開会式では米国大使とドミニカ共和国財務大臣の立会いの下で、両国のＡＥＯ制度（認定事業者）の相互認証の署名式が行われた。米国にとってドミニカ共和国は米州ではメキシコに次ぐ第２のＡＥＯ相互認証国であり、米国が関係を重視している様子がうかがえた。政策委員会本体では税関のセキュリティへの貢献や税関のデジタル化が検討され、相当突っ込んだ議論だった。周囲から隔絶したリゾート施設で全員が議論に集中したので、参加国からは生産性の高い委員会と好評だった。

イスパニョーラ島の東側はドミニカ共和国だが、西側はハイチと、同じ島内に２つの独立国がある。どちらも人口は１０００万人程

米-ドミニカ共和国相互認証の署名式（中央にカーリコウスキ税関・国境保護局長官（米）、右隣にフェルナンデス関税局長（ド））

度だ。ハイチは17世紀初めにスペイン人植民地勢力が弱まった隙にフランス人が島の西部に進出して植民地化したのが国の起源だ。アフリカから連れて来られた黒人奴隷の子孫が人口の95%を占め、フランス語文化圏を形成している。それに対してドミニカ共和国はスペイン入植者の子孫及び欧州とアフリカ系との混血が多いスペイン語文化圏だ。両国の経済水準は1990年代には同水準だったのに、2022年の1人当たりGDPで比較すると、ドミニカ共和国は1万ドルと中所得国に成長しているのに対しハイチは1700ドルと米州の最貧国と位置づけられてきた。ドミニカ共和国が1960年代の内戦以降、政情が落ち着き、正当な選挙でリーダーが選ばれるようになって、米国の軍事介入もあって経済発展の軌道に乗ったのに対し、ハイチは今日に至るまで内紛による政情不安定が続いていることを反映している。またハイチは災害対策への備えが十分ではなく、2010年のハイチ地震は大きな被害を引き起こした。

会議終了後に同じ島内にあるハイチも訪ねることにしたが、ドミニカ共和国側の勧めで、陸路ではなく、プンタカナからパナマ経由でハイチの首都ポルトープランスへと、島からいったん外に出てまた戻る経路を取った。経済力に大きな格差があるので、ハイチからの経済難民が多く、最近ドミニカ共和国が不法移民のハイチへの強制送還を始めたといわれ、微妙な両国関係を反映したのだろう。

ハイチでは2010年の大震災で崩壊したままになっている大統領官邸を見かけた。首相と財務大臣を表敬訪問したが、質素な首相官邸だった。最近の税関改革の方向性を説明して喜ばれたので、この国には政策的なアドバイスが必要かもしれないと思った。独立の英雄を祭るパンテオンに案内されたが、フランスからの独立がいかに大変で、それが内紛に繋がって経済発展を阻害した様子がよく分かった。訪問した時には大統領選挙の真っ最中で、10月に56人の候補で争われた結果、上位2人で決選投票の運びになるところだった。しかし事態が紛糾し、決選投票は何度も延期された。その後ようやく選出された大統領は2021年に暗殺され、武装ギャングにより治安が悪化し、税関職員が港湾地区に近づけないような事態も発生した。早期の解決を望みたい。

キューバとジャマイカ

（『貿易と関税』２０１７年９月号収録）

米国のオバマ大統領が対キューバ関係の改善を進めていた時期に、キューバは２０１７年５月の米州ＷＣＯ地域会合を首都ハバナで開催すると表明した。同年トランプ大統領が就任すると、関係改善の動きは止まったが、キューバは予定通り会合をホストしてくれた。開催場所は史跡にもなっているナショナル・ホテルで、１９３０年に開業した当時は米国資本主義を体現したような存在だった。１９４６年に全米のマフィアがこのホテルで麻薬取引のサミットを開催した様子は映画『ゴッドファーザー・パート２』に描かれている。１９５９年の革命後に国有化され、１９６２年のキューバ危機の際には米国侵攻に備えて、ホテル敷地に地下壕が張り巡らされた。今はスペイン植民地様式の歴史的建築が残る旧市街や街中を走る米国製クラシックカーとともに、外貨を稼ぐ観光名所になっている。夕方になると、街角でジャズ音楽が奏でられている。

キューバ税関は国際貿易体制を整えることに熱心で、ＷＣＯの改正京都規約を２００９年に中南米諸国の中で最初に批准した。他方、社会主義の下で治安維持にも力を入れて、不審な人や物の流入に目を光らせていた。見学した税関空港支署では空港内に設けた監視カメラや旅客チェックに独自の旅客データを活用していた。また米国の制裁が解除された場合にコンテナを受け入れられるよう開発中の海港マリエルを見学し、税関の最新鋭のスキャナー施設を見せてもらった。

キューバでの会議の後、その南３００キロに位置する島国ジャマイカの首都キングストンを訪問した。17世紀後半に英国がジャマイカをスペインから奪うと、海賊を保護して、中南米の金銀を本国に運ぶスペイン船を襲うことを奨励した。人気映画『パイレーツ・オブ・カリビアン』は英国が海賊保護政策を変えて、海賊禁止に転じた１７２０年以降が時代背景で、当時のジャマイカの首都ポート・ロイヤルが物語の始まりだ。英国は植民地支配を確立すると、サトウキビのプランテーションを開発し、労働力を外部から導入したので、現在の人口の９割以上はアフリカ系で英語圏だ。白人系、黒人系、混血が入り混じったスペイン語圏のキューバとは好対照だ。

ジャマイカ税関では、1963年のWCO加盟以来、初めての事務総局長の訪問だと喜んでもらった。首都の港湾はパナマ運河とキューバの間にある地の利を生かして、地域のコンテナ港としてトップクラスだ。現場の港湾管理者に聞くと、パナマ運河拡張に伴い、規模を大幅に拡充する計画との説明だった。船荷の動きが必ずしも拡大していないが、将来を見据えて今が投資時とのこと。キューバで開発中のマリエル港が競争相手かと聞くと、キューバは国内向け輸入港となり、積替港のキングストンとは競合しないとの予測だった。翌日財務大臣を表敬すると、関係閣僚や各省次官も招かれており、政治的にも港湾整備や税関近代化に力が入っていた。

ジャマイカの誇りは同国産のブルーマウンテン・コーヒー（日本が最大の輸出先）に加え、1970年代に世界的にヒットしたレゲエミュージシャン、ボブ・マーリーだ。彼の家が公開されており、文化的帰属意識をエチオピアと聖書に求めたアフリカ系ジャマイカ人のアフリカ回帰（ラスタファリ運動）の思想を音楽で世界に広めた様子が説明されていた。ジャマイカ人はキリスト教の信者が多く、夕食の前には皆でお祈り、エンタテインメントは税関職員による讃美歌を含む合唱だった。

キューバとジャマイカの両国を見ると、カリブ海は文化的に多様であり、例えばこうした国々を巡るカリブ海クルーズ船が有望ではないかと思ったが、体制の違いに加え、船内での消費が多く、経由地にはそれ程お金が落ちないとのことで、カリブ海諸国の発展モデルの探求が続きそうだ。

ジャマイカ税関幹部は関税局長（中央に座っている）をはじめとして女性が過半数を占める。

南米大陸の英語国 ガイアナとカリブ共同体

（『貿易と関税』２０１８年9月号収録）

南米大陸の北東岸にあるガイアナ共和国はその北西部の海域に広がるカリブ海諸国との結びつきが強い。旧英国領である英語圏カリブ海島嶼国を中心とするカリブ共同体（15メンバー）の本部もここにある。ＷＣＯは島嶼国経済への取り組みを強化していたので、カリブ共同体との間で協力の覚書を取り交わすことになり、２０１８年3月にガイアナの首都ジョージタウンを訪問した。

ガイアナは赤道に近いので気候は高温多湿だ。日本の本州とほぼ同じ面積だが、国土の8割以上は熱帯雨林で覆われており、人口は80万人弱と少なく、沿岸低地に人口の大部分が居住している。首都ジョージタウンは熱帯雨林から流れ出すデメララ川の河口にある。流域で栽培されるサトウキビから精製される砂糖及び内陸部の鉱物資源や木材の積出港でもあり、街中で木材用の細長い荷車を引く馬をよく見かけた。砂糖は川の名前を取ったデメララ糖と呼ばれ、やや粒が大きく、琥珀色に仕上がるので、英国ではお菓子造りに重宝され、キャラメルの香りを楽しむとされている。２０１５年には沖合に海底油田も発見され、将来が期待されている。

植民地時代の産業の中心だったサトウキビ農園は大量の労働者を必要としたので、17世紀初めにガイアナを植民地化したオランダはアフリカからの奴隷貿易で農園労働力を集めた。19世紀に英国に領有権が移ると奴隷制廃止に伴い、人手不足を補うためにインドから労働力が導入された。そのため人種構成はインド系4割、アフリカ系3割、先住民系1割となっている。ガイアナの政治はインド系、アフリカ系住民を母体とする政党の間で

カリブ共同体事務局長と協力の覚書に署名。

争われる選挙に左右されてきた。

ジョージタウンの街は満潮時には海面下になる低地なので、沿岸には堤防が築かれ、市内には水門付きの運河が水量の調節のために巡らされていた。東西南北に計画的に設計された通りが走っており、散歩していても分かりやすい。街の目抜き通りを歩くと、オランダ風の白塗りの木造建築が多く目についた。ちょうど百葉箱の外側のように、細長い羽板を隙間を開けて平行に並べた窓になっており、日除けと通風を兼ねている。しかも窓は下端を外に向かって張り出すことができるようになっており、あたかも白い建物がレースのスカートを拡げているように優雅にみえる。デメララ窓と呼ばれ、窓の下部に氷を載せて涼風が吹き抜けるように工夫がなされていたそうだ。

19世紀後半には英国風の建物が増えるが、木造で白塗りの外観は同じだった。英国国教会の聖ジョージ聖堂は高さ43メートルと木造の建物としては世界でも有数の高さなのだそうだ。近寄ってみると外側の白い板材は修理中で、隙間から入る鳩の群れが教会内部を飛んでいた。英国法体系も導入され、ガイアナ歳入庁長官の部屋を訪ねた際、黒い法廷服が掛けてあったので聞くと、彼は弁護士でもあり、重要な案件の場合は出廷するとのことだった。近くの市営マーケットではその中心にある英国風の時計台がランドマークになっていた。賑やかで買い物客が集まっていたが、夕方に地元の人々が道端で待っていて、ぎゅうぎゅう詰めのミニバスで帰宅する様子を見た。

カリブ共同体はジョージタウンの郊外にあり、2005年に建てられた周囲の自然とマッチした美しい建物だった。カリブ共同体の事務局長はWCOとの関係強化を喜び、15メンバーのうちWCO未加盟の4メンバーにも加盟を推奨すると言ってくれた。国連とWCOメンバー数の差は主として島嶼国にWCO未加盟国が多いことによるので、有難い申し出だった。覚書締結後、玄関まで送ってくれた事務局長は私に礎石に記された日本との協力との文言を見せてくれて、建物は日本の寄付であり、感謝しているのだと言っていた。日本から見れば遠い国・地域かもしれないが、日本の善意が生かされているのは嬉しい。

カリブ海の産油国トリニダード・トバゴとアンティグア・バーブーダ

（『貿易と関税』2019年5月号収録）

西インド諸島の産油国トリニダード・トバゴを2019年11月に訪問した。首都ポート・オブ・スペインの市街地には、高速道路の脇に官庁や金融機関の入る高層ビルが固まって建つ一角があり、さすがは産油国だなと感じた。トリニダード島は15世紀末にコロンブスに発見されて以来スペイン領だったが、18世紀末に英国領となった。植民地時代にはサトウキビのプランテーションのためにアフリカ人奴隷、後にインド人契約労働者が導入された結果、現在ではアフリカ系の住民とインド系の住民が数の上で拮抗し、民族を基盤とする政党が交互に政権に就く二大政党政治を行っている。かつてはサトウキビの積出港だった首都の港は今ではコンテナ港としてカリブ海南端のハブになっている。港には輸入された日本車が並んでいたが、国内向けとカリブ周辺諸国向けとのことだった。

トリニダード島は西インド諸島の南端に位置しており、原油埋蔵量世界一といわれるベネズエラとは至近距離にあり、西インド諸島の中で石油鉱脈が発見された唯一の国だ。他方、天然資源依存は経済が原油価格の変動に翻弄され、雇用機会は限られるので、富の配分にも影響が出る。隣国ベネズエラは世界有数の原油産出国でありながら、高インフレや治安の悪化に苦しみ、経済難民の流出が続いているのがその例だ。トリニダード島はベネズエラから簡単に船で渡れるので、街中で食糧の配給を待つベネズエラからの難民を見かけた。また税関の監視部門を訪れた時に、監視艇が差し押さえたベネズエラからの密航用ボートを何隻も見せてもらった。麻薬や武器の密輸取締りも課題で、税関が置かれていない海岸線から突破されると捕捉は困難だとの悩みをたびたび聞かされた。また国民1人当たりのGDPが高いとして2011年にOECDから被支援国卒業を宣告されたが、富が偏在しており、税関技協も不要とは言い切れない。しかしWCOのドナー国はOECDが決める支援対象国以外への資金拠出には躊躇するので、WCOとしても難しい立場に立たせられる。

帰途はやはり島嶼国のアンティグア・バーブーダ経由でロンドン行き、夜行便に乗り継いでブリュッセルに帰国する予定だった。ところが離島間航路のプロペラ飛行機は急に航路を変更したので、アンティグア空港ではロンドン乗継便に乗り遅れてしまった。アンティグア島で航空会社が用意したホテルに深夜に着き、予定外の一泊となったが、せっかくなので島の税関に翌日訪問したいとメールを送った。翌朝、関税局長が迎えに来てくれて、外遊中の首相に代わって首相代行を務める司法大臣との面会に案内してくれた。アンティグア・バーブーダは火山やサンゴ礁から出来た島国で、観光を産業の主体にする人口8万人の小国だが、2017年にWCOに加盟した最も若いメンバーだった。首相代行はWCOの支援に加えて、日本の災害、漁業支援に感謝している、先日のハリケーンでも日本の支援による建造物には被害がなく、他国の援助による建物が崩壊したのと大きな違いだ、と嬉しそうに迎えて下さった。

首相代行との面会後、税関庁舎で税関幹部職員と懇談することもできた。この国は今は観光に特化しているが、かつてサトウキビのプランテーションで働いていたアフリカ系の住民が主体だ。関税局長はインド政府から行政支援のために派遣され、請われて関税局長に就任した人物で、小さな島国では外部から来た自分のような人間の方が改革をやり進めやすいし、さらに近代化を進めるためにWCOに加盟したとの説明だった。観光立国だけあって、裏通りの道筋も清潔に保たれていた。海岸線を歩いてみたが、ポスターに出てくるような光景だった。雨期の最後のせいもあって、時々突然雲が広がって短いスコールがあったかと思うと瞬く間に青空に変わるのも面白かった。

産油国と観光国それぞれ独特の表情だが、カリブ共同体としての各国の特色を生かした発展が期待される。

トリニダード・トバゴ税関にて（左から3人目がキャシーアン関税局長代行）

東カリブ海の要衝　セントルシア

（『貿易と関税』2021年8月号収録）

カリブ海東部には小さな火山頭が弧状に広がっており、そのうちの6つの島嶼国は英国植民地から独立した歴史を共有しており、地理的にも近いので東カリブ諸国機構という経済統合組織を作って協力関係を維持しており、事務局はセントルシアの首都カストリーズに置かれている。コロナ禍で人の移動が制限される直前の2020年2月にセントルシアに出張した。同国はカリブ海の北東にある淡路島並みの大きさの島で、1979年に英国から独立し、現在の人口は18万人程度だ。案内されたホテルは、首都を見下ろす熱帯林に囲まれた丘の上にあり、樹木越しに見る街並みと港の光景は印象的で、奥行の深い湾に守られたカリブ海の良港と感じた。ホテルの客層は退職した英国人夫婦のバカンス客が多いようで、70年代のディスコ音楽がかかっていた。山がちの地形なので、住宅は海際にへばりつくだけではなく、高台にも伸びているようだった。

熱帯に近く、サトウキビのプランテーションに適していたので、フランスが17世紀半ばに植民地開発に乗り出し、アフリカから大量の奴隷を投入したため、今でも島民はアフリカ系が主体だ。石炭の積替えができる良港とサトウキビ栽培という経済価値を巡って、18世紀を通じて英仏両国が島の領有権の奪い合いを続け、十数回領有権が変更されたが、最終的にはナポレオン戦争の戦後処理として英国領有で決着した。フランス領有時代の影響はまだ残っており、北60キロの距離にはフランス海外県のマルティニク島がある。第2次大戦後、英国植民地が独立する中、フランス植民地は現在でも海外県として留まっている例が多い。

翌朝、財務省ビルに出かけ、海外出張中の首相兼財務大臣に代わって商工大臣が歓迎の辞を述べて下さった。政府の式典はこのビルで行われるようで、ラッパの伴奏による国歌に加えて、合唱による歓迎もあった。セントルシアには東カリブ諸国機構もあるので、カリブ海を対象としたWCO情報交換地域事務所が置かれている。その後、ヨットハーバーの取締り現場に案内してもらうと、最大のリスクは隣のマルティニクからやって来るプレジャーボートで、船上で週末のパーティを開いた際にコカインが消費される恐れが強いとの説明だった。国境を越えたところで国内取締機関の目を潜って、パーティー騒ぎをしながら薬物を消費するのは、どこの国でも似たようなリスクかもしれない。税関本部の周囲は商店街で、背後には大型クルーズ客船が係留されているのが見えた。税関幹部と懇談すると、彼らは18世紀から19世紀初頭に向けての英仏による島の争奪戦の歴史談義をしてくれたが、これは日本人が戦国時代の戦さ談義を楽しむのと同じような感覚かもしれない。

　夕方の放課後に帰宅するバス待ちの生徒たちが談笑している公園があったが、その公園にはノーベル文学賞作家デレック・ウォルコットの胸像と並んで、経済学者アーサー・ルイスの鏡像があった。ルイスの業績は多岐に渡るが、開発経済学の世界では、工業化に伴い農村から都市への人口移転が起きるが、農業部門の余剰労働力が底をついた時点(ルイスの転換点)で、賃金率が大幅に上昇し、経済の自発的転換が起きない限り「中所得国の罠」に陥るという概念を提唱したことで知られている。彼は18歳までカストリーズで育ち、黒人として初めてロンドン・スクール・オブ・エコノミクスに進学し、1979年にやはり黒人として初めてのノーベル経済学賞を受けている。数年前に180キロ東の海上にある島国バルバドスに出張した際、同地の西インド諸島大学でルイスが同大学設立の初代トップだったと聞いた。その時は私はルイスをてっきりバルバドス出身と思い込んでいたのだが、セントルシア出身と分かった。そして人々は彼を一つの島に限らず、カリブ海全体の誇りとして大切にしているようだった。

　観光と良港を使った貿易や観光、高い教育水準や知的活動と多様な側面を持つ島嶼国のあり方に感銘を受けた。

セントルシア税関の職員と。筆者隣りのメガネをかけた女性が関税局長。

キュラソーとカリブ海のオランダ

（『貿易と関税』２０２１年７月号収録）

キュラソーはオランダの海外自治領の一つで、その中で唯一ＷＣＯメンバーとなっている。各国の自治領は本国とは独立して関税・通商制度を持つ場合、独立関税地域としてＷＣＯに加盟することが可能になる。ＷＴＯも同様で、香港やマカオが独立関税地域としてＷＣＯ、ＷＴＯ双方に加盟している。キュラソーは２００１年にオランダ領アンティルの一部としてＷＣＯに加盟し、２０１０年のオランダ領アンティル解体後は、その法的継承者としてＷＣＯメンバーの地位も継承している。

キュラソーには２０２０年２月に出張したが、オランダの首都アムステルダムから直行便が飛んでいた。島内の中心部には、外海と狭い水道で繋がれた湾が拡がっており、波静かで天然の良港だ。首都ウィレムスタットはこの良港を湾口で守るかのように、水道の両側に発展した街並みで、両地区は水道を挟んで全長１６７メートルのクィーン・エマ橋で繋がっていたが、この橋は必要があれば、船を通行させるたびに開閉できるような可動式の浮橋になっていた。この国ではアフリカからカリブ海に労働力として連れて来られた移民の子孫を中心に欧州系とも混血している様子が見て取れた。最も使われている言葉はパピアメント語で、ポルトガル語、スペイン語、オランダ語の影響がみられるカリブ海の言葉だ。オランダ語、英語も公用語であり、南米大陸と近いので、スペイン語も通じやすい。

翌朝面会した首相はキュラソーが頼ってきた原油精製や過度の観光依存から経済を多角化するためにも貿易振興を図りたいとしていた。その後、財務省で財務大臣や関係省庁幹部と面談を行ったが、財務大臣は面会が終わると、高台から島全体を見ようと、内陸部の湾の高台にあるナッソー砦に案内してくださった。そこでは湾沿いの商業港を見下ろせたが、反対側に巨大な原油精製施設を見ることもできた。ベネズエラで１９１４年に原油が発見されると、オランダと英国合弁の石油大手ロイヤル・ダッチ・シェルはベネズエラから近いキュラソー島に大規模な原油精製施設を建設した。そこから精製された石油を世界中に輸出したが、原油価格が低迷したので、シェルは精油施設をキュラソーに引き渡して撤退した。１９７６年には原油生産を国有化したベネズエラ政府がキュラソーの精製施設を使うようになった。その後、ベネズエラの政治が不安定化する中でリースは終了し、施設の次の利用者を探していた。

　ベネズエラの経済危機の影響は当地でも見受けられ、貿易振興のために開発された自由貿易地域もベネズエラからの入荷が滞りがちで今ひとつ活気がなかった。ベネズエラから売り物を満載した小舟は来れなくなってしまい、生鮮食料市場には人影がなかった。政府がベネズエラ以外の近隣国との貿易相手の多角化に熱心なのもよく理解できた。

　観光産業も見てほしいとのことで、海岸に案内されたが、コロナ感染症騒ぎが本格化する直前だったこともあり、砂浜はオランダ人を中心とする海水・日光浴客で溢れかえっていた。首都ではそれほど存在を感じなかった欧州北部からの観光客は、一年中暖かくてハリケーンの通路から外れているキュラソーのビーチに集中して滞在しているようだった。17世紀オランダの建築をよく保存した街並みがあり、芸術家を惹きつけるような催しも用意されていて、リゾート地として人気があることがよく分かった。島を離れる前夜に財務大臣がお別れ会を開いて下さったが、キュラソーは気候が乾燥しているので、カリブ海の他地域のようにサトウキビのプランテーションを開拓したり、ラム酒を製造することはできない、だからモノやヒトの行き来を振興するしかなく、そのための人材開発が重要だと言われたのが印象に残った。

税関本部の前でポルスストリック関税局長（前列左）ほか税関職員と記念撮影する筆者（前列右）

バルバドスとカリブ海の情報交換

（『貿易と関税』2022年5月号収録）

カリブ海共同体（カリコム）の本部事務局はガイアナにあるが、経済面だけではなく、治安面での協力も進められ、カリコムの下部機関としてカリコム犯罪治安実施機関（IMPACS）がトリニダード・トバゴに設置され、さらにその下部機関として共同地域コミュニケーション・センター（JRCC）がバルバドスに置かれている。カリブ地域を出入りする旅客や貨物のデータを集めて、疑わしい人と物の動きを監視している。カリブ地域の犯罪・治安上の大きな課題は、米国から大量の武器が南米に向けて流入し、南米から大量の薬物が米国に向けて流入する、双方向の非合法貿易の中継点にあたることで、それがカリブ地域自体の犯罪・治安情勢の悪化にもつながることにある。

WCOはカリブ地域の銃器と薬物の取締り技法の向上を支援する技術協力プロジェクトの実施でカリコム治安機関にお世話になった。バルバドス軍出身のJRCC所長（IMACS事務局長も兼務）が警察・税関の情報共有に熱心で、WCOの英国税関出身職員が駐在するための事務所スペースを提供してくれた。JRCCの建物の中には近々国際刑事機構の地域事務所も開設されるとのことだった。

プロジェクト職員事務所の開所式のため2022年2月にバルバドスの首都ブリッジタウンを訪問した。バルバドスは人口30万人弱の小国ながら、カリコムの中では300万人の人口を抱えるジャマイカ、130万人の人口を抱えるトリニダード・トバゴに次ぐ発言力といわれる。人口の9割はアフリカ系だが、少数ながら欧州系も平和裏に共存している。経済の根幹は人口の5％弱の少数白人に握られているといわれ、1人当たりGDPでは高所得国だが、アフリカ系には貧困層も多い。観光が経済の大きな比率を占め、コロナ禍により大打撃を受けたが、最近は回復基調で、実際にロンドンからバルバドスに向かう飛行機は、引退した高齢者を中心とする英国人旅客で満席だった。

ブリッジタウンでは、まず税関を訪ねて、局長以下幹部と懇談した。2018年以前の前政権下では、税関改革の進め方について国内の意見が分かれ、こちらも支援しにくい状況だった。現政権下では方向性もはっきりして、電算化や法整備を進めるために、人材育成が急務だとの要望を受けた。その後、前年にバルバドスの英連邦王国からの脱退による立憲君主制から共和制への移行を先頭に立って進めたモトリー首相を表敬訪問した。閣僚や軍幹部も同席する中で、首相の発言は明るくて力強く、彼女のリーダーシップの下で下院選挙では全議席を確保し、選挙戦で圧倒的な強さを誇っている。この国では女性が働き者といわれ、大統領、首相も女性、税関でも外部出身の関税局長は男性だったが、部内昇格の次長は2人とも女性だった。

バルバドスはラム酒の起源国といわれ、それが文化的な誇りにもなっている。バルバドスの宗主国英国への主要輸出品は当初はタバコだったが、米国バージニア植民地のタバコの方が良質だったので、バルバドスのタバコ産業は立ちゆかなくなり、ブラジルから移入されたサトウキビ生産に転換したのがラム酒の始まりといわれている。英国統治時代には、バルバドスは一時期、サトウキビ栽培で最も利益を生み出した植民地で、ブリッジタウンには豪勢な邸宅や倉庫が建てられ、ユネスコ遺産にも登録されている。

すべての日程が終わって空港に向かう途上、JRCC所長に昼食に寄ろうと案内されたのは、何の変哲もない民家風の建物で、内輪の集まりに使うレストランのようだった。奥の一室に案内されると、テーブルを囲んで首相公邸でお目にかかった閣僚や軍幹部が私の送別に集まってくれていた。さあと皆でラム酒を生で乾杯した後、コークやココナッツ水で割って飲みだした。食事をつつきながらがやがやと談笑しており、同行してくれた英国税関出身の駐在職員が重要な取引はこうした場で行われるのだと解説してくれた。なるほど島嶼国社会の一端を垣間見せてくれたのだなと思いながら、ココナッツ水割りのラム酒を味わった。

バルバドスのモトリー首相と。

アジア大洋州

アジア大洋州の35メンバーは世界の人口の6割以上を占め、政治的、経済的にも最もダイナミックな動きを見せてきた。貿易による経済成長の恩恵を受けているので、WCOのスタンダードや技術支援を積極的に受け入れるとともに、WCOへの発信にも熱心だ。日本周辺の東アジアは工業化の先進地域であり、アジア域内への投資も多く、域内生産の分業体制が進んでいる。東南アジアはそうした直接投資の受入れ先としてASEANを中心とした自由貿易協定による経済連結に熱心だ。インドを中心とする南アジアも投資環境の改善に努めているが、国境のセキュリティ確保の課題もある。大洋州では豪州とニュージーランドの発言力が大きいが、島嶼国を巡っては中国の影響力増大が注目されている。本書では中央アジアは旧ソ連圏なので、欧州地域に含めている。

経済連携協定（EPA）
・加盟国間で関税を撤廃・軽減
国際的分業が可能に。
各国が経済発展
原産地証明書が必要（税関がチェック）
〈例〉
A国
輸出
B国
完成
輸出
関税ゼロ
基幹部品は技術力の高いA国で作る
手間が掛かる内装は人件費の安いB国で。
エエやろ？
ウチも関税ゼロで輸出！
原産地証明ないとダメ！
非加盟国のメーカー
多数のEPA（RCEP, ASEAN、TPP etc.）を税関が支えて居ます
SW（シングルウィンドウ）
検疫などの官庁
税関
船会社
損保・銀行
PC
手続が一度で済んでコスト削減、効率UP！
日本のSW技術（ナックス）をベトナムに供与。ASEANのSWとの接続も計画。
アジアの経済発展を支える税関。
Good JoB!!

<アジア大洋州>

東南アジア

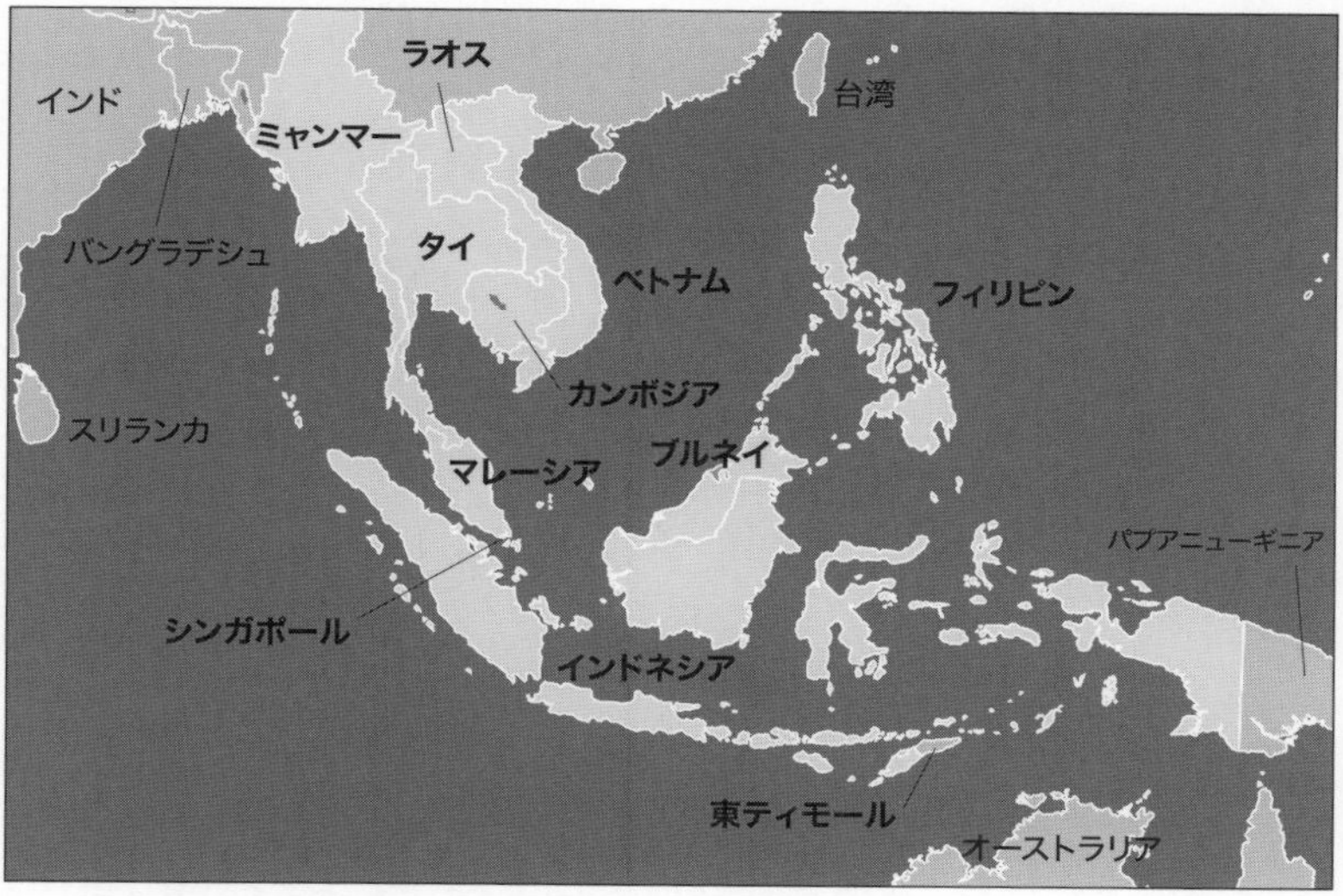

タイの思い出

（『貿易と関税』2023年12月号収録）

2023年6月にタイで開催された東南アジア諸国連合（ASEAN）関税局長会議に出席したが、同国は大蔵省現役時代から思い出深い国だ。大蔵省関税局の監視課長に異動したのは1997年7月で、それまでにジュネーブ駐在代表部勤務や関税企画官として貿易関税政策に携わったことはあったが、税関執行に関わるのは初めてだった。その際、アジアと欧州地域の対話のために前年の1996年に発足したアジア欧州会議（ASEM）にも関わるようにといわれた。具体的にはASEM関税局長会議に新設された監視作業部会の議題作成・議事運営について、タイが監視作業部会議長を務めるので、実務を担当する役割だった。

1997年にその準備のために、初めてタイの首都バンコクに行ったのが、その後のタイ税関との長いお付き合いの始まりだった。ASEM監視作業部会の議長を務めるタイ財務省の監視課長は後に関税局長、財務次官になり、いろいろな場面で協力する機会が多かった。彼と翌年一緒にブリュッセルに出張して、監視作業部会で成果を出して、ASEM関税局長会議の基礎固めができたのは嬉しかった。

2001年にWCO次長選挙に出馬することになり、まずタイに支持要請に伺うと、財務次官（1997年当時の関税局長）は、もちろん友人を応援すると直ちに支持を表明してくれて、心強く感じた。チャオプラヤ川に案内されて、監視艇も出動させて、船上からバンコクの街を眺めながら、選挙状況を相談したのが懐かしい。次長選挙には中国も候補を出していたが、中国はWTO加盟前で、政治的な影響力も限られていた。実際の選挙ではWCO財政委員会議長を務めて国際的に知られていたこともあり、私が一回戦で過半数の票を集めて勝負がついたが、中国が力をつけた今の世界情勢からは想像しづらい状況だった。

WCO次長に選出された当時は経済のグローバル化の観点から、途上国の能力増強が課題とされていた。サプライチェーンの中で、キャパシティが不十分な税関があれば、そこがセキュリティ上の弱点となり、国際分業が途切れてしまう。当時のタイ関税局長に相談すると、1995年から99年にかけてASEANに加盟したカンボジア、ラオス、ミャンマー、ベトナムの後発加盟4か国、国名の頭文字を取って、いわゆるCLMVへの技術支援が重要との意見だった。ASEAN各国税関の能力増強は、ASEANの経済統合や日本をはじめとする周辺国も裨益する。いろいろと考えて、アジア大洋州地域にWCOキャパシティビルディング地域事務所（ROCB）を作り、CLMVの中心に位置するバンコクに設置してはどうかとタイ税関に持ち掛けた。これが2004年に開設されたバンコクROCBで、タイ税関本部の中に執務室の提供を受け、おひざ元のタイ税関職員に加え、日本、中国、韓国、香港からの職員の派遣も得て、現地の需要に即したキャパビル活動を行い、域内各国に評価された。その結果、WCOのすべての地域にROCBが設置された。タイ税関はROCBの意義を評価して、歴代局長が先頭に立ってテコ入れしてくれた。アジア大洋州地域のみならず、私がアジア開銀と組んで推進していた中央アジア地域経済協力でも、タイに中央アジアの関税局長たちを招いて、自国の税関改革の模様を実地で説明してくれた。WCOにキャパビル局が創設される2006年よりも前の時代だったので、とても助かった。

その後、私がSGに選出された2008年以降も、タイの歴代関税局長にはお世話になり、2010年のASEAN関税局長会議（於プーケット）、2011年のASEM関税局長会議（於ホアヒン、私は他の会議と重なり、次長を送った）、2012年のWCOアジア大洋州地域会合（於サムイ島）をホストしてもらった。タイ国内の観光地の振興も兼ねていたのだろう。またタイの関税局長は他に国営企業などで公職を兼ねていることが多く、その関係でしばしば訪日して親日家が多い。2022年11月に東京で日本税関150周年記念式典が行われた時も、訪日中のタイの関税局長に出席してもらい、嬉しかった。

ただ2013年にタイの国内政治が混乱して、翌2014年にクーデターで軍政が敷かれて以降、コロナ禍の影響もあって、税関も含めてタイの国際的な活躍が限られるようになったのは残念だ。2023年5月に行われた総選挙後の連立政権の交渉で妥協が成立したといわれ、新政府が成立した。タイ国内の政治対立が収まって国内の安定化に向けて動き出すことが国際的にも期待されている。

タイとの関係では、WCO事務局のあるブリュッセルでの交流も大切だ。ベルギーの各国大使館に税関代表が配置されているが、タイ大使館には独立した建物に税関代表事務所が置かれている。そこにはタイ税関職員が3人常駐しており、WCO事務局と本国とをつなぐ役割を果たしている。税関事務所の首席は公使ポストがあてがわれており、帰国後は財務省関税局審議官に昇進する。税関代表事務所が所属するブリュッセル駐在のタイ大使も協力的で、私をASEAN大使会議に招待してくれたり、2018年にASEM首脳会議がブリュッセルで開催された時には、当時のプラユット首相との少人数昼食会を開催してくれた。また2016年に崩御されたラーマ9世国王の二回忌行事では私が外交団を代表して弔辞を述べさせてもらった。

このように長年にわたってお世話になったので、2023年6月にASEAN関税局長会議がタイのパタヤで開かれることが決まった時には、すぐに出席の返事をした。同じ時期に東京で予定されていたUPU（万国郵便連合）との会合の終了後に、タイに駆けつけることにした。WCOとUPUとのグローバル会議は電子商取引が活発化する中で、税関と郵便の連携強化を話し合う重要な会合だった。特に日本郵政出身の目時さんが国際機関のトップに選出されたので、国内向けに国際機関での活躍を慫慂する目的もあった。岸田総理に二人でお目にかかった時もその話になり、また、グローバル会議の開会式では総理からのビデオメッセージをいただいた。

WCO－UPU会合の閉会式が終わると、その足で空港に向かい、翌日早朝にバンコクに到着した。そこでタイ税関の職員が出迎えてくれ、会場のあるパタヤに車で移動したが、その職員は「13年前にタイのプーケットでASEAN関税局長会合が開催された時にお会いした。当時は自分はまだ税関に採用されたばかりだった」と話してくれた。若い世代にも経験してもらいたいとして、彼は裏方のロジに回されていた新人税関職員を集めて、私との交流の機会を設けてくれた。

ASEANでは地域統合を進めるために関税局長会議が開催されるようになった。私が関税局の監視課長から国際調査課長に1999年に異動した際、ASEANの税関では事後調査の導入が急務になっていた。そこで導入支援のために人材をASEAN事務局に派遣することを申し出たところ、大変喜ばれ、ぜひ日本を初めての対話パートナーとしてASEAN関税局長会議に毎年招待したいと言われた。1999年のマレーシア会合が最初で、歴代の日本の関税局長が東南アジアとの税関協力の場として出席している。また、ASEANの10か国は足並みを揃えて、私の強力な支持母体の一つになってくれた。私がSGに選出されると、WCOも対話パートナーに加わり、税関のシングル・ウィンドウを中心に活発な意見交換を行ってきた。今回の会議ではWCOにテクニカル・アタッシェとして出向した経験があるタイ税関の審議官が議長を務めていた。彼女の国際会議の仕切り方はWCO仕込みで上手であり、人材育成でもASEANに貢献できていることを実感した。

パタヤ・ビーチは首都の湾口にある保養地だが、近くにはコンテナ専用のレムチャバン港があった。観光客の集積するパタヤから税関の監視艇に乗り込んで、貨物の集積するレムチャバン港に向かった。港湾税関で説明を聞き、隣接する工業団地に多くの日本企業が進出している様子も聞いた。バンコクに移動して、税関本部でROCBを訪問した後、最近完成した税関研修施設で、タイ税関若手職員に今年のWCOテーマである「次の世代を育てる」について講演した。研修施設の桟橋は、2001年に次長選挙への支持を求めて訪問した時にタイ関税局長がチャオプラヤ川の船上に案内してくれた時に出発した場所だった。そして研修施設で出迎えてくれたのは、2001年当時の局長秘書で、タイ税関審議官として人事や研修を取り仕切る大幹部になっていた。彼女の昔と変わらない笑顔を見ていると、22年間のWCO生活の出発点に戻ったような気がした。

最近完成した税関研修施設で、タイ税関若手職員に今年のWCO テーマである「次の世代を育てる」について講演した。建物の上部には「WCOとタイ税関のロゴがある。

マレーシアのランカウイ島での観光振興

（『貿易と関税』２０１８年12月号収録）

ランカウイ島はマレーシア北西部のタイとの国境近くにあり、１９８７年に島全体が免税地域に指定されたことが起爆剤になって観光開発が進み、日本でも人気がある。２０１８年5月のＡＳＥＡＮ関税局長会議に出席のために首都クアラルンプールから飛行機で1時間で会場のランカウイ島に到着すると、緑の自然が豊かで、ビーチもよく整備されていた。マレーシアはイスラム教国なので、中東方面からの客も多く見られたのが特色だ。お土産物屋が並ぶマーケットでは海外からの観光客が免税で安い買い物や各国料理を楽しんでいたが、治安の良さが売り物なので、歩いていても安心感があるようだった。岬の突端から見る夕日は豪勢なものだった。

翌日は観光振興の裏側で安全を支える税関の活動を見学した。対岸のタイや国内からのフェリーが発着する国際埠頭の隣の湾では、税関の海洋監視部門が監視艇を擁して控えていた。ランカウイ島は島全体が免税地域なので、本土に免税品が持ち出されないか、社会悪品が持ち込まれないかを見張る必要がある。係留されている監視艇のうち1台は日本からの供与だった。リゾート地では薬物持ち込み等のリスクが高い。郊外の麻薬探知犬センターを訪れたが、熱帯雨林気候で毎日が日本の8月のような気候は、犬にとっても厳しい勤務環境だ。それでも空港で実績を上げており、現場職員の苦労話に耳を傾けた。マレーシア税関では研修施設が充実しており、職員の質向上だけではなく、マレー系、華人系、インド系から構成される多民族国家の国民統合に資することも目的だ。同行した税関国際課長は自分は華人系で、経済的に優位にある華人系とマレー系が衝突した１９６９年には自分たちはどうなるのかと心配したと話してくれた。その後、マレー系の経済的地位向上を目指すマレー系優遇策が導入されたが、１９７０年代から工業化が始まり、特にマハティール首相は１９８１年から日本を手本に国の開発を進めたこともあり、政情も落ち着いた。

今回は島内の街道沿いには至る所で同じデザインの小旗をロープに多数繋げた連続旗が見えた。翌週に予定されていた5月9日投票の総選挙のために、それぞれの政党が自分の旗で宣伝しているのだと聞いた。しかも92歳の高齢ながら野党党首に就任したマハティール元首相は、ランカウイ島を地盤に立候補した。元首相にとっては大学で医学を勉強した後、最初に医師として赴任したのが、当時は漁業を中心にしたランカウイ島であったという縁がある。しかも首相就任後、同島を免税地域にして、観光開発を行ったという実績がある。そのため、首相在任中の選挙区ではなく、人々の信頼を期待できるランカウイ島を選挙区に選んだのだろうと現地の人から聞かされた。

　マレーシアでは過去50年以上にわたって与党が常に選挙で勝利しており、海外論調も与党有利というものが多かった。他方、税関幹部に聞くと、今回は別だ、現政権への汚職批判もあって違う風が吹いている、予断を許さないとのことだった。与党が25歳以下の所得税免除を公約にし、野党が消費税にあたる物品・サービス税（ＧＳＴ）廃止を公約にしていた。欧米諸国の例を見ても、政権が変わるかどうかの選挙の際は公約はポピュリズムに流れがちだ。税関は２０１５年に導入されたＧＳＴの所管官庁として苦労してきたので、複雑な心境だったろうと思われる。会議に集まったＡＳＥＡＮ諸国の関税局長たちも同情的だった。

　選挙の結果は野党大勝利となり、公約通り、税収の１８％を占めていたＧＳＴは６月１日から税率が６％から０％に下げられ、事実上廃止された。そのためＧＳＴ導入以前の売上税、サービス税に戻ることが検討されているが、半減ともいわれる減収分を歳出歳入面でどう対応するのか難しい。いずれにせよどこの国でも、税は政府への信頼を基盤としていると感じた。

2014年WCO総会にて。マレーシア税関と日本税関のAEO相互認証の署名。左から3番目が筆者。右隣がマレーシア関税局長、その隣が日本関税局長、右端が総会議長（ファイルランド歳入庁長官）。

ＡＳＥＡＮの大国 インドネシア

（『貿易と関税』２０１９年12月号収録）

東南アジア10か国のＡＳＥＡＮ（東南アジア諸国連合）の本部はインドネシアの首都ジャカルタにある。同じ地域統合といっても、ＥＵでは欧州委員会が３万２０００名を雇用して、各国の主権を制限しながら統合をリードしているのに対し、ＡＳＥＡＮは各国のコンセンサス重視型で、事務局員は３４０名に留まり、予算も限られている。そうした中で、インドネシア政府が手狭になった事務局ビルを隣接地に新設したのは朗報だ。私が訪問した２０１９年７月には、建物内部の最後の仕上げに余念がなかった。面会したＡＳＥＡＮ事務総長に、見せてもらった彼の新執務室は現在の3倍になり、執務環境の改善ですねと感想を話すと、彼は維持費も3倍くらい掛かるとため息をついていた。

インドネシア税関に移動すると、１万６８００名の大組織の本部だけあって、大きな独立庁舎の中庭のプールにはＷＣＯの記章が象られており、インターネットで検索した地図を航空写真モードに切り替えるとよく見える。関税局長と税関幹部10数名と懇談したが、全員英語でのコミュニケーションに問題がないのに感心した。最近ではＷＣＯ総会でもインドネシア税関から貴重な提言がなされることが多くなったのはＡＳＥＡＮのリーダーとしての自信の表れだろう。納税者からのホットラインに応えるシステムも出来ていて、職員が数人でチームを組んで、電話の向こうの相手に対して、机上の鏡を見ながら笑顔を保った上で、質問や苦情に対応していた。

こうした税関職員の能力や態度の向上には、スリ・ムラヤニ財務大臣が２００５年に就任して以来、果敢に税関改革と汚職対策に取り組んだことも大きく貢献した。彼女が職員規律向上のために税関（及び国税）の低すぎる給与水準を倍増し、期待に応えて税関職員は真剣に改革に取り組んだのは有名な話だ。その功績が買われて、２０１０年から彼女は世銀ナンバー2の専務理事を6年間務め、２０１６年に財務大臣に復帰した。私が今回の出張に出かける前にブリュッセルのＷＣＯ本部に立ち寄って下さり、税関を巡る環境変化や方向性について議論して大いに意気投合した。今回の出張中は彼女の肝いりで、工業大臣や通信大臣とともに副大統領を表敬訪問した。その場でも彼女はインドネシアは税関の能力増強の面でもＷＣＯと組んで地域リーダーの役割を務めるべきだと副大統領に助言していた。

翌日の金曜日は週１回の全員体操があるのでぜひ早朝にお出かけ下さいと言われた。７時頃税関本部に着くと、１０００人近くの本部全職員による６時半から７時半までの金曜日恒例体操が行われていた。女性インストラクターが台の上に載って軽快な音楽に乗ってテンポよく身体を動かすことを指導していた。職員たちはその後用意された朝食を取り、８時から執務に取り組むのだそうだ。７時半の終わりに私も朝礼台に登って全職員に激励の挨拶を行わせてもらった。それから税関の研修所などの施設を見て回ったが、「Customs getting better（税関のいっそうの改善）」を合言葉にパフォーマンスを見せてくれる新人研修生には、これからの長い税関人生を控え、希望に満ちた若々しい力を見る想いだった。また民間団体や大手業者代表に集まってもらい、意見交換をした。投資環境の向上にも熱心であり、例えば世銀のビジネス環境ランキングのような国際比較指標の引き上げに頑張りたいとの思いは官民共通だった。中には日本にＡＳＥＡＮの税関との電子情報交換にもっと前向きになってもらいたいとの要望もあった。２０２０年以降、そうした取組みが日本とインドネシアとの間で本格化したのは嬉しい。

滞在中は日本の円借款による地下鉄のような都市交通網の整備の進展や高級ショッピング・モールで日本の製品やレストランに人気がある様子がうかがえた。インドネシアの若いパワーと協力して、日本も経済的に活性化できるといいなと感じた。

インドネシア大統領府にて。右からインドネシア関税局長、財務大臣、筆者、副大統領、工業大臣、通信大臣。

レトロなベトナムの避暑地

（『貿易と関税』2014年11月号収録）

ベトナム南部の避暑地ダラットはホーチミン（旧サイゴン）市から飛行機で1時間、標高1500メートルの高原にある。熱帯地方のベトナム南部では例外的に年間を通じて平均気温が摂氏14～23度と過ごしやすく、常春の街と呼ばれている。ダラットで開催された2014年のASEAN関税局長会議に参加したが、もともと旧宗主国のフランスが植民地時代に開発した保養地で、1920年代に建てられた会議場のホテルには昔の面影が残っていた。フランスの風景画で飾られた広い部屋の中は、天蓋カーテン付のベッドや猫足の浴槽といったアンティークで飾られていた。夜は涼しいので冷房や扇風機が部屋に付いていなかった。窓外には人造湖が広がっており、かつてはフランス人がサイゴンの湿気と暑さから逃れて静養にやって来た。

街中には欧州風の別荘や教会の建築も多い一方で、買い物客で溢れる市場には温和な気候に合った蘭の花や野菜といった産物が並んでいた。国内ではダラットの産地表示があると、野菜の値段は高くなると聞いた。地中海原産のアーティチョークの栽培が名物で、スープに入れたり、乾燥させて作ったお茶はベトナムの特産で、肝臓に良いと薦められた。もっとも現在の観光客は新婚カップルを中心とするベトナム人及び周辺国からの訪問客だそうだ。インフラ整備を進めれば日本人観光客を惹きつける余地はあると思われた。

ASEANは地域統合にあたってインフラ、制度、人の3段階で連結性（Connectivity）を強化するとの戦略を採用しており、従って制度上の接続性の中心となる税関の機能強化は重要で、情報技術を使ったシングル・ウィンドウ（SW）で各国内外の通関システムを繋ぐことが具体的な目標になっていた。中でもベトナムは税関ITシステムの整備に熱心で、日本の支援で2014年にシステムを導入し、「質の高いインフラ」支援の実例となった。税関ITシステムは国内で関係者方と連結する国内SWが基本だが、国同士の通関システムをつなぐのが次のステップになる。現在ASEANでは地域SWの取組みとして域内の産品であることを証明する原産地規則のデータ交換が行われている。

ＡＳＥＡＮ関税局長会議には日中韓税関当局及びＷＣＯの公的部門のほかに、米国ＡＳＥＡＮビジネス協議会が対話パートナーとして参加していた。これは米国企業がまとまってオープンに税関と対話できるのみならず、米国の個別企業にとってＡＳＥＡＮ地域の関税局長と公式非公式に直接対話できる機会でもある。彼らはダラットでＷＣＯにも彼らの関心事項を伝えることができたと喜んでいた。欧米企業がＡＳＥＡＮに限らず、それぞれの商工会議所単位であるいは協議会を作って、個別要望をまとめて一般的な問題提起や投資環境の改善要望の形で、進出先税関当局と対話チャンネルを開いて意見交換するのを各地で目にした。日本企業にもそうした動きはあるが、一般的には相対（あいたい）で個別に担当者との対話を好む傾向があるようだ。税関側に聞くと、日本企業は重要な顧客なので個別によくお話を伺っていますとの回答が返ってくる。恐らくは対税関に限らない政府部門全般に対するアプローチの仕方の問題で、どちらが有効なのかは別として、両者の行動パターンの違いが現れているように思われる。会議で欧米企業の方に会うとよく税関の問題点を指摘されるが、日本企業の方とは名刺交換で終わってしまうことが多い。遠慮されているのだろうが、私としてはもっとビジネスの話や関連して税関について気付かれた点を聞きたいのにと中途半端な気持ちになる。帰途、乗継ぎで立ち寄ったホーチミン空港で、東南アジアでは他の地域に比べて出張中とみられる日本人ビジネスマンが数多く目に付くなと観察しながら、益々海外進出が加速する日本企業にとって、進出先政府部門とどう付き合うのかが課題のように思われた。

2023年にベトナムで開催されたIT会合の際にベトナム副首相と会談する筆者。

ラオス・ビエンチャンの月

（『貿易と関税』2015年8月号収録）

ラオスの首都ビエンチャンは、私がまだ大蔵省時代に、同国税関との会議のために2000年に訪問したのが初めての経験だった。その時は、街中の人通りも少なく、70年代からの東南アジアの経済発展に取り残されていたような印象だった。それでも1997年にASEANに加盟したこともあり、その後の地域経済への統合が期待されていた。

会議終了後、屋外で税関職員によるランボックと呼ばれる人気のある民謡による盆踊りの輪ができた。その時、フィナーレに掛けられた民謡の大意は、貴方と私は離れ離れになっても月を見れば、同じ月なのでそれを通じてお互いを想うことができるというロマンティックな内容だった。ラオス人の純朴さが表れた歌だが、ちなみにラオスの国旗にも赤地の上に青い帯と白い円で、メコン川に架かる月が描かれている。

2014年11月に再訪したところ、街は見違えるようで、交通渋滞の兆しも見られ、観光客も増えていた。中国からの投資に加え、隣国のタイに進出した日本企業がラオスへの展開を考えるような状況になっていた。面会した閣僚たちも周囲のアセアン諸国へのキャッチアップに関心があり、インドシナ半島で唯一の内陸国ということもあり、税関が物流の効率化に貢献することを期待していた。確かに東南アジア域内の物流を考えると、中国からタイに延びる南北回廊及びベトナムからミャンマーに延びる東西回廊は、ともにラオスを経由する。したがって、例えばラオス国内に国際的な流通団地ができれば地元経済も潤うことができ

2014年11月ラオス税関訪問（中列中央より右に筆者、チャンタウォンサ財務副大臣、同行のROCB職員、シファンドン関税局長）

る。現実にはさまざまな投資家や各国の援助機関が入り込んできて、この国のポテンシャルを探っているようだった。実際問題として、歴史、文化、地理で強く結びついたタイからの輸入がかつて主流だったのが、最近では中国やベトナムからの低価格品の流入も増えている。

タイとの国境現場に案内されるとメコン川が国境で、両国間に架かる「友好橋」で通関が行われていた。国境周辺住民には簡易手続きのための携帯カードを導入したとの説明で、地元民が国境の橋を行き交う様子を見せてくれた。メコン川はラオスを縦断する形で流れており、一部はタイとの国境にもなっている。もっとも川をボートで越えるのは難しくないし、乾期にはかなり水位が下がってしまい、確かに見ていて国境で密輸をしようと思えば不可能ではない。2000年当時に検疫の専門家から家畜が国境を渡河して移動するような事態も発生しうると聞いた。もちろんメコン川は恵みも与えてくれ、その豊富な水系は、ラオス国土の大半が山岳地帯ということもあり、水力発電に適している。

ラオスは村落共同体が残っているので、法令順守は村社会の力に頼ってきたようだが、周辺国との貿易がかつてない程活発化する中で、適正通関や税の徴収を村社会ばかりに頼っているわけにはいかない。そのため税関近代化が重要と認識されており、財務大臣からも引き続きの支援を要請された。その際、バンコクにあるWCOのアジア大洋州地域のキャパシティビルディング事務所(ROCB)のラオスに対する支援に謝意の表明があり、嬉しく思った。設立以来日本税関から職員を派遣しており、地道な日本の貢献としてアジア大洋州域内では評価されている。

今回も税関職員がランボックの民謡で歓迎してくれたが、その翌朝、有力議員に税関改革支援を要請するため議会に行った。議会はラオスの象徴タートルアン寺院の隣に立っており、広場は屋台を見たり、托鉢の僧侶にご飯を献上する人々でごった返していた。その日は有名な満月祭が明ける朝で、夜中以来の参拝客の名残とのことだった。速い勢いでグローバル化の渦に飲み込まれつつあるようにみえるラオスだが、神々しい月の光の導きで、伝統との調和を図りながら進んでほしいと願った。

シンガポールのマリーナベイ

（『貿易と関税』2023年5月号収録）

国際商業会議所（ICC、本部パリ）が2023年3月にシンガポールで開催した「貿易の未来」のシンポジウムに招待されたので、開会式でICCが開発を検討している民間スタンダードについて、WCOのデータ・スタンダードと整合性を保つ重要性を話した。会場は「統合型リゾート」（IR）のモデルとして日本でも話題になった、2011年に完成したマリーナベイ・サンズ・ホテルだった。57階建ての3つの高層ビルが屋上の巨大なプールで連結された独特の姿で、低層部には国際会議場、ショッピングモール、美術館やカジノがあり、いわば大きな街が空調の効いた透明のガラスの箱と地下にすっぽりと入って、外部の苛烈な気候から守られているような形だった。ホテルは埋立地にあり、南を見ると、植物園の向こうにシンガポール海峡に停泊している多くの船舶が見えた。北を見ると、マリーナベイと呼ばれる巨大な淡水湖（貯水池）を挟んで、対岸には旧市街、そして高層ビルの金融街が広がっていた。

もともと旧市街は1819年の英国進出以来、シンガポール川の河口付近に発展した港街だった。旧港の混雑に対処するために沖合を埋め立て、川が注ぎ込む海面をダムで仕切って淡水湖化して、周囲の湾岸をウオーターフロントとして残す大事業が行われた。1965年の独立から日の浅い1971年には埋め立て作業が始まったと聞くと、シンガポール政府の構想力と実行力の大きさに驚かされる。なお港湾機能は西部に造成されたコンテナ港に移され、現在のコンテナ取り扱い量は上海に次いで世界2位となっている。さらに市街地から遠い西方にメガポートを造成し、港湾機能を再移転する事業が行われていると聞いた。

シンガポールは日本をよく研究しているが、日本がシンガポールのイニシアティブに助けられたこともある。2000年にシンガポールの呼びかけで、日本は同国と経済連携協定の検討を開始したが、農産品の問題がない同国との協定は比較的敷居が低く、これが日本にとっては最初に自由貿易協定交渉を実地に勉強する機会になった。当時は多角的貿易体制を唯一の貿易体制としてとしてであり、自由貿易協定には慎重な見方が国内で強かった。他方、1993年に北米自由貿易協定交渉が妥結したことがウルグアイラウンド交渉進展につながったように、当時の世界は自由貿易協定、地域統合の時代に入ろうとしていた。シンガポールの誘いはそうした動きに日本が遅れを取らずに済むきっかけを与えてくれたといえる。2000年に大蔵省関税局の課長だった私は外務省及び通産省の課長と3人で日シンガポール自由貿易協定研究会の共同議長に指名されたが、国内のWTOのみに依存しようとするマインドセットを変えることに腐心した。いよいよ自由貿易協定の交渉入りを提言する報告書をまとめる段階になって、関税局長にお供して宮澤大蔵大臣に報告とご相談に伺った。私からは「ジュネーブに勤務した経験からみても、同じ地域で友人として活動できる同志なしではWTOでも影響力を振るえません」とご説明申し上げた。外相や首相を歴任された宮澤蔵相は、局長と私の補足説明を聞かれると、「君たちが考えているのは今後中国の影響力が増していく中で、どうやって日本が生きていくかだろう」と仰り、直ちに国内の慎重意見を抑えて、自由貿易交渉の開始を後押しして下さった。

2000年の研究会の際には報告書をまとめるために、シンガポールと東京で交互に会合を開催したので、シンガポールには頻繁に出張した。その時には現在のマリーナベイは完成しておらず、旧市街地のホテルに泊まっていた。当時のシンガポールの象徴はシンガポール川河口のマーライオンであり、1972年の設置以来、シンガポールの観光名所だったが、私が2000年に訪ねた時には、当時新設された橋の陰に隠れるようにたたずんでおり、沖合では埋め立て工事が進行中で、マーライオンにとっては最悪の時期だった。今回は淡水湖岸の良く見える位置に移転されたマーライオンが口から水を吐く様子が見えて、背景の旧市街とともに美しい風景を形成していた。

その後、2001年に始まった本交渉の際には、私はWCO事務局次長選挙に出馬することになり、交渉から外れたが、2002年にWCOに移って世界経済フォーラムに出席した際に、シンガポールの交渉で一緒だった政府関係者と再会した。米国テロ攻撃の直後に米国への連帯を示すために、同フォーラムがダボスではなく、ニューヨークで開催された時だった。彼らは再会を喜びながらも、バブル崩壊に苦しむ日本からの参加者が少ないとして、日本経済は大丈夫かと友人として心配そうに私の顔を覗き込んだことを覚えている。

思い返してみると、2011年のマリーナベイ・サンズ・ホテルの開業は、シンガポールがテクノロジーを駆使した貿易・金融のハブとのイメージ向上に大きく寄与した、私はたまたま3年間連続してシンガポールに出張することになったが、同国が国際会議誘致に極めて熱心だった時期と重なる。2011年にシンガポール税関に招かれたのを皮切りに、翌2012年には国際民間航空機関（ICAO）とWCO共催の航空貨物のセキュリティ対策を検討するグローバル・コンフェランスを誘致してくれた。その際、開会スピーチをしてくれた交通省事務次官は2000年の日本シンガポール研究会で若い貿易産業省の課長として、また途中から首相秘書官に抜擢されたが、引き続きシンガポール側共同議長を務めた人物だった。シンガポールの役人は若いうちは官民でいろいろなポストを経験するが、シニアになると同じポストを長年続ける人も多い。彼は交通省事務次官を5年務めた後、内務省事務次官に移って6年目になっている。シンガポールは日本との研究会にエースを送ってくれていたのだなと実感した。

同様に関税局長も任期が長い。2011年に私を招待してくれた関税局長は6年間務め、2013年にはASEAN関税局長会議をホストして私を招待してくれた。3回ともマリーナベイ・サンズ・ホテルの屋上見学がプログラムに入っていた。彼と税関の話をするのは面白かったが、2011年のマリーナベイに続き、2012年には隣に開園した植物園に案内してくれ、翌2013年には隣接するリゾート、セントーサ島にオープンした世界最大の水族館（その後中国に抜かれた）に案内してくれた。毎年のように新たな観光の目玉を開業する同国のサービス精神に感心した。2014年に就任した次の関税局長は2022年8月末まで8年8か月務めたが、彼は税関へのテクノロジーの応用について私の相談に乗ってくれた。また課題だった同国の改正京都規約への加盟も離任直前に果たしてくれ、頼りになる関税局長だった。2人の関税局長は40代前半に就任しているので、まだ公共部門で現役で活躍している。今回の出張では新任の関税局長を税関本部に訪ね、引き続きＷＣＯ及びＡＳＥＡＮの税関コミュニティでリーダーシップを発揮してもらうようお願いした。

ＩＣＣのシンポジウムの後、シンガポール国際商業会議所メンバーと懇談したが、ロジ会社やテック会社からの参加者は、アフリカの市場統合の動きを聞いてきた。今後の人口推移を考えると少子化の顕著な東アジアよりもアフリカが有望と考え、リスクを取ってアフリカに進出しているとのことだった。シンガポールのコスト上昇を聞いてみると、中国の政策変更に対応した金持ちの家族資産の流入もあるが、コロナ禍で建築現場が止まっていたことも大きいとして、現在急ピッチで不動産ストックの拡大を図っているとの説明だった。それでも政治的安定と政府のプロビジネス政策が投資呼び込みにとって大きな誘因になっていると自信を示していた。

昼食会の後、市西部の大学地区にあるＡＰＥＣ事務局で旧知のＡＰＥＣ事務局長に面会した。彼女は隣国のマレーシア貿易産業省の事務次官を務めていたので、税関のことをよく知っており、面白い議論ができた。シンガポールについて次々と新しい施設を開業して、居住者を飽きさせないと言っていた。もちろん貿易ハブとしての成長を願うシンガポールとしては地域協力機関をホストすることは重要な戦略だろう。ホテルに戻り、付設のショッピングモールを歩いてみて、改めてそのスケールの大きさと各ブランド店がショーケースに工夫を凝らしている様子に感心した。こうした努力でこの国はアジアの金持ちを惹きつけ続けていくだろう。

2022年9月に就任したTan Hung Hooi関税局長と会談し、引き続きWCO及びASEANの税関コミュニティでリーダーシップを発揮してもらうようお願いした。

ブルネイ

（『貿易と関税』2017年12月号収録）

熱帯雨林に覆われ、自然の豊かさで知られるボルネオ島にはマレーシア、ブルネイ、インドネシアの3国の領土がある。スルタンと呼ばれる国王が治めるブルネイは3国の中では最小規模で、人口40万人の大半はマレー系のイスラム教徒で穏やかな人柄で知られる。かつては水上の民として航海や貿易に従事し、15世紀まではボルネオ島全体の沿岸部がスルタンの支配下にあった。現在では天然資源に恵まれ、原油や天然ガスを世界中に輸出している。おかげで国民の多くは公務員として採用され、医療費、教育費は無料で、個人所得税もない。日本は原油、天然ガスの最大の輸入国であり、エネルギー関係を基盤にした関係が深い。英国保護領から独立したので文化的には英国、行政的にはシンガポールを見ているようだった。通貨ブルネイドルはシンガポールドルと等価レートに固定されており、市中ではシンガポールドルも流通していた。

首都のバンダルスリブガワンはブルネイ川の河口にあり、水上集落で有名だ。4万人が住む建物群はすべて川の中に埋められた支柱の上に立っていた。交通手段は水上タクシーで、川の上をスピード感のある船が行き交っていた。新年のボート競技が一大イベントであり、税関も財務省の一部としてレガッタに参加するとのことだった。今回私は道が人々で溢れ返っている南アジア出張後の訪問だったので、対照的に人通りの少ないブルネイの街並みを見てホッとした。お昼にはアンブヤットと呼ばれる郷土料理を勧められたが、これはサゴヤシの木の幹の内側から採取したデンプンをお湯で溶いたもので、竹の棒に絡めとって酸っぱい果物ソースに付けて食べると素朴な味わいで、カロリーの低い健康食ということだった。イスラム教徒が被るソンコと呼ばれる帽子や竹細工のバッグが特産品とのことで、税関職員が被るソンコには税関の徽章が付いていた。敬虔なイスラム教徒の国なので、税関もこれまで禁制品の監視に重点を置き、お酒の密輸に目を光らせていた。

近年の原油価格の低迷は経済にも影響を及ぼし、スルタンは経済多角化を目標に掲げ、税関もその役割を見直して、手続きの簡素化近代化と歳入確保を目指したいとのことだった。これはサウジアラビア等、他の産油国でも見られる動きだ。税関の改正京都規約批准に対する熱意は相当なもので、職員向けの講演を頼まれたが、そこには首相府や他省庁も招かれており、何よりも驚いたのは講堂の名前が京都ホールと名付けられていたことだ。財務大臣に批准や人材育成の重要性をお話しした。また、外務・貿易大臣とは翌年からブルネイがASEAN事務総長国となるので、WCOとの協力強化を議論した。

財務省の続きにある中央銀行の貨幣展示場に案内され、太古の貨幣から近代の紙幣にいたる歴史的変遷の説明を聞いた。ガイド役がバナナ紙幣と呼ばれる展示物を指差し、呼び名の由来はバナナの木が図柄にあるためとの簡単な説明で急いで次に移ろうとした。珍しいので説明板を読むと、日本占領時に発行された紙幣で、戦況の悪化とともに大増刷されたのでハイパーインフレーションになって価値が急落し、戦後は無価値になったと書いてあった。東南アジアでは普段は忘れがちな日本占領時代の挿話で、ブルネイと日本との関係の苦い一断面として興味深かった。

仕事を終えてホテルに戻った後、照明で照らし出された夜の屋外市場を見学に行った。吹き抜けの屋根の下で、炊事の施設が整っており、現地素材の野菜や果物、それに鶏肉や獲れたての魚、お菓子を調理する出店が並んでいた。市民が家族連れや若者のグループで夕食を楽しんでおり、治安に心配がない様子が窺えた。当方も鶏肉や魚の串刺しを購入して人々の仲間入りをしたが、さすがにアルコール類は売っておらず、清涼飲料水で乾杯した。平和でのんびりした市民の生活は、経済多角化でどう変わって行くのだろうか。

ブルネイ外務大臣と会談。

東南アジアの若い国 東ティモール

（『貿易と関税』2019年11月号収録）

東ティモールは2002年に独立した若い国であり、翌2003年総会ではWCOに東ティモールの旗を掲げて歓迎したことを思い出す。地理的にはインドネシア諸島の中でも東寄りにあるティモール島の東半分を占めており、西半分はインドネシア領だ。これは東半分が旧ポルトガル領、西半分がオランダ領だったことによる。環太平洋火山帯の一部に属し、全土の約6割が山岳地帯である。ポルトガルが19世紀に導入したコーヒーは無農薬栽培なので人気が出て、日本にも輸出されている。ちなみに農業が就業人口の8割を占める中で、コーヒーが唯一の現金収入作物であり、農産品輸出のほぼすべてを占めている。

経済的には1日2ドル未満で暮らす貧困層が人口の過半を占める自給自足的な農業社会という側面は続いているが、島南部のティモール海の海底に豊富な石油及びガス資源の埋蔵が確認され、資源大国となった。巨大な地下資源収入への依存は経済的利益をもたらす一方で、財政規律が効きづらくなり、国境管理が緩いと犯罪組織に悪用されかねず、投資環境にも悪影響を及ぼす。従って国造りにあたって税関の役割が重要になる。

2019年7月に首都ディリに出張すると、港湾・空港施設自体が老朽化・狭隘化しているのが気になった。税関職員数は225人であり、体制強化のために退職を募って150人の新卒採用を計画中との説明で、人材育成が急務との認識があった。また現場視察した空港では各省庁がバラバラに検査をしていたので、財務大臣に現場での各省協力の重要性を助言すると、その場で電話して、農水大臣や内務大臣との面会を取り付けて下さった。インフラ整備の必要性を痛感したが、資源収入を貯めた「石油基金」による整備は島南部の石油ガス精製施設に回されており、一点集中投下になっていた。独立指導者の一人で、ノーベル平和賞を受けたジョゼ・ラモス＝オルタ前大統領に面会したところ、公共部門の人材育成を心配されている様子だった。東ティモールはASEANへの加盟を申請しているが、インドネシアのように積極的に支持する国が多いものの、一部の国は発展段階のギャップを問題視して、慎重な態度だ。面会した外務大臣もその点を気にしていた。

ディリの街にはポルトガル時代の建築が残っており、レストランもポルトガル料理を提供する店が多かったが、エリート層を除くと公用語のポルトガル語を話す人口は少ない。将来ASEAN加盟を目指すならば事実上の共通語である英語の教育が必要だが、大学教育は今でもポルトガル語が多い。もう一つの公用語はマレー系のテトゥン語だが、実際にはテレビを通じてインドネシア語が浸透しているとの話だった。インドネシアはポルトガルが撤退した1975年から2002年の独立まで占領統治していたが、東ティモールの政府関係者は割り切っているようでインドネシアとの協力を重視していた。ちなみにディリへの直行便が出ているのはインドネシアのバリ島と豪州北端のガス精製基地のダーウィンの2か所からであり、足の便が良いとはいえない。他方、ポルトガルのパスポートを取るのは難しくないので、ポルトガル語を勉強してポルトガル大使館にビザ・パスポートを申請し、欧州に渡った上で、例えば英国に移住する者も多いと聞いた。

ディリを囲む湾の一方の端にある岬にはインドネシアが寄贈した巨大なキリスト像が建っており、さすがはカトリック教徒の多い国だと感心した。人々が週末を楽しむ場所にもなっており、眼下には手つかずのビーチが広がり、その美しさに感嘆した。もっとも海にはワニがいるとの話で、街中でワニの像を見かけたが、税関の記章もワニだった。麓まで下りて、街中に向かうと登校時間のようで、お揃いの制服で立派な運動靴を履いた小学生たちが明るい表情で通学している風景に出会い、人口が圧倒的に若くて市場成長の可能性に満ちたこの国の将来を感じさせた。

ノーベル平和賞を受賞したジョゼ・ラモス=オルタ前大統領と会談。

＜アジア大洋州＞

東アジア

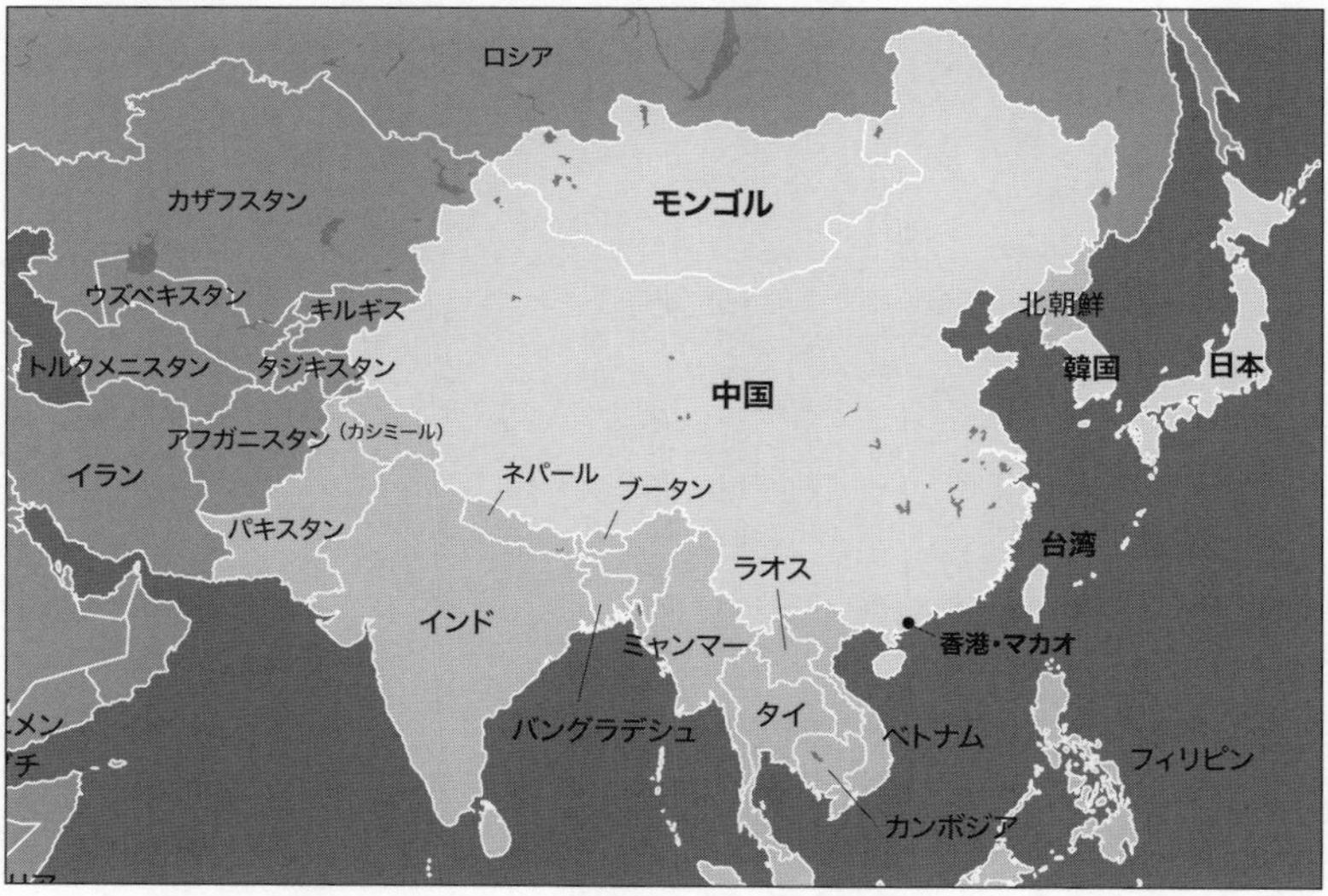
ロシア
カザフスタン
モンゴル
ウズベキスタン
キルギス
北朝鮮
トルクメニスタン
タジキスタン
中国
韓国
日本
アフガニスタン
（カシミール）
イラン
ネパール
ブータン
パキスタン
台湾
ラオス
インド
香港・マカオ
ミャンマー
タイ
ベトナム
バングラデシュ
フィリピン
カンボジア

中国の新シルクロードと兵馬俑

（『貿易と関税』２０１６年５月号収録）

２０１５年の始めに中国から新シルクロード、陸路と海路を合わせて「一帯一路」の関税局長会合を５月に西安で開催したいので協力してほしいとの連絡があった。たまたま３月に上海で開催される国際航空運送協会（ＩＡＴＡ）の航空貨物シンポジウムで話す予定があったので、北京に寄って協議することにした。

３月の航空貨物シンポジウムのオープニングで講演し、パネル討議もこなした後、上海海関学院を訪問した。学院に立ち寄るのは２００４年にＷＣＯの地域研修センターとしての開所式以来だった。学士号を授与する４年制コースの卒業生は税関や民間ロジスティック部門に就職できるので、全国から優秀な学生が集まる。研究にも熱心で、ＷＣＯのリサーチ会合に論文を多数提出してくる。広大なキャンパスに１８００人を超える４年制コースの学生が寝泊まりし、他国の税関職員の受け入れも盛んだ。学生向けに講演して、質疑応答になると活発に手が上がり、英語で表現できる税関の人材育成を目指している様子だった。

北京に移動して、税関大臣（海関署長）と面談し、一帯一路構想の中心をConnectivityにして、国際標準であるＷＣＯツールを使う形にしたいとのことなので協力を約束した。シルクロード再興は、これまでもユネスコによるフォーラムやトルコによる税関協力フォーラム等の取組みがあったが、税関大臣は中国にはリソースがあるので持続可能なものにできると自信を示していた。北京滞在中にレストランに行く機会があったが、席はがらがらで、現政府の反腐敗キャンペーンが行き届いているなと感じた。

于（Yu）税関大臣（海関署長）と握手する筆者

５月に西安の会合

に出席すると、出迎えの地元税関幹部が、歴代王朝が首都にした長安の跡だが、その後の戦乱で地上の歴史的建造物の多くは破壊されてしまい、主要な遺跡は地下に発見された秦の始皇帝陵に残っていると説明してくれた。確かに車中から見ると、高速道路や高層住宅の建設が進んでおり、古い建物はその中に埋没しているようで、成長期の地方都市の外観だ。内陸の労働者が沿岸部に移動したがらないので、住宅と工場を西安のような地方の基幹都市に整備しているとの話だった。ぜひ長安の栄華を伝える秦の始皇帝陵の発掘跡を見てほしいと言われ、有名な兵馬俑を見学した。１９７４年に農民が井戸を掘ろうとして見つけたもので、発見した当人は博物館副館長としてガイドブックへのサインに応じていた。秦の始皇帝陵を護衛するように配置された兵士や馬をかたどった副葬品の俑（人形）のおかげで、秦軍の装備や編成が実物で分かり、迫力がある。しかも発掘はまだ続いている。

翌日の一帯一路の会合には60か国以上の税関代表及び８国際機関が集まり、各国の期待の大きさを示していた。中国側も副首相が出席し、盛り立てようとしていた。開会式での基調講演で何を話そうかと考えたが、昔のシルクロードの意義は文明を繋ぐことだったなと思い返して、各地で地域貿易協定の締結が進む現代での意義は地域統合を繋いで、世界貿易システムを支えることにあると述べた。そのためには国境でのConnectivityを確保すべく税関の国際標準であるＷＣＯツールを使う必要があると続けた。前日の兵馬俑を引き合いに出して、兵士の俑は一つとして同じ顔をしたものがおらず、しかもさまざまな民族の混成部隊であった、新シルクロードも多数の民族を包容する開かれたイニシアティブであってほしいと締めくくった。いつもながらのアドリブだが、続く副首相の講演が関係するＷＣＯツールの中身に言及するものだったので、重複しなくてよかったと胸をなでおろした。時間があったので歴史博物館に行って長安の時代順の変遷を追うと、長安をモデルにした都市として奈良の都市図も展示されており、日本も歴史的に長安を中心とするシルクロードの一員だったのだなと感じた。

香港とマカオを繋ぐ橋

（『貿易と関税』2019年7月号収録）

香港とマカオは本国とは独立して関税・通商制度を持つ独立関税地域としてWCOに加盟した。両地域は当時のそれぞれの宗主国だった英国及びポルトガルの提案で、中国への返還（香港1997年、マカオ1999年）前に加盟した。返還後50年は中国本土とは異なる一定の自治や国際参加を認められる「一国二制度」を保証する一環と理解された。2005年に香港でWTO閣僚会合が開催された際に両地域を訪問したが、香港で『エコノミスト』誌に講演を依頼されたのを機に2019年2月に再訪した。

マカオは中国南部の広東省の大河、珠江の南シナ海河口に突き出た半島と島の人口67万人の特別行政区だ。道路標示には中国語と同じく公用語であるポルトガル語の表記があり、植民地時代の建築も残っていて、独特の情緒がある。市街地の丘の上には、17世紀初頭に建てられた天主堂跡が残っており、当時アジアでは最大規模の教会だったが、貿易の中心が香港に移るとマカオの重要性は低下し、今では天主堂の石造りの南外壁が残るだけだ。高台から眺めると、麓には人口が密集した低層住宅が広がり、水路の向こうには中国本土の珠海市の新しい高層ビルが並んでいた。

カジノは旧来の半島部に加えて、島部にディズニー・ランドのような施設が新設されていた。カジノ経営権の国際入札を実施し、香港や米国ラスベガスから資本が進出した結果だ。カジノが禁止されている香港や中国本土からの観光客流入で、マカオのカジノ産業は規模的にはラスベガスを凌駕したと聞いた。マカオの税収の8割はカジノ産業からで、市民の教育、医療は無料だ。同行した税関職員にカジノへの公務員立入は禁止されているので、内部の見学はお一人でどうぞと言われた。住民は胴元が儲かるカジノの仕組みを熟知しているからギャンブル依存症になる心配はないとの説明だった。

香港とマカオは珠江河口の両端に位置しており、70キロの距離がある。両都市は1時間のフェリーで連絡していたが、2018年10月に本土の珠海市、マカオ、香港を繋ぐ港珠澳大橋が開通した。現在はシャトルバスが頻繁に通行して旅客を運んでいる。マカオでは税関も入る橋のたもとの旅客施設を見せてもらい、そこから車に乗って香港には40分で着いたが、香港税関は将来の貨物運搬に備えて、貨物施設も整備していた。中国政府は珠江河口に広がるデルタに着目して、１９７０年代末からの改革開放政策に沿って、香港の後背地の深圳及びマカオの後背地の珠海を経済特区に指定して工業化を後押しした。その結果、深圳はファーウェイ、テンセントといった中国を代表するハイテク産業の中心都市になり、珠海も規模は小さいが同様の発展を遂げている。珠江デルタは他にも広州のような大都市を抱え、中国の輸出産業の一大集積地になった。このベイエリアで中国南部のいっそうの集積・発展を目指す計画が最近発表された。ニューヨーク、サンフランシスコ、東京が目標ともいわれ、中国は息の長い経済発展を試みているようだ。

　香港はマカオと比べると人口７４０万人と10倍以上、面積も40倍近くある。ただ香港は山がちで、緑を保存するための開発規制が厳しく、市民は深刻な住宅難に直面していると聞いた。中国本土の発展とともに、トップクラスだった香港のコンテナ取扱量が中国各地の港湾に抜かれ、加工貿易も人件費の低い場所へと流出した。それでも日本からの海外投資先として香港は引き続きトップクラスであり、中国本土への進出の拠点とされているケースが多いようだった。香港税関幹部と話していても、通関手続きの効率性や法の支配を含めた投資先としての魅力の維持増進に努めている様子がうかがえた。香港では２０１８年統計では年間の日本訪問者は２２０万人にのぼり、７４０万人の人口から比べると相当の多さだ。香港税関でもマカオ税関でも休暇中に日本観光を楽しむ人々が多かった。香港やマカオはかつて日本人にとっての手軽な旅行先だったのに、今や彼らが日本観光を楽しんでくれる時代になったようだ。

2023年WCO総会で香港税関にWCO地域麻薬犬センターの設置の覚書を香港関税局長と締結。

＜アジア大洋州＞

南アジア

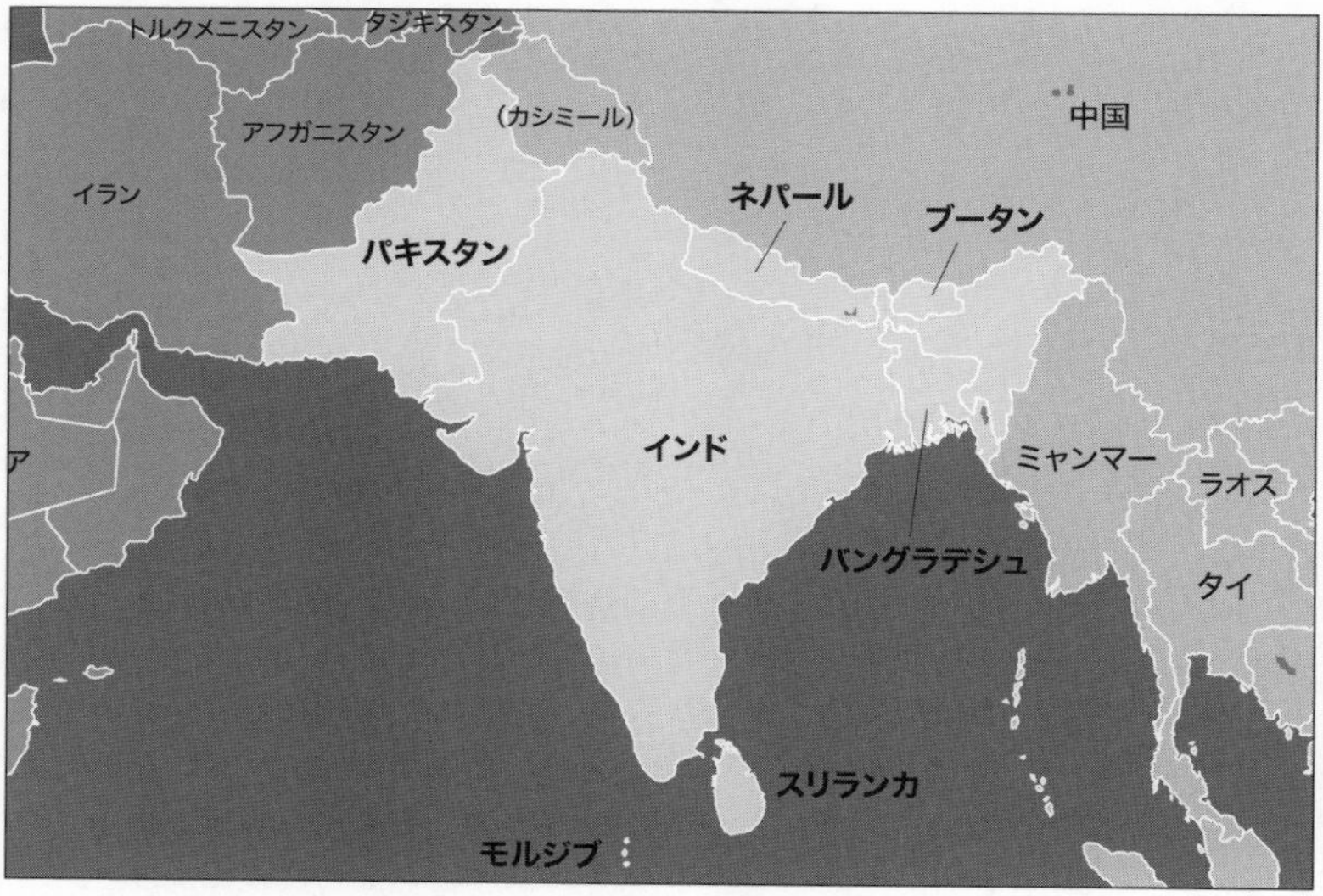
トルクメニスタン
タジキスタン
アフガニスタン
（カシミール）
中国
イラン
ネパール
ブータン
パキスタン
インド
ミャンマー
ラオス
バングラデシュ
タイ
スリランカ
モルジブ

インドの目覚ましい発展

インドは経済改革を進めるにあたって、WCOの知見を活用してくれ、コロナ禍前には毎年招かれて税関近代化を議論した。在ベルギー大使館のインド税関アタッシェは、WCO総会に出張して来るインド関税局長と大使、私を招いての懇談会を毎年企画してくれた。WTOの貿易円滑化協定（TFA）交渉にインドは慎重で、当初はWCO改正京都規約を基に各国が自らのペースで近代化を進めているので新協定は不要としていた。WTO農業交渉で食料安全保障の例外を勝ち取るとインドはTFA賛成に転じ、したたかな交渉手腕を見せた。2016年にインドはTFAを批准すると、協定が定める国内貿易円滑化委員会を内閣主導で設立し、税関を事務局として関係省庁や民間を巻き込んで、TFA行動計画をまとめた。2017年7月に首都ニューデリーで開かれたインド商工会議所、税関、世銀共催の貿易円滑化会合に主賓として招かれたが、主眼は行動計画の発表で、協定を超える内容をTFAプラスと銘打って、自国の投資環境を改善する見取り図を示した。

世銀が共催者に加わっていたのは、世銀のビジネス環境ランキングでの上昇を狙ったものだ。翌2018年秋の世銀発表ではインドは前年の100位から77位へと躍進していた。実際にインド税関の発展が著しく、例えば初期にはインドは税関手続きの電算化に集中していたので、シングル・ウィンドウで他の官庁と接続しないのかと質問しても、時期尚早との反応だった。数年して再訪すると、デジタル化による政府部内のデータ共有を進めていた。彼らはコンセプトが得意なので、WCOのシングル・ウィンドウに関するガイドは、その後インド税関から出向した職員に中心になって作成してもらった。

インドはコントラストが激しい国であり、2018年の政策委員会をムンバイで開催してくれた際、ムンバイ空港を上空の飛行機から見ると、スラム街が滑走路の近くに迫っており、過密な空港の拡張は容易ではないと直感した。それでも空港周辺のスラム街立退きは民主主義のルールに則って行うとの説明だった。議論に時間が取られて、土地の収用が思うように進まないのは非効率だが、長期的には強みになると聞かされた。空港拡張工事は進行中だが、現在ではムンバイ郊外に第二空港の建設も進んでいる。

人口14億を超えるインドは、国内をまとめるだけで大変だが、周辺国との関係も重要だ。2013年10月に隣国のブータンに出張した時には、コルカタから飛行機で山肌沿いに谷間を飛んで到着した。寺院のような政府建物で、民族衣装の首相とお会いしたが、庭から蝉しぐれが聞こえていた。首相との会談からインドとは特別に近い関係にあることが窺われたが、コルカタに戻ると、インド関税局長が首都から駆け付けてくれ、周辺国との税関協力も議論した。コルカタはデリーやムンバイに次ぐ大都市だが、ちょうどヒンドゥー教のお祭りに当たっており、ドゥルガー女神を飾った仮設小屋が立ち並び、人々の熱気を感じた。このパワーが生活水準の向上を求めて全開すれば、経済発展の余地が相当あると感じた。

2023年10月にインド税関はニューデリーで税関の密輸取締りのための国際会議を開催した。国内各州の情報部門長に異なる監視の課題を報告させて、パネルで海外税関との経験共有を行い、国際協力を強化する上手な進行だった。会議に参加したインドとスリランカの税関幹部は2人とも2000年当時に私が政策研究大学院大学で関税法を教えていた時の教え子だった。留学生の家族も招いて鎌倉にハイキングに出かけたが、その時手を繋いで歩いた幼女が立派な弁護士に成長しているのに会えたのも嬉しかった。会議の合間に念願のガンジス川の上流リシュケーシュを訪れた。ヨガの都とも呼ばれ、ヒマラヤ山中からの清冽な川の流れを見ながら、インドには勃興する経済力だけではなく、ソフトパワーもあることを実感した。

インド財務大臣と2023年11月のニューデリーでの国際会議の開会式にて。

リキシャが溢れるバングラデシュの首都ダッカ

（『貿易と関税』2017年11月号収録）

バングラデシュが1971年にパキスタンから独立した際には、日本は最初に国家承認を行った国の一つで、二国間援助でも最大の支援国だ。産業面では低廉な労働力を使った繊維加工業が有名であり、日本でも同国産の縫製品を見かける機会が増えた。加工貿易なので効率的な税関手続きが不可欠だ。税関近代化支援のために2012年に同国を訪問した際に、議会の首相執務室でハシナ首相にお会いしたが、執務室に浮世絵が掲げられていたのを思い出した。

そうした親日国なのに、2016年7月に首都ダッカで起きたテロ事件にJICA関係の日本人も巻き込まれて犠牲になったのは痛ましい出来事だ。同年の伊勢志摩G7サミットがテロ対策強化の一環としてWCO施策の支援を打ち出したのを受け、WCOは水際テロ対策への支援を本格化した。その国別計画実施の第一弾として、2017年7月にダッカでプロジェクト立上げの式典を行った。

ダッカに到着すると深刻な交通渋滞に巻き込まれた。空港から宿まで5キロしかないのに、1時間以上経っても、車はノロノロ運転を続けていた。政府要人への面会では余裕をもって出発すると、1時間以上早めに到着し、他方、先方は外出先からの帰還が延びていたりして、この調子では経済活動に無駄が生じるなと思った。アジアでも最も人口集中の激しい都市の一つなので、仕方がない面はある。公共交通が発展途上なので、三輪自転車の後ろに2人ほど客を載せて走るリキシャ（人力車が語源）に人気がある。オート三輪車を使えば、ベビータクシーと呼ばれる庶民の足になる。リキシャがぎっしりと詰まった道路を車で抜けて行くのは大変で、しかも雨季なので道路に水溜りが出来ていると余計に厄介だ。歩行者は絶え間なく車の間を縫って横断するし、道は人々で溢れかえっていた。逆に言えば若くて豊富な労働力があるので潜在的な活力に満ちており、外国からの投資が向かうのも理解できる。インフラ整備に加えて、外国人が安全に暮らせるテロ対策は投資環境整備のために不可欠だと関係閣僚に説明して回った。

空いた時間に建国の父と呼ばれるムジブール・ラーマンの記念館に案内された。独立運動を主導したカリスマ的な人物で、独立後の初代大統領や首相を歴任した。ベンガル地方出身のラーマンは、１９４７年に英領インド帝国が解体され、ヒンドゥー教徒のインドとイスラム教徒のパキスタンに分離して独立した際には、パキスタン側の闘士として活躍していた。しかしながらパキスタン本体がベンガル地方に一方的な政治支配を行ったことから、対パキスタン独立運動を主導して、「ベンガル人の国」という意味のバングラデシュの独立に大きく貢献した。もっとも彼の国政に不満を抱いた軍将校によって１９７５年に家族と一緒に暗殺された。記念館はラーマンの住居跡で、暗殺現場である屋内の階段には当時の弾痕も残っていた。ハシナ現首相はラーマンの長女で、当時は海外にいたため難を逃れた。今でも与野党間の対立が激しく、国の統治能力の向上が課題とされている。

人口爆発が問題になったこともあり、海外に出稼ぎに出かける人が多い。国内1億6千万人の人口に対し、７００万人を超える海外居住者がいるといわれており、海外送金が経済の大きな収入源となっている。出稼ぎ労働者はアラビア半島向けが多いが、世界中に分散しており、例えばブリュッセルにあるインド料理屋のほとんどはバングラデシュ人が営んでいると聞いたことがある。私が話を聞いた税関幹部は子弟の教育に熱心だったが、子供の就職先としては海外を希望している人が多かった。彼らを国内に留めるためには高学歴の若者向けの雇用を作ることが必要だが、政府はそうしたことも狙って海外からの投資促進に熱心だ。街に溢れるリキシャが象徴する豊富な労働力を活用して、人々の生活水準を向上させることが期待されている。

バングラデシュ財務大臣と会談。

パキスタンのトラック・アート

（『貿易と関税』２０１８年５月号収録）

ＷＣＯの写真コンテストへの出品は各国税関の実態を垣間見せてくれる。パキスタンからさまざまに装飾された貨物運搬用のトラックの写真が出展されたことがある。花やイスラム芸術の細かいモチーフで彩色豊かに派手に装飾されたトラックは運転手の心意気を表す。こうしたトラック・アートは「走る芸術」だが、国境を越えて走るためには地域経済協力の枠組みが有用だ。パキスタンが入る枠組みとしては、非アラブのイスラム諸国で構成される経済協力機構（ＥＣＯ）がある。トルコ、イラン、パキスタンの３か国が設立し、ソ連の崩壊に伴い、中央アジア5か国、アゼルバイジャン、アフガニスタンが加盟し、10か国になった。ＥＣＯ関税局長会議に出席するために２０１７年11月にパキスタンの首都イスラマバードを訪問した。

イスラマバードはパキスタン北部の丘陵地帯に首都として建設された都市であり、緑の多い計画都市だ。見晴らし台に登ると、碁盤の目状に市街地が広がっていた。近くには円形のクリケット場があり、外周が徒歩コースになっているので、夕方になると運動のために訪れる市民が多く、私も市民の徒歩に加わって、会議で座りっぱなしだった身体をほぐすことができた。脇ではクリケット練習の若者が多く、人気選手が野党党首（後に首相）に選ばれるお国柄を表していた。

ＥＣＯ会議に先立って、私は7月にもイスラマバードを訪問した。その時は中央アジアを繋ぐアフガニスタンとの交易活発化のためには、国境警備を軍隊任せにせず、経済感覚もある税関をもっと前面に出すことはできないのかを相談するのが目的だった。経済閣僚は耳を傾けてくれたが、国境の難しい実情も実感することになった。アフガニスタンとの国境地帯にはパシュトゥン部族が住んでおり、パキスタン国内ではどこの州にも属さない部族地域として、法的に一種の独立状態となってきた。これがテロの温床になっているともいわれ、アフガン紛争の当事者であるタリバンにもパシュトゥン出身者が多い。麻薬と密貿易が盛んで、パキスタン税関も取締りに苦労しているとの話だった。

将来的には部族地域を隣接する州に併合して、中央政府による法の支配を強化するとの方針の説明を受けた。博物館に案内され、そこでパキスタンの複雑な地理と多様な民族構成の説明を聞くと、国内の統合も容易ではないなと思われた。そこではトラック・アートの展示もあったが、むしろトラック運転手が休憩し、食事をとるトラック・ホテルの説明が面白かった。そこが税関職員がトラックの消息を聞き、免税で輸出された物品がパキスタン国内へUターンしないよう情報を集める場とのことだった。

ＥＣＯ関税局長会議は２００８年にパキスタンの治安が悪化してから、中断状態が続き、２０１６年にようやくイランで再開したところだった。パキスタンとしては、３月に持ち回りのＥＣＯ首脳サミットがイスラマバードで開催され、国境管理の面でも治安が回復状況にあることを示す機会でもあった。国境管理やタリバン問題などでパキスタンとの対立が続くアフガニスタンが欠席したのは残念だったが、関税局長会議の開催自体は大きな成果だった。

会議の合間に小高い丘の上に建つパキスタン・モニュメントに案内された。２００７年に完成した国民意識高揚のための記念碑で、４枚の花弁のようにみえる構造物は国の４つの州を表し、内部には歴史的な出来事や人物が彫刻されていた。パキスタンはインド亜大陸のイスラム教徒を集めて１９４７年に独立した人工的な国なので、国民統合のシンボルも必要なのだろう。

パキスタンの国内統合と貿易・投資の発展は地域安定のためのみならず、世界的なテロとの戦いの面でも重要だ。パキスタンのトラックが周辺国も自由に走り回れるようになる日が早く来るのを祈りたい。

2015年WCO写真コンテストへの応募作品、インド－パキスタン国境のトラック・アート。

＜アジア大洋州＞

大洋州

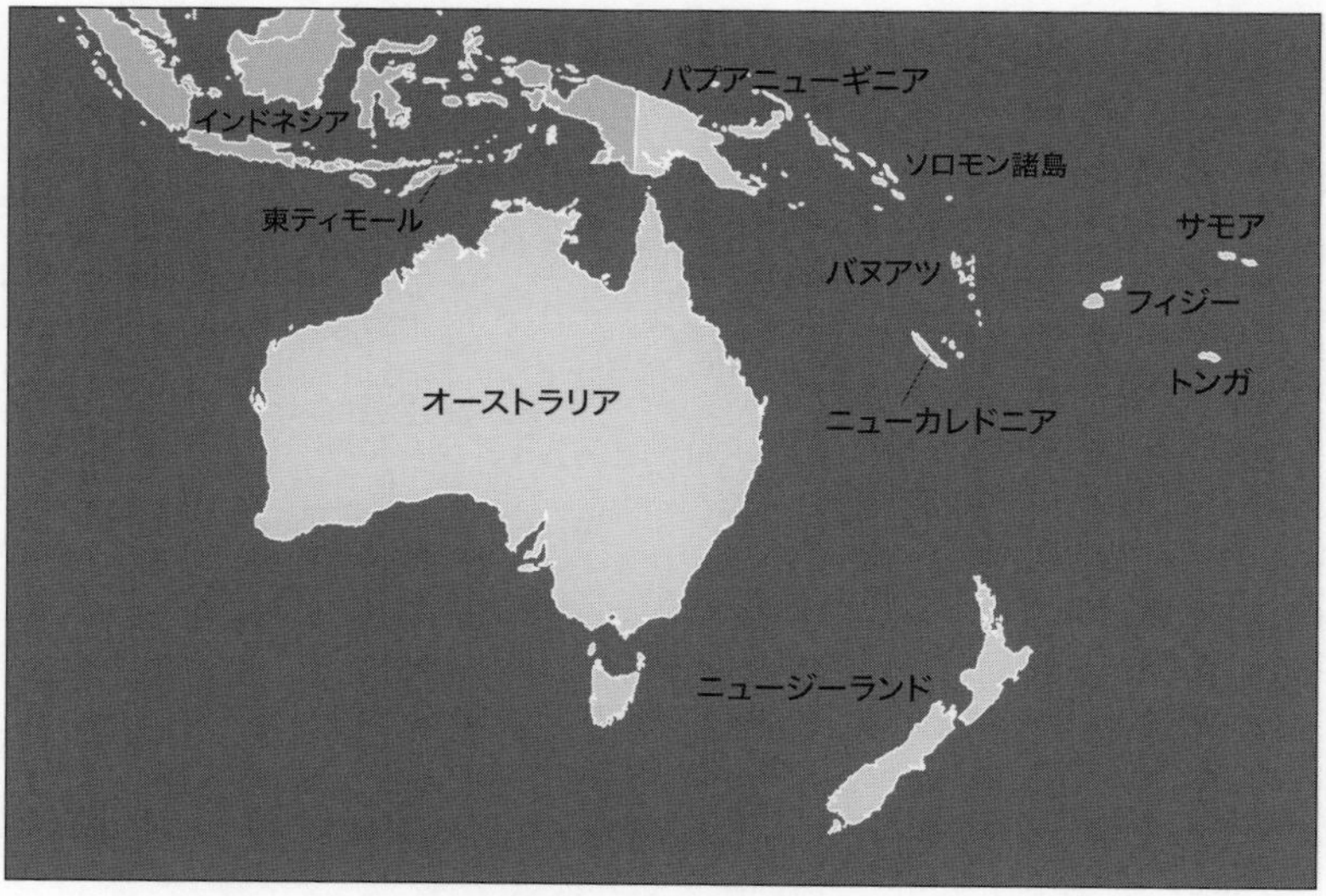
パプアニューギニア
インドネシア
ソロモン諸島
東ティモール
サモア
バヌアツ
フィジー
トンガ
オーストラリア
ニューカレドニア
ニュージーランド

豪メルボルンの税関

（『貿易と関税』２０１９年３月号収録）

太平洋島嶼国の税関の集まりであるオセアニア税関機構（ＯＣＯ）とは覚書締結を通じて、ＷＣＯは緊密な協力関係にある。ＯＣＯに加盟する15の国連加盟国のうち５か国がＷＣＯ未加盟だ。未加盟国は小さな島嶼国なので、地域セミナーにはＯＣＯが資金援助すれば参加を認めている。豪州はニュージーランドとともにＯＣＯをメンバーとしてリードし、域内最大のドナーだ。持ち回の年次総会が２０１８年６月に豪州のメルボルンで開催された機会に私も出席した。ＷＣＯ非加盟のキリバチは司法大臣を送って、ＷＣＯ改正京都規約への加盟批准書を私に手渡して、非加盟国として初めての改正京都規約締結国になるという快挙となった。同国はＷＴＯ未加盟なので、貿易円滑化協定には加入できないが、ＷＣＯの協定には未加盟国であっても、国連加盟国ならば加入できるので、貿易円滑化協定の基礎となった改正京都規約への加入を選んだものだ。大臣はこれを梃にＷＣＯ加盟も果たしたいとしていた。またＯＣＯはＷＣＯのＨＳ条約（６桁分類）を基に、地域特有の貿易物品も含んだ地域版の共通品目分類表（８桁分類）を採択した。共通品目分類を使った貿易統計で島嶼国間の経済協力は進むし、いろいろな貿易政策の基礎ともなる。

総会が開催されたメルボルンは「世界で最も居住に適した都市」のランキングでは常に上位入りする都市だ。英国国教会を始めとして各宗派の教会が建てられており、カトリック教会の建物が一番壮麗なのはアイルランド系の人々が多いせいだろうかと口にしたところ、地元税関

2018年６月のOCO年次総会。

の人がひどく喜び、税関（国境警備隊）長官が一瞬黙った。長官はイングランド人で、豪州のパスポートも取った二重国籍者だと思い出して内心しまったと思ったが、彼は澄ました表情で、自分はシドニーに住み、メルボルンの街並みをじっくりと見るのは初めてだったが、確かに住みやすさではメルボルンの方が優れているとフォローしてくれた。

メルボルンへの最初の入植者は1835年だが、その7年後には街で最初の石造りの2階建て建築となった税関庁舎が川沿いに造営された。近郊で1850年代に金鉱が発見され貿易量が格段に増大すると、税関は同じ場所で累次拡張され、1876年には現在のルネッサンス風の外観の税関庁舎が完成した。メルボルンの街の発展は税関とともにあったといっても誇張ではないようだ。1915年の所得税導入まで関税収入が豪州の政府歳入の8割を賄っていた。もっとも税関庁舎は歴史的建造物の常として他の用途に転換され、移民博物館となっていた。

旧税関の跡を求めて移民博物館に入ると、貿易業者の関税納付に使われた税関特有のロングルームが展示室になっていた。装飾はギリシャ神殿のようで、富の源泉を示すような設計だった。幸いにして移民博物館の一角に税関展示室が残されていて、税関の歴史が説明されていた。豪州らしい話としては、税関のボートは当初は英国からの囚人に漕がせていたこと、1901年の連邦形成までは税関は各州ごとに運営され、関税は他州から来る物品にも掛けられ、産業保護の観点から高税率だったといった歴史的事実だ。また豪州の税関は入国管理の役割も果たしており、ゴールドラッシュの時に中国の金鉱移民に対する排斥運動が起き、後の白豪主義の元になったが、その執行は税関の任務だった。中国人に加え、非英国系欧州人に対しても、税関職員による恣意的な言語テストによる入国審査が1960年代初頭まで行われた。今ではこうした制限は廃止され、豪州は多文化・多民族国家になっている。税関展示場の最後には、税関庁舎の歴史は我々の功績とともに偏見も示していると、率直に過去を振り返る記述があった。他方、豪州税関が入国管理庁と合体して、2015年に内務省所管の国境警備隊になったことにも歴史的背景があることがうかがえ、面白い展示だった。

フィジーとサモアに吹く南太平洋の新しい風

（『貿易と関税』２０１７年２月号収録）

フィジーがＷＣＯ総会でアジア大洋州地域の代表に選ばれ、その引継ぎ式に前地域代表であるマレーシア関税局長と一緒に２０１６年7月にフィジーの首都スバに出張した。人口90万人と世界的に見れば小国だが、南太平洋の島嶼国の中では最大の人口規模であり、リーダー的な存在だ。オセアニア税関機構（ＯＣＯ）の事務局もスバにあり、ＷＣＯ事務局も接触の機会が多い。

フィジーの人口は先住民系が50％強、19世紀に英国が植民地化してサトウキビの栽培を行うために入植させたインド系の子孫が40％弱を占める。政治的には先住民系が優位だが、経済的にはインド系が優位で、スバで商店を覗くと多くはインド系商人の店だった。過去には両者の対立からクーデターが相次いだが、２０１４年の選挙で軍事政権から民政復帰した。現在は先住民系のバイニマラマ首相の下で引き続き両者の融和が図られており、現に今回会った財務大臣はインド系だった。

私にとってフィジー出張は2回目で、前回は２０１２年にスバにある税関本部にＷＣＯの地域研修所を開設した時だった。開所式にバイニマラマ首相に臨席していただき、伝統的な衣装の先住民が、カヴァの木の根を鉢ですり潰して水に溶かすのを待って、ヤシの実を半分にしたお椀に注いでもらい、首相と私で飲む厳かな儀式が行われた。泥水のような外見ながら舌に軽い麻痺感があった。カヴァには鎮静作用があるとされており、南太平洋では重要な儀式に用いられる。地域研修所開設がＷＣＯの南太平洋へ

フィジー首相とWCO地域研修所のフィジーでの開会式

の足掛かりになることを願っていたが、フィジーの地域代表就任で、早くもその機会が巡ってきたようだ。

地域代表引継ぎ式に合わせて地域研修所で島嶼国メンバー向けにセミナーを開いたが、先方の要望で職員規律をテーマにした。島社会では部族の有力者が経済社会面で一族の面倒を見てリーダーとしてのステータスを維持する習慣がある。これが公職に就いた者が部族の面倒を見ることに繋がると、汚職の誘因になりかねないし、税関組織発展の障害になる。経済社会面で結びつきが強い豪州やニュージーランドが腐敗防止に熱心なこともテーマ選択に影響していたようだ。ちなみにフィジーは昨年のリオ五輪で導入された7人制ラグビーで優勝したが、これもラグビーが盛んな豪州やニュージーランドとの近接性も背景にあるようだ。いずれにせよフィジーを始め南太平洋には体格の立派な人が多い。もっとも最近は中国の進出が目立っており、スバの港には中国からの漁船が停泊していた。中国の資金による建設現場で働いているのは中国人で、中国の影響力の増加を目の当たりにしたように感じた。

せっかくの機会なので南太平洋中部にある人口18万人のサモアの首都アピアまで足を延ばした。トゥイラエパ首相を表敬した後、歳入大臣が首都があるウポル島内を自分の車で案内して下さった。1時間で半周できるくらいの大きさだ。集落ごとに立派な教会が目立ち、宗派はいろいろだったが、キリスト教が浸透しているようだった。大きな家には柱と屋根だけの壁がない伝統的な建物ファレが付属しており、暑いので家族が涼みに集まると説明された。聞いてみると子だくさんの人が多く、家族生活が大切なのだろう。成人するとニュージーランドや米国で働いて故国に送金する人も多く、国内人口を上回るサモア人が海外居住と聞いた。市場に行くと、特産のタロイモ等の食料やお土産が並べられていたが、島国のせいか価格は必ずしも安いとはいえないようだ。中心市街に戻ると、日本からの投資ミッションが来ていて、そのレセプションの席で副首相以下、主要閣僚も招かれていてお話ができた。日本側に聞くと、観光産業への投資に関心があるとのことだった。確かに海はきれいだし、人々は温かかった。

歴史と自然の豊かなトンガ王国

（『貿易と関税』2019年10月号収録）

　トンガ王国は南太平洋にある170余の群島から構成されるが、首都ヌクアロファがあるトンガタプ島は10万人の人口のうち7万人が住む最大の島だ。サンゴ礁が隆起してできた島なので平坦であり、農業に適した土壌だ。1875年には憲法を制定して立憲君主制を導入したが、これは大日本帝国憲法制定（1889年）よりも早い。ただ伝統的な農耕社会の面影を強く残しており、憲法では土地はすべて国王のものと宣言され、貴族に下賜が認められるほかは、16歳以上の成年男子に住居・農業用に割り当てられるのが原則だ。割り当てられた土地は相続できるが、売却はできない。女性や外国人は土地が所有できず、50年といった期限付きでの貸与を申請できるが、投資促進の観点からは問題なしとしない。土地の管理にあたる土地大臣は重要で、国王の信任の厚い世襲貴族が防衛大臣兼土地大臣として任にあたっていた。2019年7月に訪問した際には、国境管理及び税関への土地供与の観点からお目にかかったが、土地大臣としての事務所には不動産契約の申請者が来訪し、忙しそうだった。

　街の中心部から近い港湾地域にはコンテナが並べられており、前月竣工したばかりの新しい税関の建物があった。先進国の支援による公共建物が多い中で、珍しく自前の歳入で建造されたと地元では誇らしげだった。ほとんどの生活品を輸入に頼る島国経済では税関の役割は重要で、税収の半分を占めており、最近では中継貿易を狙った薬物密輸にも目を光らせていた。小規模の税関なので、税関職員88人のうちほぼ全

トンガ税関庁舎の前で税関職員との記念撮影（前列左から4人目がタプエルエル歳入税関省大臣、5人目が筆者、6人目がヴァへ関税局長）

員と並んで記念撮影をすることができた。島嶼国経済テコ入れのためにWCOからいくつもミッションを送って概況は把握しているので、本題の税関改革を巡る税関幹部との協議や関係閣僚への挨拶も順調に進んだ。トンガでは2010年に初めての普通選挙が行われ、2014年の選挙では野党リーダーだったアキリシ・ポヒヴァ氏が初の平民出身の首相となった。お会いした首相は78歳の高齢ながら引き締まった体型で、民主化運動の老闘士のようにみえた。ちなみに面会した内閣大臣はすべて男性の政治家だったが、実務を取り仕切る各省次官は女性が多く、バランスが取れていた。

人々は今でもポリネシア地域内を移動しているようで、ニュージーランド（NZ）を始めとする海外に国内の2倍の人口が住んでおり、送金で島経済を支えているといわれる。案内してくれた税関職員も姉2人はNZ及びハワイに嫁いでいて、自分の夫はバヌアツの法律学校に留学中に知り合ったフィジー人だと、島の間の人々の流動性を体現するような話をしてくれた。市場を覗くと、主食にするタロイモ(里芋科)やキャッサバ(タピオカの原料)といった主食用の根菜が売られていた。男性女性とも腰巻スカート状のトゥペヌを着用し、その上から植物の葉で編んだゴザのようなタオバラと呼ばれる腰巻で締め、サンダル履きだ。タオバラのお腹の辺りに財布や携帯電話といった貴重品を挿しており、これが正装なのだそうだ。

最近では周囲の小島の観光開発も進めており、ココヤシの林の中で、美しい砂浜と澄んだ海水を楽しめ、日頃の喧騒を忘れたい人にとっては夢のような楽園だ。観光省の人に聞くと、トンガの旅行客はNZ40%、豪州20%、欧州10%とのことで、日本からの観光客は近場のパラオ等に取られてしまうと話していた。確かにトンガへの直行便はNZ及びフィジーからで、日本からは遠いのかもしれない。それでも援助面での日本のプレゼンスは大きく、波止場整備等目立つところに日本の支援が表示されていた。

太平洋島嶼部を巡る国際情勢が動く中で、トンガの伝統的な農耕社会を徐々に輸出できる農業や観光産業へと適応させて、持続的な発展を図るのは容易ではない。国全体で歴史と自然を守りながらトンガの進路を開拓していく必要性がますます高まっており、税関の貢献も期待されている。

南太平洋のバヌアツ

（『貿易と関税』2020年2月号収録）

南太平洋のバヌアツは、20世紀ミュージカルの最盛期を築いたロジャー・ハーマスタインの初期ヒット作品『南太平洋』（1949年）の舞台で、1958年に映画化され、日本でも大いにヒットした。あらすじは日本との戦争のために駐留する米軍の看護婦が現地のフランス人農園主と恋をする物語が主軸だ。ここでフランス人が出てくるのは、バヌアツは当時は英仏共同統治の植民地との位置づけで、フランス人入植者が多かったことによる。現に一番近くにあるニューカレドニア島は未だにフランスの海外領土だ。

バヌアツの首都ポートビラに2019年10月に出張して、まっすぐ大統領官邸に向かった。大統領を表敬すると部屋に大きな聖書が置かれており、大統領自身も牧師で、国民のほとんどがキリスト教徒の国であることを示していた。その後、お会いした首相は、所得税がまだ導入されておらず、関税収入が国の歳入の大きな部分を占めるのに、貿易自由化で関税引き下げを迫られ、特恵関税も使えなくなるので、対応を迫られているとの説明だった。また旧英国領の他の島嶼国と同様、タックス・ヘーブンなのでOECDのブラックリストに載せられて困っていると率直に話されていた。なかなか国外から投資が来ないとも嘆かれていたが、島嶼国に共通する問題点だ。税関としてお手伝いできることをご説明したが、国際機関と協調しながら経済発展を図っていきたいとの意向が強く感じられた。

投資環境整備の一環として、税関が主導してのシングル・ウィンドウの推進に熱心だったが、立ち寄った税関本部は2015年のサイクロンの被害の結果、現在も仮庁舎住まいだった。この国は火山島からなるので地震もあり、自然災害が多いのは我が国と似ている。80余の群島のうち首都のあるエファテ島は人口は7万人と多いものの面積は3番目の大きさで、面積最大の島はサント島であり（人口4万人）、同島出身の財務大臣と一緒に飛行機で訪問した。供されたカヴァは土のにおいが濃厚で、舌のしびれも長続きした。財務大臣が自らの農園から7年物カヴァを取り寄せたとのことで、同席した島出身の閣僚、国会議員、大部族長らは上機嫌だった。

　サント島は米軍基地があったところで、湾内には自軍が設置した機雷に触れて沈没した兵員運搬船クーリッジ大統領号が沈んでおり、ダイバーの格好の対象になっていた。観光客誘致のために第２次世界大戦記念館を作る計画が進んでおり、その推進メンバーの米国人に会ったので、米国の兵站基地の展示のみならず、その後の島内経済発展に（日本を含む）各国が協力した様子も展示されたらどうですかと提案しておいた。観光とともに、農産品輸出がサント島の経済を支えており、カヴァやココヤシ、それに牧畜業では牧草しか食べていないオーガニック牛が有名で、日系企業がオーナーで主として日本に輸出されていると聞いた。

　バヌアツは中国からの投資が急増していることでも知られているが、ノニ農園でもその例を見た。財務大臣が海外からの投資の例としてみてほしいとのことだったので、農園に出向くと、柑橘類に似た実をつけたノニの樹木が海岸からの傾斜地にたくさん植樹されていた。まだ始まったばかりの農園で、これから収穫したノニの果実を発酵させてジュースにし、巨大市場の中国に輸出するのだそうだ。中国人の農園責任者は中国の経済人がバヌアツにやって来て、気候は良いし景勝地も多い、それに何といっても人々が親切で、何か投資したいと探して決めたと説明してくれた。また、農園にはホテルも併設して、中国からの観光客も誘致したいと抱負を語ってくれた。

　バヌアツの人々は謙虚で人懐っこい。人口27万人の小国だからお互いが知り合いなのだろう、道で会えば、外国人の私にも挨拶してくれる。改めて将来の発展に役立つ人づくり支援に貢献したいと思った。

バヌアツ首相と会談

著者紹介

御厨 邦雄（みくりやくにお）

［**略歴**］

1976年４月、大蔵省入省。1977年～79年のフランス留学を経て、1990年～93年、ジュネーブの日本代表部参事官。帰国後、主計局給与課長及び主計官を経て、1997年～2001年、大蔵省関税局において監視課長、国際調査課長、大臣官房参事官を歴任。2001年、財務省からWCO次長選挙に出馬し、当選。2008年、WCOのトップである事務総局長選挙に出馬し当選。2009年１月、アジア地域から初の事務総局長として就任し、３期15年を務め、2023年12月をもって退任。WCOの事務次長、事務総局長として160か国以上の国を訪問し、税関分野の国際標準の実施と国際協力の推進に尽力。

本書でのイラスト

絵師《イラストレーター》　彦一《ひこいち》

元　勘定奉行　輩下

その後出奔　現在　浮世暮し

＜表紙の写真について＞

ウクライナのゼレンスキー大統領と筆者。

2022年FIFA W杯（カタール開催）での日本の対ドイツ戦勝利をカタール税関職員とともに会場で祝った。

最近完成したタイの税関研修施設で、タイ税関若手職員に2023年のWCO テーマである「次の世代を育てる」について講演。建物の上部にはWCOとタイ税関のロゴがある。

ナイジェリアのジョナサン大統領を表敬訪問した。大統領の左隣は関税局長、そしてオコンジョ財務大臣（現在WTO事務局長）。

WCO年次総会場（京都ホール）

ワシントンにて20以上の国境手続関係省庁が集まる関係省庁間委員会で基調講演をする筆者（右奥）

世界税関紀行

御厨邦雄 著

2024年6月24日発行　ISBN 978-4-88895-520-1

発行所　公益財団法人 日本関税協会

〒101-0062 東京都千代田区神田駿河台3-4-2
日専連朝日生命ビル6F
https://www.kanzei.or.jp/